V&R

PIETISMUS UND NEUZEIT

EIN JAHRBUCH ZUR GESCHICHTE
DES NEUEREN PROTESTANTISMUS

Im Auftrag der Historischen Kommission
zur Erforschung des Pietismus
herausgegeben von
Martin Brecht, Friedrich de Boor, Rudolf Dellsperger,
Ulrich Gäbler, Hartmut Lehmann, Arno Sames,
Hans Schneider, Udo Sträter
und Johannes Wallmann

Band 31 – 2005

VANDENHOECK & RUPRECHT
IN GÖTTINGEN

Geschäftsführender Herausgeber
Prof. Dr. Udo Sträter, Interdisziplinäres Zentrum für Pietismusforschung, Franckeplatz 1, Haus 24, 06110 Halle/Saale

Redaktion
PD Dr. Christian Soboth und Dr. Erik Dremel, Interdisziplinäres Zentrum für Pietismusforschung, Franckeplatz 1, Haus 24, 06110 Halle/Saale

Anschriften der Autorinnen und Autoren
Prof. Dr. Elke Axmacher, Hamsteadstr. 53, 14167 Berlin • Prof. D. Dr. Martin Brecht D. D., Schreiberstr. 22, 48149 Münster • Claudia Drese, Tilde-Klose-Str. 19a, 06406 Bernburg/S. • Prof. Dr. Donald Durnbaugh, Juniata College, 1700 Moore St., 16652 Huntingdon, PA 16652/USA • Prof. Dr. Ute Gause, Domseifer Str. 67, 57223 Kreuztal • Kristine Hannak, Gottlob Bräuning Str. 8, 72072 Tübingen • Dr. Dieter Ising, Landeskirchliches Archiv, Balinger Str. 33/1, 70567 Stuttgart-Möhringen • Prof. Dr. Ernst Koch, Brandstr. 25, 04277 Leipzig • Prof. Dr. Hans-Henrik Krummacher, Am Mainzer Weg 10, 55127 Mainz-Drais • Prof. Dr. Thomas Kuhn, Im Mühlegestad 2, 79588 Etringen-Kirchen • Prof. Dr. Hartmut Lehmann, Max-Planck-Institut für Geschichte, Hermann-Föge-Weg 11, 37073 Göttingen • Prof. Dr. Volker Leppin, Lehrstuhl für Kirchengeschichte, Friedrich-Schiller-Universität, Fürstengraben 1, 07743 Jena • Dr. Benjamin Marschke, History Dept., Montana State University, 1500 University Drive, Billingo, MT 59101/USA • PD Dr. Markus Matthias, Fahrgasse 61, 63303 Dreieich • Marcus Meier, FB Evangelische Theologie (Kirchengeschichte), Philipps-Universität Marburg, Am Plan 3, 35037 Marburg. • Prof. Dr. Dr. h. c. mult. Paul Raabe, Roseggerweg 45, 38304 Wolfenbüttel • Prof. Dr. Gregg Roeber, Department of History, The Pennsylvania State University, University Park, PA 16802–5500/USA • Dr. Jürgen Seidel, Wegackerstr. 46, CH-8041 Zürich • Prof. Dr. Wolfgang Sommer, Sonnenstr. 45, 91564 Neuendettelsau • Dr. Patrick Streiff, Rue de la Plaenke 17a, CH-2502 Bienne.

ISBN 3-525-55903-8
ISSN 0172-6943
© 2005, Vandenhoeck & Ruprecht GmbH & Co. KG, Göttingen
Internet: www.v-r.de
Satz: Satzspiegel, Bachstr. 16, 37176 Nörten-Hardenberg.
Druck und Bindearbeit: Hubert & Co., Robert-Bosch-Breite 6, 37079 Göttingen.
Gedruckt auf alterungsbeständigem Papier.

Vorwort

Mit dem 31. Jahrgang zeigt sich das Jahrbuch *Pietismus und Neuzeit* in neuem Gewand. Nach drei bunten Anfangsjahren (je einmal gelb, grün und rot) erschien das junge Jahrbuch erstmals 1977 in einem lichtblauen Strampler, der 27 Jahre lang – bisweilen farblich changierend – sein äußeres Erkennungszeichen war. Der Wechsel zum gedeckten Grau und Blau möchte es nicht zur „grauen Literatur" machen, sondern eher die Assoziation an einen repräsentativen Anzug erwecken. Der Inhalt soll weiterhin zwar nicht bunt zusammengewürfelt sein, aber immer wieder in kräftigen Farben Akzente setzen. Wir hoffen, dass das Jahrbuch im vierten Jahrzehnt seines Bestehens seine Rolle als Forum internationaler und interdisziplinärer Pietismusforschung noch verstärkt wahrnehmen wird.

Dieser Band bringt mit einer Replik von Hartmut Lehmann auf Johannes Wallmanns Aufsatz *Pietismus – ein Epochenbegriff oder ein typologischer Begriff?* (PuN 30) einen weiteren Beitrag zur Debatte um Reichweite und Struktur des Pietismus-Begriffs. Damit dürften die Argumente hinreichend ausgetauscht und zur Diskussion gestellt sein. Zum Zeitpunkt der Drucklegung dieses Bandes, zu Beginn des II. Internationalen Kongresses für Pietismusforschung (28.8.–1.9.2005 in Halle), darf man gespannt sein, ob und wie die bisherige Diskussion in den Beiträgen aufgegriffen wird, insbesondere auf die Reaktion der internationalen Forschung aus unterschiedlichen Disziplinen.

Die Aufsätze von Claudia Drese und Wolfgang Sommer sind Spener gewidmet, letzterer der Arndt-Rezeption Speners in dessen Predigten über Arndts *Wahres Christentum*, womit im Jahr des 450. Geburtstags Arndts und des 300. Todestags Speners beider gedacht ist. Nicht ohne Bezug zu Spener ist auch Ernst Kochs Klärung der Geschichte der „Jesus-Gesellschaft" in Rudolstadt.

Der kommende Band 32 wird einen kurzen Beitrag von Gertraud Zaepernick enthalten – nicht als Aufsatz konzipiert, sondern ein Auszug aus einem ihrer oft aufsatzlangen Briefe, in denen sie denen, deren Engagement für die Pietismusforschung sie akzeptierte, in selbstloser Weise reiche Informationen aus ihrer immensen Quellenkenntnis mitteilte. Gertraud Zaepernick, geboren am 10. November 1915, verstarb am 17. Juli 2005. Wer sie gekannt hat, weiß, dass die wenigen unter ihrem Namen veröffentlichten Aufsätze nur einen Bruchteil dessen repräsentieren, was sie für die Erschließung von Quellen, für die Förderung neuer

Arbeiten zur Geschichte des Pietismus, gerade auch bei Qualifikationsarbeiten, und damit zur Erforschung des Pietismus überhaupt geleistet
hat, ohne davon je irgendwelche Ansprüche abzuleiten. Wir gedenken
ihrer in Dankbarkeit und tiefem Respekt.

Bei Abfassung des Vorworts erreichte uns die Nachricht, dass Prof.
Dr. Donald F. Durnbaugh auf der Reise zum Pietismus-Kongress am
27. August in Newark verstorben ist. Wir verlieren mit ihm einen hoch
geschätzten Wissenschaftler, der nicht nur einer der produktivsten und
angesehensten amerikanischen Pietismusforscher war, sondern zugleich
ein engagierter Vermittler zwischen der amerikanischen und der europäischen Forschung – auch als korrespondierendes Mitglied der Historischen Kommission zur Erforschung des Pietismus. Er war allen ein re-
spektierter Kollege und vielen ein langjähriger Freund: Der Kongress hat
seiner in einer Andacht und einer Schweigeminute gedacht.

Im Dezember 2004 ist der Geschäftsführende Mitarbeiter des Zentrums für Pietismusforschung, PD Dr. Christian Soboth, schwer und mit
längerfristigen Folgen erkrankt. Ihm gelten herzliche und intensive Ge-
nesungswünsche der Herausgeber des Jahrbuchs sowie des Direktoriums
und der Mitarbeiterinnen und Mitarbeiter des IZP. Seit März 2005 wird
Herr Soboth von Dr. Erik Dremel vertreten, der auch die Redaktion
dieses Bandes übernommen hat, wesentlich unterstützt von Frau Shirley
Brückner M. A. und Frau Anne Pagel. Allen sei herzlich Dank gesagt für
die im laufenden Geschäft übernommene Arbeit.

Für die Herausgeber: *Udo Sträter*

Inhalt

Beiträge

Rezensionen

Bibliographie

Register

Beiträge

HARTMUT LEHMANN

Erledigte und nicht erledigte Aufgaben der Pietismusforschung

Eine nochmalige Antwort an Johannes Wallmann

In seiner Antwort auf meine Ausführungen zum engeren, weiteren und erweiterten Pietismusbegriff[1] geht Johannes Wallmann auf durchaus unterschiedliche Themenkomplexe ein[2]: Erstens auf die Entstehung der Konzeption der *Geschichte des Pietismus* in den 1980er Jahren und speziell auf die damals von Martin Brecht verfasste Einführung zum ersten Band dieses Handbuchs; zweitens auf die von Wallmann selbst durch seine kritischen Einlassungen angestoßene Diskussion über den ersten und den dritten Band dieser *Geschichte*; sowie drittens auf die im Titel seines Beitrags herausgehobene Unterscheidung zwischen dem Pietismus als einem Epochenbegriff und dem Pietismus als einem typologischen Begriff. Zwar ist nicht zu bestreiten, dass diese drei Themenkomplexe zusammenhängen; trotzdem scheint es mir sinnvoll, sie deutlich voneinander zu unterscheiden und getrennt zu erörtern.

I.

Die Entstehungsgeschichte der 2003 abgeschlossenen vierbändigen *Geschichte des Pietismus* wurde bisher noch nicht erforscht und beschrieben. Ob dies überhaupt lohnt, sei dahingestellt. Jeder der seinerzeit an den Vorbesprechungen für dieses Projekt Beteiligten wird seine eigenen Erinnerungen haben; mancher der Beteiligten mag auch noch im Besitz von Briefen oder Notizen sein, in denen einzelne Fragen, die damals diskutiert wurden, festgehalten sind. Außerdem gibt es selbstverständlich die offiziellen Akten der Historischen Kommission zur Erforschung des Pietismus sowie möglicherweise auch noch Unterlagen im Besitz der damaligen Vorsitzenden der Kommission. Ich versage es mir hier mit zwei Ausnahmen, meine eigenen Erinnerungen zum Maßstab einer

---

[1] PuN 29 (2003), 18–36.
[2] PuN 30 (2004), 191–224.

13

Beurteilung zu machen. Die erste Ausnahme bezieht sich auf die Aussage von Johannes Wallmann, die dem Handbuch zugrunde liegende Konzeption entspreche eher dem weiten und unflexiblen Pietismusbegriff von Kurt Aland als den Vorstellungen von Ernest Stoeffler.[3] Soweit ich mich erinnere, haben in den Gesprächen, in denen wir seinerzeit die Konzeption des Gesamtwerks erörterten, Alands Überlegungen keine signifikante Rolle gespielt. In jedem Fall gab es von Seiten der Kommission, wiederum soweit ich mich erinnere, nicht den Versuch, uns auf Alands Pietismusbegriff – gewissermaßen im Sinne einer verbindlichen Vorgabe – festzulegen.

Die zweite Ausnahme betrifft die Bemerkung Wallmanns, die von ihm kritisierte Einleitung zu Band 1 der *Geschichte des Pietismus* sei der Kommission vorgelegt und von dieser in einer Sitzung beschlossen worden, was hieße, dass damit, weil es sich bei der Kommission um eine Einrichtung der Kirchen handle, die Einleitung zu einer Art offiziellen kirchlichen Äußerung über Umfang und Inhalt des Pietismus gemacht worden sei.[4] Ich muss anfügen, dass ich 1984 und 1986 in den USA lebte und in jenen Jahren nur noch sporadisch an den Kommissionssitzungen teilnehmen konnte. An der fraglichen Sitzung, in der die Einleitung angeblich behandelt und „abgesegnet" wurde, nahm ich jedenfalls nicht teil. Diese nahm ich seinerzeit als eine persönliche wissenschaftliche Stellungnahme des verantwortlichen Herausgebers des ersten Bandes zur Kenntnis, als eine Stellungnahme, mit der ich zwar nicht in allen Punkten übereinstimmte, gegen die ich jedoch auch nicht als einer der Herausgeber des Gesamtwerks protestierte, weil ich sie als die Meinung des für den ersten Band verantwortlichen Herausgebers respektierte. In die diversen Kontakte zwischen deutschen und niederländischen Kirchenhistorikern, auf die Johannes Wallmann jetzt hinweist, war ich seinerzeit ebenfalls nicht eingebunden.

Mein Fazit zu diesem Punkt: Wenn die Entstehungsgeschichte der vier Bände der *Geschichte des Pietismus* erforscht wird, sollte dies von dritter Seite und nicht durch einen der damals Beteiligten geschehen. Die Korrespondenzen, die ich im Zusammenhang mit der Herausgabe des vierten Bandes geführt habe, stelle ich dazu gerne zur Verfügung.

II.

Johannes Wallmann hat in seiner Antwort auf meine Ausführungen zurecht betont, dass seine Anfragen an den ersten und den dritten Band

---

[3] PuN 30 (2004), 209.
[4] PuN 30 (2004), 201 ff., 222 ff.

14

der *Geschichte des Pietismus* nicht unter das Genus „kritischer oder vernichtender Rezensionen" subsumiert werden dürfen, da er, bei aller Kritik an einzelnen Aspekten, den Bänden insgesamt hohes Lob nicht versage und da er sich deshalb auch am vierten Band mit zwei Beiträgen beteiligt habe.[5] Auch mir scheint, dass unsere Positionen, was die Beurteilung des ersten Bandes betrifft, sehr nahe beieinander liegen. Deshalb beschränke ich mich hier auf einige Anmerkungen zu Wallmanns Kritik am dritten Band. Zunächst zu seiner prägnanten Charakterisierung meines einleitenden Beitrags im dritten Band als „Württembergisierung"[6]. Ich frage mich, wie hilfreich dieses Wort aus norddeutschem Munde ist. Ich bin nun einmal in Württemberg geboren, habe freilich den allergrößten Teil meines Lebens in Wien, Köln, Kiel und an verschiedenen Orten in den USA verbracht und lebe jetzt in Göttingen, wobei ich diese Stationen durchaus nicht als „Exil" empfunden habe. Nun mag es in der Tat richtig sein, dass ich die vergleichsweise besten Kenntnisse in der Kirchengeschichte auf dem Gebiet des württembergischen Pietismus besitze und richtig ist gewiss, dass im württembergischen Pietismus die Kontinuitäten vom 18. ins 19. und dann bis ins 20. Jahrhundert größer waren als anderswo. Aber heißt das, dass es in anderen Regionen nicht auch zumindest gewisse Kontinuitäten gegeben haben kann, und heißt es, dass man nach solchen Kontinuitäten anderswo nicht fragen sollte. Die Rettungsanstaltenbewegung, die bereits im zweiten Jahrzehnt des 19. Jahrhunderts auch in Norddeutschland einsetzte; die Anfänge der Arbeit der Inneren Mission, die einige Jahrzehnte später begann und die das Lebenswerk von Johann Hinrich Wichern war; die von Friedrich von Bodelschwingh gegründeten Anstalten in Bethel; Theodor Fliedners großartige Vorstellung von speziellen Aufgaben der Diakonissen in der evangelischen Kirche: dies alles waren keine „württembergischen" Projekte; dies alles sind vielmehr Initiativen, in die auch viele der Ideen und Energien des älteren Pietismus, von Halle ebenso wie von Berlin, eingeflossen sind. Dass diese Projekte dann in Württemberg fast durchweg sehr positiv aufgenommen wurden, wundert mich nicht. Zwar bin ich der Meinung, dass im Zuge des antirevolutionären Kampfes in den Jahrzehnten nach 1789 von der Verbindung London–Basel wesentliche Impulse für die Äußere Mission sowie auch für die Bibelverbreitung ausgingen. Schon nach 1813, vor allem aber nach der Revolution von 1848/49 handelte es sich bei allen Aktivitäten auf den Gebieten der Inneren und der Äußeren Mission und der Diakonie aber nicht um württembergische Impulse, sondern um Projekte, die von Teilen der evangelischen Christenheit aus allen deutschen Landeskirchen getragen wurden. Die Gemeinschaftsbewegung entsprang schließlich norddeutscher Initia-

---

[5] PuN 30 (2004), 194 f.
[6] PuN 30 (2004), 215–218.

tive. Das Etikett der „Württembergisierung" möchte ich mir für meine Einführung also nicht zu eigen machen. In jedem Falle stimme ich der Bemerkung Wallmanns zu, es wäre, wenn man den im ersten und zweiten Band der *Geschichte des Pietismus* zugrundegelegten Pietismusbegriff ernst nimmt, dringend geboten gewesen, im dritten Band der Pfingstbewegung ein Kapitel zu widmen.

Ich bin auch gerne bereit noch einmal darüber nachzudenken, ob ich in meiner Einführung zum dritten Band den Begriff der „Frommen" nicht zu undifferenziert und summarisch verwendet habe.[7] Denn in der Tat besteht die Gefahr, dass die Begriffe „Fromme" und „Pietisten" als austauschbar erscheinen, was sie selbstverständlich nicht sind. Erklärend möchte ich anmerken, dass es mir, als ich diesen Beitrag schrieb, darum ging, die speziell im Vormärz von liberaler Seite in äußerst polemischer Absicht verwendete Charakterisierung der Pietisten als „Mucker" und „Kopfhänger" zu vermeiden. Da schien mir ein Rekurs auf Speners Vorstellung von der „Sammlung der Frommen" als eine erwägenswerte Alternative. Hier, wie an manchen anderen Stellen der Pietismusforschung stehen wir vor einer offensichtlichen Diskrepanz zwischen der Verwendung bestimmter Begriffe durch die Zeitgenossen und der Verwendung der gleichen Begriffe, freilich nun aber mit deutlich anderem Sinn, durch die Historiker. Ausdiskutiert ist dieses Thema derzeit auch in der Pietismusforschung noch nicht.

Lohnend scheint mir auch eine Fortführung der Diskussion über die Bedeutung des Konfessionalismus im 19. Jahrhundert. Wenn ich die Beiträge des Pietismus für die Äußere Mission betont habe, so heißt das nicht, dass neben den Pietisten nicht auch andere Gruppen auf dem Gebiet der Äußeren Mission agierten. Es ist Wallmann durchaus zuzustimmen, wenn er schreibt, dass „die Konfessionellen eine Trägergruppe der Äußeren Mission" waren.[8] Notwendig erscheinen mir jedoch zwei ergänzende Anmerkungen. Zum einen ist herauszustellen, dass die weltweite Arbeit für das Reich Gottes für die Pietisten eine besondere heilsgeschichtliche Bedeutung besaß. Sie glaubten, dass die entscheidenden Fortschritte auf dem Weg zum künftigen Gottesreich an der Heidenfront erzielt werden müssten. Das verlieh allen ihren Missionsanstrengungen eine besondere Motivation. Zum anderen deutet vieles darauf hin, dass auch jene Missionare, die aus strikt konfessionellen Missionsanstalten kamen, in ihrer Missionsarbeit viele Elemente dessen praktizierten, was eigentlich für den Pietismus kennzeichnend ist. Sie organisierten Bibelarbeit in kleinen Gruppen; sie legten ihrer Bibelarbeit ein sehr vereinfachtes Bibelverständnis zugrunde; sie legten größten Wert auf individuelle Bekehrung; und außerdem deutet manches darauf hin, dass viele

---

[7] PuN 30 (2004), 192 f., 199, 213 f.
[8] PuN 30 (2004), 217.

Missionare erst in der Fremde lernten, ein entschiedeneres Christentum zu leben. Nur auf diese Weise war es ihnen möglich, den Widrigkeiten des Missionsalltags zu trotzen. Kurzum: Selbst manche der Missionare, die aus keinem pietistischen Milieu kamen, mutierten im Zuge ihrer Missionsbemühungen gewissermaßen zu Pietisten. In vielen Fällen waren es außerdem genau diese Elemente, die Missionare dann an die Jungen Kirchen in Afrika und Asien weitergaben: Unerschütterliches Gottvertrauen selbst bei Verfolgung; ein wörtliches Verständnis der Bibel; der Zusammenschluss der Bekehrten zu einer Art Konventikel oder Kleingemeinde. Mir ist freilich klar, dass auch auf diesem Gebiet die Forschung noch am Anfang steht.

III.

Zu der Frage, ob der Pietismus ein Epochenbegriff oder doch eher ein typologischer Begriff sei, hat Johannes Wallmann in seinem Beitrag nur einige wenige Anmerkungen gemacht. Seine Aussage, alle evangelischen Kirchenhistoriker stimmten mit ihm überein[9], muss ich als „Profanhistoriker" zur Kenntnis nehmen. Seinen Versuch, einen für die evangelische Kirchengeschichtsschreibung handhabbaren Begriff des Pietismus als einer Epochenbezeichnung zu finden, nehme ich ernst, da eine solche Festlegung in der Tat einige Vorteile hat. Verschiedenes geht mir aber, wenn ich Wallmanns Sätze lese, durch den Kopf.

Zunächst möchte ich anmerken, dass mir die jetzige Phase, die Zeit nach Abschluss des vierbändigen Werks zur *Geschichte des Pietismus*, in besonderer Weise geeignet erscheint, um wenigstens eine vorläufige Bilanz zu ziehen. Was hat dieses Werk geleistet, ist zu fragen, und wo sind dessen Stärken? Aber ebenso gilt es zu untersuchen, wo dessen Schwächen liegen und wo es auf wichtige Fragen der Pietismusforschung keine überzeugenden Antworten gibt.

Nun mag ich als einer der Herausgeber nicht die geeignete Person sein, um den Finger auf die richtigen Stellen zu legen. Das ist Sache fachkundiger Rezensenten. Einige Punkte habe ich jedoch in meiner vorigen Antwort an Johannes Wallmann anzusprechen versucht. Zu meinem Bedauern ist er darauf nicht eingegangen. Einige der Probleme und Fragen möchte ich hier deshalb noch einmal aufgreifen.

Was bedeutet die interdisziplinäre Ausrichtung der Pietismusforschung, so wie sie auf dem I. Internationalen Kongress zur Pietismusforschung im Jahre 2001 in Halle so eindrucksvoll zu sehen war? Was heißt es, wenn Literatur-, Musik- und Kunsthistoriker sich intensiv mit dem

---

[9] PuN 30 (2004), 200.

Pietismus beschäftigen? Mir scheint, dass in dieser bemerkenswerten Ausweitung des Interesses am Pietismus für die Pietismusforschung insgesamt eine große Chance liegt. Gewiss: Das Interesse anderer Disziplinen am Pietismus ist nicht neu. Es hat jedoch in der allerjüngsten Zeit einen neuen Grad an Intensität erreicht. Ein doppelter Pietismusbegriff, einer für die Kirchenhistoriker, der sich auf eine bestimmte Epoche bezieht, und einer für die Vertreter der anderen Disziplinen, kann aber, wenn ich mich nicht täusche, auf die Dauer nur eine unabsehbare Serie von Missverständnissen stiften. Da hilft Wallmanns subtile Distinktion, im ersten Falle solle man das Substantiv „Pietismus" einsetzen, im zweiten Fall aber mit dem Adjektiv „pietistisch" operieren, wenig. Denn wer, so frage ich mich, der nicht bei Wallmann in die Schule gegangen ist, wird sich nach den von seinen eigenen Vorgaben her zwar durchaus präzisen, trotzdem aber nicht praktikablen Vorschlägen richten? Notwendig scheint es mir vielmehr, die Diskussion auch an dieser Stelle wieder aufzunehmen und den Versuch zu machen, eine eindeutige Begriffsklärung und Begriffsbestimmung zu finden. Nur so können die Ergebnisse und Einsichten der anderen Fächer, deren Vertreter einzelne Aspekte des Pietismus erforschen, für die Pietismusforschung insgesamt und auch für die kirchengeschichtliche Pietismusforschung fruchtbar gemacht werden.

Viel schwieriger ist jedoch dann des weiteren die Einbeziehung der internationalen Diskussion und des internationalen Forschungsstandes. Denn hier haben wir es nicht nur damit zu tun, dass der Begriff Pietismus als typisch deutscher Begriff nicht ohne die Gefahr gravierender Missverständnisse in andere Sprachen übersetzt werden kann; hier öffnet sich vielmehr ein weites Spektrum zusätzlicher Fragen und Probleme. Wie ist das Verhältnis der verschiedenen Wellen der pietistischen Bewegung zu den fast zeitgleichen Wellen von „Revivals" und „Awakenings" in der englischen und amerikanischen Welt einzuschätzen? Ich habe zu dieser Frage im letzten Jahrbuch von „Pietismus und Neuzeit" einen konkreten Vorschlag gemacht.[10] Ferner: Kann man „Revivals", „Awakenings" und „Erweckungen" und in diesem Zusammenhang auch den Pietismus überhaupt angemessen verstehen, wenn man sich gleichzeitig nicht auch mit den komplexen, teilweise widersprüchlichen sozialen, ökonomischen, kulturellen und politischen Transformationen im Zuge der Entstehung der „modernen Welt" beschäftigt? Das heißt: Kann man vom Pietismus überhaupt angemessen reden, ohne sich gleichzeitig zu den säkularen Vorgängen in den Lebenswelten, in denen er sich herausbildete und behauptete, zu äußern? Gehört zur Erforschung von „Revivals",

---

[10] „Zur Charakterisierung der entschiedenen Christen im Zeitalter der Säkularisierung", PuN 30 (2004), 13–29.

„Awakenings" und „Erweckungen" also nicht gleichzeitig die Erforschung von Prozessen der Entkirchlichung und Säkularisierung? Ohne die verschiedenen Ausdrucksformen einer Dechristianisierung kann man, so scheint mir, die Leistungen intendierter und organisierter Rechristianisierung, so wie sie vom Pietismus erbracht wurden, nicht beurteilen, ebenso wie umgekehrt die verschiedenen Versuche einer Rechristianisierung in der Welt der Moderne angemessen ins Bild gerückt werden müssen, wenn man die Besonderheiten von Entkirchlichung, Dechristianisierung und Säkularisierung analysieren will.

Hinzugesetzt sei, dass sich solche langfristigen Entwicklungen im Rahmen eines von der Kirchengeschichte definierten Begriffs von Pietismus als einem Epochenbegriff nicht angemessen diskutieren lassen; und hinzugesetzt sei ferner, dass die Frage nach den Prozessen der Dechristianisierung und Rechristianisierung im Zuge von Industrialisierung und Urbanisierung, von akzelerierter Mobilität und Migration, Grundfragen der Geschichte der gesamten westlichen Welt seit dem 17. Jahrhundert berühren. Das heißt jedoch zugleich, dass die Pietismusforschung, wenn sie solche Fragen aufgreift, sich in einen Dialog mit all jenen historischen Disziplinen begibt, die sich mit der Eigenart und den Problemen der westlichen Welt auseinander setzen. Dass in einer solchen Diskussion auch in Deutschland im Rahmen der allgemeinen Geschichte frömmigkeits- und theologiegeschichtliche Themen wieder stärkere Beachtung finden würden, eine Relevanz, die sie in Ländern wie den USA und Großbritannien im übrigen nie verloren haben, sei nur am Rande erwähnt. Johannes Wallmann mag es mir als einem an religiösen Themen interessierten „Profanhistoriker" nachsehen, wenn ich nachdrücklich dafür plädiere, die Pietismusforschung in diesem Sinne zu akzentuieren und weiterzuführen. Der Pietismus als historisches Phänomen mit langfristigen Wirkungen ist viel zu wichtig, als dass man seine Leistungen nur auf eine bestimmte Epoche der Kirchengeschichte beziehen und in diese Epoche, wenn ich das so formulieren darf, „einmauern" sollte.

Es gilt, so scheint mir, also, die Diskussion über Umfang und Bedeutung des Pietismus nicht für beendet zu erklären, sondern aufs Neue zu eröffnen, mit allen Risiken, die darin bestehen, dass sich dabei Einsichten ergeben, die weder im Sinne eines Konsenses der deutschen evangelischen Kirchenhistoriker, den Wallmann für sich beansprucht, liegen, noch im Sinne einer von den Landeskirchen unterstützten Historischen Kommission zur Erforschung des Pietismus. Wissenschaft ist ergebnisoffen, dies sollte man auch für Themen wie den Pietismus akzeptieren. Es ist des weiteren sinnvoll, sich ernsthaft mit dem Gewinn zu beschäftigen, der sich aus der interdisziplinären Ausweitung der Pietismusforschung ergibt. Es ist außerdem notwendig, sich gründlich mit den Fragen auseinander zu setzen, die sich im Zusammenhang mit der höchst wünschenswerten, im übrigen aber gar nicht mehr aufhaltbaren Einbindung der deutschen Pietismusforschung in die internationale Forschung zum Pietismus und zur Geschichte der dezidiert Frommen im Zeitalter der Säkularisierung stellen. Und es gilt schließlich, was ich bisher noch nicht erwähnt habe, was mir aber besonders am Herzen liegt, die jüngeren Vertreter der Pietismusforschung in diese Diskussionen und Aktivitäten einzubeziehen. Denn es ist durchaus möglich, dass manche der Fragen, mit denen wir Älteren uns quälen, für diese jüngeren Forscher längst erledigt sind.

Ernst Koch

Die „Neue geistlich-fruchtbringende Jesus-Gesellschaft" in Rudolstadt[1]

I.

Die „Neue geistlich-fruchtbringende Jesus-Gesellschaft" in Rudolstadt wird bis in jüngste Zeit hinein in der Forschung immer wieder erwähnt. Ihre Existenz – wie auch immer geartet – wird vorausgesetzt. Unsicherheiten hinsichtlich ihres Bestandes beginnen sich jedoch bemerkbar zu machen, sobald man behauptete Einzelheiten miteinander vergleicht. So wird z. B. der Name der Gesellschaft unterschiedlich benannt. Kurt Gudewill spricht von der „Fruchtbringenden Jesusgesellschaft",[2] während Dietrich Blaufuß sie „Fruchtbringende Gesellschaft Jesu" nennt.[3] Bernhard Anemüller zitierte 1878 ihren Namen als „Geistliche fruchtbringende Jesusgesellschaft".[4] Stark differieren die Auskünfte über Mitglieder der Gesellschaft. Nannte Ludwig Friedrich Hesse 1833 sechs Mitglieder namentlich,[5] so erwähnte Eduard Emil Koch 1868 „sehr viele vornehme und gelehrte Männer, selbst Professoren auswärtiger Universitäten".[6] Bei Günter von Bamberg taucht die Behauptung auf, dass die schwarzburgisch-rudolstädtische Gräfin Ämilie Juliane und ihre Tochter (!) Maria Susanne zu den Teilnehmerinnen

---

[1] Abkürzungen:
AFSt = Archiv der Franckeschen Stiftungen, Halle an der Saale.
SpBW = Philipp Jakob Spener Briefe aus der Frankfurter Zeit 1666–1686, hg. v. Johannes Wallmann, Tübingen 1992 ff. (mit Bandziffer)
ThSAR = Thüringisches Staatsarchiv Rudolstadt
[2] Kurt Gudewill: Art. „Erlebach, Philipp Heinrich". In: Die Musik in Geschichte und Gegenwart, 1. Aufl., Bd. 3 (1954), Sp. 1505.
[3] Dietrich Blaufuß: Art. „Fritsch, Ahasver". In: Walther Killy (Hg.): Literatur Lexikon, Bd. 4 (1989), 42.
[4] [Bernhard] Anemüller: Art. „Fritsch, Ahasver". In: ADB 8 (1878), Sp. 109.
[5] Ludwig Friedrich Hesse: Verzeichniß Schwarzburgischer Gelehrten und Künstler aus dem Auslande. Drittes Stück. Rudolstadt 1833, 11; Doren Winker: Albert Anton. In: Die Grafen von Schwarzburg-Rudolstadt. Albrecht VII. bis Albert Anton, Rudolstadt 2000, 209 übernimmt diese Angaben.
[6] Eduard Emil Koch: Geschichte des Kirchenliedes und des Kirchengesangs der christlichen, insbesondere der deutschen evangelischen Kirche. Erster Haupttheil, Bd. 4. Stuttgart ³1868, 43.

der Gesellschaft gehört hätten.[7] So gelangte die Angabe zu Bernhard Anemüller, der ihr die Gräfin Ludämilie Elisabeth und Fürst Ludwig Friedrich I. an die Seite stellte.[8] Während die ältere biografische Literatur zu Ämilie Juliane davon nichts weiß, wird die Gräfin von Andrea Esche 1998 wiederum als Mitglied genannt,[9] und Elisabeth Schneider-Böklen weiß im Anschluss an vorausgehende Autoren auch ihren Gesellschaftsnamen zu nennen: „Freundin des Lammes".[10] Detlef Ignasiak spricht im Jahre 2000 von einer von Ahasverus Fritsch und Ämilie Juliane gemeinsam entwickelten Gründung „einer außerhalb der institutionalisierten Kirche stehenden Fruchtbringenden Jesus-Gesellschaft, die die Keimzelle einer allgemeinchristlichen Erneuerungsbewegung werden sollte" und meint, dass man in Rudolstadt wie an keinem anderen Hof in Thüringen mit dem Pietismus sympathisierte.[11] E. Arnoldt fügte noch den „regierenden Grafen" zusammen mit „verschiedenen Beamten und Bürgern des Landes" der Liste angeblicher Mitglieder hinzu.[12] Erst Jochen Bepler hielt die Zugehörigkeit von Ämilie Juliane zur Jesus-Gesellschaft für unsicher.[13]

Um etwas sichereren Boden zu betreten, wird es nützlich sein, zeitgenössische Quellen zu befragen. Hierfür kommen, wie es bis in jüngste Zeit hinein ansatzweise geschehen ist, der Briefwechsel Philipp Jakob Speners und neben ihm Spuren weiterer zeitgenössischer Briefüberlieferungen in Frage. Da die archivalische Überlieferung des Thüringischen Staatsarchivs Rudolstadt mit einer Ausnahme die Nachfrage fast völlig im Stich lässt, ist auch auf zeitgenössische Veröffentlichungen im weiteren Sinne zu achten, vor allem auf die Regeln der Gesellschaft.

II.

Der letztgenannte Text stellt auf zwei Quartblättern „Regeln / Der neuen geistlich-fruchtbringenden JEsus-Gesellschafft / Zur Ehre GOttes

---

[7] [Günter von Bamberg:] Schwarzburgisches Sion oder Schwarzburgs geistliche Liederdichter, Rudolstadt 1857, 43 und 207. Maria Susanne war eine Cousine von Ämilie Juliane.

[8] Anemüller: Fritsch, 109.

[9] Andrea Esche: Ein Kochbuch der Gräfin Ämilie Juliane von Schwarzburg-Rudolstadt (1637–1706). Blätter der Gesellschaft für Buchkultur und Geschichte 2 (1998), 94.

[10] Elisabeth Schneider-Böklen: „Bis hierher hat mich Gott gebracht". Leben und Werk der Ämilie Juliane von Schwarzburg-Rudolstadt (1637–1706). Gottesdienst und Kirchenmusik 1993, 129.

[11] Detlef Ignasiak: Die Fürstenhäuser Thüringens in Sage und Geschichte, Mitteldeutsche Miniaturen 3. Bucha 2000, 163.

[12] E. Arnoldt: Ahasverus Fritsch. In: Allgemeine Evangelisch-Lutherische Kirchenzeitung 34 (1901) Sp. 801.

[13] Jochen Bepler: Art. „Ämilie Juliane". In: Killy: Literatur Lexikon 1, 59.

aufgerichtet Im Jahr 1676" vor.[14] Ihr Verfasser ist nicht genannt. Am Anfang der 12 Regeln wird jeder, der in die Gesellschaft eingetreten ist, angewiesen, sich einen dem Zweck der Gesellschaft angemessenen Namen in Gestalt einer Devise und ein Kräuter-, Blumen-, Edelstein- oder Metallsymbol zu wählen und beides in ein Buch eintragen zu lassen, das die Mitglieder verzeichnet. Die Reihenfolge der Eintragungen soll sich nach der Reihenfolge der Anmeldungen richten. Als den erwähnten Zweck der Gesellschaft formuliert eine zweite Regel, „daß die Glieder derselben sich unter einander verbinden / zu Vermehrung der Ehre Gottes / um der theuren Liebe Jesu willen / nach besten Verstande und Vermögen / durch allerley practicirliche Mittel und Wege / zu förderst sich selber / und dann das zerfallene Christenthum / so viel an ihnen ist / ein jeglicher nach seinem Stande und Beruff / erbauen helffen". Diesem Ziel soll – so Regel 3 – eine christbrüderlich-freundliche, schriftlich oder mündlich gestaltete Kommunikation dienen, in der einer dem andern mitteilt, was er im Blick auf den Hauptzweck der Gesellschaft für heilsam hält. Regel 4 bestimmt, dass die Glieder der Gesellschaft, die sich am gleichen Ort befinden, zuweilen zusammenkommen sollen „und ein Christliches / auff den Haupt-Zweck zielendes Gottseeliges Gespräche unter sich anstellen". Auswärtige sollen an ihrem Ort solche Gespräche ebenfalls fördern „und hierdurch die Societät propagiren helffen", also werbend tätig werden. Für alle gilt, dass sie „ihren Neben-Christen bey allen Gelegenheiten / wo und auff was ziemende Weise es nur immer seyn kan / zuförderst durch heiligen Gespräche / im Christenthum zu erbauen / sich befleissigen" (Regel 5). Hinzu kommt eine speziell sozial-bildungsbetonte Aufgabe: Die Glieder der Gesellschaft sollen sich nach Möglichkeit darum bemühen, „daß arme verlassene Vater- und Mutterlose Waisen durch Hülffe der Obrigkeit / oder andere Vermögenden Leute / zur Schulen gehalten / und in ihrem Christenthum nothdürftig unterrichtet werden mögen" (Regel 6). Die Regeln 7 und 8 verweisen die Glieder der Gesellschaft nochmals in besonderer Weise aneinander. Sie werden angehalten, aufeinander zu achten und zur Sprache zu bringen, was dem andern „übel anständey [!] / und etwan einsten Gefahr und Schaden bringen möchte". Eine solche gegenseitige Aufmerksamkeit soll „allezeit wohl auffgenommen werden". Umgekehrt soll jeder die Möglichkeit haben, seine Wünsche „in leib- oder geistlichen Dingen" zu äußern und vom andern Trost, Rat und Hilfe zu erbitten, die ihm „jederzeit nach vermögen willigst [. . .] geboten werden" sollen. Neben die mündliche Kommunikation tritt nach Regel 9 gelegentlich die schriftliche, sofern jeder ermuntert wird, sich „mit einem

---

[14] I.N.J. Regeln / ‖ Der neuen geistlich-fruchtbringenden ‖ JEsus-Gesellschaft / ‖ Zur Ehre GOttes aufgerichtet ‖ Im Jahr 1676. ‖ [o. O. u. J.] (1676). Herzog August Bibliothek Wolfenbüttel, Signatur: QuN 286.1 (27).

geistlichen / auff den Haupt-Zweck zielenden kurtzen Scripto, Epistel / oder dergleichen" bei der Zusammenkunft zu äußern. Die Regeln 10, 11 und 12 umschreiben inhaltlich ergänzend nochmals den Hauptskopus der Gesellschaft: „X. Gesambte Mit-Glieder wollen andern zum guten Exempel und Nachfolge mit einem heiligen und göttlichen JEsus-Wandel / so viel in dieser Schwachheit / durch des Geistes gnade / müglich / stets vorleuchten. XI. Ihren gecreutzigten und auferstandenen JEsum in steten Gedächtnis halten / und seine Treue und Liebe / damit er sie geliebt / ohnaufhörlich rühmen / loben / und preisen. XII. Geistlich / Göttlich und himmlisch gesinnet seyn / und allezeit nach dem das droben ist / da ihr JEsus ist / trachten". Die Anklänge an 2Tim 2,8; Rm 8,5 und Kol 3,2 betonen die christologisch motivierte Ausrichtung des Skopus der Gesellschaft, die bereits in ihrem Namen zum Ausdruck kommt.

Ein Überblick über die „Regeln der neuen geistlich-fruchtbringenden JEsus-Gesellschaft" lässt folgende Akzente ausmachen:

1. Die Gesellschaft, deren Stifter bzw. Gründer nicht genannt wird, versteht ihre Aufgabe als gegenseitige Hilfestellung ihrer Glieder zur Intensivierung gelebten Christentums, damit die Ehre Gottes vermehrt wird. Da das zeitgenössische Christentum als „zerfallen" erlebt wird, soll ihm auf diesem Wege zu seinem Aufbau verholfen werden.

2. Die gegenseitige Hilfestellung der Glieder der Gesellschaft wird als verbindlich verstanden und in diesem Sinne konkretisiert.

3. Großen Raum nimmt in den Regeln die Pflege einer Gesprächskultur ein, die auch schriftliche Form annehmen kann.

4. Einen Nebenakzent gewinnt die nicht sozial-charitativ, sondern sozial-bildungsorientiert motivierte Bemühung um Waisenkinder. Die praktische Umsetzung dieser Bemühung bleibt der Obrigkeit bzw. der Gesellschaft überlassen.[15] Es verdient bemerkt zu werden, dass dieser Nebenakzent naturgemäß nichts von den späteren Aktivitäten August Hermann Franckes weiß.[16]

5. Die Regeln sprechen die Mitglieder der Gesellschaft nicht auf geistliche Sonderleistungen, sondern auf ihre Möglichkeiten an, um ihnen zu verbindlichem Einsatz zu verhelfen.

6. Die Struktur der Jesus-Gesellschaft entspricht bis in Namengebung und Gestaltung hinein dem Vorbild der 1617/1622 gegründeten Fruchtbringenden Gesellschaft, deren Niedergang nach 1670 einsetzte. Damit

---

[15] An der Rudolstädter Landesschule war am 26. März 1676 ein Freitisch für 13 bedürftige Schüler gestiftet worden. Die Verfügung wurde durch Ahasverus Fritsch ausgefertigt, vgl. Johann Heinrich Schönheide: PROGRAMMA [...] DE SACRIS IVBILAEIS [...] ITEMQVE DE MENSAE GRATVITAE SCHWARZBVRGICAE HABITV [...]. Rudolstadt 1726, S. 6 f.

[16] Auch insofern ist Arnoldts Behauptung abwegig, die Jesus-Gesellschaft habe sich als „eine Art Verein für Innere Mission" dargestellt (Arnoldt: Fritsch, Sp. 801).

knüpft sie an ein Vorbild an, das elitären Charakters war, da die Fruchtbringende Gesellschaft Mitglieder fürstlicher und adliger Herkunft umfasste, ohne bürgerliche Mitglieder gänzlich auszuschließen. Jedes von ihnen erhielt einen „Gesellschaftsnamen", in dem etwas von seiner persönlichen Eigenart sinnbildhaft ausgedrückt war, wählte sich ein emblematisches Symbol und einen „Sinnspruch" (Devise) und wurde in das Gesellschaftsbuch eingetragen.[17]

III.

Gelegentlich findet sich in der geistlichen Literatur vor der Mitte des 17. Jahrhunderts der Vergleich der Kirche mit einer Sozietät. Johann Gerhard stellte 1631 in Aufnahme von Hld 8,13 fest: „Die Gesellschafften des himlischen Bräutigams sind die heiligen Engel / trewe Lehrer vnd Prediger / ja alle gottselige Christen / die mercken drauff / wie wir in diesem Leben handeln vnd wandeln / wie wir mit den zeitlichen Gütern schalten vnd walten".[18] Seit etwa 1660, also zur Zeit des beginnenden Niedergangs der Weimar-Köthener Fruchtbringenden Gesellschaft, hatte auch im engeren Bereich des zeitgenössischen Luthertums die Idee von Sozietäten neue Faszination gewonnen. Ein sprechendes Beispiel dafür stellt Justinian von Welz und seine „Jesus-Gesellschaft" dar.[19] Heinrich Ammersbach bemühte sich 1666 um eine Neubelebung.[20] Bis in Buchtitel hinein machte sich diese Tendenz bemerkbar. Der Titel einer Sammlung von durch Samuel Benedikt Carpzov 1687 in Dresden gehaltenen und 1711 veröffentlichten Predigten „Die Fruchtbringende Gesellschaft der Christen"[21] bildete das Vorbild für weitere Sammlungen

---

[17] Zur Fruchtbringenden Gesellschaft, die am 24. August 1617 durch Fürst Ludwig von Anhalt-Köthen in Zusammenarbeit mit drei sächsischen Herzögen gegründet, aber erst ab 1622 realisiert wurde, Ferdinand van Ingen: Art. „Sprachgesellschaften". In: Walther Killy (Hg.), Literatur Lexikon, Bd. 14: Begriffe, Realien, Methoden, hg. v. Volker Meid. Gütersloh 1993, S. 392–394.
[18] Johann Gerhard: POSTILLA SALOMONAEA, Das ist / Erklärung etlicher Sprüche aus dem Hohenlied Salomonis [...], Bd. 2. Jena 1631, 621.
[19] Justinian Freiherr von Welz: Eine christliche und treuhertzige Vermahnung an alle rechtgläubige Christen / der Augspurgischen Confession / betreffend eine sonderbahre Gesellschafft / durch welche / nechst göttlicher Hülffe / unsere evangelische Religion möchte außgebreitet werden, Nürnberg 1664. Vgl. auch Justinian von Welz. Ein Österreicher als Vordenker und Pionier der Weltmission. Seine Schriften, bearb. und hg. von Fritz Laubach. Wuppertal-Zürich 1989.
[20] Heinrich Ammersbach: Fernere Fortpflantzung der JEsus-Liebenden Gesellschafft / Zu Erbawung des Wahren Christenthumbs unnd Erweiterung des Reichs CHRISTI [...]. o. O. u. J. [Halberstadt 1666].
[21] Samuel Benedikt Carpzov: Die Fruchtbringende Gesellschafft der Christen [...], hg. v. Johann Gottlieb Carpzov. Leipzig 1711. (Johann Gottlieb Carpzov war der Sohn des Verfassers.)

mit ähnlichem Titel.[22] Im Jahre 1700 erschien in Nordhausen der Plan einer Sozietätsbildung, die sich gegen Fluchen, Saufen und Spielen richten wollte und vermutlich durch österreichische Exulanten getragen wurde.[23]

Für das Verständnis des Umkreises der in den Regeln der Rudolstädter Gesellschaft niedergelegten Absichten und Ziele nützlich ist der Einblick in frömmigkeitsgeschichtliche Quellen, die aus Rudolstadt selbst bzw. dem Umkreis des Rudolstädter Hofes stammen. Zunächst ist dazu zu bemerken, dass Rudolstadt zu den Zentren der sich nach 1650 verstärkenden Beschäftigung mit dem Namen Jesu und seiner Verehrung gehörte, die mit der gleichzeitig zunehmenden Intensivierung der Rezeption des alttestamentlichen Hohenliedes parallel lief. Ein frühes Zeugnis dafür ist die Beschreibung der Namen Jesu, die der Rudolstädter Hofprediger Johann Rothmaler in einer Evangelienpostille zusammenfasste und die sein Sohn Johann Elias Rothmaler 1664 veröffentlichte.[24] In diese Tradition gehört die zwanzig Jahre später durch den schwarzburg-rudolstädtischen Generalsuperintendenten und Rudolstädter Stadtpfarrer Justus Söffing veröffentlichte dreibändige „Jesus-Postill",[25] die die Auslegung der Sonn- und Festtagsevangelien des Kirchenjahrs unter dem Gesichtspunkt jeweils einer Eigenschaft Jesu vorlegt. Söffing war der Schwiegersohn Johann Rothmalers und amtierte seit 1651.

Ein Blick in das in Rudolstadt entstandene Kirchenliedgut der zweiten Hälfte des 17. Jahrhunderts verstärkt den Eindruck einer auf den liebend verehrenden Umgang mit dem Namen Jesu konzentrierten Frömmigkeit, in deren Mittelpunkt die Einung mit Jesus im Sinne der *unio mystica*

---

[22] Johann Kießling, Pfarrer an der Kaufmannskirche in Erfurt, berief sich mit seiner Sammlung von 1696 gehaltenen Mittagspredigten an Sonn- und Festtagen ausdrücklich auf das Vorbild von Samuel Benedikt Carpzov und den „Palmorden", d. h. die Fruchtbringende Gesellschaft von 1617 („Fruchtbringende Gesellschafft des HErrn JESU [...]". Hannover 1708, 1 f.). In diesen Zusammenhang gehört auch Georg Christian Lehms: Die Fruchtbringende Gesellschafft der Todten / Bestehend in unterschiedenen Betrachtungen über die merckwürdigsten Todes-Fälle / Derer in dem heiligen Bibel-Buch gedacht werden [...]. Nürnberg 1711. Den Druck einer am Pfingstmontag 1676 von Daniel Klesch in Halle gehaltenen Predigt: „Societas Sacra Carpophororum. Die Geistlich Frucht-bringende Gesellschafft" (erwähnt in Daniel Klesch: Die Höchst-Preiß-würdigste Sionische Rosen-Gesellschaft [...]. Jena-Rudolstadt 1679; Herzog August Bibliothek Wolfenbüttel, Signatur: Yv 2397.8° Helmst.) konnte ich nicht finden.

[23] Eine Christliche SOCIETÄT und Gesellschaft / Wieder die leider! allzugemeine drey Laster / Des Fluchens / Vollsauffens / und Hohen Spielens / [...] betreffend / Benebst dem neulichts publicirten scharffen Kayserl. Mandat, Zur Warnung vorgestellet von A. F. D. C. S. Nordhausen (Bibliothek der Franckeschen Stiftungen Halle, Signatur: 150.F.4 (6b).

[24] Johann Rothmaler: Wahres Erkenntniß und Bekentniß JESU CHRISTI [...], hg. v. Johann Elias Rothmaler, 2 Bde. Rudolstadt 1664.

[25] Justus Söffing: JESUS-POSTILL / Oder Auslegung Der Sonn- und Fest-Tags-Evangelien / Worinnen / nach erklärtem Text / Ein JEsus-Bild / [...] Als ein Lehr- Trost- und Tugend-Bild beschrieben [...]. Rudolstadt 1683/84.

und ihr soteriologischer Sinn steht.[26] Diese affektbetontc Frömmigkeit, in der Forschung herkömmlich als „pietistisch" bezeichnet, verbindet sich in Rudolstadt außer mit dem bereits genannten Justus Söffing mit Namen wie Ahasverus Fritsch und den schwarzburg-rudolstädtischen Gräfinnen Ämilie Juliane, Ludämilie Elisabeth, Sophia Juliana und Christiane Magdalena.[27]

Wenig beachtete Zeugnisse für diese Jesus-Frömmigkeit enthalten die höfische Malerei Rudolstadts und die Rudolstädter Druckgraphik. Gräfin Ämilie Juliane ließ sich je einmal Jesus als Gotteslamm auf dem Arm haltend und einmal als Braut Jesu durch den Hofmaler Seivert Lammers in Öl darstellen.[28] Hierher gehören auch die Titelkupfer der Auflagen des „Rudolstädtischen Hand-Buchs" (s. u.). Der Titelkupfer einer von Ahasverus Fritsch verfassten Trostschrift stellt Jesus mit Dornenkrone und Leidenswerkzeugen in einem Oval aus leuchtenden Feuerflammen dar. Der leidende Jesus zeigt sein brennendes Herz und in seiner linken Hand das brennende Herz des Glaubenden. Das Wort „Liebe", 14mal genannt, umgibt einen innerhalb des Flammenkranzes oval gestalteten Stern, der die Überschrift des Bildes aufnimmt: „Ich habe dich geliebt, und mich selbst für dich dar gegeben drum liebe mich

---

[26] Ahasverus Fritsch zählte in einer Liste von Erbauungsbüchern, die er zum Thema der gegenseitigen Liebe zwischen Jesus und den Glaubenden geschrieben hatte, 19 Titel auf (Ahasverus Fritsch: Höchstnöthige / heilsame / und Hertz-bewegliche Vorstellung / Daß ein jeglicher glaubiger Christ höchstschuldig sey / seinen HErrn JESUM / Heiland und Erlöser / der ihn so hertzlich geliebet / [. . .] stets / stets [!] in seinem Hertzen zu haben / täglich / stündlich / und so viel in dieser Schwachheit nur immer müglich / an seine Liebe zu gedencken [. . .]. Rudolstadt 1699, Bl. A 3r–v). Zu bemerken ist, dass die von A. Fischer und W. Tümpel gebotenen Liedtexte die Überlieferung nicht vollständig darstellen. Vgl. z. B. das Jesus-Lied von Maria geb. Rothmaler, das im Anhang zu Christoph Sommer: Süsser Jesus-Abschied [. . .][Leichenpredigt für Christiane Magdalene Söffing]. Rudolstadt 1675, unter gesondertem Titel geboten wird.

[27] Das überlieferte Liedgut, das über Gesangbücher weite Verbreitung fand, bedürfte einer gesonderten Analyse. Bereits Johann Rothmaler hatte in der Widmungsvorrede zum zweiten Teil seiner Postille den vier schwarzburgischen Gräfinnen Sophia Juliana, Ludämilie Elisabeth, Christiane Magdalene und Maria Susanne unter Anknüpfung an Hld 8,6 bescheinigt, „daß dieselbigen dieser Ihres hertzgeliebten HErrn und Heylandes / als Seelen-Bräutigams / billigen / und allen Glaubigen zum besten gemeinten / nützlichen und nötigen Ermanung mit recht Christlichen Hertzens Eyfer folgen / Christum in dero Hertzen / und auff dero Armen durch wahren Glauben / hertzlicher Liebe / und stetiges Andenken trage(n) / und was von Ihn zu wissen / zu glauben / und zu halten sey / durch die Predigt von seinem Namen in hertzlicher Andacht Sich willig unterweisen / und daß Christus nimmer aus dero Hertzen / Sinn und Gedächtnis kommen möge / Ihres Hertzens Lust und Freude seyn lassen / von Ihme zu reden / zu hören / und zu lesen" (Rothmaler: Wahres Erkenntniß, Bd. 2, Bl. A 4r).

[28] Christian Dittrich: Seivert Lammers 1648–1711. Ein Beitrag zur thüringischen Kunstgeschichte im Zeitalter des Barock, Dresden 1980, S. 118 f. Die Deutungen der Bilder sind revisionsbedürftig. Eine Wiedergabe der Bilder findet sich in: Von teutscher Not zu höfischer Pracht 1648–1701 (Ausstellungskatalog Germanisches Nationalmuseum Nürnberg). Nürnberg 1998, 272 f.

und gib mir dein Hertz".[29] Die in Schwarzburg-Rudolstadt empfohlene und gepflegte Jesus-Frömmigkeit erwuchs aus einem Verständnis der Bibel, das die Mitte der biblischen Botschaft in der Sendung Jesu zum Heil der Welt sah. Justus Söffing legte diesen Zusammenhang besonders eindrucksvoll in seiner Vorrede zur Rudolstädter Bibelausgabe von 1681 dar.[30] Ein spezieller Inhalt dieser Frömmigkeit zeigt sich jedoch in einem weiteren eigenen Quellenkorpus.

IV.

Im Rudolstädter Umkreis der Zeugnisse für diese an die Faszination einer religiösen Sozietät und eine auf den liebenden Umgang mit dem gekreuzigten und auferstandenen Jesus konzentrierte Frömmigkeit sind eine Reihe von Texten anzutreffen, in denen lange vor der 1676 erfolgten Veröffentlichung der „Regeln der neuen geistlich-fruchtbringenden Jesus-Gesellschaft" auf eine Gesellschaft Bezug genommen wird, die das Muster der Weimar-Köthener Gesellschaft auf Inhalte des christlichen Glaubens zu übertragen scheint. Hier ist zunächst auf Predigten von Justus Söffing anlässlich des Todes der Gräfinnen Sophia Juliana, Ludämilie Elisabeth und Christiane Magdalena im Jahre 1672 hinzuweisen. Es ist aufschlussreich, sich den Gesamtzusammenhang der aus diesem Anlass stattgefundenen Gottesdienste und Predigten zu vergegenwärtigen, die in einem 190 Folioseiten umfassenden Druck gesammelt wurden.[31] Den Predigttext zur in der Nacht nach dem Tode erfolgten Beisetzung für Sophia Juliana entnahm Söffing dem zweiten Teil der letzten Strophe des Liedes von Philipp Nicolai „Wie schön leuchtet der Morgenstern": „Komm, du schöne Freudenkrone, bleib nicht lange, deiner wart ich mit Verlangen". Söffing wählte als Exordium das Lied „O Jesu süß, wer dein gedenkt", einer Übersetzung des dem Preis des Namens Jesu gewidme-

---

[29] Ahasverus Fritsch: Trost über Trost / oder Geistlicher Lebens-Balsam / in allerley geist- und leiblichen Schwachheiten / Ohnmachten / Aengsten / Nöthen / und Anfechtungen / [...]. Rudolstadt 1693.

[30] BIBLIA. Das ist / die gantze Heilige Schrifft Alten und Neuen Testaments / Teutsch / D. Martin Luthers [...] Nebst einer Vorrede Von Justus Söffingen / SS.Theol.D.Superint. & Consist. Assess. Rudolstadt 1681. Vgl. dazu Ernst Koch: Bibellektüre in Schwellenzeiten im Spiegel von Bibelvorreden zwischen 1681 und 1712. In: Wolfgang Schillhahn/Michael Schätzel (Hg.): Wortlaute. Festschrift für Dr. Hartmut Günther. Groß Oesingen 2002, S. 270–274.

[31] Justus Söffing: Unverwelckliche Myrten-Krone, als [...] Ämilia, Gräffin zu Schwartzburg und Hohenstein [...] Hiernechst auch Dero drey Fräulein Töchter [...] in das Hochgräfliche Begräbniß-Gewölbe eingesenket wurden [...]. Rudolstadt 1672. Die Mutter der drei Gräfinnen war bereits am 4. Dezember 1670 verstorben. Die seinerzeit von Söffing gehaltene Predigt wurde in diesem Sammelband erneut veröffentlicht. Sophia Juliane verstarb am 14. Februar, Ludämilie Elisabeth und Christiane Magdalene verstarben am 12. März 1672. Sie fielen einer Masernerkrankung zum Opfer.

ten Liedes „Dulcis Jesu memoria". Danach handelte die Predigt von der verlangenden Seele, dem verlangten Schatz und dem Verlangen selbst.[32] Die Predigt verstand sich als Ausdruck und Darlegung der mystisch verstandenen Liebesfrömmigkeit der Verstorbenen. Der Lebenslauf enthielt eine ausführliche Beschreibung dieser Frömmigkeit der Gräfin mit ihrer Vorstellung als Braut Christi. Die Trauerpredigt für Ludämilie Elisabeth am Abend des 14. März 1672 galt der Auslegung von Phil 1,23[33], die für Christiane Magdalena der Auslegung von Ps 116,1–9.[34]

Die Beisetzung von Christiane Magdalene wurde auf den 15. April 1672 verschoben. Söffing legte Hiob 13,15 unter dem Thema „Eine Zur Unverweßlichkeit Gesalbte des HErrn" aus.[35]

Im Zusammenhang der Nachfrage nach der geistlichen Sozietätsthematik bedarf die am 12. April 1672 gehaltene Predigt Söffings anlässlich der Beisetzung der Gräfin Ludämilie Elisabeth besonderer Aufmerksamkeit. Den Predigttext Jer 31,20 hatte die Verstorbene selbst für den Anlass der Niedersetzung ihres Sarges gewählt. Der Titel der Predigt drückte aus, worum es dem Prediger ging. Er schilderte eine „geistlich fruchtbringende Gesellschaft" und rief dazu auf, sie im Sinne der verstorbenen Gräfin zu praktizieren, um wahres Christentum zu leben.[36] Anlass für eine solche Entfaltung des Prophetenwortes war für den Prediger der häufige Anruf der Gräfin Ludämilie Elisabeth an Jesus: „Ich bin dein Ephraim / Ich bin dein Ephraim",[37] wobei sie das hebräische „Ephraim" mit „Frucht" übersetzt haben wollte. Söffing griff dies in Erinnerung an die Verstorbene auf und zeichnete das Bild einer Versammlung aller Liebhaber und Liebhaberinnen des göttlichen Wortes, nämlich einen schönen Lustgarten und „eine rechte fruchtbringende Gesellschaft", in deren Mitte „auch unsere Hoch-Gräffliche liebste Ephraim oder LUDAEMILIA" zu finden sei, „welcher zu letzt schuldigen Ehren und Andencken wir itzt alhier versamlet sind". Der Prediger setzte beide Bilder in Beziehung zueinander und stellte fest: „So war aber die Christenheit ein geistlich schöner Garten ist: So war sind die gläubigen Seelen darinnen als wie *eine fruchtbringende Gesellschafft*".[38]

---

[32] Justus Söffing: Süsser Jesus-Liebe / aus dem Lieb-vollen Spruch Cantic.II. Mein Freund ist mein / und ich bin sein [...]. In: Söffing: Myrten-Krone, 27–65.

[33] Justus Söffing: Schönste Himmels-Lust [...]. In: Söffing: Myrten-Krone, 57–80 (2. Zählung).

[34] Justus Söffing: Lieblichste Seelen-Ruhe Der Hoch-Gräflichen Schwartzburgischen SULA-MITHIN [...]. In: Söffing: Myrten-Krone, 81–101 (2. Zählung).

[35] Söffing: Myrten-Krone, 129–147 (2. Zählung).

[36] Justus Söffing: Ephraim Das ist Geistlich fruchtbringende Gesellschafft / Aus dem schönen Spruch Jerem.XXXI. ISt nicht Ephraim mein theurer Sohn und mein trautes Kind etc. [...] Zur guten Nachfolge / und erwünschten Fortpflantzung des waaren Christenthums fürgebildet. In: Söffing: Myrten-Krone, 107–122 (2. Zählung).

[37] Söffing: Myrten-Krone, 108.

[38] Söffing: Myrten-Krone, 111. Der kursiv hervorgehobene Text ist im Original fett gedruckt.

Söffing nahm diese Feststellung zum Anlass, den zur Predigt Versammelten die „Fruchtbringende Palm-Gesellschaft" vorzustellen, also die Weimar-Köthener Fruchtbringende Gesellschaft, gelegentlich auf Grund ihres Leitsymbols, die Indianische Palme, als „Palmorden" bezeichnet. Er berichtete von ihren Gründern und Oberhäuptern, den Emblemen und Gesellschaftsnamen ihrer Mitglieder und nannte unter diesen auch die Grafen Karl Günther und Ludwig Günther von Schwarzburg mit ihren Namen. Die Fruchtbringende Gesellschaft galt dem Prediger lediglich als Analogie, was sich daran zeigte, dass er betonte, in der christlichen Kirche befinde sich die älteste, fruchtbarste und größte Gesellschaft. Sie habe schon im Paradies und im Kreis der Jesusjünger existiert. „Denn es befinden sich darinn nicht allein alle rechtgläubige Manns-Personen / sondern auch alle Gottselige Weibsbilder".[39] So zeige es sich am 31. Kapitel der Sprüche Salomos, so auch an den biblischen Frauengestalten von Sara bis Lydia. Diese Gesellschaft, die Christenheit, sei auch die beständigste Gesellschaft, wie die Geschichte zeige. Der Prediger lud dazu ein, sie unter diesem Gesichtspunkt intensiv zu betrachten. Danach jedoch ging er noch einen Schritt weiter und sprach nachdrücklich folgenden Wunsch aus: „Unser GOtt [...] lasse diese Betrachtung nicht nur itzo wolgelingen / sondern auch künfftig / nach seinem Wolgefallen / eine Veranlassung seyn / das / nach seinem heiligen Wort und Willen / auch unter Gottseeligen verständigen Tugendbegierigen Weibes-Bildern / über die gemeine Christen-Gesellschaft / ein sonderbarer geistlicher Tugend-Orden oder Tugend-Schule aufgerichtet und fortgepflanzet werde zu mehrer Ausbreitung seiner Göttlichen Ehre / des wahren Christenthumes Zierde / und guter Ubung in Christlichen Tugenden und GOtt wolgefälligen Wercken / Amen Amen".[40]

Zuvor öffnete Söffing das Bild jedoch wiederum auf die Kirche hin, indem er als ihre Stifter Gott selbst und als Oberhaupt Jesus vorstellte. Für die Tugenden ihrer Glieder zog er Blumen als Sinnbilder heran: Braune Nelken für herzliches Erbarmen und Mitleiden gegenüber dem Nächsten, weiße Lilien für Aufrichtigkeit, rote Rosen für Beständigkeit, braune Violen für Demut, Geduld und Sanftmut, schattierte Tulpen für allerlei Früchte des Geistes.[41] Das Oberhaupt dieser Gesellschaft, so betonte Söffing, beschenkt die Mitglieder. „Er hängt uns auch ein Gemählde um / das ist sein Ebenbild / welches Er in uns aufrichtet und sein Verdienst / welches Er uns im Glauben zurechnet: Er schencket uns ein immergrünendes Band der Vollkommenheit / Col.III".[42] Als Satzung und Ordnung der Christenheit als fruchtbringender Gesellschaft führte der Generalsuperintendent u. a. Mt 6,34 und Kol 3,1–2 an.

---

[39] Söffing: Myrten-Krone, 111–113.
[40] Söffing: Myrten-Krone, 114 f.
[41] Söffing: Myrten-Krone, 119.
[42] Söffing: Myrten-Krone, 116; vgl. Kol.3,14.

Der Vollständigkeit halber, aber auch im Blick auf personelle Zusammenhänge sei erwähnt, dass der Sammelband mit den Predigten anlässlich der Todesfälle der Gräfinnen zusätzlich die Abdankungsrede zu nächtlicher Zeit von Ahasverus Fritsch,[43] eine Abdankungsrede für Ludämilie Elisabeth von Johann Hedwig, Pfarrer in Königsee, ehemals Erzieher der Verstorbenen,[44] eine zweite Abdankung für alle drei Gräfinnen von Georg Hauck, Pfarrer in Oberweisbach und ebenfalls Erzieher der Prinzessinnen[45] sowie eine umfangreiche Beigabe von Epicedien und Trauergedichten enthält.[46]

Einige Passagen der Predigt des Rudolstädter Generalsuperintendenten bei der Bestattung von Gräfin Ludämilie Elisabeth lassen also einen speziellen Aufruf an die Zuhörenden erkennen. Er bezog sich auf die Wiederbelebung der 1619 durch Gräfin Anna Sophia in Rudolstadt gegründeten „Tugendlichen Gesellschaft". Diese war mit dem Tode der Gründerin am 9. Juni 1652 erloschen, nachdem ihr zwischen 1619 und 1643 103 fürstliche und gräfliche Damen beigetreten waren, unter ihnen 28 (wahrscheinlich) reformierter Konfession. 1632 war die Zahl der Mitglieder auf 73 begrenzt worden.[47]

Der Aufruf Söffings vom Jahre 1672 fand wirklich ein Echo. Das ist aus seiner an die Gräfinnen Ämilie Juliane und Maria Susanne gerichteten, vom 27. September 1675 datierten Vorrede zu einem Gebetbuch zu schließen, das er „Für die fruchtbringende JEsus-Gesellschafft" zusammengestellt hatte.[48] Sie setzt mit einer Gartenmetapher und deren Deutung auf die Heilige Schrift, die Kirche und das Leben in der himmlischen Vollendung ein, spricht von den Bewohnern dieser Gärten („iedwede glaubige Seele") und kommt in Aufnahme von Hld 8,13 in der Auslegung durch Johann Gerhard[49] auf die Gesellschaften zu sprechen, in denen Söffing die Engel und die Lehrer und Prediger der Kirche sieht. Nachdem er einen weiteren noch zu erwähnenden Aspekt von Gesell-

---

[43] Söffing: Myrten-Krone, 102–106 (2. Zählung).

[44] Johann Hedwig: Edelstes Glück-Spiel. In: Söffing: Myrten-Krone, 123–128 (2. Zählung).

[45] Söffing: Myrten-Krone, 148–154 (2. Zählung).

[46] Söffing: Myrten-Krone, 155–190 (2. Zählung).

[47] Vgl. Klaus Conermann: Die Tugendliche Gesellschaft und ihr Verhältnis zur Fruchtbringenden Gesellschaft. Sittenzucht, Gesellschaftsidee und Akademiegedanke zwischen Renaissance und Aufklärung. Daphnis 17 (1988), 513–626; Detlef Ignasiak: Bemerkungen zur Tugendlichen Gesellschaft in Rudolstadt. Rudolstädter Heimathefte 35 (1989), 159–164.

[48] Justus Söffing: Hertzens-Lust an JESU / oder JEsus-Gebet-Buch / in welchem begriffen I. Morgen- und Abend-Gebet. II. Buß- und Communion-Gebet. III. Amts- und Standes-Gebet. IV. Creutz- und Sterbens Gebet. nach des heiligen Geistes Wort Col.III. Alles / was ihr thut mit Worten / oder mit Wercken / das thut alles in dem Namen des HERRN JESU / Für die fruchtbringende JEsus-Gesellschafft verfertiget / und nach vieler JEsus-Hertzen Verlangen zum Druck gegeben. Rudolstadt 1675 (Universitäts- und Landesbibliothek Halle, Signatur: Ung I D 84).

[49] Vgl. Anm. 18.

schaftsbildungen berührt hat, kehrt er zu der bereits drei Jahre zuvor betonten Chance von Frauen innerhalb der Gesellschaft der Glaubenden zurück und weist darauf hin, dass sie schon bei Jesus Sirach betont sei: „Die Furcht des HErrn wohnet bey den auserwehlten Weibern". Wiederum zitiert Söffing die biblischen Frauengestalten von Sara bis zu der auserwählten Frau des 2. Johannesbriefs.[50] Besonders hervorgehoben wird Maria und zusätzlich auf das Lob von Hieronymus über gläubige Frauen seiner Zeit verwiesen.

Schließlich führt der Generalsuperintendent sechs bereits verstorbene schwarzburgische Gräfinnen als Zeuginnen an, darunter auch die drei 1672 verstorbenen. Er schließt mit der Versicherung, dass dann, wenn er die Erlaubnis hätte, auch „lebendige Tugend-Bilder" der Jesusgesellschaft beizufügen, Ämilie Juliane und Maria Susanne „die höchsten Ober-Stellen" erhalten würden.

Neben den von ihm angeführten Gesellschaften der Engel und der Lehrer und Prediger nennt Söffing in der Vorrede auch noch „eine aufmerckende Gesellschafft", „die Fruchtbringende JESUS-Gesellschafft / das ist / alle wahre JEsus-liebende Seelen". Er möchte sie „eine Fruchtbringende Gesellschafft / besonders aber eine JEsus-Gesellschafft" nennen. Ihr Gesellschaftscharakter ist darin gegründet, dass sie zur Versammlung der Kirche gehören, „und sind eben die Gemeine der Heiligen". Frucht bringen sie dem 6. Artikel des Augsburgischen Bekenntnisses gemäß mit den Früchten des tätigen Glaubens, die durch Gottes Wort hervorgebracht werden. Eine Jesus-Gesellschaft sind sie, weil sie auf Jesus getauft sind und an ihn glauben. „Sie leben und sterben auf JEsum: JEsus wohnet in ihnen / und sie bleiben in Ihm". Darum sind sie Freunde, Gesellen und Brüder Jesu.[51] Wieder vergleicht Söffing sie – wie schon 1672 – als beste, höchste, älteste, beständigste und größte mit andern Gesellschaften, der Gesellschaft Jesu von Seraphin in Schweden, dem Christusorden in Portugal, dem Heilig-Blut-Orden in Mantua, dem Johanniterorden der Malteser, dem Deutschen Orden in Jerusalem, dem Orden vom Goldenen Vlies in Burgund, dem Weiß-Schwanen-Orden in Polen.

Am konkretesten spricht Söffing von seinem Sozietätsentwurf als von dem „von meiner Wenigkeit entworffene[n] Model von einer bey Gottliebenden Frauen-Zimmer anzurichtenden Fruchtbaren JEsus-Gesellschafft und deren 1. Stiffterin und Ober-Haupt / 2. Ziel und Zweck / 3. Zeichen / 4. Glieder / 5. Namen / 6. Gewächs und Wort", das die beiden Gräfinnen „so gnädig auffgenommen". An dieser Stelle gibt der

---

[50] 2Joh 1.
[51] Söffing: Hertzens-Lust, Bl.)(6v. Im ersten Teil der 1683 erschienenen JESUS-POSTILL (vgl. Anm. 25), 395–396, führte dann Söffing das Bild der Kirche als einer Jesusgesellschaft breit aus.

Superintendent am deutlichsten zu erkennen, wie stark ihm das Vorbild der Fruchtbringenden Gesellschaft bzw. seines Pendants in der Tugendlichen Gesellschaft vor Augen gestanden hat. Es ist zu beachten, wie es sich ihm nach und nach gewandelt hat. Im Jahre 1679 erschien eine erweiterte Ausgabe des Gebetbuchs von 1675 unter dem Titel „Rudolstädtisches Handbuch".[52] Das Buch zeigt auf dem Kupfertitel drei junge Frauen, die mit Palmenzweige in der Hand den auferstandenen Christus begrüßen. Eine von ihnen ergreift den Schaft der Siegesfahne des Auferstandenen.[53] Es ist zu vermuten, dass es sich – wie bereits in der Vorrede des Gebetbuchs von 1675 – bei den drei Frauengestalten um die 1672 verstorbenen Gräfinnen handelt. Dafür spricht, dass die Vorrede des Buches wiederum an die beiden Gräfinnen Ämilie Juliane und Maria Susanne gerichtet ist und die 1672 verstorbenen Gräfinnen ausdrücklich unter den Zeugen der „Tugend-Reihe" frommer Frauen genannt werden, während als lebende Zeuginnen die beiden mit der Widmungsvorrede angesprochenen Schwarzburgerinnen aufgenommen sind.[54] Sie hätten, wie Söffing betont, selbst Lieder gedichtet, „Dero Gemach mit so nachdencklichen geistlichen Sinn-Bildern vom rechten Glauben / Christlichen Leben / und seligen Sterben auszieren lassen", hätten sich „einen unschätzbaren Schatz von Geistreichen reinen Christenthums-Büchern" zugelegt, Kranke und Sterbende getröstet und Arme gespeist, getränkt, gekleidet und erquickt und „einsten das entworffene Model von einer auch bey GOtt-liebenden Frauen-Zimmer anzurichtenden Frucht-bringenden JEsus-Gesellschafft und derer Stiffter und Ober-Haupt / Ziel und Zweck / Zeichen / Glieder etc. so gnädig aufgenommen".[55] Hier ist nicht mehr von einer Stifterin, sondern einem Stifter die Rede, und die noch 1675 genannten Concreta „(Gesellschafts)Name, Gewächs und Wort (Devise)" werden nicht mehr genannt.

Ein weiteres Mal erschien das Buch, als „Rudolstädtisches Hand-Buch [...] zum dritten mahl vermehret in Druck gegeben" mit einem Vorwort von Justus Söffing vom 18. Mai 1692 in Rudolstadt, gerichtet an Gräfin Ämilie Juliane.[56] Der Titelkupfer zeigt neben der Erscheinung des aufer-

---

[52] Rudolstädtisches Hand-Buch / In welchem begriffen I. Das JEsus Gebet-Buch / von Morgen- und Abend- Buß- und Communion- Amts- und Standes- Creutz- und Sterbens-Gebeten. II. Der Cathechismus Lutheri. III. Die Augspurgische Confession. IV. Die Sieben Buß-Psalmen. V. Ein Christlich Gesang-Buch. So auf Begehren verfertiget und zusammen geordnet hat Justus Söffing / D. Jena-Rudolstadt 1679 (Universitäts- und Landesbibliothek Halle, Signatur: AB 3/8 71 Be).

[53] Als Kupferstecher ist C. Weigel genannt.

[54] Rudolstädtisches Handbuch, Bl.)o()o(3r–v.

[55] Rudolstädtisches Handbuch, Bl.)o()o(4r–v.

[56] Rudolstädtisches Hand-Buch / In welchem begriffen I. JESUS-Gebet Morgens und Abends / bey Beicht und Communion / im Amt und Stand / Creutz und Sterben: II. Lutheri

standenen Christus vier festlich gekleidete junge Frauen. Sie tragen brennende Öllampen in einer Hand, deren Öl durch Blutstrahlen aus der Seitenwunde Christi gespeist werden. Das Vorwort Söffings ist, angeglichen an die aktuelle Situation, wiederum leicht geändert. Unter den Verstorbenen ist nunmehr auch „die nunmehr auch seligste Maria Susanne" genannt. Auch für sie hatte Söffing die Bestattungspredigt gehalten. Söffing fügte hinzu: „Hätte ich Erlaubniß / auch lebendige Tugend-Bilder diesem JEsus-Orden beyzufügen / würden Ew. Hoch-Gräfl.Gn. gnädigste Gräfin und Frau / die höchste Ober-stelle mit habe(n)". Söffing erwähnt, die Gräfin habe „so viel mit Jesus-Verdienst durchsüssete / mit JEsus-Blut durchrötete / und mit JEsus-Geist erfüllete Gebete und Lieder aus eigenem Hocherleuchteten Verstande gemachet".[57] Gegenüber dem Text des Vorworts der Ausgabe von 1679 fehlt der Hinweis auf die geneigte Aufnahme des Modells einer Jesusgesellschaft für Frauen.

Das bedeutet, dass bereits vor Gründung der „Neuen geistlich-fruchtbringenden Jesus-Gesellschaft" – und vermutlich noch über die Zeit ihrer Existenz hinaus – der auf Justus Söffing zurückgehende Entwurf einer ähnlichen Gesellschaft eigenen Charakters existiert hat. Ihrer beidem Verhältnis wird noch nachzugehen sein.

Zunächst aber ist den Spuren nachzugehen, die zur Formulierung der 1676 veröffentlichten Regeln und zur Entstehung dieser „Neuen geistlich-fruchtbringenden Jesus-Gesellschaft" hinführen.

V.

Zu den ersten Kommentaren zur Gründung der Gesellschaft zählen Äußerungen, die Philipp Jakob Spener am 13. Februar 1677 in einem Brief an Johann Wilhelm Petersen und am 14. März des gleichen Jahres in einem Brief an Ahasverus Fritsch getan hat. Hier redet er Fritsch als den Verfasser der Regeln und den Gründer der Gesellschaft an.

Dies ist festzuhalten gegen die in jüngster Zeit aufgekommene und bereits in der Forschung tradierte Behauptung von der Vorbereitung der Gründung der Gesellschaft im Jahre 1675. Sie wurde mit einer Stelle in einem Brief Speners an Ahasverus Fritsch vom 5. April 1675 begründet, in der Spener sich kritisch gegenüber einem Plan von Fritsch zur Gründung einer Gesellschaft äußert, in der es um das regelmäßige Gedenken

---

Catechismus: III. Die Augsburgische Confeßion: IV. Die Sieben Buß-Psalmen: V. Das Nicenische und Athanas. Glaubens-Bekäntniß: VI. Ein vollständiges Gesang-Buch / auf Begehren verfertiget / und ietzo zum dritten mahl vermehret in Druck gegeben von Justus Söffing /D. Superint. zu Rudolstadt. Rudolstadt 1692 (Universitäts- und Forschungsbibliothek Erfurt/Gotha).
[57] Rudolstädtisches Handbuch, Bl. 6v.

an die Wohltaten im Blut Jesu gehen sollte.[58] In der Tat spielt dieser Aspekt in den Regeln von 1676 eine Rolle, allerdings nur als ein Ziel der Gesellschaftsgründung neben anderen. Bestätigt wird der Hintergrund der Bemerkungen Speners vom 5. April 1675 durch das Referat eines verschollenen Briefes von Johann Ludwig Hartmann an Fritsch aus dem Jahre 1675, in dem Hartmann Fritsch mitteilt, dass er als Adressat eines Briefes Fritschs das Ziel der geplanten Gesellschaft nicht hinreichend verstanden habe. Dennoch lobte der Rothenburger Superintendent das Vorhaben mit dem Hinweis auf ein Gutachten der Wittenberger Theologischen Fakultät von 1631.[59] Auch Johann Valentin Andreae habe ähnliches vorgehabt.[60] Sollte Spener bereits in seinem Brief vom April 1675 an Fritsch die Gründung der „Neuen geistlich-fruchtbringenden Jesusgesellschaft" im Auge gehabt haben, wäre dies in der Tat eine Quelle für ihre Datierung. Allerdings kam Spener in seinem Brief vom 14. März 1677 nicht auf das 1675 kritisierte Faktum zurück.

Vielmehr kommt als Hintergrund für Speners Brief vom 5. April 1675 ein anderes Unternehmen in Frage, das der Rudolstädter Hofrat im Jahre 1674 auf den Weg zu bringen versucht hatte.

In Jena erschien 1674 ein Büchlein von Ahasverus Fritsch, das der Lehre und dem Trost durch die Kraft des Blutes Christi gewidmet war.[61] Gegen Ende des Büchleins findet sich der Vorschlag für eine „heilige Gesellschaft des Blutes Christi":

„I.N.J.
Sancta Societas Sanguinis JEsu.
Heilige Gesellschaft des Bluts JEsu."

Als ihr Haupt wird der Gekreuzigte vorgestellt, als ihre Devise: „In solo sanguine JESU! Allein in dem Blute JESU!" Das Gesellschaftszeichen soll ein rotseidenes Band dienen, am linken Arm zu tragen – Fritsch möchte es gern in Erinnerung an das Blut Jesu „Rahabs-Schnure" (vgl.

---

[58] SpBW 2 (1996), Nr. 9, Z. 23–50 mit Anm. 7; dazu ebd., Nr. 68 Anm. 4.

[59] Vgl. Consilium von einer neuen Fraternität unter guten Freunden aufzurichten. Wittenberg, 14. März 1631. In: CONSILIA THEOLOGICA WITEBERGENSIA [. . .]. Frankfurt am Main, 1664, 117 f.

[60] Johann Christoph [vielmehr: Ludwig] Hartmann an Ahasverus Fritsch o. D. 1675. In: Johann Salomo Semler (Hg.): Hallische Sammlungen zur Beförderung theologischer Gelehrsamkeit. Erste Stück. Halle 1767, 70.

[61] Ahasverus Fritsch: Im Nahmen des gecreutzigten Blut Bräutigams! Lehr- und Trost-Büchlein Von der herrlichen Wunder-Krafft Des allerheiligsten / allerteuresten und allerheilsamsten Bluts Des Sohnes GOTTES / JEsu Christi [. . .] Nebst etzlichen Neuen Liedern von JEsus-Krafft-Blut [. . .]. Jena 1674 (Exemplar: Herzog August Bibliothek Wolfenbüttel, Signatur: Th 860). Das Buch enthält Widmungsgedichte der Jenaer Professoren Friedemann Bechmann und Caspar Sagittarius, Magister Johann Heinrich Häner, Adjunkt der Philosophischen Fakultät Jena, Archidiakonatssubstitut Johann Funck, Jena, und Magister Friedrich Ledel, Sorau.

Jos 2,21) nennen. Die einzige Gesellschaftsregel gilt dem Gedenken an das Leiden Jesu: Täglich dreimalige Wiederholung eines Dankgebets für die blutige Erlösung mit dem Gebet des Vaterunsers am Morgen, am Mittag und am Abend, tägliche Betrachtung des Blutes Jesu mit abschnittweiser Lesung der Passionsgeschichte und der eifrige Wunsch, den Gekreuzigten stets im Gedächtnis zu behalten, nach seinem Gebot zu leben, ihm bis in den Tod treu zu bleiben und auf sein verdienstliches Blut zu sterben. Das Schlussvotum des Vorschlags lautet: „Alles und allein zu Ehre unsers GOTTES".[62] An den Regelvorschlag schließt sich eine auf Wochen, Monate und jeweils ein Quartal verteilte Leseordnung für Passions-, Auferstehungs- und Himmelfahrtsgeschichte Jesu an.[63] Auf diesen Vorschlag bezieht sich offensichtlich die Passage in Speners Brief vom 5. April 1675. Sie hat zur Voraussetzung, dass Fritsch sein Büchlein Spener zugesandt hatte.

Damit kann dieser Text als Quelle für die Entstehung der „Neuen geistlich-fruchtbringenden Jesusgesellschaft" ausscheiden. Dennoch ist sie ein wichtiges Indiz dafür, welche Rolle für ihren Begründer der Sozietätsgedanke als längst erwogener Plan gespielt zu haben scheint. Lediglich in einem Buchtitel taucht die Sozietätsidee nochmals 1675 auf, als Fritsch in Jena ein Duodezbändchen veröffentlichte, das er „Allen und ieden Wahren Liebhabern Des Treu-Hertz-liebenden und geliebten HErrn JEsu Christi" widmete.[64] Jedenfalls ist davon auszugehen, dass die Initiative zu Entwurf und Gründung der neuen Gesellschaft allein bei Ahasverus Fritsch gelegen hat. Darauf weist die begleitende publizistische Tätigkeit des Rudolstädter Hofrats hin. Er nahm den Wunsch von Justus Söffing aus dem Jahre 1672 auf und veröffentlichte 1676 ein 80 Seiten umfassendes Büchlein in Duodezformat mit der Empfehlung von gottseligen Gesprächen zur Erbauung des Nächsten,[65] einem Thema also, das in den im gleichen Jahr verfassten Regeln der Gesellschaft eine große Rolle spielte.

Bereits einer der Vorgänger Fritschs im später von ihm übernommenen Rudolstädter Kanzleramt, Friedrich Lenz, hatte in einem zwischen 1650 und 1658 entstandenen Entwurf einer Kirchenordnung, die nicht eingeführt worden war, auf die Notwendigkeit von frommen Gesprächen anstatt belangloser Plauderei oder diffamierender Nachrede bei

---

[62] Fritsch: Blut Bräutigam, 149–151.
[63] Fritsch: Blut Bräutigam, 152–162.
[64] Ahasverus Fritsch: Heilige JEsus-liebende Gesellschafft / oder Zwölff schöne Exempel / Hertz-getreu und auffrichtiger Liebhabere des allerliebreichsten HErrn Jesu Christi / des Sohns Gottes / unsers hoch verdienten Heylandes / Erlösers / Bruders / und Immanuels [...]. Jena 1675.
[65] Ahasverus Fritsch: Tractätlein / Von Christ-schuldiger Erbauung deß Nächsten durch gottselige Gespräche [...]. Frankfurt/Main 1676. Eine zweite Auflage erschien 1690 in Leipzig.

Familienfesten hingewiesen.[66] Fritsch, dessen Büchlein übrigens ein lateinisches Empfehlungsgedicht von Johann Ludwig Hartmann beigefügt war,[67] griff diese Anregung auf und unterbaute sie zunächst mit der Betonung von frommen und andächtigen Betrachtungen.[68] Er wusste jedoch auch von Verdächtigungen zu berichten, die der Übung geistlicher Gespräche drohten: „Geistliche Gespräch-liebende Menschen hält man vor Scheinheilige / vor sonderliche Praecisisten, vor melancholische Köpffe / und zur lustigen Gesellschaft untüchtige Simplicisten: das ist der Welt Urtheil / darbey bleibt es".[69] Deshalb gab er Anweisungen zur Praxis solcher Gespräche bis hin zu Beispielen.[70] Er regte an, man solle sich ein- bis zweimal wöchentlich oder auch sonntags für ein bis zwei Stunden in den Häusern treffen und über die letztgehörte Predigt, über den Katechismus oder einen „schönen Glaubens- und Lebens-Spruch der heiligen Schrifft" oder auch über Texte aus einem Erbauungsbuch sprechen.

Darbey aber in acht zu nehmen / daß / wann man von Göttlichen sachen redet / solches mit aller ehrerbietigkeit / bedachtsamkeit / bescheidenheit / nach dem abgemessenen ziel unsers beruffs / und der von GOTT verliehenen Gnade deß erkänntnüß geschehe. Und daß man nichts behaupte / so man zuvor gründlich verstehet und erfahren / oder dessen man nicht ungezweifelte klare Zeugniß und Beweiß hat / daß auch keiner dafür halte / er sey so geschickt / oder ein solcher Meister / daß er keines Lehrmeisters mehr bedörffe / sondern gern in demuth / auch von dem allergeringsten sich zuweilen unterweisen / vermahnen / warnen und brüderlich straffen lasse.[71]

Besonders wichtig seien also Einigkeit im Geist und Frieden. Stoße man auf dunkle Stellen in der Bibel und in Büchern, solle man „mit nechster guter gelegenheit bey dem verordneten Lehrer oder Prediger / oder andern verständigen Christen / umb den wahren verstand sich befragen".[72] Als Jurist stellte Fritsch fest: 1. Im Hinblick auf den Vorschlag von Friedrich Lenz können solche Gespräch nicht als verbotene Neuerung gelten. 2. Sie gehören nicht zu kirchenamtlich verbotenen Conventicula illicita. 3. Sie dürfen von den Obrigkeiten nicht verboten, sondern müssen von ihnen gefördert werden.[73]

Es kann kein Zweifel daran bestehen, dass Fritsch für seinen Vorschlag

---

[66] Friedrich Len(t)z: Project einer neuen Kirchenordnung. In: Ahasverus Fritsch: Jus Ecclesiasticum Tripartitum [. . .], Teil 3. Jena 1673, 191–206.

[67] Fritsch: Heilige JEsus-liebende Gesellschafft, 10.

[68] Fritsch: Heilige JEsus-liebende Gesellschafft, 21–23.

[69] Fritsch: Heilige JEsus-liebende Gesellschafft, 37.

[70] Fritsch: Heilige JEsus-liebende Gesellschafft, 40–47.

[71] Fritsch: Heilige JEsus-liebende Gesellschafft, 50.

[72] Fritsch: Heilige JEsus-liebende Gesellschafft, 51.

[73] Fritsch: Heilige JEsus-liebende Gesellschafft, 59.

einen starken Motivationsschub durch die Veröffentlichung von Speners *Pia desideria* empfangen haben muss. Er zitiert in diesem Zusammenhang das Gutachten einer ungenannten Fakultät über die Frankfurter Collegia pietatis vom 7. März 1676 – es handelte sich um ein Gutachten der Theologischen Fakultät Kiel.[74] Möglicherweise war es von der Rudolstädter Regierung angefordert worden. Es berief sich auf Kol 3,16; 1 Thess 5,11; Chrysostomus und Nikolaus Selnecker, empfahl die intensive Lektüre und Betrachtung der Heiligen Schrift und legte den Obrigkeiten nahe,

> daß unter ihrer Autoritat und auffsicht dergleichen Collationes in offentlicher Kirchen geschehen mögen: absonderlich / weil solche Zusammenkunfften desto mehr ausser verdacht seyn / je offentlicher sie gehalten werden: indem nemlich einem jeden also frey stehet / ohne einigen scheu und bedencken sich an solchen offentlichen Ort zu verfügen / und was daselbst vorgehe und gehandelt werde / selbst zu erforschen / und mit anzuhören / gleich wie bey offentlichen Predigten und informationibus Catecheticis geschiehet.[75]

Fritsch selbst nahm in diesem Zusammenhang die Anregung von Spener und Theophil Spizel in Augsburg auf, auch an den Universitäten Collegia pietatis einzurichten. Die Brücke zu weiteren Plänen schlug er, wenn er betonte, dass man die erwähnten Collegia „billig geistliche frucht-bringende Gesellschafften nennen mag".[76] Zu bedauern sei, dass über die Art ihrer Gestaltung Uneinigkeit herrsche. Kritiker redete er an: „Lieber Mensch / du wissest nicht / wie lange du solche gute christliche Gesellschafft haben kanst / so verderbe nun die unschätzbare Zeit nicht so unnützlich / mit eitelen Discursen / mit erzehlung liederlicher / oder ärgerlicher Historien; mit nachsagung / was dieser oder jener Mensch / da und dort gethan oder gelassen / geredet oder geschwiegen".[77] So blieb Fritsch bei der dringenden Empfehlung der Einrichtung solcher Gesprächsgruppen, die er sich als Aufnahme der Frankfurter Praxis der Collegia pietatis vorzustellen schien.

VI.

Es ist bisher nicht eindeutig festzustellen, ob die Anregungen Fritschs zur Einrichtung von – wie er sie nannte – „geistlichen frucht-bringenden Gesellschaften" in Rudolstadt aufgenommen worden sind und welcher Art sie waren. Nach einer als Referat überlieferten Notiz in einem nicht

---

[74] Fritsch: Heilige JEsus-liebende Gesellschafft, 67–70. Der Text in SpBW 2 (1996) Anhang Nr. 163.
[75] SpBW 2, Anhang Nr. 163, Z. 34–85.
[76] Fritsch: Heilige JEsus-liebende Gesellschaft, 72.
[77] Fritsch: Heilige JEsus-liebende Gesellschafft, 77.

datierten Brief von Johann Ludwig Hartmann an Fritsch gab der Absender seiner Freude darüber Ausdruck, dass in Rudolstadt die Katechismusstunden eingeführt worden seien.[78] Verpflichtende Katechismusinformationen und -examina wurden für die Grafschaft Schwarzburg-Rudolstadt jedoch schon 1655 verfügt[79] und 1658 auf den Sonntag verlegt.[80] Dass obrigkeitliche Ordnungen im Blick auf ihre Durchführung wiederholt eingeschärft werden mussten, stellte keine Besonderheit dar.[81] Sollte einer erneute Erinnerung an die Katechismusunterweisung in Rudolstadt eine Reaktion auf das Kieler Fakultätsgutachten vom 7. März 1676 gewesen sein, so wäre zu erwägen, ob diese Maßnahme Ahasverus Fritsch im Wunsch nach Verbindlichkeit christlicher Glaubenspraxis nicht genügt haben mag und die Ausarbeitung der Regeln im gleichen Jahr als Reaktion darauf zu verstehen wäre. Allerdings gab es in Rudolstadt Bemühungen in Richtung auf die Einrichtung von Gesprächen über Glaubensinhalte. Ahasverus Fritsch lobte am 3. Juli 1677 die Bemühungen der Diakone der Stadt, sie den Gemeindegliedern anzuempfehlen, und wünschte ihnen Erfolg.[82] Wer aber waren die Mitglieder der Gesellschaft?

VII.

Dass die „Neue geistlich-fruchtbringende Jesusgesellschaft" existiert hat, ist von mehreren zeitgenössischen Quellen her bekannt und nie bestritten worden. Bereits erwähnt wurden die Unsicherheiten über ihren Mitgliederbestand. Sicheres zu erfahren wäre aus Primärquellen, vor allem aber aus dem in den Regeln genannten Gesellschaftsbuch. Dieses aber ist verschollen, und aus einschlägigen weiteren Quellenbeständen hat die Forschung bisher nichts Erhellendes erheben können. Dennoch kann eine bisher nicht beachtete Quelle an verborgener Stelle Auskunft geben. Am 2. April 1703 hielt der Rudolstädter Pfarrer Johann Michael Andreae die Predigt anlässlich der Bestattung des Nachfolgers von Justus Söffing im Amt des Hofpredigers und schwarzburg-rudolstädtischen Generalsuperintendenten Michael Hörnlein. In einem Exordium speciale

---

[78] Semler: Hallische Sammlungen, 70.

[79] Vgl. den Bericht von Oskar Hertel: Aus dem alten Rudolstadt. [Rudolstadt] 1901, 15–17.

[80] ThSAR, A III 5, Nr. 52, Bl. 27r–28r.

[81] In einer Veröffentlichung von 1687 erwähnte Fritsch eine schwarzburg-rudolstädtische Anordnung, nach der bei Versäumnis des Katechismusexamens zwei Groschen Strafe zu zahlen waren (Ahasverus Fritsch: Observationes Juris Ecclesiastici-Practicae [...]. Helmstedt-Gardelegen 1687, S. 10).

[82] [...] interim Diaconi huius loci pro concione pia Christianorum colloquia Auditoribus suis maxime com(m)endare non desinunt, utinam eis persuadere liceret, talia colloquia recte instituta ad pietatis studium plurimum facere (AFSt, K 44a, Bl. 447r).

der Predigt nahm er die Frage auf, ob es recht sei, den Eigennamen Jesus in die Bezeichnung einer Institution zu übernehmen, wie es bei den Jesuiten, Jesuaten und Jessäern geschehen sei. Dies sei bereits durch römisch-katholische Theologen moniert und erst recht von evangelischen Kirchenlehrern verworfen worden. Zu dulden wäre es, wenn damit nicht das Verdienst Jesu und die Gnade Gottes geschmälert würden.[83] Nach dieser Erinnerung setzte Andreae emphatisch an und fuhr fort: „Mein lieb-werthestes Rudolstadt! du hast vor vielen andern Städten der Christlichen Welt im vorigen Seculo die ehre gehabt / daß ein nunmehr seeliges Paar deiner Hochverdienten Männer viel Erbauliches und Gutes von Einer neuen geistlichen-fruchtbringenden JESUS-Gesellschaft geredet / geschrieben und / um dem zerfallenen Christenthum auffzuhelffen / gar mercklich darauf getrieben". Andreae erläuterte sogleich, dass er mit diesen Personen Ahasverus Fritsch und Justus Söffing meine und erinnerte an die Regeln Fritschs von 1676 und – nach unserer Kenntnis nicht ganz zutreffend – an das 1675 von Söffing erstmals publizierte Jesus-Gebetbuch „für diese Gesellschafft". Andreae fügte hinzu: „Fürwahr eine weit edlere Gesellschafft / als jene Frucht-tragende / welche A[nno] C[hristi] 1617. gestifftet ward".[84] Wohl aber sei von ihr der Brauch übernommen worden, jedem der Mitglieder der neuen Jesusgesellschaft „einen sonderlichen Nahmen / Gewächs und Beywort" beizugeben.

An dieser Stelle zählte Andreae die Mitglieder der von Fritsch begründeten Gesellschaft mit Gesellschaftsname, Zeichen, Devise und – teilweise – Aufnahmedatum auf. Aus seinen Angaben lässt sich folgende Liste erstellen:[85]

1. Ahasverus Fritsch[86]
   (G) „Der an sich selbst nichts Werthe"
   (D) „DEUS meus & omnia JESUS"
   (A) 11. November 1676
   (Z) „Das Kräutlein Halleluja!"
2. Johann Christoph Treuner[87]

---

[83] Johann Michael Andreae: Der Wohlversorgte JEsus-Bruder / nach seinem Namen / Wort und Zeichen [...]. Rudolstadt o. J. [1703], 5 f. (ThSAR, Sammlung A XI Nr. 88).

[84] Andreae: Wohlversorgte JEsus-Bruder, 7.

[85] Im Folgenden meint (G) den Gesellschaftsnamen, (D) die Devise, (Z) das emblematische Zeichen, (A) das Aufnahmedatum. Die Angaben sind nach Andreae: Wohlversorgte JEsus-Bruder, 7–9 zusammengestellt, die Biogramme in Auswahl nach den in den folgenden Anmerkungen notierten Quellen.

[86] 16.12.1629 Mücheln–24.8.1701 Rudolstadt. Schulbesuch Halle an der Saale, Studium Jena, 1657 Informator des Grafen Albert Anton von Schwarzburg-Rudolstadt, 1661 Hof- und Justizrat Rudolstadt, 1662 Dr. jur. Jena, 1669 kaiserlicher Hof- und Pfalzgraf, 1679 Kanzleidirektor und Konsistorialpräsident, 1687 Kanzler Rudolstadt (SpBW 1, Nr. 163 Anm. 1).

[87] 8.2.1630 Singen–15.9.1681. 1642 Schule Rudolstadt, 1647 Braunschweig. 1652 Studium

(G) „Der in JESU Ruhige"
(D) „JESUS cor tranquillat"
(A) –
(Z) „Borragen"
3. Magister Johann Hoffman[88]
(G) „Der in JESU sich Freuende"
(D) „Mea JESUS Hilaritas"
(A) –
(Z) „Das Blümlein Vergiß mein nicht"
4. Magister Christoph Sommer[89]
(G) „Der Erndende"
(D) „Mit Freuden"
(A) –
(Z) „Eine Korn-Garbe / darinnen aber viel Disteln"
5. Johann Funck[90]
(G) „Der Glimmende"
(D) „Christus in mir"
(A) –
(Z) „Der brennende Busch"
6. Johann Marci[91]
(G) „Der Folgende"
(D) „Cum Plantae Solem, cur non sectemur JESUM?"
(A) 31. März 1677
(Z) „Eine Sonnen-Blume / mit dieser Beyschrifft:
Manch Kraut nach seiner Sonne geht;
So unser Hertz nach JESU steht"
7. Magister Daniel Klesch[92]

Helmstedt, Hauslehrer. 10.8.1657 Konrektor Rudolstadt. Poeta laureatus (Leichenpredigt Justus Söffing).

[88] 12.5.1644 Teichel–1.6.1718 Frankenhausen. Schule Rudolstadt, Magdeburg, Akademisches Collegium Eperies/Ungarn. 1670 Studium Jena, Magister. 1676 Subkonrektor Rudolstadt, 1681 Rektor Frankenhausen. Poeta laureatus (Johann Ludwig Hesse: Verzeichniß gebohrner Schwarzburger, die sich als Gelehrte oder als Künstler durch Schriften bekannt machten. 6. Stück. Rudolstadt 1810, 8–11).

[89] 24.1.1646 Mellenbach–17.12.1685 Allendorf. Ordination 1672 Rudolstadt, Substitut des Archidiakonats Rudolstadt, 1673 3. Diakon, 1681 2. Diakon Rudolstadt, 1685 Pfarrer Allendorf (Landeskirchenarchiv Eisenach, Pfarrerkartei).

[90] 13.1.1643 Joachimsthal–17.12.1705 Allendorf. 1657 Schule Altenburg, 1663 Studium Jena, 1665–1670 Hauslehrer Rudolstadt, 1671 Quartus Landesschule Rudolstadt, 1673 Ordination Rudolstadt, Substitut des Archidiakonats Rudolstadt, 1681 3. Diakon, 1685 1. Diakon Rudolstadt, 1686 Archidiakon, 1687 Pfarrer und Adjunkt Allendorf. 1679 Poeta laureatus (Leichenpredigt Heinrich Christoph Ludwig).

[91] 20.9.1627 Cuba (heute Ortsteil von Gera) –22.8.1678 Halle an der Saale. 1648 Studium der Philosophie und Theologie Jena, 1650 Magister, Privatlehrer Halle, 1655 Tertius Gymnasium Halle, 1673 Conrektor. Poeta laureatus (Johann Gottfried Mittag: Hallische Schul-Historie, Teil II, Halle 1747, S. 81–84).

[92] 22.2.1624 Iglau in Mähren–1697 Berlin. Schule Iglau, Rosenau, Eperies und Preßburg, 1643 Studium Wittenberg, Helmstedt, Rinteln, Marburg, Gießen und Straßburg, 1649 Magis-

(G) „Der Kriechende"
(D) „Durch Creutze"
(A) 10. März 1677
(Z) „Demuhts-Kraut"
8. Johannes Molwitz[93]
(G) „Der Schwache"
(D) „Der Christen Hertz auf Rosen geht /
Wenns mitten unterm Creutze steht"
(A) –
(Z) „Eine Rose"
9. Dr. Petrus Müller[94]
(G) „Der Vergnügte"
(D) „Mit der Güte GOttes"
(A) –
(Z) „Ein Siegstein"
10. Heinrich Fritsch[95]
(G) „Der Friedliebende"
(D) „Habebunt fideles beatam Vitam"
(A) 31. Mai 1677
(Z) „Ein Palm-Zweig"
11. Dr. Michael Hörnlein[96]
(G) „Der Wohlversorgte"
(D) „Modo meum habeam Redemptorem, oder / Mit meinem Heylande"
(A) –
(Z) „Das Horn der Fülle / voll Kräuter / Blumen und Früchte"

ter Straßburg, Konrektor Sopron (Ödenburg), 1659 Pfarrer Günz, 1668 Georgenberg/Ungarn, 1673 ins Exil getrieben, 1676 Rektor Ratsschule Jena, 1682 Gymnasialprofessor Weißenfels, 1684 Superintendent Heldrungen, in chiliastische Spekulationen verwickelt, 1692 Resignation, unstetes Wanderleben. Poeta laureatus. Mitglied der Fruchtbringenden Gesellschaft („der Kräfftigste") und der Deutschgesinnten Gesellschaft („der Huldende") (Jöcher-Rotermund, Pfarrerkartei der Kirchenprovinz Sachsen).
[93] 5.2.1614 Rudolstadt–12.(13.?) 12.1692 Görsbach. 1647–1651 Informator des Grafen Albrecht Anton von Schwarzburg-Rudolstadt, 1651 Pfarrer Ringleben/Kyffhäuser, 1674–1692 Pfarrer Görsbach (Pfarrerkartei der Kirchenprovinz Sachsen).
[94] 16.(19.?)7.1640 Nordhausen–3.5.1696 Gera. Schule Nordhausen, 1656 Studium der Philosophie und der Rechtswissenschaften Jena, 1659 Gießen, Erfurt, 1667 Helmstedt. 1675 Dr. jur. Helmstedt. Syndicus Bleicherode und Herrschaft Lohra, 1670 Gräflich Stolbergischer Rat, 1677 außerordentlicher, 1680 ordentlicher Professor der Rechte Jena, Fürstlich Sächsischer Rat, 1694 reußischer Kanzler und Scholarch Gera (Jöcher, Jöcher-Rotermund).
[95] 7.10.1621 Berga–10.6.1693 Weida, Lehrer Lößnitz, Studium Leipzig 1640, ord. Leipzig 4.3.1652, Pfarrer Clodra, 1692 dienstunfähig (Landeskirchenarchiv Eisenach Pfarrerkartei, Pfarrarchiv Berga).
[96] 1.3.1643 Rudolstadt–27.3.1703 Rudolstadt. Schule Rudolstadt, 1661 und 1665 Universität Jena, 1673–1681 Informator des Erbprinzen Ludwig Friedrich, 1681 Adjunkt Leutenberg, 1684 Hofprediger und Konsistorialassessor Rudolstadt, 1696 Generalsuperintendent, 1699 Dr. theol. Leipzig (Landeskirchenarchiv Eisenach, Pfarrerkartei).

Demnach hatte die „Neue geistlich-fruchtbringende Jesusgesellschaft" elf Mitglieder.[97] Die ersten vier bzw. fünf nach Ahasverus Fritsch Beigetretenen entstammten der stadtrudolstädtischen Geistlichkeit und dem Lehrkörper der schwarzburg-rudolstädtischen Landesschule. Von den weiteren waren drei auswärtige Geistliche, einer Lehrer, einer Professor an der Juristenfakultät in Jena. Fünf der Beigetretenen gehörten zum Kreis der gekrönten Poetae laureati Caesarei. Sofern Beitrittsdaten genannt sind, ist aus ihnen zu schließen, dass die Eintritte der elf Mitglieder innerhalb von sechs Monaten und drei Wochen zwischen dem 11. November 1676 und dem 31. Mai 1677 erfolgten. Sie scheinen gruppenweise vor sich gegangen zu sein. Es ist anzunehmen, dass die fünf zuerst Genannten zusammen mit Fritsch selbst in die Gesellschaft aufgenommen wurden und ihre erste „Kerngruppe" bildeten. Sie waren in Rudolstadt selbst ansässig und gehörten außer Fritsch selbst der Geistlichkeit und dem Lehrkörper der Landesschule an. Alle Mitglieder waren bürgerlicher Herkunft. Adel und Hofgesellschaft fehlten mit Ausnahme Michael Hörnlein als Prinzeninformator und von Ahasverus Fritsch, der zur Zeit der Gründung schwarzburgischer Hofrat war.

Offen bleibt, wie sich die Abweichung in der Reihenfolge der verzeichneten Eintritte von der Datumsabfolge erklärt. Die Aufnahme von Petrus Müller lässt sich relativ bestimmen. Sie erfolgte, wie noch zu zeigen ist, wohl frühestens Anfang April 1677.

An der Zuverlässigkeit der Angaben von Johann Michael Andreae braucht kein Zweifel zu bestehen. Seine Angaben erschienen im Druck, waren also von den Zeitgenossen kontrollierbar. Das gilt vor allem auch für die Vollständigkeit der Angaben. Außerdem scheint dem Prediger das Gesellschaftsbuch der Sozietät noch vorgelegen zu haben.

Für die Zuverlässigkeit der Angaben des Predigers von 1703 spricht auch eine Primärquelle, der Briefwechsel Fritschs mit Theophil Spizel in Augsburg. Fritsch schickte seinem langjährigen Vertrauten am 4. Januar 1677 die Regeln zusammen mit einem weiteren Druck zu.[98] Am 15. März teilte er Spizel mit, die Societas wachse ständig, obwohl es auch Kritik gäbe.[99] Bald scheint es stärkere Kritik gegeben zu haben. Jedoch war die Mitgliederzahl, wie Fritsch am 3. Juli 1677 mitteilte, auf knapp ein Dutzend gewachsen. Auch werde sie nicht leicht zunehmen, da man im Kreis der Mitglieder zweifle, ob man einfach ohne genaue Erforschung der Herzen unbesehen andere aufnehmen solle.[100] Das bedeutete,

---

[97] Die Angabe SpBW 3, Nr. 8 Anm. 24 ist also zu differenzieren. Zu korrigieren sind die Angaben zu Petrus (!) Müller, SpBW 3, Nr. 48 Anm. 6 und Nr. 27, Anm. 6.

[98] AFSt, K 44a, Bl. 444v.

[99] Societas vel fraternitas nostra Jesu, per Dei gratiam adhuc incrementum accipit, quamvis non desint, qui nomen societatis carpant. AFSt, K44a, Bl. 446r.

[100] Quod attinet collegium nostrum charitativum, de eo nunc adversarii mitius sentire incipi-

dass die Mitglieder nicht bedingungslos am Wachstum der Gesellschaft interessiert waren.

Diese Nachricht bleibt die einzig überlieferte, die über die Bedingungen des Beitritts der Mitglieder Auskunft gibt. Sie lässt auch die Frage stellen, ob dem Gründer der „Neuen geistlich-fruchtbringenden Jesusgesellschaft" überhaupt an einer großen Zahl von Mitgliedern gelegen war oder ob er ihre Zahl bewusst auf 12 beschränkt sehen wollte, um sich damit auf den Jüngerkreis Jesu zu beziehen. Auch die „Rautenzunft" innerhalb der Deutschgesinnten Genossenschaft sollte 12 mal 12 Mitglieder umfassen.[101] Wie dem auch sei: Insgesamt wirkt sich auf die Kenntnis der Gestaltung der Aktivitäten der Gesellschaft der Mangel an Nachrichten aus.

Allerdings gibt es im Falle von Petrus Müller Spuren für die Vorgeschichte seines Eintritts in die Gesellschaft. Im Frühjahr 1677 teilte er Fritsch seinen Wunsch nach Beitritt mit und fragte gleichzeitig an, wie das Werk weiterhin zu fördern sei. Auch den Namen des „Autors" – also wohl des Initiators – wollte er erfahren. Er wünschte einen Gesellschaftsnamen zu bekommen und bat um 12 Exemplare der Regeln, die er an Freunde schicken wollte. Nochmals am 25. März teilte er mit, in W(eimar?) sei über die Gesellschaft „gar nicht übel geredet worden", und äußerte Gedanken, „wie allen bösen Reden vorzubauen". Er wollte die Namen der bisher aufgenommenen Mitglieder erfahren und teilte nochmals seinen Wunsch nach Aufnahme mit, verbunden mit der Anfrage, „Ob er sich den Namen selbst erwähle, oder aber ein Kraut, Edelgestein dazu nemen dürfe".[102] Der letztgenannte Wunsch wurde ihm erfüllt. Er blieb das einzige Mitglied, das einen Edelstein als Gesellschaftszeichen führte. Ebenso erklärte Heinrich von der Lith in Ansbach seine Bereitschaft zum Eintritt.[103]

Zu den grundsätzlich Beitrittswilligen gehörte der Jenaer Professor der Historie Caspar Sagittarius. Er teilte 1676 Fritsch mit, er habe nicht alles verstanden, was die nova societas betreffe. 1677 schrieb er, er billige das Vorhaben ihrer Förderung nachdrücklich, was auch andere darüber für ein Urteil fällen mochten, und fügte hinzu, „warum er nicht hineintreten könne, wolle er mündlich die Ursach sagen. Einige wollen, man solte es die christliebende Geselschaft nennen; ne nomen *Jesuitis* sit affine".[104]

An Zustimmung fehlte es auch sonst nicht. Caspar Löscher, Superintendent in Sondershausen, schrieb am 22. Januar 1677 an Ahasverus Fritsch, er missbillige das Unternehmen der Sozietät nicht, habe aber einiges an ihr

---

unt, illud hactenus intra numerum duodenarium stetit, nec facile is augebitur, cum sine animi exploratione promiscue alios recipere dubitemus [. . .]. AFSt, K 44a, Bl. 447r.

[101] Karl F. Otto jr.: Zu Zesens Zünften. In: Ferdinand van Ingen (Hg.): Philipp von Zesen 1619–1969. Beiträge zu seinem Leben und Werk. Wiesbaden 1972, 278.

[102] Semler: Hallische Sammlungen, 72.

[103] Semler: Hallische Sammlungen, 71.

[104] Semler: Hallische Sammlungen, 71. Hervorhebung im Original.

auszusetzen.[105] Ohne Einschränkung zustimmend äußerte sich Johann Ludwig Hartmann. Er riet, eine spezielle Schrift zu veröffentlichen, die die Absicht der societas Jesu ausführlich erläutern solle.[106] Interesse an ihrem Wachstum bekundete Christian Scriver in Magdeburg.[107]

Es verdient Beachtung, dass die „Neue geistlich-fruchtbringende Jesusgesellschaft" lediglich Männer als Mitglieder hatte und dass, den erhaltenen Quellen nach zu urteilen, nur Männer Interesse an Mitgliedschaft bei ihr geäußert haben. Ob dies den ursprünglichen Ideen von Fritsch entsprach, ist im Blick auf das, was Johann Michael Andreae zu den Ursprüngen zu berichten wusste, nicht sicher, da er damit rechnete, dass die Pläne Söffings mit denen Fritschs identisch waren. Seine Quelle war die Erstausgabe des Rudolstädtischen Handbuchs von 1675, die er offenbar als für die geplante Gesellschaft bestimmt ansah.[108] In diesem Zusammenhang ist eine weitere Beobachtung zu vermerken: Unter den Mitgliedern der Gesellschaft fehlen Angehörige der höheren Geistlichkeit wie beispielsweise Generalsuperintendent Justus Söffing. Michael Hörnlein, sein Nachfolger, trat der Gesellschaft bei, als er noch Informator des Erbgrafen Ludwig Friedrich war. Für Söffings Distanz mögen Bedenken im Blick auf seine Stellung und sein Amt in der Grafschaft Schwarzburg-Rudolstadt in Frage gekommen sein. Fehlten doch auch die Superintendenturadjunkten der Grafschaft, die ihren Sitz in Rudolstadt, Leutenberg, Königsee, Stadtilm und Allendorf hatten, während der Zeit der Existenz der Gesellschaft unter deren Mitgliedern ebenso wie die gesamte schwarzburgische Unterherrschaft, für die in Frankenhausen ein eigenes Konsistorium existierte. Seine eigentlichen Gründe gab Söffing jedoch in einem nicht datierten, vermutlich in das Jahr 1679 gehörenden Brief an seinen Kollegen Jakob Tentzel, Superintendent in Arnstadt, zu erkennen. Er schickte ihm die zweite Auflage seines Rudolstädter Handbuchs zu und machte darauf aufmerksam, dass in der Vorrede der „für etlichen Jahren gestellten Vorrede der Jesus-Gesellschaft in etwas gedacht wird, aber gar nicht in solchem verstande, wie diejenigen thun, so mit H. Kriegsmann, Consiliario hiezuvor in Tarmstadt und itzo, wie man sagt, zu Heidelbergk, zusam[m]enstimmen vnd eine sonderliche Societät durch gewisse entweder in Gottes wort nicht gegründete, oder doch gar unvollkommene, und das principal-stück des lieben Christenthums übergehende Regeln, more Anglicano, vorm Jahr desideriret, wiewol numehr bessere Gedancken von sich mercken lassen, nachdem ich gute Erinnerungen gethan; dergleichen noch mehr auf bedarff ge-

---

[105] Semler: Hallische Sammlungen, 69. Das von Semler wiedergegebene Referat des Briefes von Löscher bietet keine weiteren Einzelheiten.
[106] Semler: Hallische Sammlungen, 70.
[107] Semler: Hallische Sammlungen, 73.
[108] Andreae: Wohlversorgte JEsus-Bruder, 7.

schehn solle, wiewol ich nicht anders weis, als daß itzo allendhalben gute Gedancken man von dieser sache hab vertrauen".[109] Söffing hegte also grundsätzliche Bedenken gegenüber dem Unternehmen der „Neuen geistlich-fruchtbringenden Jesusgesellschaft". Er nahm Einflüsse des Puritanismus bzw. der englischen Erbauungsliteratur in ihren Regeln wahr („more Anglicano") und vermisste Beweggründe aus der Bibel und den Hauptstücken des „lieben Christentums", ohne zu entfalten, was er damit meinte. Bemerkenswert ist es, dass Söffing im Rahmen seiner Kritik nicht den Namen von Ahasverus Fritsch nannte, sondern die von ihm kritisierte neue fruchtbringende Jesusgesellschaft mit dem Namen von Wilhelm Christoph Kriegsmann in Darmstadt verband. Weitere Andeutungen verraten eine vermutlich intensive Auseinandersetzung mit den Vorgängen der Gründung der Gesellschaft, die zur Zeit des Briefes an Jakob Tentzel noch anzudauern scheinen.

Andererseits geben die Quellen aber auch zu erkennen, dass es eine Gruppe von Männern in der Grafschaft gab, deren Auftreten bei gesellschaftlichen Anlässen in der Öffentlichkeit regelmäßig gemeinsam erfolgte, zu denen außer der in Rudolstadt ansässigen Kerngruppe der „neuen geistlich-fruchtbaren Jesusgesellschaft" auch Justus Söffing gehörte und die schon vor Gründung der Gesellschaft freundschaftlich verbunden waren. So finden sich unter den 27 Glückwunschgedichten zur Hochzeit von Caspar Cellarius, dem Sohn des Pfarrers Friedrich Cellarius in Stadtilm, mit Maria Fink aus Nürnberg am 11. November 1673, Gedichte von Justus Söffing, Ahasverus Fritsch, Christoph Sommer, Johann Funck, Johann Christoph Treuner und Johann Hoffman.[110] Diese Autoren erscheinen bei weiteren Gelegenheiten neben anderen ebenso 1674[111], 1675 und 1678 (zusammen mit Michael Hörnlein),[112] wobei Justus Söffing seinem gesellschaftlichen Stand gemäß als erster auftritt, gefolgt von Ahasverus Fritsch.

Auch sonst sind vielfältige persönliche Kontakte zwischen den (späteren), von Johann Michael Andreae 1703 sechs erstgenannten Mitgliedern der „Neuen geistlich-fruchtbringenden Jesus-Gesellschaft", also ihrer „Kerngruppe", zu beobachten. An diesen Kontakten hatte zusätzlich Jus-

---

[109] Universitäts- und Forschungsbibliothek Erfurt/Gotha, Chart. A 417, Bl. 144. Zum Zusammenhang der Äußerungen Söffings vgl. unten S. 57.

[110] JEHOVA EX ALTO SECUNDET Splendida Nuptiarum solemnia [...]. Rudolstadt [1673] (ThSAR, Signatur: Fun 163 Nr. 70).

[111] Justus Söffing: Guter Abschied Des seligen Simeonis [...], Rudolstadt 1680 (Leichenpredigt für Archidiakon Konrad Rhost, 7. Februar 1674) (ThSAR, Signatur: Fun 27).

[112] Johann Christoph Metzel: ORNATUS DAVIDICUS. Rudolstadt 1676 (Leichenpredigt für Anna Margarethe Roth geb. Metzel, Ehefrau von Pfarrer Johann Georg Roth, Leutenberg, 24. Juni 1675) (ThSAR, Signatur: Fun 157(1); CELEUSMA MESSORIUM. Rudolstadt 1678 (Glückwunschgedichte anlässlich des Licentiats von Pfarrer und Adjunkt Johann Georg Roth, Rudolstadt, 22. August 1678 in Leipzig) (ThSAR, Signatur: Fun 163 Nr. 62).

tus Söffing Anteil. 1667 verfasste Johann Christoph Treuner ein begleitendes lateinisches Gratulationsgedicht zu einem von Ahasverus Fritsch veröffentlichten Sammelband juristischen Inhalts,[113] 1674 Johann Hoffman ein deutsches Begleitgedicht zu einem Erbauungstraktat Fritschs.[114] Derselbe Autor übersetzte einen weiteren Traktat des Rudolstädter Juristen 1681 ins Deutsche.[115]

Einzelne der seit 1676/77 in der neuen Gesellschaft zusammengeschlossenen Mitglieder wurden häufig publizistisch tätig, wenn Justus Söffing bei Todesfällen als Trauernder betroffen war[116] oder eine Leichenpredigt für Angehörige von Mitgliedern der Gesellschaft bzw. ihnen nahestehende Verstorbene hielt.[117] Unmittelbare Verwandtschaftsverhältnisse zwischen den Mitgliedern der „Neuen geistlich-fruchtbringenden Jesusgesellschaft" lassen sich bisher nicht ausmachen.

Von dem geschilderten Beziehungshintergrund her muss es auffallen, dass der Leichenpredigt, die Michael Hörnlein 1695 für Justus Söffing hielt,[118] Epicedien der derzeit noch lebenden Mitglieder der Gesellschaft fehlen. Auch Ahasverus Fritsch hat kein solches Gedicht beigesteuert. Die Gründe dafür sind nicht aufzuhellen.

An dieser Stelle ist eine Bemerkung zu der Mitgliederliste angebracht, die 1833 Johann Ludwig Hesse anführt,[119] ohne seine Quelle zu nennen.

---

[113] Ahasverus Fritsch: SYLLOGE VARIORUM TRACTATUUM JURIDICO-POLIT[icorum][...], 2. Teil, 2. Ausgabe. Jena 1667, Bl.)o(3v-4v.

[114] Ahasverus Fritsch: Güldene Tugendkette Oder Tugend-Büchlein. Jena 1674, Bl. a5v.

[115] Das Recht und Regiment der Christlichen Liebe in allerley Conträcten und Handlungen der Menschen Von Herrn D. Ahasver Fritschen / Jcto, kürtzlich vorgestellet / [...] und übersetzet von M. Johann Hoffman. Jena 1681.

[116] Christoph Sommer: Süsser Jesus-Abschied. Rudolstadt 1675 (Leichenpredigt für die im Alter von 13 Jahren am 27. Juni 1675 verstorbene Tochter von Justus Söffing Christiane Magdalene) (ThSAR, Signatur: Fun 42). Die Abdankungsrede hielt Johann Funck (ebd., 33–40). Johann Funck und Christoph Sommer steuerten Epicedien bei (ebd., gesonderter Titel: Justus Söffing: Geistliche Rosen und Lilien). Ein lateinisches Trauergedicht von Johann Christoph Treuner ist enthalten in: Abgefallene Rose / Welche [...] mitjammernd beschauet das hierselbige Schul-Collegium. Rudolstadt (1675), Bl. A2r–v (ThSAR, Signatur: Fun 41).

[117] Justus Söffing: Himmlische Krönung Der [...] Margareta Sophien / Geborner Bechmannin. Rudolstadt o. J. [1675](Leichenpredigt am 31. Januar 1675 für die verstorbene erste Ehefrau von Christoph Sommer. Die Abdankungsrede hielt Johann Christoph Treuner, Epicedien steuerten u. a. Justus Söffing, Ahasverus Fritsch, Johann Funck, Michael Hörnlein und Johann Christoph Treuner bei) (ThSAR, Signatur: Fun 157 Nr. 4); Ders.: Trost-Funcken in Creutz-Flammen [...]. Rudolstadt 1677 (Leichenpredigt für Ludwig Friedrich Funck, Sohn des Hof- und Stadtpredigers Johann Funck, am 14. Juli 1676. Abdankungsrede von Christoph Sommer (ebd., 28–36), Epicedien u. a. von Justus Söffing, Ahasverus Fritsch, Christoph Sommer, Michael Hörnlein, Johann Christoph Treuner und Johann Hoffman) (ThSAR, Signatur: Fun 21). Die Beispiele ließen sich erheblich vermehren.

[118] Michael Hörnlein: JUSTUS SEMPER VIVUS, das ist / Der allezeit lebende Gerechte. Rudolstadt o. J. [1695](Universitäts- und Forschungsbibliothek Erfurt/Gotha, Forschungsbibliothek, Signatur: LP L I, 4(10).

[119] S. Hesse: Verzeichniß.

Es war der Rudolstädter Konrektor Johann Heinrich Rudolph Scheibe, der 1731 eine namentlich identische Liste notierte, die er einer ihm zugänglichen handschriftlichen Aufzeichnung von Justus Söffing entnommen hatte.[120] Scheibe war vermutlich die Quelle für Hesse. Vom Inhalt her fällt auf, dass die Aufzeichnung Söffings nur die ersten sechs bei Johann Michael Andreae erwähnten Namen enthalten hatte. Es handelte sich bei ihnen um die „Kerngruppe" der Gesellschaft. Über die Gründe, weshalb Söffing nur sie notiert hatte, ist derzeit nichts auszumachen.

VIII.

Zur Zeit des Todes von Michael Hörnlein scheint die 1676 gegründete Sozietät jedenfalls nicht mehr bestanden zu haben. Eine der wenigen archivalischen, in Rudolstadt selbst vorhandenen Quellen, die von ihrer Existenz berichten, liegt mit einer Notiz in den Rechnungsunterlagen des Hofes von 1677 vor, die besagt, dem „Collegio Jes(u)" seien 75 Gulden zugekommen.[121] Nicht zu beantworten ist die Frage, ob das Schweigen der speziell rudolstädtischen Quellen über den weiteren Weg der Gesellschaft mit der Kritik zusammenhing, die an ihr geübt wurde. Sie wurde sehr bald nach ihrer Gründung laut.

Eine der wichtigsten Quellen für sie sind briefliche Äußerungen Speners, der selbst eine differenzierte Stellung zu dem Unternehmen von Ahasverus Fritsch einnahm. Fritsch hatte ihm die Regeln der Gesellschaft zugeschickt, er erhielt sie am 11. Februar 1677.[122] Erstmals äußerte er sich über sie zwei Tage später in einem Brief an Johann Wilhelm Petersen und drückte eine leichte Distanz gegenüber dem Unternehmen aus, wollte es aber auch nicht missbilligen. War in den Regeln für ihn zwar außer den Gesellschaftsnamen und emblematischen Zeichen nach Vorbild der Fruchtbringenden Gesellschaft nichts vorgeschrieben, was nicht auch für alle Christen gelte, so sei es doch nicht umsonst, sich darauf nochmals besonders zu verpflichten. Über Namen von Mitgliedern hatte Spener zu dieser Zeit noch nichts erfahren.[123]

Am 14. März 1677 schrieb er erstmals in dieser Sache an den Rudolstädter Hofrat. Er nahm sein Urteil über die Regeln der Gesellschaft auf,

---

[120] Johann Heinrich Rudolph Scheibe: PROGRAMMA SEXTVM MELAPYRGUM REPVRGATUM [...] EXHIBENS. Rudolstadt [1731], Bl. 3v Anm. a.

[121] Bernhard Baselt: Der Rudolstädter Kapellmeister Philipp Heinrich Erlebach (1657–1714). Beiträge zur mitteldeutschen Musikgeschichte des ausgehenden 17. Jahrhunderts, Diss. Halle (MS) 1963, 545 Anm. 102.

[122] SpBW 3, Nr. 8, Z. 87 f.

[123] SpBW 3, Nr. 8, Z. 88–95.

wie er es schon Petersen gegenüber ausgedrückt hatte: Von der ersten Regel abgesehen, zu der er erneut die Anlehnung an die Fruchtbringende Gesellschaft hervorhob, enthielten sie nichts, was nicht allen Christen als Verpflichtung auferlegt sei. So wiederholte er es im ersten von vier Punkten, die seine Zustimmung zum Text formulierten. Ein zweiter Punkt wies mit Rückgriff auf das Gelübde Jakobs nach Gen 28,20–22[124] auf die Legitimität von Gelübden im christlichen Leben hin, mit denen versprochen werde, was ohnehin galt. Drittens betonte Spener, dass derartige Gelübde ex se suaque natura nicht erlaubt seien, wenn sie dazu verführten, sich gegenseitig gute Werke aufzuerlegen. Hier sei gegenseitig Freiheit zu gewähren, und eine Gesellschaft wie die soeben gegründete könne nicht ausschließen, dass auch andere das Gleiche tun, ohne sich dem gemeinsamen Namen einer Vereinigung zu unterwerfen. Ein Vorurteil gegenüber anderen könne sie nicht beinhalten. Das Wittenberger Gutachten über die Frage einer Bruderschaft vom 14. März 1631 sei hierfür maßgebend. Viertens wies Spener darauf hin, dass trotz der Aussage des Paulus, nicht alles sei förderlich, was erlaubt ist (1 Kor 6,12; 10,23), die Gründung einer solchen Gesellschaft nicht behindert werden dürfe, da von ihr Früchte zu erwarten seien: gegenseitige Erbauung und Ansporn zu eifriger Frömmigkeit.[125]

In weiteren drei Punkten kam Spener auf die Nachteile zu sprechen, die die Gründung einer solchen Gesellschaft mit sich bringen könnten. Zu ihnen gehörten unterschiedliche Verdächtigungen einer solchen res nova gegenüber seitens der Universitäten und anderer, die ohnehin allen Neuheiten gegenüber misstrauisch gegenüber stünden, ferner das Beispiel der römischen Katholiken, deren Gesellschaften oder Bruderschaften durch die von Fritsch aufgestellten Regeln ausdrücklich gebilligt zu werden schienen. Ein dritter Punkt versuchte, den weiteren Weg der Jesusgesellschaft ins Auge zu fassen. Denn wenn die Zahl ihrer Mitglieder wüchse, würden damit auch die Schwierigkeiten wachsen. Hinsichtlich der Aufnahme in die Gesellschaft sei offen, bei wem das grundsätzliche Recht dazu und zur Prüfung der aufzunehmenden Personen liege. Hinsichtlich der Beendigung der Mitgliedschaft aus Gründen der Unwürdigkeit stehe es ähnlich, was mit Sicherheit zu Streitigkeiten führen werde, hinsichtlich der Leitung der Gesellschaft und ihrer Struktur, sofern es einem einzelnen Leiter – falls ein solcher vorgesehen sei – kaum möglich sein werde, der Führung einer über viele Orte zerstreuten Mitglieder Genüge leisten zu können; hinsichtlich des Verhältnisses der Glieder der Gesellschaft als Socii Jesu zu den übrigen Christen und der Gefahr ihrer Bevorzugung und Besonderheit gegenüber anderen Christen. Zu be-

---

[124] SpBW 3, Nr. 10 Anm. 16 muss Speners Verweis auf Gen 28,21 zu Gen 28,20 berichtigt werden.
[125] SpBW 3, Nr. 10, Z. 24–58.

fürchten sei, dass es noch viele weitere Nachteile geben werde, die vorerst noch nicht vorauszusehen seien.[126]

Spener summierte seine Beurteilung: Vermöge der Aspekt der gegenseitigen Erbauung die Nachteile aufzuwiegen, so sei doch zu bedenken, ob nicht dieses Ziel auf andere Weise ebenso gut zu erreichen sei. In eben dem Maße wie in diesem Falle jene Nachteile für nicht so gewichtig zu halten, wäre es auch nicht angeraten, etwas Notwendiges zu unterlassen, um damit Nachteile zu vermeiden. Sofern aber dasselbe Ziel auch ohne eine Gesellschaftsinstitution erreichbar sei – beispielsweise durch einen Freundschaftsbund zwischen frommen Nachfolgern unseres Jesus unter Absehung des Namens einer Gesellschaft oder eines ähnlich äußeren Zeichens, der ohne das Gesellschaftsversprechen jenen Gesetzen verpflichtet sei –, so wäre dies weiterer Überlegung wert, ob es durch solch eine Institution zuträglich wäre, die Sache zu prüfen und sich einer Gefahr zu unterwerfen, sodass etwas von solchen Nachteilen zu Tage tritt, oder aber auf diese Weise etwas auf den Weg zu bringen, sodass auch diese Nachteile vermieden würden und der vorgenommene Endzweck weniger schwierig erreicht würde.

Spener bekannte: Er habe vor Gründung der Gesellschaft mehr daran gezweifelt, ob sie Sache der Kirche sei. Nachdem sie aber nun in Funktion getreten sei, bitte er Gott aufrichtig, er wolle fügen, dass ihr, wie Fritsch und die Seinen beabsichtigten, reichste Früchte folgten, und sie vor all jenen Nachteilen bewahren, die ihm vielleicht als allzu Furchtsamem vor Augen stünden. Könnten sie aber nicht vermieden werden, so möge Gott es so lenken, dass sie glücklich und ohne Anstoß irgendeines Frommen überwunden würden. Spener wünschte, seine und Fritschs Gebete sollten sich dazu verbinden, das Himmelreich möge durch die Gesellschaft und alle anderen Mittel, die von Nutzen sein könnten, mehr und mehr befestigt und ausbreitet werden.[127]

Außerdem versicherte er Fritsch und seinen Freunden, er verstehe sich als ihr Mitstreiter in heißen Gebeten und, wenn es künftig gewünscht sei, als treuer Berater. Auch begrüße er es sehr, dass sie nicht zögerten, ihn als Mitglied der Gesellschaft aufzunehmen, gab aber zu bedenken, dass beim gegenwärtigen Stand der Dinge er es nicht für geraten halte, der Gesellschaft beizutreten. Den meisten Theologen nämlich sei nicht nur er selbst verdächtig, sondern auch so stark alle seine Aktivitäten, dass er sich oft darüber wundere, dass auch Männer, die nicht so schlecht von ihm dächten, sich von derlei Verdächtigungen einfangen ließen. Fritsch und seine Freunde würden viele, wenn auch nicht unter sich gleiche Beurteilungen über sich ergehen lassen müssen, sie würden aber viel

---

[126] SpBW 3, Nr. 10, Z. 59–76.
[127] SpBW 3, Nr. 10, Z. 77–93.

ungünstigere erhalten, wenn Speners Hasser erfahren würden, er zähle auch zu den Mitgliedern der Gesellschaft. Er als einer, die sie liebt, wolle nicht, dass sie mit fremdem Neid beschwert würden. „Ihr tut sehr wohl daran, wenn ihr jetzt in der Anfangszeit nur Leute als Mitgenossen wählt und zulaßt, durch die ihr euch nicht neue Last von Gehässigkeiten aufladet. Ihr aber und alle die, die Gott ernsthaft lieben: Seid, was mich betrifft, versichert, daß ich mich keinem Rat entgegenstellen werde, durch den die Frömmigkeit gefördert wird, ja daß ich nicht fehlen werde, wenn ich sehe, daß ich ihr auch unter persönlicher Gefährdung zu Hilfe kommen kann".[128]

Es nicht zu erkennen, ob Fritsch Spener eingeladen hatte, Mitglied der „Neuen geistlich-fruchtbringenden Jesusgesellschaft" zu werden oder ob Spener die Zusendung der Regeln an ihn als Einladung verstanden hatte. Jedenfalls zeigte seine differenzierte Stellungnahme ein leichtes Übergewicht der Bedenken, die er gegen das Unternehmen hegte. Er wollte – wenn überhaupt über einen Zusammenschluss mit dem Ziel der Belebung wahren Christentums nachgedacht wurde – eher eine weniger verpflichtende Gestaltung einer solchen Vereinigung ins Auge fassen und damit jeden Anschein vermeiden, dass mit ihr eine exklusive Gruppe ins Leben träte, die innerhalb einer Erneuerungsbewegung spezielle Ziele verfolge.

Der Antwortbrief Fritschs auf Speners Brief vom 14. März 1677 ist nicht erhalten. Wohl aber zeigte sich Spener in einem Brief vom 23. April 1677 ausgesprochen erleichtert und erfreut darüber, dass nach Fritschs Bericht sehr viele fromme Theologen die Gründung der Gesellschaft gebilligt hätten und dass er in diesem Zusammenhang die Namen von Jenaer Professoren erfahren habe.[129] Im gleichen Zusammenhang gab er seiner Genugtuung über Fritschs wohlwollende Aufnahme seiner Kritik und der Kritik seiner Schwagers Johann Heinrich Horb Ausdruck.[130]

Mit letzterer hatte es folgende Bewandtnis. Horb hatte seine kritische Beurteilung Spener zugeschickt, der Fritsch eine Kopie zugänglich machte, ohne ihm den Namen des Verfassers mitzuteilen.[131] Horb hatte über eine Nachricht aus Gießen von der Gründung der Gesellschaft erfahren, wusste also nur als obscura fama von ihr.[132] Er zweifelte nicht daran, dass ihr Autor, von dessen Namen und einigen seiner Schriften Horb Kenntnis hatte, „es mit dem wahren Christenthum hertzlich mei-

[128] SpBW 3, Nr. 10, Z. 94–110. Zitat Z. 105–110 (Übersetzung: E. K.).
[129] SpBW 3, Nr. 27, Z. 4–5.8–12. Vgl. oben 44-45.
[130] SpBW 3, Nr. 27, Z. 4–7.
[131] SpBW 3, Nr. 75, 15–16.
[132] Der Text ist überliefert in Staatsbibliothek zu Berlin Preußischer Kulturbesitz, Ms. lat. qu. 363, S. 73–74. Zitat 73.

ne". Er meinte auch, dass das Unternehmen keine Einzelinitiative sei und hoffte, „es werde die intention hertzlich v(nd) bloß zu alleiniger ehr göttlich nahm(en)s" sowie zum Nutzen der Kirche geplant sein, „ob auch d(er) betrug dieser sünde so heimlich v(nd) subtil, d(aß) man sich sie nicht gnug v(er)seh(en) kan, v(nd) ich mit nichts mehr zu kämpff(en) habe alß dies(en) des alt(en) Adams heimlich(en) regung(en) v(nd) bewegung(en)". Horb meinte damit die Sucht, etwas Eigenes mit auf den Weg zu bringen, das nicht allein Gottes Ehre suche. Darum wollte er Gott darum bitten, dass Fritsch davor bewahrt werde. Könnte doch Fritsch auch durch einige der Mitglieder der Gesellschaft betrogen werden. „Wer sihet d(en) leut(en) ins hertz ob ih(nen) ernst ist, d(en) will(en) Gottes warhafftig zuthun, d(as) geboth des H.Jesu zuhalt(en)? ohne welche gründliche resolution d(er) Herr Jesus sich niemand off(en)bart".

Eine weitere Befürchtung Horbs betraf die Gefahr der Spaltungen. „Wir fang(en) erst selbs an, d(as) rechtschaffene wes(en) d(as) in dem Herrn Jesu ist zu v(er)steh(en), wie wenig sind, die da so geübte sinnen hab(en) zu und(er)scheiden das gut(e) vom bös(en)? Laßt uns erst d(en) anfang v(on) uns selbs mach(en), ehe wir and(e)re mit solchem äußerlich(en) gepränge zu bekehr(en) such(en). So düncket mich, d(aß) d(as) ganze werck sey wid(er) die art des reiches Christi, welches im v(er)borgn(en) zunimt, v(nd) solch äußerlich gepräng nicht leid(en) kan".[133] Deshalb und auch wegen des Charakters einer Privatunternehmung – sie „gibet gewißlich nicht wenig nachdenck(en)s" – und wegen des Namens der Gesellschaft, er an die Jesuiten erinnert,[134] blieb Horb grundsätzlich skeptisch.

Diese Kritik also war es, die Spener Fritsch im März 1677 zugänglich gemacht hatte und die nach seinem Urteil von dem Rudolstädter Hofrat so wohlwollend aufgenommen worden war. Auch teilte er nach Rudolstadt einige weitere Voten mit, die ihn erreicht hatten, das eines Lübecker Absenders und ein weiteres, das aus der Nachbarschaft Rudolstadts stammte. Beide berichteten von dem Anstoß, der die Einführung von Gesellschaftsnamen und Gesellschaftszeichen erregt hatte.[135] Ihn selbst – so fügte er hinzu – habe dieses Faktum nicht gestört, weil er auch die Ziele der Fruchtbringenden Gesellschaft nicht missbilligen könne.[136] Jedoch wusste er auch von Gegnern der „Neuen geistlich-fruchtbringenden Jesusgesellschaft" zu berichten, die sich an der Namengebung gestoßen hatten, weil sie an Puritaner und Jesuiten erinnere.[137] Insgesamt aber stellte sich Spener schützend vor Fritsch und seine Ziele, eindeutiger als

---

[133] Ms. lat. qu. 363, 73.
[134] Ms. lat. qu. 363, 74.
[135] SpBW 3, Nr. 27, Z. 13–27.
[136] SpBW 3, Nr. 27, Z. 18–21.
[137] SpBW 3, Nr. 27, Z. 27–30.

er es sechs Wochen zuvor getan hatte. So blieb es auch nach Ausweis eines Briefes im Juni des Jahres, in dem Spener zufrieden feststellte, dass nun der erste Sturm der Kritik überstanden sei.[138] Wiederum – und nun erst recht, nachdem Gerüchte aufgekommen waren, er sei der Initiator der Sozietät – äußerte er sich mit Genugtuung darüber, dass er ihr fern geblieben war.[139] Kurz zuvor hatte er Graf Christian II. von Pfalz-Birkenfeld gegenüber ähnliche und weitere Gerüchte über das Unternehmen auch in eigenem Interesse dementieren müssen.[140]

Einem unbekannten Adressaten in Straßburg schrieb Spener im Sommer 1677 im gleichen Sinne.[141] Dabei teilte er auch mit, dass er nach wie vor nicht wisse, wer außer Fritsch und „ein oder mehr professores zu [Jena]" zu den Mitgliedern der Gesellschaft gezählt werde. Unzutreffend war seine Vermutung, dass Heinrich Ammersbach unter ihnen sei und damit der Ruf der Gesellschaft bei „denen meisten Doctoribus Academicis" sehr belastet werde.[142]

Wie Graf Christian II. von Pfalz-Birkenfeld und dem ungenannten Korrespondenzpartner vom Sommer 1677 gegenüber,[143] so unterstrich Spener am 21. September bzw. 25. September 1677 auch in Briefen an Adam Tribbechov in Gotha bzw. Joachim Stoll in Rappoltsweiler, dass er es lieber gesehen hätte, wenn Fritsch die Gesellschaft nicht gegründet hätte.[144] Jedesmal geschah dies, um Gerüchte zu zerstreuen, er habe unmittelbar etwas mit der Entstehung der Sozietät zu tun gehabt. Im letztgenannten Schreiben kam Spener auch auf ein weiteres Gerücht zu sprechen, sein Schwager Johann Heinrich Horb sei der Gründer gewesen.[145]

Dies alles bedeutet zweierlei: Erstens wurde die Gründung der Gesellschaft offenbar an vielen Orten als aus den Kreisen der frühen pietistischen Bewegung entsprungen verstanden. Zweitens war auch 10 Monate nach ihrer Gründung offenbar nichts über den Kreis ihrer Mitglieder in die Öffentlichkeit gedrungen. Das musste den Eindruck erwecken, dass sie sich selbst als elitäre Gruppe verstand, der nichts an zahlenmäßigem Wachstum lag. Ihre Regeln sprachen lediglich von einer Basisgemeinschaft zu gegenseitiger Verpflichtung im Sinne des gemeinsamen Ziels, „das zerfallene Christenthum [...] erbauen zu helffen".

---

[138] SpBW 3, Nr. 48, Z. 35–37.
[139] SpBW 3, Nr. 27, Z. 37–42.
[140] SpBW 3, Nr. 55, Z. 65–88.
[141] SpBW 3, Nr. 62, Z. 59–126.
[142] SpBW 3, Nr. 62, Z. 108–115.
[143] SpBW 3, Nr. 55, Z. 69–74. SpBW 3, Nr. 62, Z. 81–86.
[144] SpBW 3, Nr. 70, Z. 21–24. SpBW 3, Nr. 75, Z. 2–13. Vgl. auch den undatierten Brief aus dem Jahre 1677 an einen ungenannten Theologen in Thüringen SpBW 3, Nr. 105, Z. 72–77.
[145] SpBW 3, Nr. 75, Z. 14–19.

IX.

Noch mehr als zwei Jahre nach der Gründung der Gesellschaft fällt die Ungewissheit über sie auf. Johann Conrad Dilfeld in Nordhausen stellte 1679 im Zusammenhang seiner Auseinandersetzung mit Heinrich Ammersbach fest, es seien mehr als 10 Personen – wie Ammersbach gemeint hatte –, die die Besserung der evangelischen Kirchen wünschten. Unter ihnen sei schließlich auch Philipp Jakob Spener. Spener hatte Dilfeld gegenüber am 5. Dezember 1678 zwar nicht ausdrücklich auf die „Neue geistlich-fruchtbringende Jesusgesellschaft", jedoch auf ihren Gründer lobend hingewiesen.[146] Im folgenden Jahr schrieb Dilfeld: „So suchet auch der Evangelischen Kirchen Besserung / die neulich entstandene JESUS-Gesellschafft / dessen Autor ist der (Tit.) Herr D. Ahasverus Fritschius Rudolstädtischen Hoff-Rath / wie ich neulich aus einem deutschen Carmine ersehen habe / als welchen Er wegen Stifftung dieser JESUS-Gesellschafft hochgepriesen wird". Dilfeld berichtete von den Regeln der Gesellschaft, besonders von der Zweckbestimmung durch die zweite Regel, und fuhr fort: „Wiewol man ietzo wenig von dieser JESUS-Gesellschafft weiter vernimbt / auch einige so man vor vornehme Gliedmaß derselben gehalten / nicht mehr davon hören ja wol übel empfinden wollen".[147] Dilfeld Bemerkung über die Ungewissheit darüber, wer eigentlich zur „Neuen geistlich-fruchtbringenden Jesusgesellschaft" gehöre, zeigt ihn an der Seite Speners bereits zwei Jahr zuvor.

Gottfried Arnold wusste an der Jahrhundertwende mitzuteilen, dass es mit der Gesellschaft zu Ende gegangen sei, „nachdem die verkehrten Eifferer darüber zu murren und alles verdächtig zu machen angefangen / so daß viele / auch von vornehmen Personen / sich vor dem gewöhnlichen verketzern gefürchtet / und nichts weiter davon hören wollen".[148] Auf ihn berief sich 1743 Johann Heinrich Zedler.[149]

Zweifelhaft ist, ob ein 1679 vorgelegter Sozietätsgründungsentwurf eines der Mitglieder der „Neuen geistlich-fruchtbringenden Jesusgesellschaft" auf ihr Erlöschen schließen lässt. Daniel Klesch veröffentlichte in diesem Jahr eine Predigt, die er am 20. Juni 1676, also vor Gründung der Jesusgesellschaft, in Halle gehalten hatte. Bereits der Titel enthielt den Entwurf einer wohl in den Zusammenhang der Deutschgesinnten Gesellschaft Philipp Zesen gehörenden „Rosengesellschaft":

---

[146] SpBW 3, Nr. 221, Z. 615–617.

[147] Johann Conrad Dilfeld: Exiguus Reformatorum Ecclesiae manipulus Oder Am(m)ersbachische Zehen-Zahl [. . .]. o. O. 1679, 20 f.

[148] Gottfried Arnold: Fortsetzung und Erläuterung Oder Dritter und Vierdter Theil der unpartheyischen Kirchen- und Ketzer-Historie. Frankfurt/Main 1700, 147.

[149] [Johann Heinrich Zedler:] Grosses vollständiges UNIVERSAL-LEXICON Aller Wissenschafften und Künste, Bd. 38. Leipzig, Halle 1743, Sp. 193.

Die Höchst-Preiß-würdigste Sionische Rosen-Gesellschaft / Oder Die Him-
mels-verwandte / GOtt bekante / so genante Geist- und Christ-gesinte Ge-
nossenschafft / Gezogen aus dem schönen holdseligen Rosen-Spruch Hohlied
Salomon.II. vers.16.17 [. . .] Darinnen
Des Hochgebohrnen Stiffters und Ober-Haupts
Nahme Gewächse Wort
Der Weidende Weisse und Rothe In kühlen Tagen
Rosen
Des widergebohrnen Mit-Glieds
N. der Geweidete G. Rothe und weisse W. Nach gewichenen
Rosen Schatten
Schrifft- und Geist-mässig erläutert und erkläret [. . .].[150]

Klesch äußert sich in dieser Schrift positiv über Gesellschaftsbildungen
angesichts des Verfalls der Frömmigkeit und stellt sich als Glied der
„Geist-gesinten Genossenschafft" vor, das er bereits durch die Taufe
geworden ist.[151] In einem Marginal weist er auf Fritschs Traktat über die
Erbauung durch gottselige Gespräche[152] und auf Speners Sendschreiben
hin.[153] Kleschs Entwurf, der Absichtserklärung blieb, scheint weniger auf
das Erlöschen der Gesellschaft vor Mitte des Jahres 1679 hinzuweisen als
auf einen Plan, der durch die Gründung der „neuen geistliche-frucht-
bringenden Jesusgesellschaft" 1677 abgegolten wurde.

Einer vorerst letzten feststellbaren Spur für die Existenz der Gründung
Fritschs ist noch nachzugehen. Im Januar 1678 erließen die Konsistorien
zu Darmstadt und Gießen ein Ausschreiben an alle Pfarrer des Fürsten-
tums Hessen-Darmstadt, das sich mit der sich formierenden pietistischen
Bewegung im Lande, speziell den Konventikeln und den sie propagie-
renden Traktaten befasste. Es verurteilte diese Aktivitäten nicht, sondern
würdigte sie. Andererseits stellte es fest, „daß man dergleichen Reden
und Schreiben / welche keine privat- sondern solche Sachen antreffen /
die der gantzen Evangelischen Kirche Notturft angehen / dergestalt
nicht approbiere".[154] Das Ausschreiben nannte keine Namen. Gemeint
jedoch war mit ihm Wilhelm Christoph Kriegsmann in Darmstadt, der
u. a. auch mit Spener in Kontakt stand.[155] Kriegsmann hatte seine Schrift
„Symphonesis Christianorum" mit einer Widmung an Ahasverus Fritsch

---

[150] Daniel Klesch: Die Höchst-Preiß-würdigste Sionische Rosen-Gesellschafft. Jena, Rudolstadt 1679 (Herzog August Bibliothek Wolfenbüttel, Signatur: Yv 2397.8° Helmst.).

[151] Klesch: Rosen-Gesellschafft, 47 f.

[152] Vgl. Fritsch: Tractätlein.

[153] Klesch: Rosen-Gesellschafft, 49.

[154] Wilhelm Diehl: Neue Beiträge zur Geschichte der Collegia pietatis in Hessen-Darmstadt.
In: Halte was du hast. Zeitschrift für Pastoraltheologie 25 (1901/02), 189–191, hier 190. Zur
Sache auch Rüdiger Mack: Die Obrigkeit und der Pietismus in der Landgrafschaft Hessen-
Darmstadt (1675–1750). Jahrbuch der Hessischen Kirchengeschichtlichen Vereinigung 34
(1983), 29–52.

[155] Vgl. zur Biografie Kriegsmanns SpBW 3, Nr. 97, Anm. 1.

veröffentlicht.[156] Spener setzte sich noch vor Erscheinen des Ausschreibens der Konsistorien bei Balthasar Mentzer, Oberhofprediger in Darmstadt für Kriegsmann ein, erwähnte dabei auch die Widmung an Fritsch[157] und korrespondierte mit Fritsch[158] wie mit Caspar Sagittarius in Jena[159] über den Vorgang.

Balthasar Mentzer, obwohl als Spiritus rector des Ausschreibens anzusehen, folgte privat einer radikaleren Ansicht und hätte vermutlich gern stärker die Warnung vor den pietistischen Aktivitäten betont. Er wollte vermutlich auch die Gründung der „Neuen geistlich-fruchtbringenden Jesusgesellschaft" in eine solche Warnung einbeziehen, da er von den Kontakten zwischen Fritsch und Kriegsmann wusste. In einem vor seinem Tode 1679 verfassten, 1691 veröffentlichten „Bedencken" hieß es:

> Wer sich einmahl resolviret, und etwa gar verbunden / oder durch angenommene Verehrungen und allerhand Vertröstungen sich eingelassen / oder gar seinen Namen in das Buch der wahren Geistlich-Fruchtbringenden JEsus-Gesellschafft (deren Reguln Anno 1676. in Druck kommen) eingeschrieben / und zugesaget hat / die Sach zu behaupten / und Fuß beyzuhalten / der kan wohl / wenn er schon nicht gar von subtilen interventionen ist / etwa einen Spruch der H. schrifft / oder in den symbolischen Kirchen-Büchern antreffen / in welchen er seinen vorgefasten Wahn hinein stecke / und sich einbilden / wie vest seine Meynung darinn gegründet seye / welches er zuvor (wie auch sonst niemand) bey so offtmahliger Verleß- und Anhörung solches Spruchs noch nie wahrgenommen. Und darauff wird er können von der gegenwärtigen Sach gantze Tractaten auß und zusammen schreiben.[160]

Mentzer dachte dabei an die Faszination durch das Leben der ägyptisch-christlichen Wüstenväter, die Klöster, Schulen und Prophetenschulen, in denen man Vorbilder für die Sozietätsideen sähe. Die Erwähnung der „Neuen geistlich-fruchtbringenden Jesusgesellschaft" durch Mentzer lässt wohl darauf schließen, dass zumindest ihr Entwurf in manchen Kreisen im Lande Eindruck machte.

Bisher ist in der Forschung übersehen worden, dass 1678 in der Tat ein zweiter Druck des Ausschreibens erschien, dem die Regeln der Gesellschaft beigedruckt waren.[161] Spener hatte ihn von Georg Conrad

---

[156] SpBW 3, Nr. 97, Anm. 2.
[157] SpBW 3, Nr. 114, dort, was Frisch betrifft, Z. 41–43.
[158] SpBW 3, Nr. 123, Z. 150–163.
[159] SpBW 3, Nr. 163, Z. 1–16.
[160] Balthasar Mentzer: Kurtzes Bedencken / Von den Eintzelen Zusammenkunfften. Gießen 1691, 23 f. Das Büchlein wurde von Philipp Ludwig Hanneken mit einem Vorwort vom 3. März 1691 herausgegeben.
[161] Außsreiben [!] Von denen Fürstlichen Consistorij zu Darmstadt und Giessen / [. . .]. Gießen o. J. [1678] (Exemplare: Halle, Hauptbibliothek der Franckeschen Stiftungen, Signatur: 150.F.6 (16), und Weimar, Anna Amalia Bibliothek, Signatur: 4° IX 167 (25/26). Der Sachverhalt wird

Dilfeld erhalten, der ihn mit dem Kommentar versehen hatte: „welche jemand auff einen bogen zusammen nachtrucken laßen, vielleicht denen membris solcher gesellschafft ein intelligere zu geben". Das teilte er am 29. September 1678 Fritsch mit.[162] Dilfeld verstand die Publikation also als Kritik der Jesusgesellschaft, die demnach jedenfalls im September 1678 noch existierte. Vielleicht hatte Mentzer selbst den ergänzten Druck des Ausschreibens vom Januar auf den Weg gebracht. Dies ist die letzte Erwähnung der „Neuen geistliche-fruchtbaren Jesusgesellschaft" im bisher bekannten Briefwechsel Speners.

X.

Wie aber ist im historischen Rückblick das Verhältnis zwischen den beiden in Rudolstadt entstandenen geistlichen Sozietäten zu beschreiben? Bei aller Vorsicht in der Deutung in mehrfacher Hinsicht nicht mehr ganz aufzuhellender Sachverhalte kann festgestellt werden, dass es sich bei der von Justus Söffing lange vor der Entstehung von Ahasver Fritschs „Neuer geistlich-fruchtbringender Jesusgesellschaft" propagierten Jesusgesellschaft um das Modell einer Gesellschaft eigenen Charakters handelte. Sie war für Frauen gedacht und für die Gräfinnen des Herrscherhauses und ihre Frömmigkeitskultur entworfen und daneben auch ihrer Memoria verpflichtet. Damit bedurfte sie keiner so klar strukturierten Regeln wie die Gründung von Ahasver Fritsch. Offen bleibt, ob und inwiefern die „Neue geistlich-fruchtbringende Jesusgesellschaft" von 1676 bewusst als konkurrierende Alternative zu ihr gedacht war, woraus dann auch die persönliche Konkurrenz ihrer Anreger bzw. Stifter abzuleiten wäre. Offen bleibt auch, ob Söffings Edition des „Rudolstädter Handbuchs" von 1679 – hier lässt auch der Titel gegenüber dem seiner ersten Ausgabe von 1675 nachdenklich werden – das Erlöschen der „Neuen geistlich-fruchtbringenden Jesusgesellschaft" von 1676 voraussetzt.

In jedem Falle lässt der Vergleich beider Sozietäten das intendierte Profil der Gründung von Ahasver Fritsch hinsichtlich des Adressatenkreises und seiner Ziele nochmals zusätzlich deutlich werden.

---

dadurch verdeckt, dass in beiden Bibliotheken die „Regeln" auf S. 5–6 des unpaginierten Drucks als gesonderter Titel geführt werden. Der drucktechnische Befund jedoch ist eindeutig: Es handelt sich um einen um die „Regeln" erweiterten Druck des Ausschreibens vom 26. Januar 1678. SpBW 3, Nr. 221 Anm. 17 ist danach zu korrigieren. Ein Druckexemplar ohne Beigabe der „Regeln" („Außschreiben [. . .]"): Herzog August Bibliothek Wolfenbüttel, Signatur: QuN 286.1 (24).

[162] SpBW 3 Nr. 204, Z. 28–31. Vgl. SpBW 3, Nr. 221, Z. 608–614.

XI.

Die Untersuchung der Existenz der „Neuen geistlich-fruchtbringenden Jesusgesellschaft" an den Quellen kann eine Reihe von Ergebnissen aufweisen:

1. Die Gesellschaft, in den Zusammenhang der „frommen" Sozietätsbildungen der zweiten Hälfte des 17. Jahrhunderts gehörend, wurde als Idee des schwarzburg-rudolstädtischen Hofrats Ahasverus Fritsch im Herbst 1676 gegründet. Neben ihr stand der eher ideale Entwurf einer Jesusgesellschaft für Frauen mit Kern am schwarzburgischen Hof in Rudolstadt.
2. Die Identifizierung ihrer elf Mitglieder macht es möglich, bisherige Behauptungen und Vermutungen über ihren personalen Bestand und ihre Struktur zu korrigieren.
3. Die Gründung fand weiträumige Aufmerksamkeit in der zeitgenössischen kirchlichen Öffentlichkeit.
4. Ihr kurzfristiges Bestehen kann als gesichert angesehen werden.
5. Es fehlen Nachrichten über die praktische Gestaltung der in ihren Regeln festgelegte Aktivität.

Offen bleiben:

1. die Dauer ihres Bestehens, die sich vielleicht nur auf wenige Monate beschränkte;
2. die Gründe für die weitgehende Unklarheit über ihre konkrete Existenz unter den Zeitgenossen, für die möglicherweise eine Rolle spielt, dass durch ihre Mitglieder eine wie auch immer eingehaltene Arkandisziplin geübt wurde;
3. Ermittlungen darüber, ob und wie weit ihr Entwurf in Parallele zu mehreren Sozietätsentwürfen des 17. Jahrhunderts fiktiv geblieben ist.

Wohl aber sind einige Bemerkungen zur Einordnung der „Neuen geistlich-fruchtbringenden Jesusgesellschaft" in die Sozietätsbewegung der frühen Neuzeit angebracht. Sie lässt sich – um Wolfgang Hardtwigs Klassifizierung aufzunehmen – weder unter Pläne zu einer Generalreformation noch unter die Collegia pietatis der frühen pietistischen Bewegung noch unter das Phänomen der Konventikel subsumieren, findet aber auch unter den bürgerlich-aristokratischen Bildungs- und Sprachgesellschaften keine angemessene Einordnung.[163] Deutlich sind die Gestaltungsanleihen der Rudolstädter Gesellschaft bei der „Fruchtbrin-

---

[163] Wolfgang Hardtwig: Genossenschaft, Sekte, Verein in Deutschland. Bd. 1: Vom Spätmittelalter bis zur Französischen Revolution. München 1997, bes. Kapitel IV und V (159–238).

genden Gesellschaft", ohne deren aristokratischen Anspruch mit zu übernehmen. Soziologisch beheimatet erscheint Fritschs Gründung im Unterschied zu Söffings höfisch-aristokratischem Modell im Bürgertum des 17. Jahrhunderts.

CLAUDIA DRESE

Der Berliner Beichtstuhlstreit oder
Philipp Jakob Spener zwischen allen Stühlen?

I. Die Situation in Berlin am Ende des 17. Jahrhunderts

In den letzten Regierungsjahren des Großen Kurfürsten (1640–1688
reg.) deutete sich bereits an, was unter Friedrich III.(I.) (1688–1713 reg.)
und seinem Premierminister Eberhard Christoph Balthasar von Danckelmann, dem bis zu seinem Sturz 1697 einflussreichsten Berater des Kurfürsten, seine Fortsetzung finden sollte: Nach den Stürmen des 30jähri-
gen Krieges erlebte Berlin einen kulturellen Frühling.

Die seit 1680 in großer Zahl einwandernden Hugenotten brachten
französische Kultur und Lebensart in die provinzielle Stadt, etablierten
sich als „geistige Oberschicht", und auch von den Zuzügen abgesehen,
wuchs die Bevölkerungszahl der Stadt beträchtlich, neue Städte entstanden in ihrem unmittelbaren Umfeld.[1] Die Namen Andreas Schlüter oder
Johann Arnold Nehring stehen stellvertretend für die vielen bedeutenden Architekten und Baumeister, die Berlin unter Friedrich III.(I.) ein
neues Antlitz gaben. Gründungen geistiger Zentren wie der Berliner
Akademie der Künste (1696) und der Akademie der Wissenschaften
(1700), mit Gottfried Wilhelm Leibniz als ihrem Präsidenten, zeugen
von intellektuellem Aufschwung. Äußeres Wachstum und geistig-kultu-
relle Weiterentwicklung gingen Hand in Hand und im Mittelpunkt stand
der kurfürstliche Hof.[2] Dieser betrieb eine Religionspolitik, deren Ziele
sich mit Deppermann in drei Eckpunkten umreißen lassen: 1. Bewah-
rung der Unabhängigkeit des Staates von der Kirche in politischen Fragen, 2. Förderung der Unionsbestrebungen zwischen Lutheranern und
Reformierten und 3. weit gehende Toleranz gegenüber individuellen
Abweichlern.[3] In dieser politischen Landschaft entwickelte sich in Berlin

---

[1] Vgl. u. a. Walter Wendland: Studien zum kirchlichen Leben in Berlin um 1700. In: JBrKG
21, 1926, 129 und Johannes Wallmann: Philipp Jakob Spener in Berlin 1691–1705. In: ZThK
84, 1987, 58–85, hier: 60.
[2] Vgl. Wallmann: Spener in Berlin, 60 f.
[3] Vgl. Klaus Deppermann: Der hallesche Pietismus und der preußische Staat unter Friedrich
III.(I.). Göttingen 1961, 31 f.

eine zunehmend plurale, um nicht zu sagen für diese Zeit ungewöhnlich bunte Mischung an Glaubensausrichtungen. Zu der etablierten lutherischen Orthodoxie, vertreten durch den Propst in Cöln, Franz Julius Lütkens, trat mit Philipp Jakob Spener die bedeutendste Person der pietistischen Erneuerungs- und Reformbewegung, wenn nicht sogar der bedeutendste Theologe dieser Zeit. Eine weitere wichtige, resp. einflussreiche, Gruppe stellten die Reformierten dar, zumal der kurfürstliche Hof seit 1613 calvinistisch war. Hier sei v. a. der Hofprediger Daniel Ernst Jablonski erwähnt. Dieser entstammte dem Kontext der böhmischen Brüder-Unität und war seit 1691 Hofprediger in Königsberg, ab 1693 Hofprediger in Berlin. Bekannt geworden ist er für seine Bemühungen um eine Union der lutherischen und reformierten Kirche, wovon noch zu sprechen sein wird. Jablonski stand später der Herrnhuter Brüdergemeine sehr nahe und weihte u. a. Zinzendorf 1735 zum Bischof. Hinzu kamen in Berlin verschiedene Sekten, ein aufkeimender Atheismus und die im Entstehen begriffene Aufklärung.[4] Das Kurfürstentum Brandenburg, welches sich in der besonderen Lage befand, dass ein reformiertes Herrscherhaus über eine mehrheitlich lutherische Bevölkerung gebot und welches sich auch auf Grund seiner territorialen Verfasstheit eine engstirnige Religionspolitik nicht leisten konnte sowie aus ökonomischen Gründen nicht wollte, bot all diesen Strömungen eine Heimat.

Berlin am Ende des 17. Jahrhunderts war die junge, dynamische, pulsierende Hauptstadt des mit großen Schritten seiner Blütezeit entgegeneilenden Staates. Philipp Jakob Spener nun war der „große alte Mann" des kirchlichen Pietismus, als man ihn im Jahre 1691 aus Dresden in eben diese rasant expandierende Stadt holte. Als Oberhofprediger am kursächsischen Hof hatte Spener von 1686 bis 1691 die angesehenste Stelle innerhalb der lutherischen Kirche inne gehabt, war allerdings nach einem Zerwürfnis mit Kurfürst Johann Georg III. von Sachsen bereit gewesen, diese für die arbeitsintensivere und weniger prestigeträchtige Stellung eines Propstes und Konsistorialrates an St. Nikolai in Berlin aufzugeben. Ein Vorteil lag gewiss für Spener in diesem Amt, denn er war, auf seinen ausdrücklichen Wunsch hin, von Kasualhandlungen und seelsorgerlichen Verpflichtungen dispensiert. Für diese Dinge unterstanden ihm drei Diakone. Mit der kirchlichen Situation stand es bei Ankunft Speners in Berlin nicht zum Besten. Eine Reform der kirchlichen Strukturen, d. h. ein Anpassen der Zahl der Kirchen an die gestiegene Bevölkerungszahl, war erst im Entstehen, so dass für St. Nikolai zu dieser Zeit rund 6000 Gemeindeglieder gezählt werden.[5] Somit erscheinen Prob-

---

4 Vgl. Wendland: Studien, 129.
5 Helmut Obst: Der Berliner Beichtstuhlstreit. Die Kritik des Pietismus an der Beichtpraxis der lutherischen Orthodoxie. Witten 1972 (AGP 11), 15. Wendland liefert folgende Daten:

leme und Missstände in der seelsorgerlichen Betreuung, welche allein den drei Diakonen oblag, vorprogrammiert.

Im gleichen Jahr, in welchem Spener nach Berlin kam, wurde ein anderer Mann zum vierten Pfarrer, bzw. dritten Diakon, an St. Nikolai berufen: Johann Caspar Schade.

EXKURS: *Kurze Geschichte des lutherischen Beichtinstituts*

Doch bevor ich näher auf die Person Schades eingehe, ist ein Blick auf den Zustand des lutherischen Beichtwesens am Ende des 17. Jahrhunderts vonnöten.

Seit Luthers Schrift *Von der Beicht, ob der Papst Macht habe die zu gebieten* von 1521 war die Stellung der protestantischen Theologen zur Privatbeichte immer wieder von Differenzen geprägt, denn die Entwicklung der Beichttheologie und deren praktische Umsetzung hatte eine Eigendynamik entfaltet, die zu Problemen führte und beständigen Anlass zur Klage bot.

Die katholische Beichtpraxis war für Luther obsolet geworden, denn er hatte erkannt, dass nur das päpstliche Gebot die Leute in den Beichtstuhl brachte, was zu einem Problem führte, welches dem des Berliner Beichtstuhlstreites sehr ähnlich war. Die Leute kamen nicht aus wahrer Reue und in tiefer Bußfertigkeit zum Priester, sondern aus Gewohnheit und um das Abendmahl empfangen zu können, wofür die Ohrenbeichte Voraussetzung war. Dagegen schrieb Luther:

> Darumb mag der nit on schaden beychtenn, der lautter auß gepott und nott und (wie sie sagen) auß gehorsam der kirchen, nit auß begird unnd sehnen nach der gnad hyntzu geht. Derhalben auch meyn trewer rad ist: Eyn iglicher prufe sich zuvor, warumb er beychten wolle. Thut erß nur umbs gepottis willen, und seyn hertz ringet und seuffzet nit noch hulff gotlicher gnaden, der bleyb nur davon frey. [. . .] Und zum aller ersten, wie gesagt ist, wenn du nit auß freyem hertzen die heymliche sund beychten willt, ßo laß nur an stehen, du bist unvorpunden dazu von des Bapsts gesetzenn, biß dich die andacht an kumpt, du leuffist sonst tzu grewlicher vorserung deyner seelen ann das sacrament, des du durch solch unwillenn nitt fehig bist.[6]

Doch strebte er keine Abschaffung des Beichtinstituts an sich an, denn auch dessen Nutzen, v. a. als Instrument der Kirchenzucht[7], war ihm nicht verborgen geblieben, und sein Satz:

> Und ich Doctor Martin selbs etlich mal ungebeichtet hinzugehe, das ich mir nicht selbs eine noetige gewonheit mache im gewissen, Doch widerumb der

---

Bevölkerung: 1680: ca. 10 000, 1686: ca. 20 000, 1703: ca. 60 000 Einwohner. Kirchen: 1693: 8, 1739: 20 für 90 000 Einwohner (Wendland: Studien, 129, 133).

[6] WA 8, 170, 175.

[7] Vgl. CR 26, 72.

Beichte brauche und nicht emperen wil allermeist umb der Absolutio (das ist Gottes worts) willen. Denn das junge und grobe volck mus man anders zihen und weisen weder die verstendigen und geuebten Leute[8],

welchen er der Ausgabe von Melanchthons *Unterricht der Visitatoren* im Jahr 1538 beifügte, sollte im Berliner Beichtstuhlstreit überdurchschnittlich häufig zitiert werden. Überhaupt lässt sich in Melanchthons Schrift sowohl der Unterschied zwischen reformatorischer und katholischer Privatbeichte, als auch der Wandel innerhalb der lutherischen Auffassung dieses Instituts sehr gut erkennen, denn im Abschnitt „Von der rechten Christlichen Beicht" heißt es:

Die Bepstische Beicht ist nicht geboten, Nemlich, alle sunde zuerzelen, Das auch vnmüglich ist, [...]. Man sol auch niemand zum heiligen Sacrament gehen lassen, er sey denn von seinem Pfarher ynn sonderheit verhört, ob er zum heiligen Sacrament zu gehen geschickt sey, [...]. Nu vnehren das Sacrament nicht allein die es vnwirdig nemen, Sondern auch die es mit vnuleis unwirdigen geben, Denn der gemein pöfel leufft umb gewonheit willen zum Sacrament, vnd weis nicht, warümb man das Sacrament brauchen sol.[9]

Die ursprüngliche Privatbeichte hatte sich in ein Glaubensverhör verwandelt, welches selbige theoretisch zwar nicht, praktisch jedoch sehr wohl ersetzte. Von einer wie auch immer gearteten Beichtfreiheit war nicht mehr die Rede, schon gar nicht für das einfache Gemeindeglied.[10] Kunstvoll war man mit diesen Regelungen einem Konflikt mit den Bekenntnisschriften ausgewichen, denn in den Art. XI und XXV der Confessio Augustana waren Privatbeichte und Absolution als Voraussetzungen zum Sakramentsempfang festgelegt worden und man hatte sich gleichzeitig von der katholischen Form dieses Instituts distanzieren können, indem man die Forderung, alle Sünden beichten zu müssen, aufhob, ohne die Einzelbeichte jedoch völlig preiszugeben.

Die Kirchenordnungen der sich im Folgenden bildenden Landeskirchen, sollen hier nicht im Detail erörtert werden, doch lassen sich mit Aland einige Charakteristika konstatieren, welche ich für die Entstehung des Beichtstuhlstreites für bedeutungsvoll halte: 1. Die Beichte ist eine Pflichtinstitution, 2. Die Privatbeichte als solche, ist, auch in Übereinstimmung mit der CA, unablässige Voraussetzung zum Sakramentsempfang, 3. besteht die lutherische Beichte aus Glaubensverhör und Privatbeichte im engeren Sinne und 4. hat sich der sog. ‚Beichtpfennig', welcher dem Prediger nach freiem Ermessen für seinen Dienst zu entrichten war, als fester Bestandteil des Pfarrereinkommens etabliert. Weiterhin

---

[8] WA 26, 216.
[9] CR 26, 72.
[10] Vgl. Kurt Aland: Die Privatbeichte im Luthertum von ihren Anfängen bis zu ihrer Auflösung. In: Kirchengeschichtliche Entwürfe. Gütersloh 1962, 452–519, hier: 466.

stellt Aland fest: „Nur selten geben die Kirchenordnungen Beichtformulare [. . .]. Dennoch werden wir sehr viel mehr, als es nach den Kirchenordnungen scheint, mit festen Texten rechnen müssen".[11] Der Gebrauch solcher Beichtformeln sollte zu einem der größten Kritikpunkte des lutherischen Beichtwesens werden. In der literarisch sehr produktiven Zeit des 16. und v. a. dann des 17. Jahrhunderts entstanden unzählige Beicht- und Absolutionsbücher, welche sowohl Predigern als auch den Gemeindegliedern mehr oder minder praktische Hilfen an die Hand zu geben versuchten, was aus heutiger Sicht oft genug groteske Formen annahm. So z. B. das *Absolution=Buch* von Johann Ludwig Hartmann, Superintendent zu Rothenburg ob der Tauber:

> Vorstellend etlich 100. Formulen in 5. Theilen.
> I. Generales und Speciales für Alte / Junge / Schwangere / Gebährende / Söhn / Töchter / zu Frühlings= Sommers= Herbst= Winters= Kriegs= und Pest=Zeit.
> II. Dominicales & Festivales durchs gantze Jahr.
> III. Specialissimas, auf alle Ständ / Dignitäten / Aempter / Handwercker.
> IV. Auf die meiste Tauff=Nahmen der Männer und Weibs=Personen.
> V. Auf allerley Seelen unn Leibs=Kranckheiten / hohe Anfechtungen / Schwehrmuth / Sicherheit / Criminal=Fälle / für Maleficanten / Leibs=Beschwehrungen / Schwindsucht / Fieber / Stein / Podagra etc.[12]

So vielfältig die Absolutions- und Beichtformeln auch gewesen sein mögen, genutzt wurden sie offenbar nur sehr unzureichend, denn Francke beklagte 1697 in seinem *Kurtze[n] und Einfältige[n] Entwurff / Von den Mißbräuchen Des Beichtstuhls* sehr ausführlich den falschen Gebrauch der Beichtformeln[13], und auch Spener äußerte sich distanziert:

> Also auch die beicht=formul anlangend / solte man sich verwundern / wie jemand auf die albere gedancken komme / daß jemand in der beicht an einige gewisse formul gebunden seyn solte / da doch alle formuln keine andere absicht haben / als diejenigen / die ihr hertz nicht mit ihren eignen worten ausschütten können / so man doch von allen zu geschehen wünschen solle / dardurch zu statten kommen.[14]

---

[11] Aland: Privatbeichte, 480.

[12] Johann Ludwig Hartmann: Absolution=Buch. Nürnberg 1679, Titelblatt. Diese Aufteilung der Formeln findet sich in sehr ähnlicher Form bei Nicolaus Rostius: Libellus absolutorius. Erfurt, Frankfurt/Main ⁵1663, so dass dies als eine übliche Einteilungsform der Beichtformeln erscheint.

[13] Vgl. August Hermann Francke: Kurtzer und Einfältiger Entwurff / Von den Mißbräuchen Des Beichtstuhls [. . .]. Halle 1697. In: Ders.: Werke in Auswahl. Hg. v. Erhard Peschke. Berlin 1969, 92–107, hier: 93.

[14] Philipp Jakob Spener: Letzte Theologische Bedencken. Dritter Theil. Halle 1711 (Ndr. Hildesheim [u. a.] 1987), 445 (02.10.1697).

Hinzu traten verschiedene andere Probleme in der Praxis der privaten Beichte. Zum einen der bereits erwähnte Beichtpfennig als Teil des Pfarrereinkommens, denn die Begüterten unter den Gemeindegliedern bezahlten „auß sonderbarer devotion mit einem / oder auch wol mit mehr guten gantzen Thalern jedesmal", „dieweil sie die vnberichtete Leuthlein in jhren falschen wahn bestätigen vnnd sterckten / als würde Gottes Gabe durch geld erlanget."[15] Zum anderen die Masse der Beichtenden, v. a. in großen städtischen Gemeinden, die meist alle einen Tag vor dem Sakramentsempfang zur Beichte erschienen, so dass die Prediger unter massiven Zeitdruck gerieten „dermassen, daß alles fast auf der post hergehen und übereilet werden muß"[16]; und nicht zuletzt die Öffentlichkeit der Privatbeichte leistete einem Missbrauch Vorschub, denn die offenen Beichtstühle, welche ihren Platz im Chor der Kirchen hatten, wurden von den Beichtwilligen regelrecht umlagert, so dass ein vertrauliches Gespräch mit dem Prediger nicht zustande kommen konnte.

> Hingegen wird E. C. L. selbs mercken / wieviel unser ietziges beicht=wesen von der ersten absicht abgegangen seye: indem meistentheils nichts weiter geschiehet / als das einerseits das beicht=kind eine auswendig gelernte formul / die es manchmal nicht verstehet / [. . .] anderseits der beichtvater eine gemeine vermahnung an dasselbe thut / und mit hand=aufflegen die absolution spricht. Uber dieses geschiehet selten mehr.[17]

Die Confessio privata, deren eigentlicher Zweck zum einen das Bekenntnis der Sünden und somit die Erleichterung des Gewissens des Beichtenden und zum anderen der Zuspruch von Gottes Gnade in der Absolution gewesen war, war zu einer Routinehandlung geworden.[18] So lässt sich also für die Zeit, in welcher Johann Caspar Schade nun Diakon an St. Nikolai wird, beinahe schon eine „Tradition von Mißständen und -bräuchen" in der Praxis der lutherischen Privatbeichte feststellen.

---

[15] Michael Pharetratus: Beicht Stuel, wie dessen dreyerley art zu finden. Halle 1622, 207, Vorrede, zit. nach Aland: Privatbeichte, 492.

[16] Philipp Jakob Spener: Des Beichtwesens in der Evangelischen Kirchen rechter Gebrauch und Mißbrauch [. . .]. Cöln a. d. Spr. [1695], 53.

[17] Spener: Beichtwesen, 51 f.

[18] Verwiesen sei auf hier Sträter, der dies in Bezug auf seine These einer Krise der Kirchlichkeit und Verkündigung schon klar konstatiert hat. In der Reformliteratur des 17. Jahrhunderts nimmt die Klage über Unbußfertigkeit und Fehlverhalten im Beichtstuhl durchgängig breiten Raum ein. (Vgl. Udo Sträter: Meditation und Kirchenreform in der lutherischen Kirche des 17. Jahrhunderts. Tübingen 1995, 23).

II. Die Rolle Speners im Berliner Beichtstuhlstreit

1. Die Vorgeschichte – Johann Caspar Schade

Johann Caspar Schade war als sechstes Kind des Schleusinger Superintendenten Jacobus Schade und Barbara Haarlein am 13. Januar 1666 geboren worden, hatte nach dem frühen Tod der Eltern bei seinem Onkel Johann Ernst, Rektor des Schleusinger Gymnasiums, Aufnahme gefunden, ab 1685 in Leipzig Philosophie und Theologie studiert und musste 1689 den Magistergrad in Wittenberg erwerben, nachdem man ihm in Leipzig die Magisterprüfung verwehrt hatte. Am 1. Adventssonntag 1691 wurde er durch Spener zum dritten Diakon an St. Nikolai in Berlin ordiniert, nachdem seine Stellung in Leipzig unhaltbar und er aus der Stadt gewiesen worden war. Zusammen mit August Hermann Francke, Joachim Lange und Paul Anton hatte er zu dem Kreis der Magister gehört, welche 1689/90 in Leipzig für die Entstehung des „Lärms des Pietismi" verantwortlich gewesen waren, indem sie durch die Gründung des *Collegium philobiblicum* und eigenen Konventikeln nach dem Vorbild des Frankfurter *Collegium pietatis* Speners und durch ihre damit verbundene Kritik an der lutherischen Orthodoxie für Unruhe, erst unter der Leipziger Bevölkerung, und dann v. a. unter den Leipziger Universitätstheologen, gesorgt hatten.[19]

Während er sich in Leipzig, neben seinem Studium, vornehmlich mit der Katechisation beschäftigt hatte, nahm nun das Hören der Beichte und das Erteilen der Absolution einen weit größeren Raum in seinem Aufgabenspektrum ein. Doch schon bevor er nach Berlin berufen wurde, hatte er sich mit dem Problem des „Scheinchristentums" geplagt, was ihn in einen Gewissenskonflikt gebracht hatte, der im Herbst 1693 für ihn so unerträglich geworden war, dass er sich an Spener wandte. Schade sah sich außerstande, weiterhin die Beichte zu hören, da er in der zur Verfügung stehenden Zeit im Beichtstuhl keine ausreichende Kenntnis über den wahren Lebenswandel der Beichtenden erhielt, was er allerdings für unbedingt nötig erachtete, um ihnen guten Gewissens die Hand auflegen und die Absolution erteilen zu können. Offensichtlich fiel es ihm zu

---

[19] Schade hatte auch weiterhin Kontakte nach Halle, zumal er im März 1696 Taufpate Gotthilf August Franckes wurde und bei der Gelegenheit auch in der Schulkirche predigte. (Vgl. P. Anton an Ph. J. Spener, Halle 27.03.1696, AFSt/H D 66:311 f.) Eine nähere Betrachtung wert wäre eine mögliche nähere Bekanntschaft Schades mit Joachim Justus Breithaupt, von dem ähnliche Probleme mit der Privatbeichte überliefert sind (vgl. J. J. Breithaupt an Ph. J. Spener, Halle 20.02.1697, AFSt/H D 88:125). Bei einer flüchtigen Einsichtnahme in diejenigen Briefe Breithaupts, welche sich im Archiv der Franckeschen Stiftungen befinden, habe ich keine konkreten Hinweise auf eine Einflussnahme seitens Breithaupt feststellen können, auch ist hier keine direkte Korrespondenz Breithaupt-Schade zu identifizieren. Da sich diese Arbeit auf die Rolle Speners konzentriert, bin ich diesem Hinweis allerdings nicht intensiv nachgegangen.

Anfang schwer, seine Bedenken in Worte zu fassen und so heißt es: „Hier vermeynt ich nun mein gantzes Hertz auszuschütten, warumb ich es aber nicht thun kan, muß ich GOTT befohlen seyn lassen. Ob es mündlich wird geschehen, wie ich noch hoffe, stelle ich dahin"[20], doch muss er Spener sein Leiden am Beichtstuhl eindrücklich verdeutlicht haben, denn am 19. Mai 1694 schrieb dieser an August Hermann Francke, den gemeinsamen Freund: „Wie wünsche ich so hertzlich, das unser lieber Herr Schade [...] auch eine erleichterung der last in seiner Seelen, die fast zur erde getrucket wird, finden könte."[21] An St. Nikolai war keiner seiner Kollegen, schon gar nicht Spener selbst[22], abgeneigt, Schades Nöten abzuhelfen und so wurde er im Dezember 1695 vom Beichthören befreit, indem die Diakone Johann Paul Astmann und Johann Schindler seine Beichtverpflichtungen übernahmen, während Schade die Frühpredigten in der Klosterkirche hielt. Die Datierung bei Obst, welcher die Befreiung Schades von den Beichtverpflichtungen für Ende 1693 oder Anfang 1694 annimmt, ist nicht korrekt, wie auch schon Blaufuß anhand von Schades Sendschreiben festgestellt hat.[23] Ein klares Faktum, das an dieser Stelle gegen Obsts Aussage spricht, Astmann und Schindler hätten Schades Verpflichtungen übernommen[24], ist, dass Johann Paul Astmann erst 1695 auf das Diakonat an St. Nikolai berufen worden ist und somit 1693 nicht die Verpflichtungen Schades übernommen haben kann.[25]

---

[20] Johann Caspar Schade: Geistliche und erbauliche Schriften. Bd. 5. Leipzig, Frankfurt 1720/21, 116.

[21] Ph. J. Spener an A. H. Francke, Berlin 19.05.1694, AFSt/H A 125:42.

[22] Vgl. Speners Vorrede zu: Christliches Lehr= Beicht= und Betbüchlein / vor gottselige Communicanten. / Das ist: Kurtzer Unterricht vor diejenige / welche würdiglich zum Tisch deß HErrn gehen wollen [...]. Frankfurt/Main 1696, und seine Äußerung in dem schon erwähnten Brief an Francke (AFSt/H A 125:42): „Wie mir dann sein anligen um seinetwillen selbs wol inniglich anliget [...]."

[23] Obst: Beichtstuhlstreit, 21; Dietrich Blaufuß: Spener-Arbeiten. Bern [u. a.] 1980, 183. Folglich sind die Datierungen bei Obst mit einer gewissen Vorsicht zu betrachten. Vgl. auch die Divergenzen innerhalb seiner Arbeit. Obst: Beichtstuhlstreit, 103 Anm. 55, 105, 119 Anm. 19.
Vgl. auch: „Vor Jahresfrist, nachdem er seinem bedrängten Herzen in einer Predigt Luft gemacht, habe er seine ‚Herren Kollegen schriftlich um einige Beihilfe ersucht'. Es sei dann zu dem [...] erwähnten Tausch zwischen Beichtstuhl und Frühpredigt [...] gekommen." (Georg Simon: Der Berliner Beichtstuhlstreit 1697–1698. In: JBBrKG 39, 1964, 42–88, hier: 66. Simon paraphrasiert an dieser Stelle Schades Beantwortung der ersten Klage der Stadtverordnete und Gewerke, welche vom 4.2.1697 datiert. Die erwähnte Predigt hielt Schade am 1. So. n. Trin. 1695.)

[24] Obst: Beichtstuhlstreit, 21.

[25] Vgl. Friedrich Wilhelm Bautz: Art. „Astmann, Johann Paul". In: BBKL I, 1990, 257 f.; Otto Fischer: Pfarrerbuch Brandenburg 2,1, 18; Lebenslauf Johann Paul Astmanns: „Anno 95. muste er nach dem Willen GOttes seine hertzgeliebte Bayreutische Gemeind mit ihrem großen Leydwesen verlassen / und der von hier zur Diaconat-Stelle an der Nicol. Kirche erhaltenen vocation folgen [...]." (In: D. HIERONYMI WELLERI Marter=Buch [...]. Halle 1700, Anhang 54). Vgl. auch Schade: Schriften, 118–120, hier: 119: „Ists wohl möglich, daß ich der

Doch war die relative, oberflächliche Ruhe, die mit Schades Befreiung vom Beichthören einkehrte, nur die Ruhe vor dem großen Sturm. Die interne Vereinbarung wurde durch Astmann und Schindler aus für Schade nicht verständlichen Gründen nach rund zwei Jahren aufgekündigt.[26] Dass er ab diesem Zeitpunkt wieder in den Beichtstuhl zurückkehrte, ist nicht belegt und äußerst unwahrscheinlich, denn Schade war auch nach seiner Befreiung vom Beichthören 1695 nicht gewillt gewesen, sich gänzlich mit der Privatbeichte abzufinden, zudem war der Streit 1697 zu weit fortgeschritten. Einen offenen Ausbruch der Schadeschen Gewissensnöte hatte Spener aber gerade zu unterbinden versucht, denn dieses freiwillige Entgegenkommen der Prediger an St. Nikolai geschah, nachdem Schade seinen Konflikt mittels einer Predigt am 1. Sonntag nach Trinitatis 1695 vor die Gemeinde und damit in die Öffentlichkeit getragen hatte, so dass sich Spener überdies gezwungen sah, in gleicher Weise zu reagieren.

2. Die Haltung Speners zur Privatbeichte

Mit seiner Predigt *Des Beichtwesens in der Evangelischen Kirchen rechter Gebrauch und Mißbrauch* vom 7. August 1695 versuchte Spener, die langsam aufwallenden Wogen zu glätten und den Streit noch im Keim zu ersticken.

Was aber unsern beichtstuhl oder das gesamte beichtwesen anlanget / wie es in unsern kirchen gebräuchlich ist / und als nöthig vor dem heil. abendmal nunmehr erfordert wird / ist es keine göttliche einsetzung / sondern allein eine Kirchen=Ceremonie und ordnung / nicht allein was das hand=auflegen betrifft / welches auch in andern Lutherischen gemeinden an vielen orten bey der absolution nicht üblich.[27]

Mit der ausdrücklichen Charakterisierung der Privatbeichte als Adiaphoron signalisierte Spener Schade und der Gemeinde Gesprächsbereitschaft über die bestehende äußerliche Verfahrensweise.[28] Der Nutzen der Einzelbeichte an sich lag für ihn klar auf der Hand:

---

allerelendste voll Angst und Jammer sieben Stunden mit Seuffzen und die meiste Nacht=Zeit in gröster Kopff=Schwachheit, schlaflos und voll Unruhe zubringen, darauff wieder 2. Stunden absolviren und communiciren, so bald darauff vor einer solchen Gemeinde predigen kan?" Der Brief datiert von Sonntag Misericordiae 1695! M.E. würde er dies so nicht schreiben, wenn er bereits ein gutes Jahr von seinen Beichtverpflichtungen befreit wäre.

[26] Vgl. Schade: Schriften, 129–131. Astmann und Schindler müßten danach bis weit in den eskalierten Streit hinein Schades Verpflichtungen übernommen haben. Wahrscheinlich haben sie diese Vereinbarung im Laufe des Jahres 1697 gelöst, als der Streit sich so ausgeweitet hatte, daß es klüger erschien, sich von Schade zu distanzieren. Vgl. II.3., 72 dazu Anm. 48.

[27] Spener: Beichtwesen, 37 f.

[28] Mit einer solchen Charakterisierung stand Spener in der Tradition sowohl Luthers als auch

1. Daß die Beichtväter ihrer seits die beste gelegenheit hätten / ihr ambt nach allen dessen stücken in geheim an jeglichen gliedern der gemeinden absonderlich zu verrichten. [. . .] 2. Der andre nutzen solte seyn des beicht=kindes / das jeder fromme Christ um solche zeit gelegenheit hätte / sein herz und anliegen seinem Beichtvater völlig vertraulich auszuschütten [. . .].[29]

Spener unterschied strikt zwischen Beichtverfahren und Absolution, demzufolge kristallisierten sich zwei verschiedene Problemarten heraus. Zum einen waren es die „Missstände", zu wenige Prediger, v. a. in Großstadtgemeinden, zu wenig Zeit, die Orte seien ungeeignet und der Beichtstuhl für gewissenhafte Prediger zu einer „angst=banck" geworden[30], zudem fehle ein Kirchengericht[31]. All dies könne mit dem eigentlich Sinn der Beichte nur sehr mittelbar zu tun haben, da es zum Beichtverfahren zähle und äußerlich sei, demzufolge von einem Einzelnen auch nicht beseitigt werden könne.

Daß übelste ist / daß es lauter solche dinge sind / die wir prediger allein schwehrlich / die meiste aber gar nicht / ändern können / indem es eine sache / welche der gantzen Kirchen zukommet / und diese selbs allerdings gar in einem andern stand stehen muß [. . .].[32]

Zum anderen waren es die „Missbräuche", welche den Umgang mit der Absolution betrafen, womit die Kernaussage der Predigt berührt ist. Die Absolution ist der Teil, welcher durchaus göttliche Einsetzung sei. Spener erläuterte dies anhand des *locus classicus* für diese Frage, Joh 20,23. Die Macht, im Namen Gottes auf Erden zu binden und zu lösen, sei allen seinen Dienern verliehen, auch demjenigen, „welcher den Heil. Geist nicht hat / auch das heilige Leben nicht führen kan"[33]. Seine Absolution sei der eines erleuchteten Predigers gleichwertig, denn sie sei von der Person des Predigers unabhängig.[34] Anders verhielte es sich mit der Per-

---

protestantischer Erbauungsliteratur, welche die Buße als Punkt der conversio und „Terminus der Wiedergeburt" bestimmte, nicht, wie im Katholizismus, Beichte und Absolution. Vgl. Udo Sträter: Sonthom, Bayly, Dyke und Hall. Studien zur Rezeption englischer Erbauungsliteratur in Deutschland im 17. Jahrhundert. Tübingen 1987 (BHTh, 71), 121.

[29] Spener: Beichtwesen, 46, 49.

[30] Vgl. Spener: Beichtwesen, 52–57.

[31] Vgl. u. a. Spener: Theologische Bedencken Und andere brieffliche Antworten [. . .]. Erster Theil. Halle 1700 (Ndr. Hildesheim [u. a.] 1999), II, 254 (1690): „[. . .] da wäre abermal die einfältigste manier / daß bey jeder gemeinde ein ordentliches kirchen=gericht von der gemeinde verordnet würde / so nechst den Predigern aus personen der gemeinden / dazu auch der obrigkeitliche stand mit zu ziehen / bestünde [. . .]." Vgl. auch Spener: Letzte Bedencken 3, 723 (28.12.1692). Das Besondere an diesem Vorschlag ist, dass Spener alle drei Stände mit einbezogen haben möchte, im Gegensatz zur Praxis der Konsistorienzusammensetzung.

[32] Spener: Beichtwesen, 57.

[33] Spener: Beichtwesen, 19.

[34] Vgl. Spener: Beichtwesen, 23: „[. . .] aber wo sie [= die unerleuchteten Prediger, d. Vf.n.] gleichwohl einem wahrhafftig=bußfertigen die sünde vergeben / ist solche ihr absolution und wort GOttes gleichwohl an sich und an einem solchen menschen kräfftig."

son des Beichtenden. Dieser müsste mit der Beichte verantwortlich und v. a. ehrlich umgehen, denn die Vergebung würde unwirksam, wenn der Beichtende seine Buße nur heuchelte. Was der Prediger nicht erkennen könne, erkenne Gott um so mehr. Aber dieses Verständnis der Privatbeichte scheint im Kirchenvolk nicht sehr verbreitet gewesen, denn „*der mißbrauch* ist der / daß sich alle leute / sie seien bußfertig oder unbußfertig / diese zu ihrem großen schaden / auf die beicht und die absolution verlassen."[35] Hart ging er mit der Gemeinde ins Gericht, es mache

> sie also die einbildung von der krafft der beicht und absolution ihr lebenlang sicher / und beliebt sie der süße schlafftrunck / aus dem solche leute in sünden immerfort schlafen / und sich niemahl bekehren [...]. Ich versichere mich aber / daß E. C. Liebe nicht leugnen könne / daß es bei so vielen nicht anders hergehe: Ja wie viel schlägt wohl ietzt ihr eigen gewissen / daß wahrhafftig der beichtstuhl von ihm selbs bisher also sey angesehen worden [...]?[36]

Wer dies nicht einsehe, erliege der Selbsttäuschung. Die Absolution sei nur wirksam, wenn das Beichtkind mit wahrer Buße in die Beichte gehe.[37] Da diese aber nur in des Menschen „hertzen liget", hat sich der Prediger notgedrungen an die äußerlichen Zeichen dieser Buße zu halten, welche für Spener zum einen in dem Bekenntnis während der Beichte bestanden und zum anderen im Leben erkennbar sein sollten.[38] So schloss er seine Predigt mit eindrücklichen Ermahnungen, die Beichtväter von dieser Last so weit wie möglich zu befreien:

> Erleichtert auch euren Beichtvätern die last also / daß ihr nicht zu unbequemsten zeit kommet. Ihr wisset / was für ein beschwerde ist / wo sonn= und fest=tag erst morgens frühe der beichtenden noch so viele kommen / und die Prediger / so den gantzen tag über mit predigen und amts=verrichtungen so viel zu thun haben / mit desto mehr arbeit beschwehren [...]; auch wo ihrer allzuviel kommen / Sonntags frühe mit allen desto mehr geeilet werden muß / hingegen alles desto weniger frucht bringet.[39]

---

[35] Spener: Beichtwesen, 59 (Hvh. i. O.).

[36] Spener: Beichtwesen, 65 f.

[37] Vgl. Philipp Jakob Spener: Wiederholung der Lehr Von Des in unserer evangelischen Kirchen gewöhnlichen Beichtwesens Gebrauch und Mißbrauch / Den 2. Mart. 1697. [...] angestellet [...]. Cöln a. d. Spr. [1697], 38–42. Zur „wahren Buße" gehören folgende Teile: 1. Rührung im Herzen, 2. Erkenntnis der Sünden, 3. ihrer Schwere, 4. Erschrecken vor Gottes Zorn, 5. Haß gegen die Sünde, 6. der feste Vorsatz, nicht wieder zu sündigen, 7. Vertrauen auf die Gnade Gottes.

[38] Spener: Bedencken 1, II, 256 (1690): „wo wir an einem menschen ein gutes leben sehen / ja in gewisser maaß / wo wir nur kein wiedriges leben an ihm sehen / welches die bekäntnüß offenbarlich lügen straffte / so haben wir nicht wider die liebe denselben wort und bekäntnüß in zweiffel zu ziehen. [...] Dann weil uns menschen nicht / sondern allein GOtt / zukommet / in die hertzen unmittelbahr zu sehen / so sind wir verbunden / auf die äusserlichen zeichen zu sehen / und sonderlich den worten zu glauben / wo nicht die wichtigsten ursachen dagegen vorhanden sind."

[39] Spener: Beichtwesen, 93; vgl. auch: „Findet ihr nun der gleichen nicht [= wahre Reue d.

„Wer also dieses gehöret hat / und sich künfftig doch noch mit solchem falschen vertrauen betriegt / der hat sein gericht auf sich / und kan nicht sagen / daß er nicht erinnert worden seye"[40], ermahnte er seine Zuhörer.

Der Versuch misslang. Mit dieser Haltung Speners gab sich keiner der bis dahin Beteiligten zufrieden. Schade beruhigte sich wider Erwarten nicht, im Gegenteil, der Konflikt weitete sich aus: Im Januar 1696 verschickte Schade „30 Gewissensfragen"[41], in welchen er die Beichtpraxis zur Disposition stellte, an befreundete Theologen und bat mehr um Zustimmung als um deren theologische Meinung. Als jedoch nur ausweichende Antworten eintrafen[42], sah sich Schade mit dem Rücken zur Wand stehend und trat die Flucht nach vorn an. Im Sommer desselben Jahres erschien *Vom Conscientia erronea*[43], worin er sowohl jene 30 Fragen,

---

Vf.n.] / ihr hasset die sünde nicht / euer glaube ist nicht redlich / euer vorsatz nicht ernstlich / so bleibet ja um Gottes willen vom beichtstuhl [. . .]: Es ist zwar nicht recht / wo man sich von dem beichtstuhl und Communion / als einigen Gnaden=Mitteln lang enthält / aber gleichwol ists noch weniger sünde [. . .]." (Spener: Beichtwesen, 84).
„Nechst dem M. G. thut euren Beichtvätern die liebe / die ihr vor ihre an euch erzeigende liebe ihnen schuldig seyd / nemlich daß ihr ihnen ihre gewissens=last an euch erleichtert; gebet euch denselben wie ihr könnet kund / daß sie euch und den zustand / darinnen ihr stehet / kennen lernen / um mit euch zu eurem besten handlen zu können: Macht ihnen gelegenheit auch sonsten mit euch in euren oder ihren häusern zu handlen und also dasjenige an euch zu thun / worzu bei ietziger bewandniß in dem beichtstuhl die sonsten erwünschte gelegenheit manglet. Sonderlich begehe ja keiner die thorheit / die sich gleichwol bey manchen findet / daß sie niemand lieber als ihren Beichtvater unbekant seyn [. . .]." (Spener: Beichtwesen, 91 f.).
[40] Spener: Beichtwesen, 90.
[41] Vgl. Obst: Beichtstuhlstreit, 28–30.
[42] Vgl. Johann Paul Astmanns Beantwortung dieser 30 Fragen: „Etliche wollen sich nicht bekehren, sind praefactarij, u. verlachen die Buße; andere sind zuvor auch noch unbekehrt, wollen sich aber bekehren, und suchen deßwegen die versicherung der Göttl[ichen] Gnade. [. . .] Ich kann ia nicht wißen obs nicht wahr sey? Wie viele haben nach ihren langen wüsten wilden Leben auff ein mahl umbgekehret: dieser kan wohl ein solcher auch seyn. [. . .] Ein mal müßen wir uns mit denen worten, deß beichtenden befriedigen laßen, in solchen fall, und Gott das gericht des hertzens anbefehlen." (Johann Paul Astmann: Kurtzgefaste Darstellung der innerlichen Hertzens=Meinung, welche sich auff vorgelegte 30 Fragen vom Beichtstul, [. . .], befindet bey einem gefragten Bruder in dem Herrn. Berlin o.J. AFSt/H D 41:37–90).
Eine weitere Spur dieser ausgesandten 30 Fragen findet sich in einem Brief Theodor Gehrs an Ph.J. Spener vom 03.09.1696, mit welchem er die Antwort Langhansens übersendet und im Postscriptum darum „höchlich" bittet, den Verfasser „so wol gegen andere, alß gegen Herrn M. Schaden selbst, biß zu besprochener Zeit auß gewißen Ursachen zu verschweigen" (Th. Gehr an Ph.J. Spener, Königsberg 03.09.1696, AFSt/H D 66:327).
Ferner bietet eine Auseinandersetzung, inkl. eines Wiederabdrucks der 30 Fragen, Johann Christoph Cron: Schlüssel zum Beichtstuhl / Das ist: Genaue Untersuchung der so genannten schändlichen Praxeos des Beicht-Stuhls und Nachtmahls des HErrn [. . .] / Darinnen Sonderlich die 30. Gewissens=Scrupel examiniret [. . .]. Frankfurt/Main 1699.
[43] [Johann Caspar Schade:] Etliche Fragen was von dem heut zu Tage üblichen Beichtstuhl zu halten, Welche vormals unter dem Titul de Conscientia erronea [. . .] heraus gegeben [. . .].
O.O. 1697.

seine Ansichten dazu im Hauptteil, welchen er betitelte: „Ich suchte Hilfe bei den Menschen und fand keine"[44], als auch 30 Vorschläge zur Verbesserung des Beichtwesens veröffentlichte. Damit trug er den aufkeimenden Streit aus Berlin heraus in eine noch breitere Öffentlichkeit und Spener sah sich mit neuen Problemen konfrontiert[45], zumal Schade sich nicht auf eine literarische Auseinandersetzung beschränkte, sondern die Initiative ergriff. Im Januar 1697 änderte er eigenmächtig das Beichtverfahren und erteilte seinen bei ihm verbliebenen Beichtkindern die Absolution generaliter in der Sakristei. Darüber hinaus ereignete sich in dieser Zeit ein Vorfall, welcher „die gantze sache noch intricater"[46] machte und als der „Vorfall mit den zwei Mädchen" Stadtgespräch werden sollte. Schade hatte zwei 14jährige Mädchen auf seiner Stube körperlich gezüchtigt, um sie für ihr Fernbleiben vom Katechismusunterricht und verschiedene Lügen zu bestrafen und mit ihnen darüber Stillschweigen vereinbart, was diese allerdings nicht einhielten und folglich für einen „Sittlichkeitsskandal"[47] sorgten. Dieser rückte Schade und seine Sache nun auch in den Focus der weltlichen Gerichtsbarkeit und des kurfürstlichen Hofes.

3. Zwischen den Stühlen – die Stellung Speners unter den Beteiligten

Am 3. Februar 1697 erfolgte beim Magistrat die erste Klage der Stadtverordneten und der vier Gewerke über Schade und die Änderung im Beichtverfahren. Insgesamt sollten es zwischen Februar und Ende Mai 1697 fünf Eingaben dieser Art werden.[48] Während die erste Klage noch ohne explizite Benennung Schades erfolgte und sich ausschließlich gegen die Änderung im Beichtverfahren richtete, verschärften sich die weiteren Eingaben der Stadtverordneten und Gewerke dahingehend, dass Schade hauptsächlich folgender Punkte angeklagt wurde: 1. Der eigenmächtigen Änderung des Beichtverfahrens und seiner harten Worte gegen das lutherische Beichtwesen[49], 2. der Bezeichnung der lutherischen Kirche

---

[44] Sir 51,10.

[45] Vgl. Spener: Letzte Bedencken 3, 393 (05.03.1697): „Als ich diese schrifft durch einen guten freund erstmals zu sehen kriegte / meinte ich des todes zu seyn / aus darüber gefaßtem schrecken."

[46] Ph.J. Spener an A.H. Francke, Berlin 16.02.1697, AFSt/H A 125:64.

[47] Obst: Beichtstuhlstreit, 47.

[48] Bis zum Mai 1697 überschlugen sich die Ereignisse. Briefe, Eingaben, Klagen und Verteidigungen wechselten zwischen den Beteiligten mehrmals wöchentlich hin und her. Hinzu kamen Gespräche, deren Inhalt nur sporadisch aus schriftlich vorliegenden Aussagen zu rekonstruieren ist (für eine chronologisch lückenlosere Abfolge vgl. Obst: Beichtstuhlstreit, mit den beschriebenen Einschränkungen [s. Anm. 23]). Ich möchte mich an dieser Stelle auf Spener konzentrieren und dazu v. a. den Briefwechsel mit Francke heranziehen.

[49] V.a. die plakativen Worte: „Beichtstuhl, Satansstuhl, Feuerpfuhl" hatten die Leute gegen ihn aufgebracht ([Schade]: Etliche Fragen, § XX).

als zur „Babylonischen Hure" gehörig, 3. der unsittlichen Züchtigung der zwei 14jährigen Mädchen und 4. abendlicher Konventikel mit Frauenbeteiligung. Mit Ausnahme des zweiten bezogen sich alle Punkte auf Erregung öffentlichen Ärgernisses und Umsturz der bestehenden Ordnung.[50] Die Schwerpunktsetzung der Stadtverordneten zwang Spener schon zu diesem Zeitpunkt zu einer Neuorientierung. Die Frage war nicht mehr nur, ob es theologisch gerechtfertigt werden könnte, die Beichtpraxis zu ändern oder wie Schade dazu gebracht werden könnte, sein Gewissen in dieser Hinsicht zu beruhigen und inwiefern dies in der Verantwortung der Beichtenden läge, sondern nun galt es für ihn, die ausbrechende Unruhe und die Verlagerung des Konfliktes auf die Person Johann Caspar Schades möglichst schnell unter Kontrolle zu bringen, damit zum einen nicht schlimmeres Unheil geschah[51] und zum anderen die Pietisten nicht noch mehr in den Ruf gerieten, potenzielle Unruhestifter zu sein[52].

Als unmittelbarer Vorgesetzter Schades war Spener der erste Ansprechpartner des Magistrates: „Als der rath mit mir conferiret, gieng es meistens dahin, daß er entweder seine gewohnliche beicht wider antreten oder das beichtsitzen gantz abmüßigen solte, wie ich darmit wol zufrieden wäre".[53] Der Magistrat war Schades Anliegen zuerst also nicht abgeneigt, doch dessen Verhalten im Fall der zwei Mädchen hatte die Dinge verkompliziert: „Es sollen aber die entzündete bürger damit nicht zufrieden sein, sondern haben wollen, das er entweder seine ordentliche beichte wider antreten oder gar des dienstes quit gehen solle"[54], berichtete Spener am 16. Februar an Francke. In eben diesem Schreiben klagte Spener über seine Einflusslosigkeit auf Schade und wünschte, „das geliebter Bruder zu uns kommen, sonderlich aber nechst anderem guten

---

[50] Während Obst darin offenbar böse Absicht vermutet (vgl. Obst: Beichtstuhlstreit, 46, 54 f.), liefert Ryoko Murakami-Mori eine mir plausiblere, mentalitätsgeschichtlich verankerte Erklärung. Da Pietisten als Leute galten, welche potenziell die bestehende Ordnung zu stören im Stande waren, bedeuteten sie, zumal in ihrem unterstellten engen Zusammenspiel mit dem reformierten Hof, eine latente Gefahr für die lutherischen Landstände. „Die Ankläger handelten im Bewußtsein, die Ordnung der Stadt zu unterstützen. Aber diese Ordnung war erschüttert. [. . .] Deshalb reagierten sie so empfindlich auf Neuerungen Schades, nicht nur aus bloßem engherzigen Eigensinn." (Ryoko Murakami-Mori: Der Berliner Beichtstuhlstreit. Frömmigkeit und Zeitwende im späten 17. Jahrhundert. In: PuN 17, 1991, 62–94, hier: 76, 68).

[51] Das Bekanntwerden der Züchtigung der zwei Mädchen hatte offenbar zu für Schade nicht ungefährlichen Drohungen geführt. Am 16.02.1697 berichtete Spener an Francke, „das auch weiber ihm trohen auff der gaßen mit steinen anzugreiffen". (Ph. J. Spener an A. H. Francke, Berlin 16.02.1697, AFSt/H A 125:64).

[52] Zumal dies nicht im Interesse Speners liegen konnte. Vgl. Wallmann: Spener in Berlin, 85; vgl. IV., 95 ff.

[53] Ph. J. Spener an A. H. Francke, Berlin 16.02.1697, AFSt/H A 125:64.

[54] Ph. J. Spener an A. H. Francke, Berlin 16.02.1697, AFSt/H A 125:64.

rath ihn selbs recht in die schrancken zu bringen einen kräfftigen zuspruch thun könte"[55]. Francke, im gleichen Alter wie Schade und diesem noch aus der gemeinsamen Leipziger Zeit nahestehend, schien in Speners Augen besser geeignet, Schade zu Ruhe und Zurückhaltung zu bewegen; und nicht nur Schade, sondern auch eine wachsende Zahl „unbesonnene[r] eiffere[r]", die sich um ihn gesammelt und ihn immer wieder „überlauffen" hatten, sobald Spener ihn einmal zur Ruhe gebracht hatte.[56] Nun lässt sich Francke nicht zu jenen Eiferern zählen, welche Schade noch weiter anstachelten, doch neigte er stärker zu dessen Position als zu derjenigen Speners und sollte es seinem väterlichen Freund ein wenig übel nehmen, als dieser sich deutlich von Schade distanzierte.[57] Doch zu diesem Zeitpunkt, Ende Februar, Anfang März des Jahres 1697, gedachte Spener die Wogen zu glätten, indem er Schade aus dem Blickfeld der Öffentlichkeit nahm. Die Unterstützung des Hofes war dafür unerlässlich: „Soviel hoffe nun bey denen, so die mächtige hand haben, erhalten zu haben, das er gegen gewalt schutz finde, und bey dem amt bleibe, auch des beichtsitzens insgesamt befreyet werde".[58] Mit dem im kurfürstlichen Rat für Kirchenfragen zuständigen Geheimen Rat Paul von Fuchs und Premierminister Eberhard von Danckelmann einigte sich Spener auf folgenden 3-Punkte-Katalog für Schade: „1. er solte des beichtstuhls müßiggehen. 2. die sache nicht auff die cantzel bringen, seine collegas die ihn brauchen [d. h. welche in üblicher Art und Weise die Beichte abnahmen, d. Vf. n.] zubeurtheilen. 3. nichts ohne censur trucken laßen."[59] Würde er sich derart aus der Öffentlichkeit zurückziehen, wäre man seitens des Hofes geneigt, eine für Schade positive Lösung zu finden.

Dass der Streit um den Beichtstuhl an dieser Stelle nicht endete, verdankte sich v. a. den Tatsachen, dass Schade offenbar nicht gewillt war, sich an diese drei Punkte zu halten[60] und dass inzwischen alle relevanten

---

[55] Ph. J. Spener an A. H. Francke, Berlin 16.02.1697, AFSt/H A 125:64. Tatsächlich war Francke um den 23. März 1697 in Berlin, hatte aber offenbar keinen großen Erfolg: „Ich habe veranlaßet, daß M. Francke (welcher mit mehr Seegen in Halle arbeitet, als mir sonsten keiner bekannt.) hieher zu uns gekommen, und ein Besuch abgeleget hat, welcher sonst bey H. Schaden fast alles vermochte: Dieses mahl aber hat er in sein gemüth kaum einen eingang gewonnen." (Ph. J. Spener an A. E. Kißner, Berlin 23.03.1697 [Abschrift], AFSt/H D 107:696–699, hier: 696 f.; vgl. auch Ph. J. Spener an A. H. Francke, Berlin 23.03.1697, AFSt/H A 125:66).
[56] Ph. J. Spener an A. H. Francke, Berlin 16.02.1697, AFSt/H A 125:64.
[57] Vgl. Ph. J. Spener an A. H. Francke, Berlin 27.03.[1697], AFSt/H A 125:67: „Was im übrigen wegen deßen in seinem geliebtem erinnert wird, daß ich meinen dissensum publice contestiret habe, nehme solches freündlich auff, als das anderer freünde, so sie mit mir nicht einig, dissens wol tragen kan: bekenne aber, das noch nicht sehe, wie auff die stunde anders verfahren könte: und ich bin zwahr nicht in abrede, daß Herr geh[eimer] R[at] von Schweinitz mir auch darzu gerathen".
[58] Ph. J. Spener an A. H. Francke, Berlin 16.02.1697, AFSt/H A 125:64.
[59] Ph. J. Spener an A. H. Francke, Berlin 27.02.1697, AFSt/H A 125:65.
[60] Vgl. die fortgesetzten Klagen Speners in dem Schreiben an Francke vom 27.02. (AFSt/H A

Gremien Berlins involviert waren und verschiedene Gruppen mit verschiedenen Motiven verschiedene Interessen vertraten. Auf Seiten der
Stadtverordneten und Gewerke fanden sich auch die Prediger, die sich
auf dem Boden der lutherischen Orthodoxie bewegten. Franz Julius Lütkens, Speners Äquivalent im Amt des Propstes in Cöln, bezog am
27.2.1697 in einem Brief an Spener eindeutig Stellung contra Schade.[61]
Er plädierte dafür, Schade aus dem Amt zu nehmen, da dieser sich mit
seinem Benehmen als Prediger unglaubwürdig gemacht habe. Nach der
Ankündigung, sich gegen Schades Schriften gleichfalls öffentlich zur
Wehr zu setzen, folgten dann allerdings Vorschläge wie man „am besten
aus dem Felde kommen möchte"[62]: Schade solle vor dem Collegio Mi-
nisteriali erscheinen und „ein Versuch gethan werden / ob man ihm seinen Scrupel benehmen [...] könte."[63] Sollte dies der Fall sein, müsse er
seine vollen Amtspflichten wieder übernehmen,

> doch daß er publice pro Cathedra, wie auch in Schrifften / seine Fehler er-
> kennete / und sein Leidwesen darüber bezeugete / und um Christl. Verzei-
> hung aller gegebenen Aergernissen bäthe und cautius, unter hertzlicher An-
> ruffung GOttes / zu wandeln / zusagete.[64]

Für den gegenteiligen Fall empfahl er Schade

> die Sache in der Furcht des HErren [...] zu Hause ein und etliche Tage / ja
> eine Wochen / (ungeachtet er schon ein Jahr darzu Zeit gehabt hat) zu über-
> legen. [...] Und wenn GOtt ihn zu andern Gedancken brächte / hätte er
> übrigens [...] sein Ampt wiederum zu verwalten.[65]

Sollte Schade, was Lütkens für wahrscheinlicher hielt, jedoch „keinen
animum flexilem & docilem bezeigen", müsse die ganze Angelegenheit
„gehöriger Maassen / an ihrem rechten Orte / gehöret und citatis, quo-
rum interest (als da sind das Ministerium, der Magistrat und Bürger-
schafft) darinnen gesprochen"[66] werden. Daraufhin folgte eine explizite
Kritik an Speners Verhalten:

125:65): „Wann nur Herr Schade selbs dahin gebracht werden könte, sich recht zu begreiffen.
Aber man kan ihn nicht überzeügen, das er in einigem der dinge unrecht gethan zuhaben, recht
glaubte [...]: so kan man auch keine rechte categorische antwort von ihm bekommen wegen
des enthaltens des truckens u. bestraffung des beichtstuhls [...] auff der cantzel. Daß ich daher
immer seinet wegen in sorge stehen muß, das er einmal plötzlich wider außbreche [...]." Vgl.
auch den Brief vom 23.03.1697 (AFSt/H A 125:66).

[61] Der Brief ist abgedruckt in: Samuel Schelwig: Die Sectirische Pietisterey / [...] / Aus Hr.
D. Philip Jacob Speners Und Seines Anhangs Schrifften / Zur Unterricht und Warnung fürge-
stellet [...]. Dritter Theil. Danzig 1697, 166–172.

[62] Schelwig: Pietisterey, 170.

[63] Schelwig: Pietisterey, 170.

[64] Schelwig: Pietisterey, 170.

[65] Schelwig: Pietisterey, 170.

[66] Schelwig: Pietisterey, 170.

ich weiß zwar / daß mein Herr Gevatter mir und andern gesagt hat / es sey die Sache schon für den Chur=Fürstlichen hohen Geheimen Rath genommen / und wolle sonderlich des Herren Ober=Präsidenten [Danckelmann, d. Vf. n.] hohe Excellentz sie abthun. Wie solches veranlasset sey / von wem / und durch welche Gelegenheit / imgleichen zu was Ende / weiß ich nicht: Mich deucht aber / es sey eigentlich ein Consistorial-Sache / und würde / so viel ichs begreiffe / mein Hochgeehrter Herr Gevatter / auch vor sich selbsten / wolthun [...] wenn Er für seine Person unterthänigst halten möchte / diese Causam ans Consistorium gnädigst zu remittiren.[67]

Doch gerade dies wollte Spener auf keinen Fall. Am gleichen Tag schrieb er in Bezug auf Lütkens an Francke: „Herr Propst Lütken aber opponirt sich nun am hefftigsten, und will mit gewalt die sache vor das consistorium gezogen haben, da kein gutes urtheil fallen dörffte".[68] Seine Erfahrungen mit dem Konsistorium ließen ihn für Schade nichts Positives erhoffen, was der gesamte Brief Lütkens' zwar bestätigt, weshalb ich hier auch etwas ausführlicher darauf eingegangen bin, doch hatte Spener mit seinem Versuch, die orthodoxen Prediger erst mit einzubeziehen, als sie keinen „Schaden" mehr anrichten konnten, den Konflikt nicht entsondern auf Seiten der Geistlichkeit eher verschärft, denn nun mussten diese sich schlichtweg übergangen fühlen. Sein Verhalten musste bei ihnen den Eindruck verstärken, die Pietisten stünden auf Seiten des reformierten Hofes, von dem sie beständig Eingriffe in die traditionellen lutherischen Zeremonien fürchteten.[69] Inwiefern es in Speners Kalkül gelegen hat, sich bis zu einem gewissen Grad von der lutherischen Orthodoxie zu distanzieren, zumal um der Positionierung der pietistischen Bewegung willen, sei hier dahingestellt.

Nachdem Spener nun sowohl mit dem Hof als auch mit der orthodoxen Geistlichkeit in Verbindung stand, wandte er sich an den Magistrat. Deutlich ist seine Absicht zu erkennen, sich von Schades Verhalten zu distanzieren, denn er war nicht bereit, Verantwortung für die problematischen theologischen Ansichten und das schwierige Verhalten Schades auf Kosten seines eigenen Gewissens zu übernehmen, zumal Schade ihm gegenüber auch jegliche Kompromissbereitschaft vermissen ließ.[70] In sei-

---

[67] Schelwig: Pietisterey, 171.

[68] Ph. J. Spener an A. H. Francke, Berlin 27.02. 1697, AFSt/H A 125:65.

[69] Vgl. Regina Catsch: Die Bedeutung von Leibniz, Molanus und Jablonski bei den kirchlichen Unionsbestrebungen im 17. und 18. Jahrhundert. In: Gerhard Besier/Christof Gestrich (Hg.): 450 Jahre Evangelische Theologie in Berlin. Göttingen 1989, 105–123, hier: 119.

[70] Über die physische und psychische Konstitution Johann Caspar Schades ist in der Rezeption viel diskutiert worden, v. a. Obst geht in seiner Sympathie für Schade so weit, ihn zum „Rebell wider Willen" (Obst: Beichtstuhlstreit, 146) im Bündnis mit der Aufklärung gegen die lutherische Orthodoxie zu stilisieren und dies darüber hinaus besonders zu würdigen, eben auf Grund der „neurotischen Konstitution" Schades (ebd. u.ö.). Blaufuß' Kritik an Obst bringt ebenfalls Schades angebliche psychische Labilität in die Diskussion, indem Schade nach Mei-

ner Eingabe an den Magistrat lehnte Spener sowohl Schades „30 Gewissensfragen" und *Die schändliche Praxis des Beichtstuhls*[71] als auch die Züchtigung der Mädchen klar ab. Es komme nicht mehr darauf an, ob Schade die Absolution weiterhin generaliter in der Sakristei erteilen könne, welches er im Übrigen nach zweimaliger Durchführung eingestellt hatte, „sondern darauf kompt alles an, wie Herr Mag: Schade in solchen seinen actionibus zu consideriren"[72].

Im Zuge seiner Absicht, sowohl alle Involvierten zu einem Kompromiss zu bewegen, welcher für Schade so positiv wie möglich und trotz der Vorfälle für alle tragbar war, als auch die Differenzen zwischen ihm und Schade zu belegen, brachte Spener die Angelegenheit am 2. März 1697 noch einmal auf die Kanzel. Erneut legte Spener seine Ansichten von der Confessio privata, v. a. ihrem Nutzen[73] dar, wobei er im Gegensatz zu seiner Predigt des Jahres 1695 etwas stärker auf die Rolle des Beichtvaters einging und die Verantwortung nicht ausschließlich bei den Beichtenden verortete. Ohne Schades Namen zu nennen, kritisierte er die Prediger, welche all zu sehr mit ihrem Gewissen haderten und selbst die *formula conditionata*[74] zur Absolution nicht gebrauchen wollten:

---

nung Blaufuß' gerade aus diesen Gründen nicht der Initiator des Beichtstuhlstreites gewesen sein kann, denn er wäre ein „Neurotiker mit stark depressiver Veranlagung" (Dietrich Blaufuß: Philipp Jakob Spener, Johann Caspar Schade und sein Freundeskreis in der Auseinandersetzung um die Einzelbeichte im Pietismus [...]. In: JBBrKG 48, 1973, 19–52, hier: 29). An dieser Stelle muss man allerdings fragen, inwieweit sich diese „neurotische Konstitution" aus den vorliegenden Quellen so einfach diagnostizieren lässt, ja, ob eine solche Diagnose für die Beurteilung des Berliner Beichtstuhlstreites überhaupt relevant ist bzw. als Thesengrundlage gebraucht werden kann. Gerade in der Rezension Blaufuß' sieht man, dass die teilweise Fokussierung auf Schades Psyche und Charakter zu einer m. E. irrigen Diskussion der Frage geführt hat, ob Schade der tatsächliche Initiator des Beichtstuhlstreites gewesen ist und was seine eigentlichen Motive gewesen sein mögen. Meiner Meinung nach kann man aus den Zeugnissen sowohl Schades selbst, als auch Speners und Franckes zwar durchaus auf einen Hang zu Überreaktionen, starker Gewissensbelastung und Martyriumssehnsucht bei Schade schließen, doch würde ich dies nicht so in den Vordergrund rücken, wie Obst es getan hat, zumal von den in GES 5 [s. Anm. 20] abgedruckten Briefen Schades bekannt ist, dass ein Teil nach dessen Tod redaktionell bearbeitet worden ist (vgl. Blaufuß: Spener-Arbeiten, 184, wobei offensichtlich nicht geklärt ist, welcher Teil), so dass diese Quelle z. B. nur eingeschränkt nutzbar ist, wenn man nicht sogar so weit gehen will, für die ausfernde Betonung der Schadeschen Labilität durch Schade selbst und Spener eine gewisse apologetische Funktion für all die Unruhe, die der Beichtstuhlstreit verursacht hat, anzunehmen.

[71] Diese Schrift war 1697 anonym als Nachdruck von „Vom Conscientia erronea", unter Umgehung der Zensur erschienen. Allerdings sind in ihr die Verbesserungsvorschläge durch eine Art „Bekennerschreiben" ersetzt: [Johann Caspar Schade:] Die schändliche Praxis des Beicht-Stuhls und Nachtmahls des Herrn [...]. O. O. 1697.

[72] Spener an den Berliner Magistrat, abgedr. bei Kurt Aland: Spener-Studien. Berlin 1943, 131–133, hier: 133.

[73] „Also daß es eine erbauliche unterredung geben kan / zwischen dem beicht=vater und dem beicht=kind / zu beider gewissens erleichterung." (Spener: Wiederholung, 53–59, hier: 55.)

[74] Man unterschied zwischen formula absoluta und formula conditionata in Erteilung der

Hingegen sind andere geängstete gewissen / [...] die sorgen / daß sie göttlichen nahmen darinne mißbrauchen würden / [...]: und wil / was von dem bedingten verstand der absolution gesagt wird / und damit andere sich in Gottes gnade stillen / ihnen noch nicht ins hertz / und zur ruhe desselben gnugthun [...].[75]

Auch nutzte er noch einmal die Gelegenheit, sich explizit von Schades schriftlich verbreiteten Aussagen zu distanzieren:

Daher man den beichtstuhl keinen *Satans=stuhl* nennen soll / noch ohne sünde kan / [...]. Verstehet man aber mit solchem wort nur den mißbrauch / [...] / so muß man nicht den beichtstuhl nennen / sondern allen mißverstand zu vermeiden / deutlich reden / und sich gnug erklären.[76]

Aber selbst wenn man sich deutlich erklärt, ist das keine Garantie, auch richtig verstanden zu werden. So schrieb Spener am 9. März an Anna Elisabeth Kißner in Frankfurt:

Da gedencke geliebte Schwester wie mir zumuth. 1. ich sehe an H. Schaden einen treuen Diener Gottes [...]. 2. Hingegen kann ich das von ihm vorgegangene auch nicht billichen, daher auch nöthig befunden, in öffentlicher Predigt meinen Mißfallen zu bezeugen. 3. Wo ich remonstration thue, wie dergleichen Dinge, so von geängsteten Gewißen auch wieder die Ordnung geschehen, an zu sehen [...] faßet mans nicht. Also sehe ich vieles Unglück vor mir, mich aber unvermögend daßelbe abzuwenden [...].[77]

Mit Wallmann lassen sich drei Gründe festhalten, die Spener dazu brachten, sich öffentlich gegen Schade zu äußern: 1. Schade hatte sich zu hart und unbeherrscht über den Beichtstuhl geäußert, selbigen für „Teufelswerk" und die lutherische Kirche zu einem der drei Teile der Babylonischen Hure erklärt. 2. hatte er Unruhe in die Gemeinde gebracht, die sich nicht nur in äußerlicher Erregung über die Änderung der bestehenden Ordnung kundtat, sondern auch zu „theologischer Verwirrung" führte, was sich später als weit problematischer herausstellen sollte als gedacht, denn auch die Gemeindeglieder hatten nun mit Gewissensnöten zu kämpfen[78] und es drohte ein Schisma. 3. schließlich zogen

---

Absolution. Letztere wurde bei dem Verdacht der Unbußfertigkeit des Beichtkindes gesprochen, und dieses nur „unter Vorbehalt" absolviert. Allerdings war der Gebrauch dieser Formel nicht in allen Landeskirchen gestattet.

[75] Spener: Wiederholung, 66.

[76] Spener: Wiederholung, [58 f.] (Hvh. i. O.).

[77] Ph. J. Spener an A. E. Kißner, Berlin 09.03.1697 [Abschrift], AFSt/H D 107:688–695, hier: 693.

[78] Wozu Spener m. E. nicht unwesentlich beigetragen hatte, denn in seinen Predigten zu diesem Thema hatte er fortwährend die Nutzlosigkeit jeglicher Absolution betont, wenn der Beichtende nicht wahrhaft bußfertig die Beichte ablegte und das Sakrament empfinge, was die Leute verunsichern musste, da sie die Absolution bis zu diesem Zeitpunkt in dem Glauben empfangen hatten, diese wirke unabhängig, sowohl von der Haltung des Predigers als auch der

Schades Ansichten über den Beichtstuhl zunehmend Leute in seinen Bannkreis, denen eine Abschaffung dieser Zeremonie mehr als gelegen kommen musste, und das nicht aus Gewissensgründen.[79] Zum einen die Eiferer, die Schade immer wieder anstachelten, aber auch religiös Desinteressierte und Atheisten konnten nicht für die Beibehaltung der Privatbeichte sein, denn diese setzte ja eigentlich eine tiefe Gewissenserforschung zur Erkenntnis von Sünden voraus, die sie in ihren Augen gar nicht begangen hatten.

Aber Spener war gewillt, Schade in seinem Amt zu belassen, wenn dieser das wünschte, zumal Schade, mit Ausnahme seiner Schwierigkeiten mit dem Beichtstuhl, durchaus fruchtbringend und anerkannt in der Gemeinde gewirkt hatte, und Spener nicht darauf vertrauen konnte, in Schades potenziellem Nachfolger einen Mann zu finden, welcher keine Probleme bereitete. Um dem Ganzen nun ein offizielles Ende zu bereiten, schlug Spener dem Hof eine Kommission vor, die über Schades weiteres Schicksal entscheiden sollte. Spener musste allerdings wiederholt an von Fuchs und von Danckelmann appellieren: „Ich habe aber heüt auch wider an ihn [Danckelmann, d. Vf.n.] geschrieben, und ihm getrachtet, die starcke impression von dem puncten der castigation der mägdgens zubenehmen: muß nun sehen, ob wirs noch auff eine commission bringen können"[80], schrieb er am 23. März 1697 nach Halle. Doch der Hof war nicht gewillt, Schade nach dem Ärgernis mit den zwei Mädchen weiter in Berlin zu belassen, und es erging am 18. März von Königsberg aus ein Schreiben an Spener, welches für diesen nicht befriedigend gewesen sein konnte. Am 27. März berichtete er an Francke ausführlich sowohl über den Entschluss des Hofes Schade zu removieren als auch über sein Gespräch mit Schade. Er hätte ihn seiner Unterstützung versichert, wenn dieser in Berlin verbleiben wolle und ihm geraten, selbst mit der Bitte um Einrichtung einer Kommission beim Kurfürsten vorstellig zu werden,

> nach dem er ja noch nicht gehöret, so könte ich solches auch secundiren, und erlangte neüe hoffnung: ließe er aber selbs diese gantz fallen, oder entgienge solchen insgesamt, so wolte so wol rathen als hertzlich bitten, das er das eine ergriffe, nemlich seine dimission selbs zusuchen, und darmit die auff den weigerungsfall bereits gesetzte offentliche remotion abzuwenden [. . .].[81]

Mit diesem Urteil schien die Sache von Seiten der Obrigkeit entschieden. Schade sollte seines Amtes enthoben werden. Einen Tag nach dem Gespräch erhielt Spener von ihm einen Brief

---

ihrigen. Dass dies ein Irrglaube gewesen ist, hatten sie vor dem Beichtstuhlstreit offensichtlich nicht deutlich genug vernommen. Vgl. II.2., 70.

[79] Vgl. Wallmann: Spener in Berlin, 80 f.
[80] Ph. J. Spener an A. H. Francke, Berlin 23.03.1697, AFSt/H A 125:66.
[81] Ph. J. Spener an A. H. Francke, Berlin 27.03.[1697], AFSt/H A 125:67.

mit diesen worten: weil er das verhengnus über sich mit danck gegen Gott angenommen, bete er mich disfals nicht weiter zubemühen, oder ihn länger auffzuhalten, sondern dieses eintzige noch gegen ihn zuthun, bey erster post an Seine Churfürstliche Durchlaucht seine unterwerffung ihres schlußes zu berichten, das seine es heiße nun dimission oder remotion plenarie erfolgen möge [. . .].[82]

Schades Remotion war ein offenes Geheimnis und „muß bey hoff dieselbe schon so bekant worden sein, das andere es bereits auch hieher geschrieben, [. . .], die es doch von mir nicht haben: darauß erhellet, das man daselbs die sache schon fest gesetzt haben muß und also nichts mehr wird außzurichten sein."[83] Doch in diesem Punkt täuschte sich Spener. Anfang April gingen innerhalb zweier Tage, am 2. und 3. April, in einer vermutlich abgesprochenen Aktion, insgesamt vier Bittschriften bei Hof ein, darunter sowohl eine von 17 Halleschen Theologiestudenten ˜als auch eine mehrerer Magistratsmitglieder[84]. Letztere operierte mit folgenden drei Argumenten: 1. sei die Änderung des Beichtverfahrens nur eine „formaler Fehler" Schades, zudem sei der Beichtstuhl nicht in der Heiligen Schrift gegründet. 2. sei die Behauptung, die lutherische Kirche wäre Teil der Hure Babel gar nicht so neu und eigentlich könne Schade gar nicht wirklich dieser Ansicht sein.[85] Schließlich sei 3. die Züchtigung der Mädchen durch einen Diakon von einer Züchtigung durch einen Lehrer nicht zu unterscheiden.

Ende Mai wurde die Untersuchungskommission, zur abschließenden Klärung der Vorfälle, durch den Kurfürsten einberufen.

4. Auftakt zum letzten Akt – die Kommissionssitzung

In Erwartung von Schades Remotion erhielt Spener, für ihn überraschend, am 13. April 1697 statt dessen zwei private Schreiben, von Paul von Fuchs und Eberhard von Danckelmann, in denen man ihm eröffnete, „das sonderlich auß veranlaßung der von hier vor ihn abgesandten intercessionen die sache auff eine commission gerichtet werden solte."[86]

---

[82] Ebd. Ferner: „Hoc praesupposito, das er nichts weiter versuchen wolle, auch sonsten keine hoffnung anscheine, sondern es allerdings dahin kommen müßte, das er von hier scheide, da bekenne, das ihn getrachtet habe zu disponiren, auch noch auff solchen fall dergleichen thun muß, das er lieber die dimission suchen, als die remotion erwarten solle. [. . .] Darmit cooperire ich nichts zu seiner wegschaffung, sondern da diese fest stehet, suche es dahin zu dirigiren, damit sie mit wenigstem schimpff und etwas glimpfflicher geschehe." (Ph. J. Spener an P. Anton, Berlin, 30.03.1697, AFSt/H C 146:28).

[83] Ph. J. Spener an P. Anton, Berlin, 30.03.1697, AFSt/H C 146:28.

[84] Die folgenden Argumente bei: Obst: Beichtstuhlstreit, 67 f. Diese Eingabe wird von Obst als die „schwerwiegendste[n]" beschrieben. Vgl. dazu III., 91.

[85] Vgl. Obst: Beichtstuhlstreit, 68: „Wäre Schade der Auffassung, die lutherische Kirche eo ipso ist Babel, würde er wohl kaum ein Amt in ihr übernommen haben und wahrnehmen."

Gleichzeitig fürchtete er, Schade könne die Situation mit einem unbeherrschten Auftritt wieder verschlimmern, „also das der spruch darnach wider ihn fallen müßte, so würde es übler sein, als wo es ietzo bey der auff seine declaration erfolgten dimission geblieben wäre"[87]. Bemerkenswert im Vorfeld dieser Sitzung ist, dass Spener und Schade einen Monat vor der offiziellen Einberufung, die Anfang Mai erfolgte, auf privatem Wege davon in Kenntnis gesetzt wurden, folglich Francke bereits am 14. April unterrichtet war, während die Kläger, die Stadtverordneten, erst am 10. Mai benachrichtigt wurden, 7 Tage vor dem festgesetzten Termin.[88] Am 12. Mai konnte Spener die Zusammensetzung der Kommission nach Halle berichten.[89] Dies lässt doch auf einen engeren Kontakt, zumindest dieser Räte, mit Spener schließen. Interessant in diesem Zusammenhang ist Speners Bemerkung zu von Schwerin: „so allein Reformirt". Nach der offiziellen Aufgabenverteilung der Räte hätte Paul von Fuchs die Sitzung leiten müssen, doch weilte dieser in Königsberg beim Kurfürsten. Zwar war auch er „reformiert", doch erst aus Karrieregründen von der lutherischen zu eben dieser Konfession übergetreten.[90] Über Schwerins konfessionelle Präferenzen allerdings ist weiter nichts erwähnt.[91] Hätte aber ein von Reformierten dominiertes Gremium zugunsten Schades entschieden, hätte dies den Verdacht weiter genährt, die Pietisten würden sich aus Opportunismus sowohl dem Hof als auch den Reformierten annähern, um mit Hilfe der Staatsmacht gegen die lutherische Orthodoxie Front zu machen. Diesen Anschein trachtete Spener jedoch nach Kräften zu vermeiden, denn er stand ohnehin schon in dem Ruf, allzu sehr mit den Reformierten zu „flattiren"[92], und von den Reformierten konnte nichts anderes als eine positive Lö-

---

[86] Ph. J. Spener an A. H. Francke, Berlin 14.04.1697, AFSt/H A 125:68.

[87] Ph. J. Spener an A. H. Francke, Berlin 14.04.1697, AFSt/H A 125:68.

[88] Zu den einzelnen Daten vgl. die Benachrichtigung Franckes durch Spener am 14.04.1697 (AFSt/H A 125:68), sowie Obst: Beichtstuhlstreit, 71 Anm. 30 u. 72 Anm. 37.

[89] Ph. J. Spener an A. H. Francke, Berlin 12.05.1697, AFSt/H A 125:69: „Herr geh[eimer] R[at] von Schwerin (so allein Reformirt) Herr geh[eimer] R[at] von Canitz, Herr geh[eimer] R[at] Lindholtz, Herr R[at] Buchholtz, ich, Herr Rittner, Herr Astmann, Herr Burgerm[eister] Müller, Herr Syndicus Manitius und Herr Stuck stattsecretarius."

[90] Vgl. Deppermann: Der hallesche Pietismus und der preußische Staat, 29, 30 Anm. 9.

[91] Ich habe, im Übrigen entgegen Obsts Angabe (s. Obst: Beichtstuhlstreit, 77 Anm. 56), bei Deppermann über Schwerin nichts finden können. Zu Schwerins Religion heißt es in der ADB nur: „S. verband wie sein Vater innige Frömmigkeit mit duldsamem Sinn und Interesse für die Wissenschaften [. . .]." Weiterhin, dass er „eine Wittwen= und Waisenkasse für die in der ganzen Herrschaft angestellten reformirten und lutherischen Prediger" stiftete. (F. Hirsch: Art. „Schwerin, Otto der Jüngere Graf von". In: ADB 35, 766).

[92] Vgl. [Johann Benedict Carpzov:] Ausführliche Beschreibung Des Unfugs / Welchen Die Pietisten zu Halberstadt [. . .] gestifftet [. . .]. O. O. 1693, 22; Spener: Letzte Bedencken 3, 393 (05.03.1697). Anders als Francke nahm Spener die reformierte Staatsmacht nicht ganz so offen für die Ziele des Pietismus in Anspruch.

sung für Schade erwartet werden.[93] So war Spener Teilnehmer einer von höchster Instanz bestellten, mehrheitlich lutherischen Kommission, deren Entscheidung auch von den orthodoxen Predigern schwerlich in Frage zu stellen gewesen wäre.

Der Verlauf der Sitzung, welche am 17. Mai abgehalten wurde, bot unerwartete Überraschungen und erzwang eine zweite, gravierendere Neuorientierung seitens Spener. Nachdem die Klägerseite per *advocatum denunciando* ihre Klagen[94] erneut hatte vortragen lassen und Schade sich, ohne juristischen Beistand, verteidigt hatte, „trat eine gute anzahl bürger aus Berlin und Cöln vor"[95], welche behaupteten, nicht mit dem klagenden Rest der Bürgerschaft konform zu gehen. „Sie hätten / ehe sie besser informiret worden / aus dem beicht=stuhl gleichsam einen abgott gemacht"[96]. Sie lehnten es ab, weiterhin den Beichtstuhl zu besuchen und forderten die Beichtfreiheit, d. h. die Freiheit für sich selbst zu entscheiden, ob sie vor Sakramentsempfang individualiter beichten wollten oder nicht. Der casus belli hatte sich damit fundamental geändert und Spener erkannte dies sofort: „so hertzlich hat mich dieses petitum erschreckt / und gleichsam nidergeschlagen / indem ich leicht die weitläufftige und zweiffelhaftige folgen daraus mir vorgestellt"[97]. Schade hatte nie Entscheidungsfreiheit für die Beichtenden oder gar die Abschaffung der Privatbeichte gefordert, sondern nur die Mißstände und -bräuche beklagt und die Dispensierung seiner Person von der Amtspflicht des Beichthörens erbeten. Die Sitzung endete in Tumult[98] und es kam zu keiner Entscheidung. Die Kommissionsmitglieder mussten ihre Ansichten schriftlich niederlegen und an den Kurfürsten einschicken, welcher danach das end- und letztgültige Urteil zu fällen gedachte.

Die einzelnen Voten hat Obst ausführlich beschrieben[99]; ich möchte ausführlicher nur auf das Spenersche eingehen. Sein Gutachten[100] gliedert sich in zwei Teile: 1. das Anliegen Schades und die Klagen gegen ihn und 2. die Forderung der Beichtfreiheit durch die Bürger. Im Ersten verhandelte Spener noch einmal die vier Anklagepunkte gegen Schade, welche er für gegenstandslos hielt, da die Anschuldigungen entweder auf Missverständnissen beruhten, zu denen Schade und auch er selbst sich noch

---

[93] Vgl. dazu III., 88 ff.
[94] Vgl. II.3., 72 f.
[95] Spener: Bedencken 2, 145 (1699).
[96] Spener: Bedencken 2, 146 (1699).
[97] Spener: Bedencken 2, 146 (1699).
[98] Vgl. Schade: Schriften, 140: „die andern fuhren auff diese ungestüm loß, und als allen abzutreten befohlen, ward vor der Thür solch Lermen und Geschrey, daß nicht zu sagen, mit was Macht für ihre Diana gestritten, wurde wohl bey einer Stunde lang, es wurde Stille geboten, aber vergeblich [...]".
[99] Obst: Beichtstuhlstreit, 77–94.
[100] Gedr. bei: Aland: Spener-Studien, 136–146.

einmal deutlich äußern müssten, oder schlichtweg falsch seien. Intcressanter ist der zweite Teil des Gutachtens, in welchem er sich mit dem neuen Problem der Beichtfreiheit gründlichst auseinandersetzte.

Spener betrachtete sowohl die Pro- als auch die Contra-Seite und fand für die Abschaffung des Beichtstuhls als Voraussetzung zum Abendmahl 11, dagegen 14 Argumente. Mehrmahls bot Spener zu seinem Pro-Argument auch gleich das Contra-Äquivalent. Zwar sei die Privatbeichte ein Adiaphoron und müsse „zur last der gewißen nicht gemacht werden"[101], doch sei sie auch eine festgesetzte Kirchenordnung, welche nur von allen drei Ständen gemeinsam geändert werden könne. Das Verhalten der Beichtstuhlgegner konnte Spener durchaus positiv würdigen. Sie nähmen den „Dienstweg", d. h. sie handelten nicht eigenmächtig, wendeten sich an den Kurfürsten, sie argumentierten mit Luther, mit ihrem Gewissen, sie erklärten sich bereit, anderen die freie Entscheidung zu lassen und ihre Zahl sei so groß, dass eine Änderung gerechtfertigt wäre. Auf der anderen Seite befänden sich aber unter den Beichtstuhlgegnern auch solche, denen es nicht um Gewissensskrupel, wie sie die Prediger plagten, ginge, „sondern es kommt alle beschwehrde darauff an, daß sie zu einem actu genöthiget würden, den sie in dem gewißen ihnen nicht nöthig finden, und der ihnen ohne nutzen bleibe, weil sie sich an der allgemeinen absolution gern vergnügten."[102] Zudem bestünde die Gefahr, dass sich Leute, welche die Privatbeichte als Disziplinierungsmaßnahme eigentlich nötig hätten, sich ihr mit Hilfe der Beichtfreiheit entzögen, was in Speners Augen wiederum ein Missbrauch der Beichtfreiheit darstellte. Ein weiterer Komplex, in dem sich die Spenerschen Argumente zusammenfassen lassen, ist der der Außenwirkung einer solchen Entscheidung, wobei in der Pro-Argumentation die Wirkung *von* außen, in der Contra-Argumentation die Wirkung *nach* außen, dominiert. Auch in anderen lutherischen Gemeinden sei die Confessio privata zugunsten einer allgemeinen Beichte bereits abgeschafft, zudem wäre eine Abschaffung des Beichtzwanges für Zuziehende aus eben solchen Gebieten von Nutzen, andererseits aber würde die Abschaffung des Beichtzwanges in der Hauptstadt Brandenburg-Preußens sowohl in den Ministerien der Stadt als auch im Land Unruhe stiften und Berlin „bösen nachreden"[103] anderer Orte aussetzen. Speners größte Sorge bestand aber offenbar in einem Schisma der beiden Gruppen. Aber auch hier ließ sich das Argument sowohl Pro als auch Contra verwenden. Würde die Beichtfreiheit gewährt, wäre ein Ausschluss der Beichtstuhlgegner durch die Konservativen zu befürchten[104], würde sie nicht gewährt, ein Über-

---

[101] Aland: Spener-Studien, 140.
[102] Aland: Spener-Studien, 143.
[103] Aland: Spener-Studien, 142.
[104] Aland: Spener-Studien, 142: „Die Verbitterung der gemüther, die sich gleich bey dieser

laufen dieser Minorität zu den Reformierten wahrscheinlich. Das Ergebnis wäre am Ende gleich. Hier stellt sich die Frage: Befand sich Spener in einer argumentativen Sackgasse? Am liebsten wäre es ihm gewesen, wenn die Gegner des Beichtstuhls sich aus christlicher Nächstenliebe, der „wol nicht nöthigen, doch auch unsündlichen" Kirchenzeremonie, „solang sonst noch ärgernus zu sorgen, ob schon mit beschwehrde, unterwerffen"[105] würden. Doch da dies nicht zu erwarten stand, gab Spener am Ende fünf Vorschläge zum weiteren Verfahren: 1. Eine Entscheidung solle aufgeschoben, die Petition um Aufhebung des Beichtzwanges nochmals überdacht werden, und zwar 2. von dem Berliner und dem Cölner Ministerium gemeinsam. 3. riet er zu einem Überdenken des Beichtpfennigs, denn dieser würde viele Prediger gegen die Beichtfreiheit einnehmen, und 4. zur Einführung einer festen Besoldung als Ersatz eben dieser wichtigen Einnahmequelle. Das Thema Beichtpfennig tauchte in seinen Schlussfolgerungen zum ersten Mal auf, war aber ein wichtiges Argument, da die Frage des finanziellen Aspektes der Privatbeichte diese käuflich, und somit verdächtig, erscheinen ließ und Spener darin ein gravierendes Hindernis erblickte, welches es zu überwinden galt, bevor überhaupt eine vernünftige Auseinandersetzung über die Sachfragen stattfinden konnte, wozu die Frage des Beichtpfennigs nicht gehörte und deswegen auch nicht in der vorhergegangenen Argumentation behandelt worden ist. In 5. schloss er das Gutachten mit seinem Vorschlag zur Änderung der Verfahrensweise:

> daß alle Zeit Sonnabend zu gewißer stunde eine allgemeine Vorbereitung, dero alle folgenden tags communicanten beyzuwohnen hätten, angerichtet würde: nach welcher die jenige, so bey der general absolution bleiben wolten, aber sich allzeit vorher bey dem beichtvater, wo er erinnerung an sie thun, angemeldet hätten, nach hause gehen könten, hingegen die übrige sich in dem beichtstuhl wider besonders nach der üblichen gewohnheit einfinden würden.[106]

Die nunmehrige Situation der Kommissionsmitglieder brachte von Schwerin gekonnt auf den Punkt: Die Forderung nach der Beichtfreiheit „dörffte von etwas mehrerer importantz sein, als das particulare factum des H. Schaden"[107]. Der generelle Ton der anderen Voten, v. a. derer der beteiligten Räte, war für Schade durchaus positiv. In ihren Augen waren die

---

commission am gegentheil gezeiget, würde durch die dem schwächern theil zu laßende freyheit nicht nur unterhalten sondern vermehret, und die sich ihr gebrauchen von den übrigen nicht mehr vor wahre Lutherische gehalten werden, daß es zu einer völligen trenung ausschlagen, ja sorglich bey gelegenheit (vielleicht selbs unter eheleüten) viel streit, zanck, ia wohl gar in allerhand zusammenkünfften schlägereyen, wo nicht mord u. todtschlag, veranlaßen könte."

[105] Aland: Spener-Studien, 143.
[106] Aland: Spener-Studien, 145.
[107] GStA Rep. 47 B4 Fasc. 18, Bl. 79, zit. nach Obst: Beichtstuhlstreit, 79.

Erklärungen, die er zu seinem Verhalten abgegeben hatte, ausreichend, ihn zu entlasten. Von Canitz verlangte zwar einen Verweis Schades[108], doch ist in keinem der zehn Gutachten mehr von seiner Entfernung aus dem Amt die Rede. Der weitgehendste Vorschlag für eine „Remotion" Schades war der des Konsistorialrats Buchholtz, welcher forderte, Schade solle ein Jahr privat leben. Zum Thema der Beichtfreiheit äußerten sich die Kommissionsmitglieder differenziert. Von Schwerin sprach sich, als Reformierter, klar für eine Abschaffung des Beichtzwanges aus, von Canitz, Lindholtz und Manitius äußerten sich im Sinne Speners, Astmann schlug vor, die Beichtgegner einem unabhängigen Prediger vorzuführen, bei Rittner, Buchholtz, Stück und Bürgermeister Müller, welcher ein persönliches Bekenntnis zur Privatbeichte ablegte, kann davon ausgegangen werden, dass sie für den Erhalt des Beichtzwanges plädiert haben.

Die nun erwartete zügige Entscheidung des Hofes sollte erst ein Jahr später erfolgen.

Am 17. Juli 1697 erreichte Spener wiederum ein Schreiben Danckelmanns, welcher riet, den Streit nun ruhen zu lassen und tatsächlich scheinen sich, nachdem dieses Schreiben veröffentlicht worden war, bis in den September 1697 die sehr hoch geschlagenen Wogen geglättet zu haben. Dann wurden Schade allerdings die Konventikel durch den Kurfürsten endgültig untersagt: „Da ihm nun erst die abstellung der versamlungen der alten leüten saur eingewolt, hat er nachmahl gar auch die catechisations der jugend in dem hause auffgehoben, ob ihm wol bedeütet, das solches nicht gemeint seye"[109], berichtete Spener am 24. September 1697 nach Halle. Spener drängte sich der Verdacht auf, Schade würde seine Dimission nun bewusst provozieren. Am 31. Dezember 1697 konnte er immer noch keine kurfürstliche Entscheidung an Francke melden, doch findet sich in diesem Brief die interessante Formulierung, es „mögen allerley politische ursachen sein, weswegen der hoff der decision, [. . .] noch auffschiebet"[110].

Am 20. Dezember war Eberhard von Danckelmann das Opfer einer Intrige am Hof Friedrichs III. geworden. Mit seiner Inhaftierung fiel für Spener, und damit den Pietismus in Brandenburg-Preußen, einer der wichtigsten Fürsprecher weg. Als die Entscheidung des Kurfürsten weiter auf sich warten ließ, gerieten die Gemüter wieder in Aufruhr. Die Anhänger Schades begannen, ganz ohne Beichte und Absolution am Abendmahl teilzunehmen, was einen Missbrauch des Sakraments bedeutete. Dass der Missbrauch sich schlicht vom Beichtstuhl zum Abendmahl verlagern würde, war von Spener befürchtet worden[111], ebenso die Tat-

---

108 Vgl. Obst: Beichtstuhlstreit, 80.
109 Ph. J. Spener an A. H. Francke, Berlin 24.09.1697, AFSt/H A 125:71.
110 Ph. J. Spener an A. H. Francke, Berlin 31.12.1697, AFSt/H A 125:72.
111 Vgl. Spener: Bedencken 2, 151 (1699).

sache, dass es zu weiteren Unruhen in der Gemeinde kommen würde, indem die Gegner der Privatbeichte Unschlüssige oder wieder zum Beichtstuhl Zurückkehrende mit aller Macht davon abzuhalten versuchten[112]. Nachdem der Hof Mitte April 1698, ohne eine Entscheidung gefällt zu haben, nach Königsberg abgereist war und es nicht zu erwarten stand, dass ein Edikt in Abwesenheit des Kurfürsten publiziert werden würde, eskalierte die Situation endgültig zu Ostern 1698. In einem Brief Speners nach Halle heißt es am 3. Mai 1698, also fast ein Jahr nach der Sitzung der Untersuchungskommission:

> Es ist vorige woche abermal eine große bewegung unter der burgerschafft wider unsern guten Herrn M. Schaden entstanden. Weil auff das fest viele derienigen, welche nicht beichten wollen, eigenmächtig sich bey der communion eingefunden. Uber dero admission die verordnete der burgerschafft extreme widerum verbittert worden [...].[113]

Ein Abendmahlsempfang ohne vorherige Beichte war möglich, da niemand der Prediger wusste, ob der Kommunikant nicht bei einem Kollegen gebeichtet hatte. Spener geriet in den Verdacht, diese Praxis, wenn nicht zu billigen, so doch zu decken. Nicht ohne Grund befürchtete er, die Stadtverordneten könnten eine neue Klage nach Preußen an den Hof eingesandt haben[114], so dass er sich gezwungen sah, wiederum öffentlich zu warnen[115] und die Teilnahme am Abendmahl ohne vorhergegangene Beichte zu untersagen, solange keine kurfürstliche Entscheidung vorlag.

Diese erfolgte in zwei Teilen. Am 3. Juni 1698 erging eine Verfügung, welche sich in der ersten Hälfte mit der Person Johann Caspar Schades und in der zweiten mit der Frage der Beichtfreiheit auseinandersetzte. Von Schade, welcher bei Hof als Urheber des Streites und als

---

[112] Vgl. Ph. J. Spener an A. H. Francke, Berlin 31.12.1697, AFSt/H A 125:72.

[113] Ph. J. Spener an A. H. Francke, Berlin 03.05.1698, AFSt/H A 125:74. Weiter heißt es: „Darüber von solchen verordneten und andern bürgern zu mir unterschiedliche und fast mit ungestüm gekommen, und sich sowol auffs neüe über solche unordnung beschwehrten als ob es mit unsrem willen geschehen gefragt. Worauff ich ihnen mit wahrheit sagen konte, das mir und uns übrigen, weil beide partheyen die sache an den Churfürsten gebracht, vor dem sie schwebet, die hände gebunden seyen [...]." Spener geriet auch hier wieder selbst ins Kreuzfeuer.

[114] Vgl. Ph. J. Spener an A. H. Franke, Berlin 03.05.1698, AFSt/H A 125:74. „ja ich sorge, sie werden in Preüßen auffs neüe eine große und schwehre klage gesandt haben, darauß leicht was schlimmes auß Gottes verhengnus erfolgen möchte."

[115] Vgl. Ph. J. Spener an A. H. Franke, Berlin 03.05.1698, AFSt/H A 125:74: „Wir haben aber sowol wegen der erbitterten burgerschafft [...] bei hoff nicht verantwortung auff uns zuladen, das wir propria autoritate, was allein auß Churf[ürstlicher] dispensation geschehen könte, wider die kirchenordnung etwas eingeraumt, nöthig befunden, publice einige zeilen abzulesen, darinen wir unser mißfallen über solches einschleichen, u. das man Churfürstlichen außspruch nicht erwartet, bezeügen, und andeüten, wer sich ferner mehr also herzunahen würde abzuweisen."

Unruhestifter feststand, erwartete man kein Einlenken mehr, auch befürchteten die Räte, wie Spener, dass Schade nicht weiter an St. Nikolai verbleiben wollte und seine Absetzung provozieren würde, indem er sich nicht an die kurfürstlichen Anordnungen hielte, so dass seine Versetzung auf eine extra für ihn zu schaffende Inspektorenstelle in Derenburg befohlen wurde. Im zweiten Teil wurde die Gewährung der Beichtfreiheit angekündigt. Diese erfolgte per kurfürstlichem Edikt vom 17. Juni 1698, welches allerdings, in Preußen gefertigt, in Berlin nur in Anwesenheit des Kurfürsten publiziert und somit rechtskräftig werden konnte[116], was erst am 16. November 1698 geschah. In diesem *Decisum* wurde entschieden, dass am Sonnabend vor der Austeilung des Sakraments eine Bußpredigt gehalten werden musste, nach der denjenigen, welche dies wollten, wie üblich die Beichte abgenommen werden sollte. Als Voraussetzung für den Empfang des Abendmahls war sie abgeschafft: „Als wollen und verordnen höchstgedachte Seine Churfürstliche Durchlauchtigkeit hiermit ernstlich / daß keiner hinführo aus der Ursache von dem heiligen Nachtmahl abgewiesen werden solle / weil er nicht zum Beichtstuhl gangen".[117] Um dem Missbrauch dieser Regelung vorzubeugen, mussten sich diejenigen, die ohne Beichte das Sakrament empfangen wollten, eine Woche zuvor anmelden, damit der Prediger ihren Lebenswandel beobachten konnte. Der Beichtpfennig wurde für die Prediger der Gemeinden St. Nikolai, St. Marien und St. Peter, auf welche diese Regelung beschränkt blieb, durch eine feste jährliche Entschädigung von 200 Talern ersetzt. Schades Schrift *Vom Conscientia erronea* wurde, da ohne Zensur gedruckt und verbreitet, konfisziert und verboten. Begründet wurde dieser Entscheid mit Luther, der Gewissensfreiheit der brandenburgisch-preußischen Untertanen und mit der Vorbildwirkung anderer Gebiete.[118]

Johann Caspar Schade hat weder seine Versetzung noch die Entscheidung zur Abschaffung des Beichtzwanges erlebt.[119] Er starb am 25. Juli 1698 nach kurzer Krankheit. Spener berichtete in dieser Sache ein letztes Mal an Francke, es hätte

dem Herrn gefallen, nach 5. wochiger Kranckheit [...] unsren lieben Herrn M. Schaden [...] abzufordern, und damit dem jenigen vorzukommen, da

---

[116] Man befürchtete, die orthodoxen Prediger würden sich mehrheitlich weigern, das Edikt öffentlich zu verlesen. Vgl. Obst: Beichtstuhlstreit, 107 dazu Anm. 79. Spener erwartete gar einen Aufstand der Bürgerschaft, sollte das Edikt in Abwesenheit des Kurfürsten publiziert werden. Vgl. Obst: Beichtstuhlstreit, 107 dazu Anm. 82.

[117] Friedrich III.: Sr. Churfürstl. Durchl. zu Brandenburg / etc. Gnädigstes DECISUM, Wegen der Freyheit des Beichtstuhls / In dero Residentien. [Cöln a. d. Spr. 1698], unpag.

[118] Genannt sind die Königreiche Schweden und Dänemark, Süddeutschland und die Niederlande.

[119] Vgl. Obst: Beichtstuhlstreit, 109.

wegen verbitterung der burgerschafft gegen ihn, vom hoff beschloßen gewesen, ihn zu einer inspection zu translociren.[120]

Die Unruhen während des Begräbnisses Johann Caspar Schades[121] mögen dazu beigetragen haben, die Promulgation des Ediktes aus Angst vor weiterer Eskalation zu verzögern, doch verhindern konnte es niemand mehr, und einmal erlassen war es nach Speners Obrigkeitsverständnis unbedingt zu befolgen.[122]

III. Die Rolle des reformierten Hofes – Daniel Ernst Jablonski

Der reformierte Hof spielte als letztendlich maßgebende Instanz ohne Zweifel eine besondere Rolle im Berliner Beichtstuhlstreit. Im *Decisum* ist ausdrücklich betont, dass der Hof nicht die Absicht hätte, die Privatbeichte aus konfessionellen Gründen abzuschaffen, doch ist die Nützlichkeit dieser Regelung für die Reformierten in Form einer Aufwertung ihrer Gottesdienstpraxis nicht zu leugnen.

Welche Einflüsse dabei auf die zuständigen Räte, v. a. auf Paul von Fuchs und den Kurfürsten gewirkt haben, ist meines Wissens bis jetzt wenig untersucht worden. Gerade Paul von Fuchs erscheint sowohl in einem Brief Johann Paul Astmanns an Francke als auch in einem Brief Speners an Paul Anton, bezogen auf die Einrichtung der Untersuchungskommission, als großer Unsicherheitsfaktor am Hof.[123] Ein großer Einfluss Speners ist behauptet und wieder relativiert worden.[124] Das Briefkonzeptbuch Daniel Ernst Jablonskis allerdings, welches sich im Nachlass Francke in der Staatsbibliothek Preußischer Kulturbesitz in Berlin befindet und, soweit ich die Sekundärliteratur überblickt habe, in diesem Zusammenhang noch nicht zur Kenntnis genommen worden ist, gibt allerdings zu der Vermutung Anlass, dass Jablonski gewichtigen Einfluss am Hof hatte und somit auf Entscheidungen, welche die lutherische Kir-

---

[120] Ph. J. Spener an A. H. Francke, Berlin 26.07.1698, AFSt/H A 125:75.

[121] Zu näherer und neuerer Einordnung dieser Vorgänge vgl. Murakami-Mori: Berliner Beichtstuhlstreit, 84–87.

[122] Vgl. Spener: Letzte Bedencken 1, 624 (an Rittner, 20.12.1698): „Nachdem aber decisum vorhanden / ist nicht erst von der sache zu deliberiren / sondern weil uns Gottes Wort zum gehorsam an alle obrigkeitliche verordnungen / die nicht wider GOtt sind / verbindet / komt uns zu auch gewissens halben dem deciso nachzukommen."

[123] „Von allen Herrn Ministres ist keiner mehr zuwieder, als Herr von Fuchs, der immer viele zu besorgende consequentien vorschützet, und nachdem Ihm die ecclesiastica übertragen sind, gilt sein Votum am meisten." (J. P. Astmann an A. H. Francke, Berlin 30.03.1697, AFSt/H F 10:401/402). Vgl. auch Ph. J. Spener an P. Anton, Berlin 30.03.1697, AFSt/H C 146:28.

[124] Vgl. Aland: Spener-Studien, 73 f. Doch schon Grünberg hat Speners persönlichen Einfluß relativiert: Paul Grünberg: Philipp Jacob Spener. Bd. 1. Göttingen 1893, 262; vgl. dazu Wallmanns Diskussion dieser Thematik: Wallmann: Spener in Berlin, 60–66.

che in Brandenburg-Preußen betrafen. Die Fragen, die daraus folgen, sollen hier gestellt werden, wenn sie im Rahmen dieser Arbeit auch keine abschließende Klärung erfahren können.

Der erste Brief datiert vom 3. April 1697, d. h. dieser Entwurf wurde am gleichen Tag verfasst, von dem die Bittschriften[125] für Schade datieren und Spener sich bei Hofe um die Einsetzung der Untersuchungskommission bemühte. Eigentlich war die Entscheidung über Schades weiteres Schicksal schon gefallen, seine Remotion stand fest.[126] Im Übrigen hatte sich Spener zwar um die Kommission bemüht und Schade ermutigt, beim Kurfürsten in dieser Angelegenheit vorstellig zu werden, doch zeigt das Schreiben Speners an Paul Anton vom 30. März 1697, welch große Besorgnis Spener hegte, was den möglichen Verlauf einer offiziellen Untersuchung anging:

> Nur ist mir bey dieser, wann es darzu kommen solle am bangsten, das der schluß [...], auff solche conditiones fallen möge, zu welchen er [Schade, d. Vf.n] sich nicht verstehen wird. Daher mir nichts mehr zu eilen wäre, als das eine formula declarationis zum fordersten concipiret würde, darzu er sich verstünde, sie muß aber nachtrücklich sein, und also das man anderseits darmit zufrieden sein könne: denn wenn nicht dardurch dem jenigen vorgekommen wird, was in der untersuchung von ihm gefordert werden möchte, ist ihm diese gefährlicher als die dimissio.[127]

Allein vom 30. März 1697 sind mindestens vier Briefe aus dem pietistischen Kreis bekant[128], aus denen in keiner Weise hervorgeht, dass man dort mit einem Konflikt rechnete, welcher letztendlich zur Abschaffung des Beichtstuhls führen könnte. Spener ging es zu diesem Zeitpunkt noch immer nur um die Person Johann Caspar Schades.

Um so erstaunlicher erscheinen vor diesem Hintergrund die Äußerungen Daniel Ernst Jablonskis, nur wenige Tage später, am 3. April 1697.

In seinem Schreiben an Paul von Fuchs berichtete er von dem Gerücht, Schade solle entlassen werden und verwandte sich für ihn. Die Gründe sind allerdings andere, als sie in den erwähnten Bittschriften begegnen. Zwar nannte auch Jablonski die „gutte[n] Erbauung, welche Kinder und Gesinde von Herrn Schaden genossen"[129], doch folgte wenige Zeilen weiter der wohl wahre Grund, warum Schade in seinem Amt an St. Nikolai belassen werden sollte:

125 Vgl. II.3., 80.
126 Vgl. II.3., 79 f.
127 Ph. J. Spener an P. Anton, Berlin 30.03.1697, AFSt/H C 146:28.
128 Ph. J. Spener an P. Anton, Berlin 30.03.1697, AFSt/H C 146:28; Ph. J. Spener an Friedrich III., Berlin 30.03.1697, GStA Rep. 47, B4, Fasc. 18, f. 22 (gedr. bei Aland: Spener-Studien, 135 f.); Johann Paul Astmann an A. H. Francke, Berlin 30.03.1697, AFSt/H F 10:401/402; A. H. Francke an Ph. J. Spener, Glaucha 30.03.1697, AFSt/H D 66:341/342.
129 D. E. Jablonski an P. v. Fuchs, Berlin 03.04.1697 [Entwurf], SBB-PK, Nachlass Francke, Kaps. 11,2, 962–964, hier: 963.

Es scheint Gott selbst lenke die Hertzen Unsrer Evangelischen Mitbrüder die noch übrige Reliquien des Pabstums vollends von sich auszufegen. Die itzt den beichtpfennig und den beichtstuhl abgeschaffet wünschen, werden, wenn dieses erlanget, auch an die Oblaten kommen, und rechtes Brodt nebst brechung des Brodtes, eingeführet zu sehen sich bemühen wodurch denn die lutherische Kirche durch ihre eigene Glieder reformirete und ein gewünschtes actreminement zur längste verlangten Kirchenvereinigung erlanget werden kan.[130]

In Jablonskis Augen böte sich für den Kurfürsten hier die Gelegenheit, die Lutheraner sich selbst reformieren zu lassen, was den Vorteil hätte, dass der Hof die Lutheraner nicht per Edikt zu sich heranziehen müsste und somit unter Rechtfertigungsdruck gegenüber den orthodoxen Predigern geriete, sondern diese durch die Pietisten sich selbst den Reformierten annäherten, indem sie die genuin lutherische Privatbeichte abschafften. Inwiefern Jablonski die pietistische Bewegung und Spener zu dem Zweck seiner Unionsbestrebungen einbinden und von der orthodoxen Geistlichkeit entfernen wollte, sei hier dahingestellt.[131] Im Übrigen spricht es für den Weitblick oder den guten Informationsstand Jablonskis, wenn er hier schon von einer Abschaffung des Beichtstuhls schrieb, zu einem Zeitpunkt, als Spener diese Möglichkeit noch gar nicht in den Blick genommen zu haben schien.

Wo einmal ein Anfang gemacht ist, seien weitergehende Reformen nicht auszuschließen, so dass es sich lohne,

daß Seine Churfürstliche Durchlaucht die Schadische Sache entweder per Commissionem zu untersuchen, oder sonst es also zu führen, gnädigst geruhen, damit das Gemeine Gutte das daraus entstehen kan (und welches die rigiden Lutherani wohl zu vorsehen, und deswegen mühe genug anwenden werden, Herrn Schaden und alles gutte, daß entweder er solte stifften, oder aus gelegenheit seiner gestifftet werden könte, über hals und kopf aus der Stadt zu schaffen) nicht in der ersten blüthe ersticket, und der Posterität der Klage gelassen werden: die Mark Brandenburg habe sich selbst reformiren wollen, man habe aber die reformation gehemmet, und die reformatores aus dem Land gewiesen.[132]

Schades Verhalten brächte für den reformierten Hof, oder „dem gemeinen Evangelischen Wesen", wie Jablonski es ausdrückte, mehrheit-

---

[130] Jablonski an Fuchs, 03.04.1697, 963.

[131] Da Spener sich gegen die Unionsbestrebungen Jablonskis und Leibniz' immer gesperrt hat, lässt sich vermuten, dass er dieses Problem erkannt hat. Aus der Erkenntnis eines drohenden Schismas innerhalb der lutherischen Kirche, lehnte er es ab, weitergehend mit den Reformierten über eine Union zu verhandeln. Sein Verhalten spricht m. E. gegen die These von Obst, während des Beichtstuhlstreites hätte sich ein Bündnis Pietismus-Aufklärung gegen lutherische Orthodoxie gebildet. (Vgl. Obst: Beichtstuhlstreit, 145.)

[132] Jablonski an Fuchs, 03.04.1697, 963.

lich Vorteile, während seine Versetzung diese zunichte mache. Der Hof hatte mit seiner angedachten Remotion des Unruhestifters in Jablonskis Augen zu kurz gedacht und überstürzt gehandelt. Am 13. April 1697 ergingen die erwähnten privaten Schreiben an Spener[133], welche die Einberufung der Kommission ankündigten. Obst hatte die Eingabe der Magistratsmitglieder als die „schwerwiegendste[n]"[134] beschrieben. Sicher kann ein Einfluss all der Bittschriften nicht gänzlich abgelehnt werden, doch halte ich Jablonskis, zusammen mit derjenigen der Magistratsmitglieder, für ausschlaggebend. Warum sollte der Hof auf die ihm bekannten Argumente – ausgerechnet Hallescher Theologiestudenten – hin Schades Remotion überdenken?

Ein weiteres Schreiben Jablonskis an v. Fuchs folgte am 1. Juni 1697, in welchem er noch einmal auf die große Nützlichkeit „gegenwertige[r] Wallungen" hinwies, und in diesen „eine heimliche Providentz Gottes" zu erkennen glaubte.[135] Auch hier schien Jablonski wiederum besser informiert als Spener, wenn er auch seine Quelle nicht preisgab:

> Ich weis von gantz sicherer hand, daß ausser denen 50 bürgern welche in dem Supplicato an Seine Churfürstliche Durchlaucht sich unterschrieben, mehr als 5 mahl 50, nebst unterschiedenen Nicodemiten, die reformation des beichtstuhls von hertzen wünschen, nur allein hinterm berg halten, weil die gelegenheit noch nicht favorabel genug, herfürzubrechen.[136]

Die Chance, die sich mit diesem Konflikt für die Reformierten auftue, sei kaum zu ermessen, zumal Jablonski Spener, Astmann und Schade, auf den „Artikul des Oralismi" bezogen, schon auf Seiten der Reformierten sah:

> und in Specie D. Spener, Herr Astmann u. M. Schade darinn sich so wohl begriffen, daß sie fast nur nomine von denen Reformirten hierinen unterschieden sind: und habe ich nicht sondern Verwunderung einige Specialie von Herrn Schadens verwichener Grün-Donnerstags-Predigt, in welcher er dieses heil. Sakrament recht schön aber gut=reformirt erkläret hat, angehöret.[137]

---

133 Vgl. II.4., 80.
134 Vgl. 80, dazu Anm. 84.
135 D. E. Jablonski an P. v. Fuchs, 01.06.1697 [Entwurf], SBB-PK, Nachlass Francke, Kaps. 11,2, 968/969, hier: 968.
136 Jablonski an Fuchs, 01.06.1697, 968. Auch sah Jablonski die Möglichkeit, der Entscheidungsfindung des Kurfürsten etwas nachzuhelfen: „Wenn nun hier was grosses ausgerichtet werden wolte, könte ohnmasgeblich ein modus erfunden werden (welchen Ew[rer] Excell[enz] hoher prudence anheimstelle) denen leüten zu intimiren, daß bey gegenwärtiger Unruhe jedem frey stehen solle seine private Gedanken, und ohnmasgebliches sentiment für sich selbst (damit es keinen schein einiger rottirung habe) Seiner Churfürstlichen Durchlaucht, oder dem Directori [v. Schwerin, d. Verf.n] gegenwärtiger Commission [...] in einem versiegelten Papier, womit alle besorgliche Collisiones verhütet würden, zu eröffnen." (ebd.).
137 Jablonski an Fuchs, 01.06.1697, 968. Im Übrigen dachte er im Hinblick auf das Collegium

Knapp ein Jahr später hatte sich das Bild gewandelt. Vom 17. Mai 1698 existiert ein dritter Briefentwurf Jablonskis an Paul von Fuchs[138], in welchem er sich beklagte, „daß es mit des Herrn Schaden sachen so weit gekommen, daß selbiger ohne besondern praejuditz des Evangelischen Wesens allhie langer nicht subsistiren kan"[139]. Die Unruhe innerhalb der Gemeinden hatte zugenommen und an Ostern 1698 war die Situation eskaliert, als Schades Anhänger ohne Beichte kommunizierten. Interessant ist, was Jablonski vorschlug. Einerseits könne der Kurfürst Schade einen Verweis erteilen, da dieser sich nicht an die letzten Weisungen gehalten, seinen Vorgesetzten nicht gehorcht und seine Konventikel weitergeführt habe, was ihm verboten worden war. „Wan dergleichen ergehen solte, ist unfehlbar zu praesumiren, daß Herr Schade von selbsten resigniren würde, als er sich bishero damit entschuldiget, es wäre ihme nichts durch einen Churfürstlichen hohen befehl verboten, sondern alles nur Herrn Speners und Herrn Astmans Werk etc."[140] Eine zweite Möglichkeit sah Jablonski in der „translocation":

> Wann aber Seine Churfürstliche Hoheit [. . .] eine reputirliche translocation vorzunehmen gnädigst beliebeten, kan hiezu ohnmasgeblich ein sicherer Ort am Hartz belegen, Terenburg, in Vorschlag gebracht werden woselbst (1) Seine Churfürstliche Durchlaucht das jus vocandi immediate haben (2) ein locus obscurus ist, da nicht ein so grosses Volk wie hier etc. (3) Seine Zween allerbesten freünde daselbst im Ministerio Ecclesiastico sind[141] [. . .]. (4) Dieselbe gern noch einen Collaboratoren [. . .] gehabt hätten [. . .]. [. . .] und könte man ihm, [. . .] in ecclesiasticis den titul eines Inspectoris [. . .] beylegen, und damit von allen actibus ministerialibus ordinariis befreyen, ausser das er predigen und catechisiren möchte.[142]

Wenige Wochen nach Jablonskis Vorschlag, am 3. Juni, erfolgte die Versetzung Schades auf eine neu zu schaffende Inspektorenstelle in

---

Irenicum genau so, und so kam er zu der bemerkenswerten Feststellung, dass „allermaßen unter den Häuptern der Geistlichkeit in allen Brandenburgischen Landen, solche gefunden werden, die Gotseeligkeit und Friede lieben, und nach bequemer Gelegenheit, die langwürige Trennung zu heben, seüffzen. Wir haben allhier, den gotseeligen Herrn D. Spener mit seinem vernünftigen und friedfertigen Collegen; Herrn Astmann: Zu Pommern den General-Superintendenten Herrn D. Heiler: In Halber-Stadt den Superintendenten Herrn Lüders: bey der Universität Halle, die vortreffl[ichen] Leüte, D. Breithaupt, Herrn Lic. Anton, und Francken, anderer zu geschweigen." (D. E. Jablonski an G. W. Leibniz, Berlin 06.08.1698 [Entwurf], SBB-PK, Nachlass Francke, Kaps. 11,2, 998–1001, hier: 1000.)

[138] D. E. Jablonski an P. v. Fuchs, Berlin 17.05.1698 [Entwurf], SBB-PK, Nachlass Francke, Kaps. 11,2, 989–992.

[139] Jablonski an Fuchs, 17.05.1698, 989.

[140] Jablonski an Fuchs, 17.05.1698, 990.

[141] Gemeint sind Nikolaus Lange (1659–1720), der ältere Bruder Joachim Langes, und Christian Werner Stock, Diakon in Derenburg von 1698 bis 1701 (Auskunft Pfarrerkartei der Kirchenprovinz Sachsen).

[142] Jablonski an Fuchs, 17.05.1698, 990.

Derenburg.[143] Die zeitliche Koinzidenz, die sich schon mit dem ersten Schreiben gezeigt hat, ist zu auffällig um zufällig zu sein.

Daniel Ernst Jablonski gilt, 1660 geboren und damit eine Generation jünger als Spener, als diesem durchaus ebenbürtig.[144] Im Gegensatz zu Spener hatte er als Hofprediger einen ganz anderen Zugang zum kurfürstlichen Hof, anscheinend ist er auch dementsprechend anders gehört worden als Spener. Eine weiter reichende Diskussion der Vorgänge um Schade scheint es zwischen Jablonski und Spener nicht gegeben zu haben, was darauf schließen lässt, dass kein engerer Kontakt bestanden hat und Spener von dem Eingreifen Jablonskis im Fall Schade keine Kenntnis hatte. Zwar findet sich der Hinweis, dass Spener von Jablonski informiert worden ist[145], doch in einem Brief Speners an Jablonski vom 9. Juli 1698 fiel zu diesem Thema kein Wort.[146]

Beide, Reformierte und Pietisten, waren Minderheiten in der Mark Brandenburg und auf die Toleranzpolitik der Obrigkeit mehr oder minder angewiesen. Ob Daniel Ernst Jablonski in weitere Streitigkeiten, welche auch die lutherische Kirche betrafen, eingegriffen hat, wäre eine Überlegung wert. Während Spener die offene Indienstnahme der den Pietisten durchaus wohlgesonnenen, reformierten Obrigkeit noch abgelehnt hatte, sollten sich die Pietisten der nächsten Generationen ihrer bedienen, wobei die Frage zu stellen ist, inwieweit diese Indienstnahme gegenseitig war, und welche Ziele mit der Hilfe des jeweiligen Anderen verwirklicht werden sollten.

IV. Schlussbetrachtungen

Warum konnte Philipp Jakob Spener sich im Fall Johann Caspar Schade nicht von Anfang an zu einer klaren Aussage durchringen? Sein vermeintlich irrationales Verhalten ist in der Kirchengeschichtsschreibung auf Unverständnis und Ablehnung gestoßen.[147] Doch ist sein Handeln, im Gesamtkontext neuerer Forschung betrachtet, in sich durchaus stringent und konsequent.

Die Gewissensnöte Johann Caspar Schades waren Spener nicht fremd, es finden sich schon in der Frankfurter Zeit mannigfalte Klagen über

---

[143] Womit Spener sich gegenüber Jablonski uneingeschränkt einverstanden zeigte. Vgl. Jablonskis Äußerung am 26.06.1698 gegenüber dem Kurfürsten, gedr. b. Aland: Spener-Studien, 146.

[144] Vgl. Wendland: Studien, 161.

[145] Vgl. Aland: Spener-Studien, 146.

[146] Vgl. Ph. J. Spener an D. E. Jablonski, 09.07.1698, Bodleian Library Oxford, Ms. Cherry 16, 14–25; Cons. 3, 770–778b.

[147] Vgl. Obst: Beichtstuhlstreit, 145 f.; Grünberg: Spener, 336; Hans Leube: Art. „Pietismus". In: RGG² 4, 1930, 1250–1261, hier: 1253.

die Unbußfertigkeit der gemeinen Leute[148], ja es war gerade diese Sorglosigkeit der Menschen, welche Spener seine *Pia Desideria* schreiben ließ und ihn dazu brachte, eine Reform der Kirche anzustreben, welche die Menschen wieder zu Buße und größerer Frömmigkeit zu bewegen vermochte. Philipp Jakob Spener hat die Dimension dieses Problems sicher schärfer gesehen als Johann Caspar Schade, der lange Zeit nur sein eigenes Gewissen im Blick hatte. Das Gewissen war für Spener eine unabhängige, nur von Gott beeinflusste Instanz, deren Entscheidungen zu respektieren seien, „wie niemand gegen sein gewissen etwas zu thun genöthiget oder vermöget werden / sondern dessen herrschaft dem grossen Gott allein gelassen werden solle und müsse"[149]. Eine Grenze war für ihn dort erreicht, wo jemand mit einer Gewissensentscheidung das Gewissen anderer Menschen belastete. Solcher verletze das Gebot christlicher Nächstenliebe.[150]

Schades Gewissensnöte resultierten aus der Unbußfertigkeit seiner Beichtkinder, welche er um seines Heils willen nicht verkraftet hat oder nicht verkraften wollte. Dabei waren die Christen durch Predigten und mannigfaltige Meditations- und Erbauungsliteratur zur täglichen Gewissenserforschung angehalten. Eine Überlegung wert wäre die Frage, inwiefern die durch die Erbauungsliteratur sehr fortgeschrittene Individualisierung der Gewissenserforschung die von dieser Literatur beeinflussten Prediger von ihrer Vermittlerrolle zwischen Beichtkind und Gott hat abrücken lassen, die Beichtenden aber überfordert zurückgelassen hat.[151]

Das Institut der Privatbeichte bestand nach Aufhebung des Beichtzwanges weiterhin fort, und von der Mehrheit der Gemeindeglieder wurde es auch genutzt. Die Freiheit, für sich selbst zu entscheiden, ob man würdig sei, das Sakrament zu empfangen, war nach allen Mahnungen der Prediger für die meisten dann doch zu viel Freiheit. Am 1. Juli 1699 berichtete Jablonski an Gottfried Wilhelm Leibniz:

> Das Beichtwesen macht den geringsten Bruit nicht mehr. Es wird diese Ceremonie gemäß dem Churfürstl. Mandat in denen Kirchen der Stadt Berlin und Cölln verrichtet: jedoch finden sich gar sehr wenige, welche der ertheilten Freyheit sich gebrauchen, und nicht beichten wollen.[152]

---

[148] Vgl. u. a. die Briefe an einen Frankfurter Bürger über einen Zeitraum von zwei Jahren, in welchen dieser von Spener immer wieder zum Abendmahlsgang ermahnt wurde. (Philipp Jakob Spener: Briefe aus der Frankfurter Zeit 1666–1686. Bd. 1: 1666–1674. Hg. v. Johannes Wallmann i. Zus. mit Udo Sträter u. Markus Matthias. Tübingen 1992, Nr. 6, 11, 12, 14, 15, 17, 34. Oder jene an Johanna Eleonore von Merlau aus dem Jahr 1673: Nr. 147, Z. 47–58; Nr. 165, Z. 107–116).

[149] Spener: Letzte Bedencken 3, 102 (12.10.1681).

[150] Vgl. Ph. J. Spener an A. H. Francke, Berlin 27.02. u. 27.03.[1697], AFSt/H A 125:66 u. 67.

[151] Vgl. Sträter: Englische Erbauungsliteratur, 70, 122 f.

[152] D. E. Jablonski an G. W. Leibniz, 01.07.1699, gedr. in: Johann Erhard Kappens, [. . .]

Zukunftsweisend war allerdings die Abschaffung des Beichtpfennigs, denn das pekuniäre Element der Privatbeichte hatte doch für viele den Beigeschmack der Korruption.

Dass Schade gerade über die Frage der Privatbeichte derart in eine Krise geraten war, war für Spener eines der größten Unglücke seiner späten Jahre: „Bekenne / daß dieses das schwereste anligen / so ich die tage meines lebens gehabt / so auch die kräfften meines lebens verzehret."[153] Mehrmals beklagte er sich in seinen Briefen an Francke, ihm würde die Schuld an aller entstandenen Unruhe zugewiesen und es würde behauptet, er stehe ganz und gar auf Schades Seite[154], was ihn zu der öffentlichen Distanzierung von Schades Ansichten veranlasste. So aber musste sich die Situation für die Bürgerschaft, vor Speners Versuchen einer Abgrenzung, darstellen. Spener galt ihnen als Parteigänger, wenn nicht sogar Vordenker Schades. Doch wie sahen die anderen Perspektiven aus, wie stand Spener in den Augen der anderen Beteiligten da?

Schades Anhängern und den Pietisten zweiter Generation, die, wie Francke, eine in der Gemeinde Unruhe hervorrufende öffentliche Auseinandersetzung nicht so sehr scheuten, musste Speners Kompromissbereitschaft und seine Vermittlungstätigkeit wie ein Hemmschuh ihrer Sache wirken. Der lutherischen Orthodoxie galt er schon im Vorfeld als zu „reformiert"[155], was ein positives Hinwirken auf die Abschaffung des Beichtinstituts weiter verstärkt hätte. Meiner Meinung nach hatte die Separation der Saalhofpietisten um Johann Jakob Schütz 1682 in Frankfurt/Main Spener in Streitigkeiten, welche die Gefahr einer Kirchen- oder Gemeindespaltung in sich bargen, abwägender und vorsichtiger werden lassen.[156] Deshalb stand er einer Abschaffung des Beichtzwanges nicht in erster Linie deswegen skeptisch gegenüber, weil er den Sieg der Aufklärung fürchtete, sondern das Schisma zwischen Pietismus und lutherischer Orthodoxie.[157]

Sammlung einiger Vertrauten Briefe, welche zwischen [. . .] Gottfried Wilhelm Leibnitz, und [. . .] Herrn Daniel Ernst Jablonski [. . .] gewechselt worden sind [. . .]. Leipzig 1745, 48–51, hier: 50.

[153] Spener: Letzte Bedencken 3, 393 (05.03.1697); vgl. auch Spener: Letzte Bedencken 1, 596 (13.03.1702) und das Schreiben an Friedrich Breckling, Berlin 27.04.1698, gedr. in: Theodor Wotschke: Der märkische Freundeskreis Brecklings. In: JBrKG 23, 1928, 134–203, hier: 181.

[154] Vgl. Ph. J. Spener an A. H. Francke, Berlin 27.03.[1697], AFSt/H A 125:67: „[. . .] neüer argwohn gegen mich imputirt wurde, daß ich mit Herrn Schaden gantz einstimmig und in gleicher schuld wäre"; vgl. Ph. J. Spener an A. H. Francke, 03.05.1698, AFSt/H A 125:74; Spener: Letzte Bedencken 3, 393 (05.03.1697): „Auf mich fällt bey diesem auch alle schuld mit / ob wäre mit ihm unter der decke gelegen / und müßte mit mir concertiret seyn."

[155] Vgl. II.4., 81.

[156] Vgl. Johannes Wallmann: Der Pietismus. Göttingen 1990 (KIG, 4), O57; ders.: Art. „Spener, Philipp Jakob". In: TRE 31, 2000, 652–666, hier: 659; Deppermann: Der hallesche Pietismus und der preußische Staat, 47.

[157] Vgl. Obst: Beichtstuhlstreit, 147.

Dass Speners Berliner Jahre auch die Jahre verstärkter Auseinandersetzungen mit der lutherischen Orthodoxie, meist in literarischer Form,
waren, bedeutet keinen Widerspruch, denn zum einen war der Berliner
Beichtstuhlstreit ein Ereignis mit vorerst regionaler Begrenztheit[158] und
temporär verzögerter Wirkung[159] und zum andern ging es nicht zuvör-
derst um theologische Grundartikel, sondern in erster Linie um das Adiaphoron der Privatbeichte, worüber ein Konflikt auf Gemeindeebene,
sowohl mit der lutherischen Orthodoxie als auch innerhalb der pietistischen Bewegung, nicht zu verantworten war. Der Charakter der Absolution gehörte nicht zu den Dingen, die Spener in der orthodoxen Lehre
von seiner Seite aus an erster Stelle kritisierte. Die im Nachgang folgende
literarische Auseinandersetzung über Beichte und Absolution wurde versucht von Johannes Deutschmann[160], Professor zu Wittenberg, über den
Spener an Friedrich Breckling schrieb: „Ich kann aber kaum die Resolution machen, an die verdrießliche Arbeit, das verwirrte Zeug eines
Mannes, der nicht weiß, was er redet, auseinander zu wickeln zu ge-

---

[158] Erst 1701 wurde die Regelung aus dem kurfürstlichen Decisum als „Gedrucktes Außschreiben an alle Ämbter" ausgeweitet: „Und weil die bißherige späte Angehung des Gottesdienstes,
auch gutentheils daher gekommen, daß die Priester des Sonntags des Morgens die Beichte
hören, da unterdeßen die andere, so auf den Gottesdienst warten müßen, auf dem Kirchhoff
herum spatziren, oder wohl gar in den Krügen sitzen, mit Brandwein und andern Geträncke
sich anfüllen und hernacher den Gottesdienst schläfferig, auch wohl gar nicht abwarten; als
wollen Wir hiemit solches gäntzlich abgeschafft haben, und sollen die Priester Sonnabendts
vorher Beichte sitzen, und des Sonntages dazu niemand, als etwa die weit reisenden und
krancken admittiren." (Erlaß Friedrichs I. betreffs der Sonntäglichen Gottesdienstordnung,
Königsberg 09.05.1701 [Abschrift], AFSt/H D 88:260 f.)
[159] Dass diese Auseinandersetzung nicht zwangsläufig und unmittelbar das Interesse der
Gemeinden an höherer geistlicher Bildung steigerte, zeigt sich in einem anonymen Schriftstück
aus dem Jahr 1700: „Man hat erfahren im Beichtstuhl, daß viele Leute nicht einmahl darauf
mercken, u. zu Hertzen nehmen, was Ihnen im Beichtstuhl gesaget wird Zu ihrer Unterrichtung und Aufmunterung, oder darauf recht mercken, sondern nur solches ohne Nachdencken,
nachsagen, als ein Kind das Gebet, wann Ihm solches fürgebetet wird. So gar auch, wenn ich
unterniden woll einige gefraget habe: Verstehet Ihr mich auch? Haben Sie auch dieses nachge-
sprochen. [. . .] Fraget man Weiter: Was hast du mit deinen Sünden bey Gott verdienet, so heisst
es wieder aus dem Catechismo: Seinen Zorn u. Ungnade etc. Wo ich aber die Fragen verändern,
um Ihren Sinn u. Gedancken zuerforschen, so lautet es gantz anders, denn frage ich: Was meinet
Ihr, habt Ihr denn woll Unrecht gethan, u. wieder die Gebote Gottes gehandelt? So heisst es
bey manchen Nein. Fraget man Weiter: Was meinet Ihr wo es nach eurem Verdruß gehen sollte
u. Gott mit Euch handeln als ein strenger Richter, was hab[t] ihr verdienet Gnade oder Ungnade, den Himmel oder die Hölle, so heisst es: die Gnade, den Himmel etc. Sie sagen in der
Beichte, wie auch aus dem Catechismo es sey Ihnen leid, ja von Hertzen leid mannigmahl, daß
Sie wieder Gott gesündiget. Fraget man aber, ob Sie auch woll einmahl der Höllen wegen
betrübet u. traurig gewesen, so höret man nein, niemahl. Dieses höret man von den Meisten."
([Anonymus]: Gedancken, die mir nach gerade bey dem Beichtstuhl und deßen Mißbrauch
imgleichen bey dem Abendmahl, in deßen Mißbrauch vorgekommen. O.O. 27.11.1700.
AFSt/H D 66:471–481, hier: 473.)
[160] Johannes Deutschmann: Der Christ=Lutherischen Kirchen / [. . .], wohlgegründete / und
wohleingerichtete Prediger=Beichte / und Beichtstuhl [. . .]. Wittenberg 1698.

hen."[161] Bedingt durch Speners Rückzug aus allen Streitigkeiten im Jahr 1698 hat sich keine weit reichende Diskussion unter seiner Beteiligung mehr entwickelt. Aber die Vorgänge um die sich ausbreitende pietistische Bewegung gerade in dieser Zeit rechtfertigten Befürchtungen, die Pietisten der jüngeren Generation könnten sich vollends von der lutherischen Kirche lossagen wollen. Der Hamburger Pietismusstreit um Speners Schwager Johann Heinrich Horb und dessen Widerpart Johann Friedrich Mayer, der mit der Vertreibung der Pietisten aus der Stadt endete, Franckes Schwierigkeiten in Leipzig und Erfurt, seine Streitigkeiten in Halle, die Auseinandersetzungen mit Johann Benedikt Carpzov in Wittenberg oder der Chiliasmusstreit um Johann Wilhelm Petersen seien hier nur als Schlaglichter benannt.

In dieser Situation war es Spener offenbar wichtiger, den Pietismus innerhalb der lutherischen Kirche zu halten, ihn mit der lutherischen Kirche zu etablieren, ihn aber natürlich auch vor ihren Angriffen zu schützen. Unter diesen Umständen sogar eine Union der gesamten lutherischen mit der reformierten Kirche auf den Weg zu bringen, erschien ihm illusorisch. Ich habe versucht, die Rolle Jablonskis in dieser Auseinandersetzung etwas näher zu beleuchten, denn sie liefert ein weiteres Indiz für die These Wallmanns, der Einfluss Speners bei Hof sei in der früheren Forschung überschätzt worden. Gleichzeitig lässt sich an dieser Stelle festhalten, dass die Rolle des reformierten Hofpredigers bis dato unterschätzt worden ist. Zwei Gründe sprechen dafür, dass Spener einen zu engen Anschluss an die Obrigkeit auch gar nicht gesucht hat: Zum einen hatte er schon in den *Pia Desideria* die Durchsetzung seines Reformprogramms unter Ausschluss der Obrigkeit geplant, und zum zweiten hätte sich die pietistische Bewegung stärker in Richtung der reformierten Kirche orientiert, was nicht in Speners Interesse gelegen haben konnte.

Bevor der Pietismus zwischen die Fronten geriet, stellte sich Spener lieber selbst „zwischen alle Stühle".

---

[161] Ph. J. Spener an F. Breckling, Berlin 27.04.1698, gedr. in: Wotschke: Freundeskreis Brecklings, 182.

WOLFGANG SOMMER

Arndt und Spener

Die Predigten Philipp Jakob Speners über die Leittexte
von Johann Arndts *Wahrem Christentum*

Johann Arndt und Philipp Jakob Spener – diese beiden herausragenden Gestalten der frühneuzeitlichen Kirchen-, Theologie- und Frömmigkeitsgeschichte, aber auch der Geistes- und Sozialgeschichte des neuzeitlichen Christentums, stehen schon seit längerem in einem bis in die Gegenwart anhaltenden, regen interdisziplinären Forschungsinteresse. Vor allem die Diskussion um Johann Arndt, seine Stellung im Rahmen von lutherischer Orthodoxie, Frömmigkeitsgeschichte, Spiritualismus und Hermetismus des 17. Jahrhunderts sowie des Pietismus, sind heute nicht nur heiß umkämpfte Forschungsfelder der theologischen Orthodoxie- und Pietismusforschung[1], sondern die Arndt-Diskussion ist auch ein zentrales Thema der Forschungen zur Kultur- und Literaturgeschichte der Frühen Neuzeit.[2] Auch um die Bedeutung der Gestalt Speners wird gegenwärtig wieder gestritten,[3] obwohl im Gegenüber zu Arndt die Spenerforschung schon seit dem Ende des 19. Jahrhunderts wesentlich intensiver betrieben wurde.

Ist somit allein schon mit der Nennung der beiden Namen Arndt und Spener ein jeweils breites Diskussionsfeld eröffnet, so führt die Kopula „und" in eine besondere Brisanz hinein. Zum einen wird mit der Thematik „Arndt und Spener" eine in der heutigen Pietismusfor-

---

[1] Dies zeigen die beiden jüngst erschienen Dissertationen zu Johann Arndt mit ihrer höchst unterschiedlichen Arndt-Deutung: Werner Anetsberger: Tröstende Lehre. Die Theologie Johann Arndts in seinen Predigtwerken. München 2001; Hermann Geyer: Verborgene Weisheit. Johann Arndts „Vier Bücher vom wahren Christentum" als Programm einer spiritualistisch-hermetischen Theologie, 3 Bde. [AKG 80, I–III]. Berlin u. a. 2001. Vgl. auch zur Arndt-Diskussion Wolfgang Sommer: Politik, Theologie und Frömmigkeit im Luthertum der Frühen Neuzeit. Rückblick und Ausblick auf die Diskussion in der gegenwärtigen Forschung, FKDG 74. Göttingen 1999, 296–307.

[2] Hierfür sei auf die Beiträge auf dem Wolfenbütteler Barock-Kongress 1991 hingewiesen: Dieter Breuer (Hg.): Religion und Religiosität im Zeitalter des Barock, Teile I und II. Wiesbaden 1995.

[3] Vgl. den Beitrag Johannes Wallmanns zur gegenwärtigen Diskussion um den Pietismusbegriff: Eine alternative Geschichte des Pietismus. In: PuN 28 (2002), 30–71, bes. 64–66.

schung zentrale Fragestellung tangiert, nämlich die nach den Anfängen des Pietismus und damit zusammenhängend die Schwierigkeiten um einen historisch einigermaßen stimmigen Pietismusbegriff.[4] Zum anderen ist in der jüngsten Arndtforschung die dezidierte These aufgestellt worden, Arndt vertrete aufs ganze gesehen eine spiritualistische Theologie.[5] Es ist verständlich und naheliegend, dass damit jeder Einfluss Arndts auf einen ihm nachfolgenden Theologen entweder unter Spiritualismusverdacht geraten muss oder genau nachzuweisen ist, in welcher Weise, in welcher Umdeutung und Uminterpretation ein Bezug auf Arndt stattfindet. Da der gesamte Pietismus des späten 17. und 18. Jahrhunderts unter dem zentralen Einfluss von Johann Arndt steht, wird die alte These von Martin Schmidt vom mystischen Spiritualismus als wichtigstem Vorläufer des Pietismus auf eigenartige Weise wieder aktuell.[6] Über das allgemeine Interesse an Arndt und Spener anlässlich ihrer Jubiläen im Jahre 2005 hinaus kann der Rückbezug Speners auf den zu seiner Zeit zwar vielfach erfolgreich verteidigten, aber keineswegs unumstrittenen Arndt gewiss weiterhin erhebliche Aufmerksamkeit beanspruchen.

Vieles freilich ist bei dem Thema „Spener und Arndt" schon längst präsent. *Das Wahre Christentum* hat schon die Jugendzeit Speners in Rappoltsweiler und seine Straßburger Studienzeit erheblich geprägt.[7] Die hohe Wertschätzung der Schriften Arndts, nicht zuletzt seiner Predigten, zieht sich als ein Kontinuum durch das ganze Leben Speners bis in seine letzten Berliner Jahre hinein. Die zur Programmschrift des Pietismus erklärte Vorrede Speners zu einer Neuausgabe von Johann Arndts Evangelienpostille, die *Pia Desideria*, ist nicht nur äußerlich mit Johann Arndt verbunden, sondern durch Speners dezidiertes Bekenntnis zu Arndt am Schluss der *Pia Desideria* als vortrefflicher Lehrer und Nachfolger Luthers wird das innere Band zwischen Arndt und Spener unmissverständlich deutlich.[8] Kurz zuvor hatte Spener eine Neuausgabe des *Wahren Christentums* angeregt und selbst Anmerkungen hinzugefügt, die sich auf eine schon bald nach Arndts Tod entstandene Verteidigungstradition Arndts gegenüber seinen Kritikern stützten und damit die Übereinstimmung der

---

[4] Dies wurde auf dem I. Internationalen Kongress für Pietismusforschung in Halle/Saale 2001 sehr deutlich. Vgl. Martin Brecht: Einleitung. In: Ders. (Hg.): Geschichte des Pietismus, Bd. 1. Göttingen 1993, 1–10 und Johannes Wallmann: Alternative Geschichte.

[5] Hermann Geyer: Verborgene Weisheit.

[6] Martin Schmidt: Art. „Pietismus". In: RGG[3] Bd. 5, Tübingen 1961, 372; s. auch seinen Aufsatzband: Wiedergeburt und neuer Mensch. Gesammelte Studien zur Geschichte des Pietismus, AGP 2. Witten 1969.

[7] Johannes Wallmann: Philipp Jakob Spener und die Anfänge des Pietismus, BHTh 42. Tübingen [2]1986, 37–65.

[8] Spener: Pia Desideria, hg. von Kurt Aland, Berlin [3]1964, 79,35–81,20.

eigenen Intentionen hinsichtlich einer Erneuerung und Intensivierung des Glaubens der Christen mit denen Arndts dokumentierte.[9]

Zu den bekannten Tatsachen im Verhältnis Speners zu Arndt gehört es auch, dass er am Ende seines Lebens Wochenpredigten über das *Wahre Christentum* gehalten hat.[10] Seltsamerweise sind diese 143 Predigten, die Spener von 1698–1704 über die den einzelnen Kapiteln von Arndts *Wahrem Christentum* vorgesetzten biblischen Sprüche gehalten hat, m. E. noch niemals genauer in den Blick genommen worden. Dabei sind diese Predigten eine interessante Quelle nicht nur für Speners Stellung zu Arndts *Wahrem Christentum* am Ende seines Lebens, sondern auch für die späten theologischen Anschauungen Speners, die in diesen Predigten zum Ausdruck kommen. Im Folgenden geht es vor allem um die Wahrnehmung der Passagen, in denen Spener direkt auf Arndt und dessen Schrifterklärungen im Kontext gesamtchristlicher Tradition zu sprechen kommt.

Der Titel des mir in zweiter Auflage vorliegenden Werkes lautet: „D. Philipp Jacob Spener / Weyland Königl. Preußischen Consistorial-Raths und Probstens in Berlin / Predigten Über des seeligen Johann Arnds Geistreiche Bücher Vom wahren Christenthum / Zu mehrerer Erbauung in Denselben / auff Christliches Verlangen heraus gegeben [...] Verlegt in Franckfurt am Mayn Von Johann David Zunners Seel. Erben und Johann Adam Zung. Gedruckt bey Anton Heinscheit. Anno 1711."[11]

In ihrer Widmung an Kurfürstin Anna Sophia, verwitwete Gemahlin Kurfürst Johann Georgs III. und Mutter des regierenden Kurfürsten August II., des Starken, bringen die hinterlassenen Erben Speners die enge Beziehung der Kurfürstin zu Speners Person und dessen lebenslanges Eintreten für das wahre und tätige Christentum zum Ausdruck. Damit verfolgte Spener die gleiche Intention wie Johann Arndt in seinen verschiedenen Schriften, so auch „in diesen hinterlassenen Predigten [...] in dem Er die Biblische Sprüche / woraus der sel. Arnd die erbaulichen Lehren gezogen / weitläufftiger erklärt / und dabey die Application und den Nutzen der Arndischen Lehre zum wahren Christenthum noch etwas deutlicher vorgestellet".[12] Arndts Andachten und Speners Predigten mögen gleichermaßen Trost in Anfechtungen spenden, und der Predigtdruck wird als „das letzte Spenerische Denck- und Danckmahl" bezeichnet, womit die Herausgeber sowohl ihren Dank für die Spener und

---

[9] Martin Brecht: Philipp Jakob Spener und das Wahre Christentum. In: PuN 4 (1977/78), 119–154.

[10] Vgl. Johannes Wallmann: Philipp Jakob Spener in Berlin 1691–1705. In: Ders.: Theologie und Frömmigkeit im Zeitalter des Barock, Tübingen 1995, 295–324, 308; Martin Brecht: Geschichte des Pietismus, Bd. 1, 352 f.

[11] Ich danke Dietrich Blaufuß, Erlangen, für die mir einige Zeit überlassene Bereitstellung dieses Bandes.

[12] Spener: Widmung, 3.

den Seinen erwiesene Zuneigung wie auch eine Art Vermächtnis Speners zum Ausdruck bringen.[13]

Auch in der Vorrede an den christlichen Leser wird Spener ganz in die Tradition Arndts gestellt „als ein sonderbahrer Liebhaber der Arndischen Schrifften".[14] Auf die Zeit vor 100 Jahren wird zurückgeblickt und festgestellt: „Es ist binnen hundert Jahren in Teutscher Sprache wohl kein nützlicher Buch zur Gottseeligkeit / als des seligen Johann Arnds vom wahren Christenthum ans Licht kommen / und wegen des herrlichen Seegens und Nutzens so offt wieder auffgelegt und gedruckt worden."[15] Aber auch auf die Arndtschen Streitigkeiten vor und nach Arndts Tod wird in der Gewissheit der eindeutig erwiesenen Reinheit seiner Lehre erinnert, wozu nun nicht zuletzt auch Spener selbst entscheidend beigetragen hat. Die Wochenpredigten habe Spener so vorgenommen, dass er zunächst den biblischen Spruch über jedem Kapitel des *Wahren Christentums* in seinem Kontext erklärt und dann „den gantzen Inhalt des Kapitels zur Erbauung vorgestellet".[16] Dabei habe sich Spener nicht auf subtile oder unnötige Streitfragen eingelassen. Der zweiteilige Aufbau der Predigten, überschrieben mit „Erklärung" und „Gebrauch", ist damit sachlich korrekt wiedergegeben. Aber Spener geht an mehreren Stellen ausführlich auf die kritischen Einwände gegen Arndt im einzelnen ein, was das besonders Interessante und Aufschlussreiche an diesen Predigten darstellt. Obwohl immer einige noch nicht erkannt haben, „daß die wahre Theologie sey die Erkäntnuß der Wahrheit zur Gottseeligkeit", so erinnert die Vorrede an die alten Theologen Johann Gerhard, Johann Hülsemann und Johann Andreas Quenstedt, auch an Johann Conrad Dannhauer, die alle die studierende Jugend zu einem tätigen Glauben ermuntert und dabei „des seligen Arnds Schrifften recommendirt" hätten.[17] Auf eine weitere wichtige Tatsache macht die Vorrede aufmerksam: Die Predigten Speners gehen nur bis zum Ende des III. Buches von Arndts *Wahrem Christentum*, über das IV. Buch hat Spener nicht gepredigt. Dazu heißt es:

> Es hat zwar der sel. Mann mit dem dritten Buch des seligen Arnds sein Leben und diese seine Predigten selig beschlossen / und die letzte Predigt / weil Er mit Schwachheit des Leibes überfallen / nicht selber gantz ausgeschrieben und halten können / worbey Er sich seines Lebens Ende erinnert / weil eben diese letzte Predigt in Berlin die Zahl derer von Ihm in Franckfurt am Mayn vor seinem Abzug gehaltenen Predigten / nehmlich 1266. erfüllet / welches Ihm bedencklich vorkommen. Allein wenn Ihm auch Gott sein Leben noch länger

---

[13] Spener: Widmung, 4.
[14] Spener: Vorrede, 1.
[15] Spener: Vorrede, 1.
[16] Spener: Vorrede, 2.
[17] Spener: Vorrede, 2 f.

gefristet hätte / würde Er doch über das vierdte Buch des sel. Arnds nicht gepredigt haben / weil er selber bekant / daß Er solches nicht in allen verstünde / und also auch nicht recht zu erklären wüste.[18]

Beobachtungen zu Struktur und Gesamtintention der Predigten

Predigten über ein Buch, das selbst Verkündigungscharakter hat, stellen ein eigenartiges Phänomen dar, wodurch sich einige Besonderheiten dieser Predigten Speners allein von diesem Tatbestand her erklären. Zwar ist der Titel *Predigten über Johann Arndts Wahres Christentum* zu konkretisieren in Predigten über die biblischen Sprüche, die jedem Kapitel von Arndts *Wahrem Christentum* vorgesetzt sind. Aber sachlich ist der Titel durchaus berechtigt, da sich Spener in jeder dieser Predigten spätestens im zweiten Teil oft erstaunlich genau an den einzelnen Abschnitten der Kapitel aus dem *Wahren Christentum* orientiert. Man wird am ehesten diese Predigten als einen predigtartigen Kommentar zu Arndts *Wahrem Christentum* verstehen können, der an einzelnen Stellen den Charakter einer Apologie Arndts in Predigtform annimmt. Den 123 Kapiteln der ersten drei Bücher sind 143 Predigten gewidmet. Die höhere Zahl der Predigten gegenüber der der Kapitel ergibt sich einmal daraus, dass Spener über alle zwölf Unterkapitel des 34. Kapitels des II. Buches eine eigene Predigt gehalten hat, sodann aus einigen Predigten, die auf den Gesamtinhalt der jeweiligen Bücher vorbereitend hinwirken bzw. die Vorreden selbst zum Thema einer Predigt erheben.[19] Diese schon strukturell große Nähe von Speners Wochenpredigten zu Arndts *Wahrem Christentum* macht es wahrscheinlich, dass er seine Hörer bei ihrer Lektüre des *Wahren Christentums* unterstützen und sie zu einem weiteren, eindringlichen Verständnis der Texte Arndts führen wollte. In der katechetischen Art und Weise, wie Spener am Anfang jeder Predigt auf den Hauptinhalt des Vorhergehenden zusammenfassend eingeht, um seine Hörer inmitten der wiederholungs- und variationsreichen Sprache Arndts gedanklich eines gewissen Fortschritts zu vergewissern, wird der kommentarhafte Charakter dieser Predigten und die enge Bindung an das Werk Arndts besonders deutlich. Freilich predigt Spener über biblische Texte, die auch den Aussagen Arndts zugrunde liegen. Dabei geht Spener jedoch – anders als Arndt – sehr viel gründlicher, genauer und umständlicher auf diese Texte und ihren Kontext ein, so dass fast jede Predigt einen ersten Teil mit der Überschrift „Erklärung" trägt. Am Ende dieses ganz der biblischen Texterklärung gewidmeten Teiles wird öfters

---

[18] Spener: Vorrede, 4.
[19] So die Predigt zur Vorrede des III. Buches, dessen Textgrundlage Spener aus der Angabe Arndts im 3. Abschnitt aus Lk 17,21 nimmt und die Predigt mit dem Motto überschreibt: „Dann sehet / das reich Gottes ist inwendig in euch.", 1–11.

auch ein kurzer Trost formuliert, zuweilen jedoch erst im zweiten Teil. Die bekannte Trias „Lehre, Vermahnung und Trost", die die Einzelpredigten und Predigtsammlungen Speners sonst charakterisiert, ist in diesen Predigten nicht mehr deutlich. Der zweite Teil mit der Überschrift „Gebrauch" wird jeweils mit einem inhaltlichen Motto überschrieben, das öfters wortgleich mit demjenigen Arndts über jedem Kapitel lautet, jedoch auch davon abweichen kann, nur selten in einer etwas anderen inhaltlichen Akzentuierung, meist nur in kürzerer Sprachgestalt. Kann sich der erste Teil der Predigten als biblische Erklärung auch durchaus öfters von den Texten Arndts durch das Eingehen auf den biblischen Kontext entfernen, so steht der zweite Teil jeweils ganz im Dienst des rechten Verständnisses des betreffenden Kapitels von Arndts *Wahrem Christentum*.

Was die Gesamttendenz in der inhaltlichen Aussage der Predigten betrifft, so fällt zunächst auf, dass Spener an vielen Stellen direkt auf Arndt zu sprechen kommt und dessen Texterklärungen und Ausdrucksweisen kommentierend aufnimmt.[20] An keiner dieser Arndt namentlich genannten Passagen distanziert sich Spener von Arndt, im Gegenteil: Er verteidigt inhaltlich und auch ausdrucksmäßig stets die von Arndts „widrigen" vorgebrachten Lästerungen bzw. falschen Beschuldigungen. Weiterhin ist im Blick auf die inhaltliche Gesamtperspektive auffallend, dass Spener seine Arndt-Darstellung gerade an den Stellen des *Wahren Christentums* exemplifiziert, die seit der Kritik von Lucas Osiander bis zu der Deutung von Arndts *Wahrem Christentum* durch Hermann Geyer als Belegstellen für eine enthusiastisch-schwärmerische bzw. spiritualistisch-hermetische Theologie angeführt werden. Man wird diesen Wochenpredigten Speners über Arndts *Wahres Christentum* wahrhaftig nicht nachsagen können, dass sie um den umstrittenen Arndt einen harmlosen Bogen geschlagen hätten. Für die Predigtweise Speners auffallend oft greifen sie vielmals direkt in die Arndt-Kontroverse aus den 20er Jahren des 17. Jahrhunderts ein, wobei das *Theologische Bedencken* des Lucas Osiander eine wesentliche Grundlage bildet.

Im Folgenden werden wir – nach inhaltlichen Sachthemen gegliedert, aber auch den Gesamtduktus der jeweiligen Predigt berücksichtigend – einen Eindruck über dieses bedeutende Dokument in der Arndt-Rezeption um 1700 zu geben versuchen.

Zur Person Arndts und zum Wahren Christentum insgesamt

Gleich in der ersten Predigt kommt Spener auf den Verfasser des nun in den folgenden Predigten ausführlich dargestellten Werkes zu sprechen. Zuvor führt er auf der Grundlage von Eph 4,21 unter dem Titel

---

[20] Über 30 Mal, vor allem zu Stellen aus dem II. und III. Buch.

„Des wahren Christenthums summe oder inhalt / und der weg dazu zu gelangen" in die Materie der folgenden Predigten ein.[21] Indem Spener gleich zu Beginn auf die Wahrheit in Jesus Christus in ihrer doppelten Gestalt hinweist, ergreift er geschickt den hermeneutischen Hauptschlüssel, der seinen Hörern in den folgenden Predigten das Verständnis von Arndts *Wahrem Christentum* in rechter Weise eröffnen soll. Christus hat uns versöhnt mit Gott, durch ihn haben wir den Zugang zum Vater. Zugleich aber hat er sich mit den Gläubigen vereinigt und wohnt in ihnen durch den Glauben.

> Also müssen wir sonderlich Christum erkennen / und seiner geniessen auff beyderley art / wie er vor uns gegeben wird und in uns würcket und wohnet / welche beyde absichten nicht von einander getrennet werden dürffen: Daher wer Christum nur auf eine andere art haben will / der hat ihn nicht vollkommen oder recht. Es ist aber die erste art der grund der andern: und kan keiner Christi / wie er vor ihn dahingegeben / geniessen / der nicht auch beflissen ist / ihn in sich zu haben.[22]

Mit diesem Doppelakkord des „Christus für uns" und „Christus in uns" geht Spener auch sogleich auf die Grundintention Arndts ein, auf die Kritik an der „falschen einbildung des glaubens / die sich fleischliche leute machen". Dagegen heißt der wahre Glaube „erkantnuß der gnade Gottes in der warheit / zu dero man erst durch busse tüchtig werden muß / welches man von dem buchstablichen erkantnuß nicht sagen kan".[23] Ohne wahren Glauben und innerlichen Gehorsam wird der äußerliche Gottesdienst zur Lüge. Am Ende des ersten Teiles seiner Eingangspredigt hebt Spener das biblisch-reformatorische Grundfundament hervor, auf das er immer wieder zu sprechen kommt, dass der Weg zu dem wahren Glauben aus der Verkündigung des Evangeliums und dem Hören des Wortes Gottes kommt.

Der zweite Teil der Predigt ist überschrieben „Von Johann Arnden Wahren Christenthum".[24] Wie in allen folgenden Predigten geht Spener hier unter dem Titel „Gebrauch" auf die Texte Arndts ein, in diesem Falle zunächst auf die Vorrede zum I. Buch. Zuvor jedoch stellt er den Verfasser und sein Werk seinen Hörern vor.

Nach Nennung seines Todesjahres 1621 und dem Hinweis auf sein seliges Ende heißt es: „Er hat sich auch in seinem gantzen leben an unsere Evangelische Lutherische Kirche gehalten", woraufhin Spener das Selbstbekenntnis Arndts zu den lutherischen Bekenntnisschriften noch dadurch ergänzt, dass Arndt „sich auch noch auff seinem todt-bette dazu

---

[21] Spener: Predigten, 1.
[22] Spener: Predigten, 2.
[23] Spener: Predigten, 3.
[24] Spener: Predigten, 5.

bekant".[25] Es folgt ein kurzer Bericht über Aufnahme und Widerspruch seit dem Erscheinen der *Vier Bücher vom wahren Christentum*, wobei auffällt, dass Spener von der Kritik am I. Buch und der daraufhin erfolgten Umarbeitung Arndts nichts verlauten lässt:

> Es ist das erste Buch vom wahren Christenthum 1605. als er zu Braunschweig Prediger war / das erste mahl heraus gekommen / und alsobald mit solchem wohlgefallen Gottseeliger hertzen / auch Lehrer / auffgenommen worden / daß er die andere drey auch heraus gehen lassen muste; Welche vier bücher nachmahlen fast unzähliche mal und offter als einiges andern Theologi Schrifften / an vielen orthen Teutsch / so dann auch übersetzet / Lateinisch und Böhmisch / edirt worden.[26]

Über den Sieg der Verteidiger Arndts gegenüber seinen Kritikern zur Zeit Speners heißt es: „daß auff diese stund dasselbe Gottseligen hertzen an den meisten orthen sehr angenehm ist / und wenig zäncker mehr übrig sind / die sich weiter daran zu reiben getrauen; Hingegen sind unzähliche der jenigen / welche das meiste ihrer erbauung und Christenthums / nechst der lieben Bibel aus diesem lieben buch geschöpfet zu haben / bekennen."[27] Mit dem Hinweis, dass das Buch nicht die ganze Theologie, vor allem auch nicht die Religionsstreitigkeiten aufgreift, obwohl die Grundwahrheiten des Glaubens sich darin befinden, bezeichnet Spener die Hauptabsicht des Werkes, „die erkantnuß Gottes / Christi und deren wolthaten also abzuhandeln / daß der Leser gleich zur übung und fleiß gebracht werde / sowol in dem glauben die Evangelische güter zu ergreiffen / als auch die früchten in dem leben zu bringen".[28] Den Hauptinhalt des *Wahren Christentums* beschreibt Spener folgendermaßen: „Daß Christus uns alles sey / und wir unser heyl von ihm herhaben müssen: Aber daß wir Christum nicht nur annehmen müssen / wie er vor uns dahin gegeben / und uns seine gerechtigkeit zugerechnet wird / sondern auch / wie er in uns seye / wohne und alles wircken müsse: Wie er nicht allein unser Hoher-Priester sey / der uns mit seinem opffer und gebet vertrete / sondern auch unser Prophet / dessen lehr und exempel wir folgen / und unser König / dem wir gehorsamen müssen."[29]

Aus der Vorrede zum I. Buch greift Spener die Aussagen über die Verderbtheit der menschlichen Natur, die Notwendigkeit der Wiedergeburt durch Herzensreue, die Unterscheidung der Glaubensgerechtigkeit von der Lebensgerechtigkeit und das Hervorwachsen aller christlichen Tugenden aus dem Glauben auf. Die scharfe Kritik Arndts an dem gottlosen Leben seiner Zeitgenossen und ihrem nur äußerlichen Chris-

---

[25] Spener: Predigten, 5.
[26] Spener: Predigten, 5.
[27] Spener: Predigten, 5.
[28] Spener: Predigten, 5.
[29] Spener: Predigten, 5 f.

tusbekenntnis, was Arndt als Ursache für sein Buch bezeichnet, hat bei Spener keinen Anhalt. Auch das Ausgreifen des gottlosen Lebens der Menschen in den gesamten Kosmos, so dass die ganze Natur sich darüber ängstet und letzte Plagen bevorstehen,[30] greift Spener nicht auf. In sachlich-nüchternen Wendungen stellt er die Hauptintention Arndts in Art einer Berichterstattung heraus:

> Das vornehmste in dem gantzen Christenthum seye nicht das äusserliche / sondern das innerliche / weil Gott das hertz ansiehet / und muß so wol der glaube / als alle tugenden innerlich seyn / wie dann / welche wercke von aussen geschehen / da sie nicht erstlich in dem hertzen gewesen / nur heucheley und Gott ein greuel sind. Daher auch aller gottesdienst hauptsächlich in dem innern geschehen muß. Wo er aber erstlich in dem hertzen und geist angefangen / bricht er auch in das äusserliche aus / und ist alsdann auch dieses umb des innern willen Gott gefällig.[31]

In gleicher Nüchternheit und in sprachlich großem Gegensatz zu der ebenso eingängigen wie spitzen Kritik Arndts an der Theologie als einer bloßen Wissenschaft und Wortkunst, umschreibt Spener das Zentrum des *Wahren Christentums* mit folgenden Worten:

> Die wahre Göttliche erkantnuß kommt aus Göttlichem Wort / nicht aber daß wir aus eigenen kräfften daselbige betrachten / als welches nur eine buchstäbliche erkantnuß / und blosse wissenschaft machte / sondern es muß Christus und der H. Geist selbs durch das Wort uns erleuchten / und unser Lehrmeister seyn / sonsten kommen wir zu keiner lebendigen erkantnuß. Daher wer zu dieser erleuchtung des H. Geistes und lebendiger erkantnuß kommen will / der muß solchen Geist auch die wahre buß in sich wircken lassen / sonsten kommt er nimmer zu dem wahren glaubens-liecht.[32]

Die schon in der ersten Predigt herausgestellten wichtigsten Lehren dieses Buches, die „allen rechtschaffenen Christen angenehm", den „fleischlichen leuthen am meisten zu wider sind", bezeichnet Spener als „das gantze hertz unsers Christenthums / und weisen zu gnüge / wie unrecht man das Buch einiger irrthume oder schwärmerey beschuldige".[33]

Am Schluss seiner ersten Predigt erläutert Spener aufschlussreich sein weiteres Vorgehen. Seine Predigten wollen den ganzen Inhalt der folgenden Kapitel zur Erbauung vorstellen. „Und wird nicht undienlich seyn / wer die Predigt gehöret / daß er zu desto besserer einrückung das Capitel zu hause wieder nachlese / und sich das dabey gesagte erinnert."[34] Freilich

---

[30] WCh, Vorrede, 3. Die Nachweise erfolgen nach der Ausgabe des Evangelischen Büchervereins Berlin ⁶1857.

[31] Spener: Predigten, 6.

[32] Spener: Predigten, 6 f.

[33] Spener: Predigten, 7.

[34] Spener: Predigten, 7.

setzt er noch hinzu: „Es ist nicht also anzusehen / als wann ich ihnen über Arnd cigentlich predigen wollte / sondern ich werde ihnen über Gottes Wort / und die Texte der Schrifft / nur in der ordnung / in dero sich [sie] der sel. Mann nach einander gehandelt hat / predigen."[35] Speners Predigten „über" Arndts *Wahres Christentum* sind somit ein predigtartiger Kommentar zu den Texten Arndts, die zur weiteren erbaulichen Privatlektüre im Hause die rechte Anleitung geben wollen.

Das zeigt sich auch bei den Predigten, die Spener am Beginn seiner Kommentierung des II. und III. Buches gehalten hat. Hier wird jeweils im Rückblick und Vorausblick auf Arndts inhaltlichen Gesamtplan und auf einige Aussagen in den Vorreden Bezug genommen. Die Textstellen für diese Predigten dienen zur Einführung in die Gesamtthematik des II. und III. Buches.[36]

In seiner ersten Predigt zum 34. Kapitel des II. Buches äußert sich Spener zu dem Hauptvorwurf gegenüber Arndt, er habe die irrige Lehre Valentin Weigels in sein Werk aufgenommen. Für eine Predigt ungewöhnlich ausführlich gerät diese Stellungnahme Speners zu einer eindeutigen Apologie Arndts:

> Es ist aber dieses Capitel dasjenige / darüber dem gottseligen mann von seinen widersachern bereits in seinem leben am stärcksten zugesetzet / und daher der scheinbareste einwurff / das wahre Christenthum irriger lehre verdächtig zu machen / hergenommen worden / wie sich noch jetzo manche seine hasser darauff beziehen / daß dieses gantze Capitel Vanlentini Weigelii, der irriger lehre wegen beschryen ist / und also nicht richtig seye.[37]

Die wahre Bewandtnis der Sache möchte Spener nun seinen Hörern vorstellen. Zunächst geht er auf die Person Weigels ein, über die er nicht zu urteilen vermag, weil der Widerspruch zwischen seinem unbescholtenen Wirken als Pfarrer und seinem Bekenntnis zur FC und den Abweichungen von der reinen evangelischen Lehre in seinen Schriften schwer aufzuklären seien. Spener stellt aber auch die Frage: „ob die schrifften / die seinen namen führen / und aus denen allein er beschuldigt werden könnte / wahrhafftig von ihm gemacht / oder sein name nach seinem tod erst von einem andern darzu entlehnt / oder doch seine arbeit sehr geändert worden / daher auf etwas gewisses zu kommen / auffs wenigste fast zweifelhafft ist."[38]

Den Weigelianismus-Vorwurf gegenüber Arndt weist Spener mit deutlichen Worten ab:

---

[35] Spener: Predigten, 7.
[36] Der Text für die erste Predigt des II. Buches ist Mt 7,14 und für das III. Buch Lk 17,21.
[37] II. Buch, 273 f.
[38] II. Buch, 274.

Unser theurer Arnd ist allezeit rein gewesen von den irrthümen / die noch in Weigelii schrifften gelesen / und von denen so genanten Weigelianern behauptet worden / (es mag nun mit des mannes eigner meinung gewesen seyn wie es wolle) ja er hat nicht allein aller orten in seinen büchern unsere reine lehr stäts behalten / sondern unterschiedliche mahl selbst Weigelii oder denen demselben beygemessenen irrthümen widersprochen.[39]

Spener fügt noch hinzu, dass zur Zeit der Abfassung des *Wahren Christentums* die Schriften Weigels noch nicht gedruckt waren. Auch sei es noch nicht klar, ob Weigel wirklich der Autor des „Gebetbüchleins" sei oder vielleicht doch auch

ein ander Christlicher andächtiger mann solche gemacht / da sie wohl an Arnden als auch Weigelium haben kommen können. Auffs wenigste 1. ist das gebetbüchlein unter Weigelii namen viel grösser / und hat 26. cap. 2. Auch die 12. cap. kommen mit den andern nicht überein. 3. Ja kein capitel ist ohne änderung. Daher 4. wo es ja Weigelius gemacht hat / muß er entweder nach der zeit / da er die 12. cap. erst gemacht / sie sehr geändert und vermehret haben / oder Arnd hat / was ihm zu ändern nöthig gedeucht / selbst gebessert.[40]

Die Schlussfolgerung Speners lautet deshalb:

Daher kan das wahre Christenthum oder Arnd selbst dieser ursach wegen / daß er die 12. cap. seinem werck einverleibet / nicht verdächtig gemacht werden. Denn 1. ob die arbeit auch Weigelii seyn solte / hat sie doch Arnd dessen unwissend in sein buch gesetzet. 2. Auch unterschiedlich geändert. 3. Daher sich auch in der folge geben wird / daß in rechtem verstand alles in diesen 12. capiteln enthaltene der reinen lehr allerdings gemäß und ohne irrthum seye.[41]

Das lebendige Wort Gottes in der Heiligen Schrift

Seit Lucas Osiander steht das Wortverständnis Arndts unter dem Spiritualismus-Vorwurf.[42] In Speners Predigt zu WCh I, 6 über den Text Lk 17,21 wird auf Arndts Verständnis des Wortes Gottes dezidiert hingewiesen. So unzweifelhaft das Wort Gottes in der Schrift und in der Predigt als äußeres Wort lebendig und kräftig ist, so sehr geht Spener auf

---

[39] II. Buch, 274.
[40] II. Buch, 274.
[41] II. Buch, 274 f.
[42] Lucas Osiander: Theologisches Bedencken und Christliche Treuhertzige Erinnerung welcher Gestalt Johann Arndten genandtes Wahres Christenthumb [...] anzusehen. Tübingen 1623, 50, 52, 84, 86. Aus der gegenwärtigen Arndt-Forschung sei auf Berndt Hamm: Johann Arndts Wortverständnis. Ein Beitrag zu den Anfängen des Pietismus. PuN 8 (1982), 43–73 und auf Hermann Geyer: Verborgene Weisheit. Berlin 2001, I. Bd., 144–150 hingewiesen.

Arndts Hauptintention ein, dass „die Schrifft solle in uns lebendig werden im geist und glauben".[43] Denn

> ehe wir das wort hören oder lesen / kan es die krafft / die in ihm ist / noch nicht ereignen / oder damit wircken: Wie ein kräfftiges weitzen-korn / das noch auff dem boden liget / daselbst nicht keimen und wachsen kann / und also an sich lebendig ist / aber sein leben nicht erweiset / sondern erst es erweiset / und also in gesundem verstande lebendig wird / wann es in eine bequeme erde fället.[44]

Arndts Insistieren auf das verinnerlichte Wort Gottes interpretiert Spener als Riegel vor einer geheuchelten Berufung auf das äußere Wort ohne innere Wirkungen: „Alles äusserliche in Gottes reich ist nicht so wol das reich selbst / als dessen würckung oder kennzeichen / und zwar können solche kennzeichen aus heucheley triegen. Hierauff siehet Arnd / weil alles / was auch ausser uns in der Schrifft stehet / in den menschen kommen und da erfüllet werden müsse."[45] Auch in der Predigt zu WCh I, 32 über den Text 1Kor 4,20 hebt Spener mit Arndt die innere Kraft des Wortes Gottes als glaubwürdiges, gelebtes Zeugnis gegenüber einer nur äußerlichen Klugheit und Aufgeblasenheit mit menschlicher Weisheit hervor. Der Gegensatz zwischen gelehrtem Reden und gelebtem, authentischem Leben, den Arndt so stark herausstreicht, nimmt Spener auf, nicht ohne freilich hinzuzusetzen, dass das äußere göttliche Wort ein kräftiges Mittel ist, wodurch Glaube und Gerechtigkeit gewirkt werden. Aber „wo man dem Göttlichen wort nicht platz lässet / daß es seine krafft in der seelen ereignet / sondern mann wil allein sich mit dem hören / reden und wissen vergnügen / abgesondert jener krafft / so bestehet das reich Gottes nicht darinnen / noch kan sich derjenige dessen rühmen / der auch aus der Schrifft viel wort macht oder fasset".[46] In der Predigt zu WCh I, 35 über den Text Mt 7,21 nimmt Spener das bei Arndt immer wieder vorkommende Bild der inneren Verwandlung im Vorgang eines pflanzlichen Wachstums bzw. Speisevorganges auf in der Anwendung auf das Wort Gottes. Unter der Überschrift „Alle erkantnuß / kunst und weißheit / auch sogar das wissen der Schrifft / ist ohne liebe und heiliges leben nichts nutz" erklärt Spener: „Ja obwol das Göttliche wort an sich selbs voller krafft ist / [...] so nutzt doch auch dasselbige keinem / da es nicht im hertzen zu dessen änderung angenommen / darin gepflantzet / und mit dem menschen vermischet wird. Wie die speise nichts nutzt / wo sie nicht zu sich genommen / in dem magen verdauet / in fleisch und blut verwan-

---

43 Spener: Predigten, 42.
44 Spener: Predigten, 42.
45 Spener: Predigten, 41 f.
46 Spener: Predigten, 217.

delt wird / vielmehr wird die sünde vor Gott so viel schwerer / wo man das wort reichlich gehabt / und nicht bey sich kräfftig seyn lassen."[47]
In WCh II, 2, 1. beschreibt Arndt die Tiefe der geistlichen Anfechtungen, in der ein Mensch inmitten dieser höchsten Angst weder an Gott noch an die Schrift denken und somit die Schrift ihn auch nicht trösten könne. Seit Osiander wird diese Aussage Arndt als große Lästerung der Heiligen Schrift vorgeworfen. In seinem *Theologischen Bedencken* äußert sich Osiander über viele Seiten mit scharfer Kritik darüber.[48] Spener geht in seiner Predigt über Jes 48,10 auf die Kritik an Arndt ein:

> Wird ihm solches von seinen widrigen übel ausgeleget / als läugnete er die krafft der Schrifft / daß sie gar keine krafft in anfechtungen zu trösten habe: Aber 1.) Arnd leget der Schrifft vielmehr allerdings die krafft des trostes bey. 2.) Er saget nun von den höchsten anfechtungen / und biß das ungewitter vorüber seye. 3.) Er gibt also die schuld nicht der unkräfftigkeit der Schrifft / sondern der gewalt der anfechtungen / die zuweilen einen menschen also einnehmen können / daß er nicht fähig ist / etwas tröstliches zu vernehmen / wie so gar auch die gewalt der leiblichen schmertzen das gemüth eine weil alles ander anzuhören und zu fassen ungeschickt macht / geschweige in den geistlichen anfechtungen / die unmittelbar die seel mit dem gefühl des zorns Gottes angreiffen / und also natürlich und geistlich den menschen zum trost ungeschickt machen.[49]

Der Trost kann nur durch das Wort Gottes kommen, freilich nicht nur in äußerer, sondern vor allem in innerlicher Weise. Spener nimmt die vielfältige Rede Arndts vom inneren Schmecken des Wortes Gottes direkt auf: „Es bemercket aber Arnd wohl / es sey damit nicht außgemacht / viel sprüche zu lernen / sondern nützlicher an einen oder andern macht-spruch sich so zu halten / daß man stäts in gedancken damit umgehe / biß man ihn möge ins hertz bringen und seine krafft schmäcken."[50]
In WCh III, 4, 3. formuliert Arndt im Anschluss an eine seiner Lieblingsstellen Lk 17,21: „Wenn die Seele also entblößet wird von allen vernünftigen, sinnlichen, creatürlichen Dingen, das Gott nicht selbst ist: so kommt man in den Grund, da man Gott lauter findet mit seinem Licht und Wesen. Summa, es muß alles gelassen seyn, wenn du diesen Grund finden willst." Aufgrund dieser Stelle hatte Osiander Arndt Verachtung der Heiligen Schrift vorgeworfen.[51] Spener greift diese Kritik direkt auf

---

[47] Spener: Predigten, 241.
[48] „Derwegen / wann 100000 Arndten und 1000000 Tauler sagten / dich könne in den hohen Anfechtungen die Schrifft nicht trösten, So lasse dir deß Sohnes Gottes Exempel / unnd geoffenbarten willen Gottes mehr seyn: getröste dich deß unfehlbahren unnd unwandelbahren gnädigen Worts Gottes", Osiander: Bedencken, 81.
[49] Spener: Predigten II, 550.
[50] Spener: Predigten II, 553.
[51] Osiander: Bedencken, 122 f.

und verteidigt Arndts Reden von der Gelassenheit der Seele, in deren Grund Gott wirken will, was nicht eine Verachtung des äußeren Wortes Gottes bedeutet: „Wie unser Arnd redet: welchem solche wort [. . .] übel gedeutet werden / ob hätte er damit auch den gebrauch der Schrifft / die ja nicht Gott selbsten ist / verworffen / und verlangt / daß man auch die Schrifft lassen müsse: wormit aber dem frommen mann groß unrecht gethan wird / der das Göttliche Wort und dessen rechten gebrauch so offt und nachtrücklich selbs lobet."[52] Mit Zitaten aus Luthers Großem Katechismus und der Kirchenpostille wird Arndt mit seinen Appellen, das Herz nicht an die äußeren Phänomene der Schöpfung zu hängen, an die Seite Luthers gestellt: „Wie nun solche redens-arten unsers theuren Lehrers mit allem fug nicht anders als in gesundem verstand genommen werden / also haben wir mit gleicher liebe unsers Arnden worte nicht ungleich zu deuten / sondern in seinem eigenen sinn anzunehmen: und aber auch thätlich seinem anweisen zu folgen / dass / wann wir Gott suchen wollen / wir alles / was nicht Gott ist / oder zu Gott weiset / zurück und auß dem hertzen lassen."[53]

In gleicher Intention weist auch Spener die Kritik an dem Satz Arndts ab: „Denn soll Gott ein / so muß die Creatur aus."[54] Nachdem Spener in seiner Predigt zum 9. Kapitel des III. Buches über Apg 15,9 im zweiten Teil unter der Überschrift „Wie der lebendige glaube das hertz reinige" ein deutliches Bekenntnis zur guten Schöpfung Gottes abgelegt hat, die recht zu gebrauchen, nicht aber in unmäßiger Weltliebe zu genießen sei, kommt er auf Arndt zu sprechen:

> Von solchen creaturen / und dero unordentlichen liebe redet nun Arnd / wann er sagt / dass / wo Gott ein solle / die creatur aus dem hertzen heraus müsse / nicht aber / wie seine widrige es ihm missdeutet / ob wolte er den menschen von Göttlichem wort und sacramenten abziehen / und was durch dero krafft in den hertzen gewircket worden / ausschaffen / welches alles seiner so offt wiederholeten deutlichen lehr offenbarlich zuwider läufft: und er hingegen uns von den creaturen abziehen will / nicht welche / und wie sie von Gott zu mittlen seiner vereinigung gebraucht werden / sondern von denen / dardurch wir mehr von ihm abgeleitet werden.[55]

Arndts vielfältiges Reden vom inneren Herzensgebet rief den Vorwurf der Verachtung der Predigt des göttlichen Wortes hervor. Im Anschluss an den Satz „Nun ist Gott selbst sein Reich, und in demselben Reich reichet er in alle vernünftige Creaturen",[56] der eine innerlich-natürliche,

---

[52] Spener: Predigten III, 48.
[53] Spener: Predigten III, 48.
[54] WCh III, 9, 2.; Dazu Osiander: Bedencken, 126.
[55] Spener: Predigten III, 92; Ganz ähnlich auch in der Predigt zu WCh III, 11 über 1Joh 1,5, 111.
[56] WCh III, 19, 5.

nicht notwendig von außen zu erfolgende Bekehrung nahe zu legen scheint, antwortet Spener:

> Wann aber unser Arnd spricht: daß Gott in solchem reich in alle vernünfftige Creaturen reiche / ist die meynung nicht / wie es ihm von widrigen außgedeutet wird / ob wäre er derjenigen irrthum zugethan / die da außgeben / es seye ein göttliches liecht / darauß der glaube und alles gute / wo man es nicht gantz unterdrucket / entstehe / in aller menschen hertzen bereits von natur / und bedörffe es also nicht / daß der mensch durch das äusserlich angehörte wort bekehret werde / sondern nur daß solches natürliche und allezeit vorhanden geweßte / aber verdeckt gebliebene liecht in ihm entdecket werde und hervorbreche. Da doch der selige Arnd offt so herrlich von der predigt göttlichen worts redet / und derselben die krafft der bekehrung zuschreibet / aber also / daß es nicht äusserlich bleiben / sondern in die hertzen eindringen müsse.[57]

Gott und die Seele

Von besonderem Interesse in Speners Predigtkommentar zu Arndts Wahrem Christentum ist die Frage, wie Spener zu all jenen Aussagen Arndts steht, in denen ihm seit Osiander in besonderer Weise der Spiritualismusvorwurf gemacht wurde. Wir wenden uns nun den Themenkomplexen des geistlichen Sabbats bzw. Herzenssabbats, dem Einsprechen des Heiligen Geistes in der Seele, dem geistlichen Gespräch (divinum alloquium), der Salbung des Geistes und verwandten Aussagen Arndts zu, in denen er die Erfahrungsdimensionen des göttlichen Wirkens in der Seele beschreibt.

Mit nüchtern-sachlicher Selbstverständlichkeit greift Spener das in diesen Themenkomplexen zum Ausdruck kommende Bemühen Arndts auf, die Christen seiner Zeit auf den Weg nach Innen zu lenken, um sie für die Wirkungen Gottes in der Seele – fern äußerlich-weltlicher Selbstbemächtigung – zu sensibilisieren. Dabei ist auffallend, dass Spener an den seit den Arndtschen Streitigkeiten bis in die Gegenwart vielfach kritisierten sprachlichen Wendungen Arndts ohne Distanz oder gar Kritik festhält, sie freilich in seinem Sinne interpretierend aufnimmt und Arndt vielfach ausdrücklich gegenüber seinen Kritikern in Schutz nimmt.

Unter der Überschrift „Die nothwendigkeit der entschlagung der welt zum innern wachsthum"[58] greift Spener den Arndtschen Ausdruck des innerlichen geistlichen Sabbats in seiner Predigt zu WCh I, 23 im Sinne eines innerlichen Abstandnehmens von der Welt mit folgenden Worten auf: „Die gelassenheit unter seine würckungen / wo wir mit Göttlichen

---

[57] Spener: Predigten III, 176.
[58] Spener: Predigten I, 162.

dingen / dem wort / sacramenten / gebet / umgehen / und er will durch dieselbe in uns wircken / daß wir nicht mit unserer vernunfft und dero eigenen kräfften ihm sein werck in uns stören / sondern seinen Geist in uns wircken lassen: das ist der innerliche geistliche sabbath der seelen / darinnen sie am bequemesten ist / daß Gott mit ihr handele."[59] Im Unterschied zu Arndt konkretisiert Spener das Umgehen mit göttlichen Dingen in seinen Wirkungen in Form von Wort, Sakramenten und Gebet. Wenn es bei Arndt heißt: „Es sind die innerlichen geistlichen Feyertage des Herzens, und der innerliche geistliche Sabbath, und der blühende Libanus in der Wüsten, in der Einsamkeit des Geistes. Suche denselben, da kannst du dich selbst erforschen und Gottes Wunder und Wohltaten betrachten."[60], so wollte Spener mit der Hinzusetzung der Heilsmittel Wort und Sakramenten offenbar eine spiritualistische Deutungsmöglichkeit im Sinne einer Selbsteinkehr der Seele abwehren. Die Entgegensetzung: Weltliche Geschäftigkeit mit eigenen Kräften der Vernunft und des Willens und innerlicher Abstand von dieser Art der Weltlichkeit, um sich für die Wirkungen Gottes offen zu halten – diese Grundintention Arndts im Verhältnis des Äußeren zum Inneren, bringt Spener in vielen seiner Predigten in direkter Aufnahme der Arndtschen Begrifflichkeit zum Ausdruck.

Das wird z. B. sehr deutlich in der Predigt über Phil 1,9–11 (WCh II, 4), in der die aus der Rechtfertigung kommende Heiligung mit den Begriffen des Herzenssabbats und der Geistessalbung beschrieben wird: „alle heiligung bestehet vornehmlich in dem innerlichen / da vorhanden seyn muß liebe von reinem hertzen / und von gutem gewissen / und von ungefärbtem glauben [. . .] daher ist alles äusserliche werck / da der grund des hertzens damit nicht einstimmet / Gott nicht gefällig / sondern ein greuel [. . .] Solle die feyer des sabbaths Gott gefallen / muß der sabbath auch im hertzen gehalten werden / und wir von dem eigenen willen ruhn."[61] Der äußerliche Gebrauch der äußerlichen Gnadenmittel ist nicht genug, wenn die Kraft Gottes nicht ins Herz kommt: „Also thuts der nahme eines Christen / und daß er sich darvor bekennet / nicht / wo nicht auch die salbung selbst ist."[62]

Die Rede Arndts von der inneren Gelassenheit, dem Stillehalten der Seele von allen äußeren weltlichen Gedanken und Empfindungen kommt vor allem bei der Thematik des Gebetes zum Ausdruck, die Arndt auf der Grundlage des Gebetbüchleins von Weigel in WCh II, 34 breit entfaltet. An zwei markanten Stellen setzt sich Spener auch direkt mit der Kritik an Arndt auseinander, die sich seit Osiander besonders

---

[59] Spener: Predigten I, 163.
[60] WCh I, 23, 3.
[61] Spener: Predigten II, 35.
[62] Spener: Predigten II, 35.

dieser Kapitel des II. Buches des *Wahren Christentums* angenommen hat. Zu der Stelle WCh II, 34, VII, 5, und 6. führt Spener in seiner Predigt über Joel 3,5 folgendes aus:

> Unser Arnd setzet darzu und erfordert bey dem gebet das still halten Gotte in gantzer gelassenheit: indem Gott nichts mehr von dem menschen fordere / dann den sabbath / ruhe von allen seinen wercken / von ihm selbs fürnehmlich [. . .] Da sich der author auf die Teutsche Theologie und Taulerum berufft, [. . .] wird Arnd beschuldiget / daß er mit Weigelio auß einem horn blase. Ob aber beyde einerley wort brauchten / und hätte Weigelius einen unrechten verstand darinne gehabt / kan solcher Arnden nicht auch mit recht zugemessen werden.[63]

Auch der Vorwurf der Verkehrung der Aussage, dass Gottes Geist über dem Wasser schwebte aus Gen 1,2 weist Spener ab: „Wormit ihm abermahl unrecht geschiehet / dann er die wort Mosis zuerklären nicht begehret / sondern auß denselben allein eine allegorische anwendung gemacht; dergleichen ohne verletzung des glaubens zuthun / Christlichen lehrern allezeit frey geblieben ist."[64] Spener verweist auf Augustin und fährt fort:

> Es ist aber die meynung nicht anders / als daß das hertz bey dem gebet und wartung der Göttlichen erhörung solle von weltlichen umschweiffenden gedancken ruhig seyn: um gleichsam acht zugeben / was Gott in unsere hertzen auff unser gebet antworte / das ist / ob er unsern glauben stärcke / eine freude und versicherung der erhörung wircke / das hertz mit süssem trost erfülle [. . .] Das nennet er / das sprechen des Göttlichen worts in das hertz / da Gott die krafft seiner verheissungen in der seelen / durch stärckung des glaubens gleichsam lebendig werden lässet.[65]

Ebenso geht Spener auch direkt auf die Kritik an Arndt durch Osiander zu WCh II, 34, XI, 7 ein, wo Arndt im Anschluss an die Deutsche Theologie von dem notwendigen Stillstand der eigenen Kräfte und der Regungen des Gemütes beim Gebet spricht, damit in einem solchen Sabbat des Herzens Gott mit seinem Wort aus der Höhe zu dem Menschen sprechen und dieser die Treue, Güte und Wahrheit Gottes empfinden kann.[66] Spener bezeichnet die Selbsteinkehr des Herzens im Gebet und das Abstandnehmen von Zeit, Ort und allen Kreaturen als einen hohen Grad der Andacht.[67] Die Ruhe der Seele und der Herzenssabbat mache den Menschen nicht zu einem leblosen und inaktiven Wesen,

---

[63] Spener: Predigten II, 336. Das bezieht sich auf den Satz Arndts: „Stille Wasser werden leichtlich erwärmet von der Sonne, die schnellen rauschenden Flüsse selten, oder gar nicht."

[64] Spener: Predigten II, 336

[65] Spener: Predigten II, 336

[66] Osiander: Bedencken, 118 f.

[67] Spener: Predigten II, 373.

vielmehr wird er durch die konzentriere Ausrichtung auf Gott für dessen Wirkungen erst richtig empfänglich:

> Hie wird Arnden wiederum verarget / daß er spricht: man müsse in einen stillstand kommen aller seiner kräfften und gemüths / wenn man bete: Als wenn er damit den menschen sinn–loß und gleichsam zu einem klotz machen wolle [. . .] Es geschiehet ihm aber unrecht [. . .] Er bezeuget auch selbst / was er vor einen stillstand verstehe / wenn er spricht: du ruhest von allen zeitlichen sorgen und gedancken. Da wird aber jeglicher verständiger Christ verstehen / daß allerdings nothwendig seye / seine gedancken nicht da und dort in dem gebet herumschweiffen zu lassen / sondern sie alle zu Gott zu richten. Welches die beständige lehre aller wahren lehrer / und der fleiß dahin zu kommen / das anliegen aller gläubigen zu allen zeiten gewesen.[68]

Spener setzt hinzu: „Ja / fromme Christen beklagen es sonderlich / daß es ihnen dahin zu gelangen so schwer werde / ja sie es solten so weit bringen können: So ists aber auch zu beklagen / wo mans vor irrig hält / dergleichen zuerfordern / und zu lehren.“[69] In den von der spätmittelalterlichen Frömmigkeitstradition geprägten Formulierungen Arndts über das Gebet sieht Spener keine spiritualistische Selbsteinkehr des Menschen oder eine Aufhebung seiner Kreatürlichkeit. Mit Arndt und der altkirchlichen und mittelalterlichen reichen Gebetstradition kennt Spener vielmehr verschiedene Stufen und Dimensionen der Gebetsandacht, wobei er in der konzentrierenden Ausrichtung der Kräfte des Menschen auf Gott und der Bemühung, von irdisch-zeitlichen Anliegen und Sorgen so weit wie möglich frei zu werden, einen besonders hohen Grad der Gebetsandacht sieht.[70]

Die Rede Arndts vom Herzenssabbat der Seele hat besonders deshalb zur Kritik herausgefordert, weil durch das geistliche Gespräch Gottes mit der Seele ein anderes innerliches Lehren als dasjenige, das durch das äußere Mittel des Wortes Gottes geschieht, konstatiert und als spiritualistische Irrlehre abgewiesen wurde. Mit deutlichen Worten wehr Spener diesen kritischen Einwand ab, indem er die Rede Arndts vom geistlichen Sabbat im Herzen und dem geistlichen Gespräch als das Gewahrwerden der Kraft und des Trostes desselben Wortes Gottes versteht, das die Betenden zuvor gelesen und gehört haben:

> Wie dann eben dieses ein trost ist / daß auff recht andächtiges gebet Gott offt der seelen eine tröstliche ruhe / die als eine antwort anzusehen ist / ertheile. Dieses redet Arnd abermahl mit solchen worten auß / die ihm von seinen widerwärtigen mißdeutet werden [. . .] Da solle Arnd ausser dem geoffenbahrten und geschriebenen Göttlichen wort ein anderes innerliches lehren da er

---

[68] Spener: Predigten II, 373 f.
[69] Spener: Predigten II, 374.
[70] Zu dem Seufzen des Heiligen Geistes äußert sich Spener auch in der Predigt zu WCh II, 8; II. Buch, 421 ff. und zum Herzenssabbat in der Predigt zu WCh II, 40; II. Buch, 441.

doch nichts anders sagen will (darinnen aber ein grosser trost stehet) alsdaß /
wo der mensch zu solchem sabbath in der seele kommt / daß diese aller
frembden gedancken befreyet / allein mit Göttlichen dingen zu thun hat /
Gott in eine solche seele mit seinem wort auß der höhe kommet / das ist /
derselben sein wort / das sie bereits gelesen / gehöret und zu hertzen gefasset / also auffs neue eintrucket / daß sie dessen krafft bey sich gewahr wird /
und seine tröstungen sie ergötzen [...] darauß die seele die gewisse versicherung hernimmet / daß sie mit ihrem gebet Gott angenehm seye / und in
seiner gnade stehe / daher auch die erhörung des gebets . . . unfehlbar erfolgen
werde.[71]

Die Aussagen Arndts über den Herzenssabbat und das geistige Gespräch sind eng verwandt mit denen über die Salbung des Geistes beim
Gebet. In seiner Predigt über Psalm 86,1 zu WCh II, 35 geht Spener
wiederum näher auf die Kritik an diesen Wendungen Arndts ein. Bei
dem wahren Gebet ist der Heilige Geist präsent, nach 1Joh 2,20.27 empfangen die Christen seine Salbung. Besonders zu der Stelle
WCh II, 35, 5, wo es heißt, dass der Heilige Geist sein Lehr- und Trost-
amt im menschlichen Herzen als bei seiner Kirche ausübt und eine verborgene und himmlische Stimme hat, die unser Herz empfindet, hat
schon Osiander erhebliche Kritik geübt und darin eine Abwertung des
Predigtamtes durch Arndt gesehen.[72] Auf diese Kritik antwortet Spener
folgendermaßen: „Es wird zwar Arnd abermahl übel gedeutet / daß er
spricht: der H. Geist habe eine verborgene und himmlische stimme /
unser hertz empfinde es: als wann er damit das mündliche predigen ver-
achtete und außschlösse / welches eine falsche folge ist."[73] Mit einem
Lutherzitat[74] wehrt Spener den Enthusiasmus-Vorwurf gegenüber Arndt
ab:

So wenig dann Lutherus hierinnen Enthusiastisch lehret / so wenig können
wir solche schuld Arnd beymessen / und hebet die innerliche würckung des
Heil. Geistes den gebrauch der eusserlichen mittel nicht auf. Weil dann der
H. Geist auß dem wort in den hertzen lehret / und in alle wahrheit leitet
[...], so bezeuget er vornemlich / wie Gott gegen uns gesinnet seye / und
gibt zeugnuß der Kindschafft unserm geist.[75]

Das Thema Gott und die Seele kommt verständlicherweise in Speners
Predigten besonders oft auch in seinen Kommentaren zu den Leittexten
und Kapiteln des III. Buches zum Ausdruck. In seiner Predigt zu
1Kor 6,19 zu WCh III, 1 ist die Rede von der Salbung des Geistes mit
der Thematik der wesenhaften Einwohnung des Geistes in der Seele der

---

[71] Spener: Predigten II, 374.
[72] Osiander: Bedencken, 112, 220.
[73] Spener: Predigten II, 390.
[74] Eine einfältige Weise zu beten für einen guten Freund, 1535, WA 38, 363, 11–16.
[75] Spener: Predigten II, 390.

Gläubigen verbunden. Zu dieser Einwohnung des Geistes führt Spener schon im ersten Teil seiner Predigt folgendes aus:

> Das einwohnen selbst anlangend / heißt es 1. der in euch ist; Also wircket er nicht allein von aussen in den gläubigen / sondern er ist in ihnen / innerst in ihrer seel und leib: Und zwar nicht allein durch seine gaben und würckungen / sondern selbst nach seinem wesen und person / wie der nachdruck aller von der materie handelnden stellen mit sich bringet / von dem wir ohne dringende noth abzuweichen nicht ursach haben.[76]

Mit dieser letzten Wendung möchte Spener offenbar den Topos von der Einwohnung Gottes bei den Gläubigen nicht an den Rand gedrängt wissen, was er auch aus dem Eingang des Satzes aus 1 Kor 6,19: „Wisset ihr nicht, daß euer Leib ein Tempel des Heiligen Geistes ist", folgert:

> Wir sehen daraus / daß also auch diese lehr von der einwohnung Gottes bey den glaubigen von den Aposteln allen denen / die sie bekehrten / vorgetragen / und als ein nöthiger glaubens-articul eingeschärffet seyn worden muß [...] daher auch noch zu dieser unserer zeit alle die / welche wahre Christen heissen wollen / darvon gründlichen bericht haben / und nicht / wann darvon gehandelt wird / darüber als über eine unnütze subtilität / die den einfältigen zu hoch wäre / klagen sollen.[77]

Im zweiten Teil dieser Predigt, die unter der Überschrift steht: „Das gantze wahre Christenthum stehet in dem innerlichen / und gehet auf das inwendige"[78] mahnt Spener seine Hörer, dass sie nicht allein aus den Buchstaben des Wortes Gottes und aus den natürlichen Kräften des Verstandes und des Fleißes zur Erkenntnis Gottes gelangen können, sondern sie der Salbung des Heiligen Geistes gewärtig sein müssen, der uns alles lehre.[79]

Den inneren Herzenssabbat der Seele bringt Arndt mit dem wahren, lebendigen Glauben im zweiten Kapitel des III. Buches in unmittelbaren Zusammenhang. Spener äußert sich in seiner Predigt über Jes 46,8 ausführlich zu den Stellen in diesem Kapitel, in denen Arndt bild- und variationsreich das notwendige Absterben alles Eigenen in der Seele als Voraussetzung für das rechte Wirken Gottes in ihr beschreibt.[80] Interessant ist, wie Spener am Schluss seiner Predigt die Redensarten Arndts mit Bernhard und mit Luther vergleicht:

> Diese und dergleichen worte sind unserem seel. Arnden von seinen widersachern als irrig außgedeutet worden / und manglet auch noch nicht an sol-

---

[76] Spener: Predigten III, 14.
[77] Spener: Predigten III, 16.
[78] Spener: Predigten III, 16.
[79] Spener: Predigten III, 19.
[80] So z. B. das Augengleichnis in WCh III, 2, 6, in Spener: Predigten III, 29 oder zu dem Feuer im Herzen WCh III, 2, 9., Spener: Predigten III, 24.

chen / die dieselbe ihm mißbilligen; Nun ists wohl an dem / daß sie meistens aus Taulero hergenommen seyn mögen / da man von den alten redens-arten nicht nach den schul-regeln zu urtheilen hat als nach welchen sich auch die sprache deß H. Geistes nicht richtet. Es finden sich aber dergleichen nicht weniger in dem Bernardo, welcher gleichwohl stäts bey unsern alten Theologis werth gehalten worden [...] Wil man mit Bernhardi als eines München / zeugnuß sich nicht vergnügen / so wird man aufs wenigste Lutheri lehr und reden hiervon nicht als irrig verwerffen.[81]

Spener verweist auf die Erklärung des 3. Gebotes durch Luther, wo der geistliche Feiertag der rechte Sabbat genannt wird. Am Schluss seiner ausführlichen Zitate stellt Spener fest: „Aus allem diesem erhellet / daß auch in dieser redens-art unser seel. Arnd nichts vorgetragen / darinnen er nicht unsern Lutherum zum vorgänger vor sich habe."[82] Wie schon in den anderen Predigten, in denen Spener sich zu der Thematik des Herzenssabbat äußert, macht er auch hier wieder deutlich, dass mit dieser Rede der Mensch nicht zu einem bloßen Klotz gemacht werden solle und schließt: „Leeret sich die seele aus von allem eigenen / so kan es Gott nicht lassen / daß er nicht die leere statt mit sich selbst / mit seiner gnade / liecht und krafft erfülle."[83]

Besonders ausführlich und aufschlussreich geht Spener auf das Thema der Einwohnung Gottes in der Seele in seiner Predigt über Hohelied 5,17 zu WCh III, 6 ein. In ihrem ersten Teil beschreibt Spener die Schönheit der Seele in traditionell-allegorischer Weise im Anschluss an die Braut-Bräutigam-Thematik des Hohenliedes. Von dem Bräutigam Christus empfängt die christliche Kirche als seine Braut und somit jede einzelne gläubige Seele ihre Vortrefflichkeit und Schönheit. Die Kirche aber hat sowohl eine sichtbare wie unsichtbare Gestalt. Spener betont gerade die Schönheit der sichtbaren Kirche, einerseits wegen des in ihr wirksamen göttlichen Wortes und der Sakramente, andererseits wegen der wenigen rechtschaffenen Christen in dem großen vermischten Haufen, die als unsichtbare Kirche inmitten der sichtbaren eine für die menschliche Vernunft unzugängliche Schönheit im Angesicht Gottes besitzt. In heilsgeschichtlicher Perspektive wird sodann der Verlust dieser Seelenschönheit als Ebenbild Gottes im Sündenfall und ihre paradoxe Wiederherstellung im Kreuz Christi geschildert, die an den fröhlichen Wechsel in Luthers Freiheitstraktat erinnert. An der Figur der Seelenschönheit entfaltet Spener sodann die drei Hauptbegriffe seiner Theologie: Die Rechtfertigung als Sündenvergebung und geschenkte Gerechtigkeit um Christi willen, die Wiedergeburt als Schönheit, „die alsdann

---

[81] Spener: Predigten III, 28.
[82] Spener: Predigten III, 29.
[83] Spener: Predigten III, 30 [32]; zur Kritik Osianders zu diesen Stellen vgl. Bedencken, 120, 129.

thätlich in ihr hafftet / und das schöne Göttliche bild wieder in ihr angefangen wird", und schließlich die Erneuerung, „wann immer einige sündliche flecken / nach einander getilget werden / hingegen die schöne tugenden wachsen".[84] Das Thema der Anfechtung der Seele durch den Weggang des Freundes im Zorn und in der Gnade, d. h. die Buße angesichts der Verstrickung in Sünden und des sehnsüchtigen Verlangens nach der Wiederkehr des Bräutigams als Seelenprüfung leitet über zu dem zweiten Teil der Predigt, der überschrieben ist: „Wie die seele deß menschen Gottes statt und wohnplatz seye."[85]

Sogleich geht Spener auf den von Osiander kritisierten Satz von Arndt ein: „Denn Gott hat ihm selbst im Menschen eine Statt geheiliget, und also gefreyet und geeignet, daß weder Engel noch Menschen, noch keine Creatur darein kommen kann. Das ist das edle lautere Wesen der Seele."[86] Gegenüber dem Einwand, Arndt lehre mit dieser Aussage einen sündlosen Grund der Seele nach dem Fall, nimmt Spener mit folgenden Worten Arndt in Schutz:

> Es mercket aber sowohl Arnd / als offtmahl auch andere Mystici, es bleibe die einwohnung Gottes nicht in den kräfften der seelen / sondern seye verborgen im innersten grund der seelen / oder im lautern wesen der seelen [...] diese unschuldige worte werden von seinen widrigen unserm werthen Lehrer mißdeutet / sonderlich die redens-art wegen des lautern wesens der seelen; als steckten unterschiedliche irrthüme darinne / sonderlich mache er das wesen der seelen / auch in dem stand nach dem fall rein von aller befleckung der sünden / da doch der liebe mann durch benennung deß lautern wesens allein das wesen der seelen von dero kräfften unterscheiden will.[87]

Zum rechten Verständnis dieser Unterscheidung vom Wohnen Gottes in den Kräften und in dem innersten Grund der Seele führt Spener Luthers Auslegung des Magnificat an, in der er die Dreiheit des Menschen in Geist, Seele und Leib mit der Stiftshütte vergleicht und den Geist als das Allerheiligste und Gottes Wohnung im Glauben bezeichnet. Spener fährt fort:

> da ist nun die meynung Arndii auch diese / die wohnung Gottes erfülle nicht allein die kräfften der seelen (die Lutherus die seele nennet / in ihren eignen würckungen) sondern auch den geist / der hie das blosse wesen der seelen genennet / und gesagt wird / die warheit seye im grunde der seelen / und müsse alles von innen herauß quellen. So wenig dann Lutherus in diesen worten einen irrthum geheget / oder dessen beschuldiget werden kan / so wenig sind auch die beschuldigungen gegen unsern Arnden erheblich. Ja die sache selbst zeiget den unterscheid / den Arnd machet; Dann alle irdische

---

84 Spener: Predigten III, 62.
85 Spener: Predigten III, 66.
86 WCh III, 6, 4. Vgl. Osiander: Bedencken, 342.
87 Spener: Predigten III, 66.

Dinge / mit denen unsere seele umbgehet / was wir betrachten / lernen / verstehen / lieben / wollen / bleiben ausser uns / und vereinigen sich nicht mit unsern seelen / sondern ihre bilder stellen sich allein den kräfften der seelen / dem verstand oder willen dar / aber Gott erfüllet nicht allein deß menschen verstand / willen und affecten / sondern vereinigt sich nach seinem wesen selbst mit desselbigen wesen / welches der nachtruck aller hievon handlenden sprüche ist.[88]

Nach dieser Rechtfertigung Arndts durch Luther setzt Spener sofort hinzu, dass solche Einwohnung Gottes in der Seele des Menschen nicht aus des Menschen eigener Kraft zustande kommt und sie nicht ohne Mittel zu uns kommt, „sondern er braucht das mittel des worts des Evangelii / durch welches und den dadurch gewürckten glauben er sich mit der seelen vereiniget / auch durch denselben vereiniget bleibet / deßwegen der gebrauch des worts auch von denen / da Gott bereits wohnet / nie unterlassen werden muß."[89]

Aufschlussreich ist m. E. besonders, in welcher Weise Spener das für Arndt so wichtige Empfinden dieser Einwohnung Gottes in der gläubigen Seele zum Ausdruck bringt. Nüchtern stellt er fest: „Es kan der mensch die liebe Gottes und andere tugenden bey sich gewahr werden."[90] Dieses Gewahrwerden der Liebe Gottes sieht Spener zunächst angesichts einer meditativen Betrachtung des Wortes Gottes und im Gebetsleben entstehen, wo das Herz schon durch das Wort vorbereitet ist für „plötzliche bewegungen", in denen der Mensch von einer tiefen Liebe zu Gott ergriffen wird. „Das gleichsam strahlen sind des in den seelen selbs wohnenden liechts / wie Gott ein liecht ist."[91] Solche starken Bewegungen können alle rechtschaffenen Christen erfahren. Doch Spener lässt es nicht dabei bewenden. Er nähert sich den Arndtschen Aussagen mit folgenden Worten: „Aber es sind auch einige arten solcher bewegungen / die das gemeine maaß übertreffen / und nur zuweilen nach Gottes sonderbahrem willen diesen und jenen wiederfahren / also daß / wann die dinge / die ihnen begegnet / vorbey sind / sie kaum wissen wie ihnen / zeit derselben / zu muth gewesen: Davon will ich am sonderlichsten verstanden haben / wann Arnd spricht: So gehet dann das Göttliche liecht auff / und giebet einen blick und strahl von sich / und scheinet in der finsternuß."[92] Bezeichnenderweise setzt Spener jedoch hinzu: „Aber da es mir an der erfahrung manglet / habe ich bedencken weiter davon zu reden."[93]

---

[88] Spener: Predigten III, 67.
[89] Spener: Predigten III, 67.
[90] Spener: Predigten III, 68.
[91] Spener: Predigten III, 68.
[92] Spener: Predigten III, 68.
[93] Spener: Predigten III, 68.

Dieses Eingeständnis Speners ist für ihn selbst wie für seine Stellung zu Arndt sehr bezeichnend. Was Arndt in WCh III, 6 und an vielen anderen Stellen über das Empfinden der Liebe Gottes in der Seele zum Ausdruck bringt, wird in keiner Weise lehrmäßig verdächtigt, obwohl es das christliche Normalmaß nach Spener übersteigt und er selbst auch keine diesbezüglichen Erfahrungen besitzt. Mit Arndt ist Spener der Meinung dass die „gantze materie von der einwohnung Gottes in der seelen [...] die welt und die fleischliche vernunfft davon nichts begreifft".[94] Weil jedoch die Welt und auch viele wahre Christen keinen Zugang zu dieser Materie haben, setzt Spener die bezeichnende Warnung hinzu: „Deßwegn hat man die gantze lehr allein auf das zeugnuß der schrifft zu gründen / darzu nachmal eine weitere erläuterung aus so eigener als anderer gottseeliger seelen erfahrung genommen / aber darinnen / um nicht durch phantasien betrogen zu werden / vorsichtig mit der sach umgegangen werden muß."[95]

Auch in seiner Predigt zu WCh III, 7 verteidigt Spener die beiden ersten Sätze dieses Kapitels, in denen Arndt davon spricht, dass Gott lieber in der gläubigen Seele wohne als im Himmel und auf Erden. Auch habe sie „mehr Gottes in ihr, denn alle Himmel und alle leibliche Tempel, und alles, das Gott je geschaffen hat" (WCh III, 7, 1). Diese Aussagen Arndts schmälern nach Spener keineswegs die Würde der Menschheit Christi, wie ihm vorgeworfen werde.[96]

Das zehnte Kapitel des III. Buches, das von dem Unterschied des natürlichen Lichtes und des Gnadenlichtes handelt, hat seit je die Kritik an Arndt in besonderer Weise herausgefordert.[97] In seiner Predigt zu dem hier zugrunde liegenden Text aus 2Kor 4,6 nennt Spener es „eine gefährliche klippe des anstossens", wenn die natürliche Vernunft sich einbildet, zur göttlichen Erkenntnis und zum Glauben gelangen zu können.[98] Im zweiten Teil dieser Predigt geht Spener unter der Überschrift Arndts: „Wie das natürliche liecht muß untergehen / und das gnadenliecht auffgehen" wiederum direkt auf die Kritik an Arndt ausführlich ein.[99] Zunächst stellt er klar, dass es sich bei dem natürlichen Licht, das untergehen muss, nicht um die Kraft des Verstandes selbst handelt, die als Schöpfungsgabe selbstverständlich auch in und nach der Bekehrung wirksam ist. Doch nach dem Fall besitzt der Mensch eine Vernunfter-

---

[94] Spener: Predigten III, 70; Arndt spricht von dem Aufgehen des göttlichen Lichtes in der Seele, wenn „die tierische Weisheit" untergegangen ist (III, 6, 1.).

[95] Spener: Predigten III, 70.

[96] Spener: Predigten III, 76; Noch in der ersten Hälfte des 18. Jahrhunderts nehmen die anonymen „Hochnöthigen Anmerckungen" an diesen Aussagen kritischen Anstoß, die Johann Caspar Haferung verteidigt, vgl. „Vindiciae Arndianae", Frankfurt und Leipzig 1728, 6.

[97] Vgl. Osiander: Bedencken, 115, 120, 345, 348–364.

[98] Spener: Predigten III, 96.

[99] Spener: Predigten III, 99 ff.

kenntnis, die „einige wahrheiten in den natürlich und zeitlichen dingen" zu erkennen in der Lage ist, „daher alle natürliche wissenschaften und künsten der gelehrten herkommen: Sofern dann solcher krafft der name eines liechts nicht abgesprochen werden kan."[100] Dieses Verstandeslicht vermag wohl die Existenz Gottes und seine Eigenschaften zu erkennen, bleibt jedoch gegenüber dem göttlichen Willen in der Heilsgeschichte völlig blind. Wenn sich der natürliche Verstand dennoch untersteht, in diesen Bereich vorzudringen und meint Urteile abgeben zu können, „so wird er ein falsches liecht / dann die wenige wahrheiten / die er übrig hat, werden mit lauter irrthümen und falschen einbildungen in dem nachsinnen verdorben".[101] In diesem Sinne müsse das Wort Arndts vom Untergang des natürlichen Lichtes verstanden werden. „Das gnaden-liecht hingegen heisset die wirkung des H. Geistes / darmit derselbe bey denen / die das wort hören oder lesen / und sich dessen krafft nicht widersetzen / eine erkäntnuß Göttlicher dinge in ihrem verstand wircket / und den willen auch dazu neiget."[102]

Nach dieser Erörterung des Verhältnisses des natürlichen Lichtes zum Gnadenlicht hat Spener das Fundament geschaffen, von dem aus er den kritischen Einwand gegen Arndt abweist, er lehre das Entzünden Gottes eines im Menschen verborgen gebliebenen Gnadenlichtes, wenn dieser aus eigener Kraft das natürliche Licht in sich selbst zurückdrängt:

> Dabey sobald zu merken ist / daß dieses Capitel eines der jenigen seye, welche am meisten von des S. Arnden widersachern angefochten / und ihm daraus angedichtet worden / ob lehrete er / daß in der seele deß menschen sobald von der geburt an / und noch vor seiner bekehrung zwey liechter bereits seyen / das natürliche und gnaden-liecht. Wo nun der mensch in sich das natürliche liecht dämpffe / und von den Creaturen erledige / so komme als-dann Gott in eine solche seele, so sich mit ihm vergleiche / und zünde darin ein gnaden-liecht an [. . .] welches der mensch zuvor in ihm gehabt / dasselbe aber durch das natürliche liecht so lang nur seye getuschet / untergedrucket / und wie ein glimmendes köhlein / unter die asche gekrochen / und verbor-gen gelegen: Welches ein Weigelianisch-Pelagianisch- und Papistischer irr-thum seye.[103]

Mit Hinweisen auf das radikale Verständnis des Sündenfalles durch Arndt im I. Buch in den Kapiteln 2, 3 und 34 fährt Spener fort:

> Es geschiehet aber unserm lehrer mit solcher aufflage offenbahr unrecht / indem er 1. aller orten die natürliche verderbnuß / und wie der gantze ver-stand deß menschen verblendet seye / lehret [. . .] Also ist des lieben mannes wahre meynung an vielen orten deutlich ausgetrucket. 2. Das gegentheil kan

---

[100] Spener: Predigten III, 100.
[101] Spener: Predigten III, 100.
[102] Spener: Predigten III, 100.
[103] Spener: Predigten III, 100.

auch aus diesem gantzen Capitel ohne offenbare vertrehung der worte nicht dargethan werden. 3. Vielmehr führet er selbst darinnen an / daß Gott ein gnaden-wort habe / das lasse er verkündigen / und wircke durch dasselbige / und dasselbe wort seye geist und leben: Also lehret er ja / daß das gnaden-liecht aus dem gepredigten wort in die seele komme / und nicht schon vorher von der geburt an in der seele gewesen seye.[104]

Das Wirken von Gottes Geist in der Seele und die innere Abkehr vom eigenen Wirken interpretiert Spener als den inneren Sabbat[105], und in der Predigt zu WCh III, 11 über 1Joh 1,5 betont er nochmals, dass Arndt das Licht Gottes in der Seele nicht schon in ihr vorfindend lehrt, sondern dass es von außen zu ihm kommt und in der Kraft des Heiligen Geistes im Herzen wirkt.[106] Aus solchem inneren Licht kommt die lebendige und gläubige Erkenntnis Gottes, die „wie gering und schwach sie ist / und wie wenig wahrheiten sie erkennet / gleichwohl edler und herrlicher ist / als eine sich weit erstreckende buchstäbliche wissenschaft der gantzen Theologie".[107]

Neben dem 10. hat auch das 15. Kapitel des III. Buches die besondere Kritik von Osiander hervorgerufen. Nach einem Tauler-Zitat heißt es bei Arndt: „Also, so du Gott herzlich lieb hast, wirst du seine Stimme in dir hören. Denn wer mich liebet, spricht der Herr, [. . .] der wird mein Wort hören, nicht allein in äußerlichen Versammlungen der Kirchen, sondern in dem rechten Tempel des Herzens."[108] Wiederum geht Spener in seiner Predigt über 2Kor 13,5 unter dem Titel „Christi einwohnung bey seinen gläubigen / dero wirckung und mittel" näher auf die Kritik an diesen Worten Arndts ein.[109] Das Einsprechen Christi in den Herzen sei nach Arndt ein rein innerlicher Vorgang, der den äußeren Gebrauch des Hörens des Wortes Gottes missachte und daher viel Irrtümer hervorrufe. Mit folgenden Worten weist Spener diese Kritik zurück:

Es geschiehet aber dem Christlichen Lehrer auch darinnen unrecht. Seine worte erklären sich selbst / wann er schreibet: Der wird mein wort hören / nicht allein in äusserlichen versammlungen der kirchen / sondern in dem rechten tempel deß hertzens. Denn wenns daselbst nicht gehöret wird / wird das außwendige nicht viel frucht schaffen. Da hören wir ja / daß er das äusserliche nicht verwerffe oder außschliesse / sondern voraussetze: nur fordere /

---

[104] Spener: Predigten III, 100 f.
[105] Spener: Predigten III, 104.
[106] Die Wirkung der Worte des Evangeliums ist langzeitig: „Daher solche gute früchte offtmahls außbrechen um solche zeit / da der glaubige nicht eben im werck begriffen ist / das wort zu lesen oder zu hören: und doch sind die gute gedancken und bewegungen wahrhafftig früchte deß worts / das immer nunmehr in der seelen bleibet / und Gottes Geist dazu kräfftig ist." Spener: Predigten III, 109.
[107] Spener: Predigten III, 109.
[108] WCh III, 15, 3.; vgl. Osiander: Bedencken, 62, 115 f., 127 ff.
[109] Spener: Predigten III, 141 f.

daß man es bey solchem äussern hören und lesen nicht bleiben lasse / sondern den innerlichen wirckungen des Heiligen Geistes und Christi durch das wort platz lasse: Weil ja das wort nicht nur in den ohren / sondern in den hertzen seine krafft und schein vollbringen muß: ist also alles geredet nicht wider den äusserlichen gebrauch / sondern wider die falsche einbildung derer / die es meynen gnug zu seyn / bey dem äusserlichen zu bleiben.[110]

Die Abweisung der Kritik an Arndt geschieht wiederum mit Lutherzitaten.[111] Schließlich sei noch auf die Predigt Speners zu WCh III, 21 über Psalm 32,11 hingewiesen, in der er sich mit der Kritik an Arndt zu dem Satz auseinandersetzt, dass die Seele ein verborgenes, innerliches, lauteres Wesen habe, das mit der Zeit und der Welt nichts zu tun hat.[112] Wie schon in der Predigt zu WCh III, 10 lässt Spener auch hier den kritischen Einwand gegenüber Arndt nicht gelten, er lehre nach dem Fall im Menschen ein verborgenes Licht, das an der Verderbnis nicht teilhabe und aus dem alles Gute entspringe, nicht aber aus dem gepredigten Wort. Dagegen setzt Spener: „Welches aber seiner gantzen lehr entgegen ist / in dero er ja die menschliche verderbnuß wohl so groß machet / als die Schrifft thut; oder einiger Theologus sie beschreiben kan / daher ihm mit solcher aufflage unrecht geschiehet."[113] Auch hier wird die Abweisung der Kritik an Arndt mit einem Lutherzitat unterstützt.[114]

Akzentuierungen Speners gegenüber Arndt

Wie sehr die Predigten Speners über die Leittexte des *Wahren Christentums* Arndt als den Kirchenlehrer neben Luther und den Vätern der alten und mittelalterlichen Kirche wahrnehmen und interpretieren, haben wir an mehreren Beispielen zum Ausdruck gebracht. Durch die fast durchgängig zweigeteilte Struktur dieser Predigten, die in ihren ersten Teilen eine zumeist sehr eingehende Texterklärung bringen und darauf aufbauend den Aussagen Arndts in den jeweiligen Kapiteln kommentierend nachgehen, erscheint Arndt ganz selbstverständlich in der Tradition der rechten und wahren Ausleger der Heiligen Schrift. Arndt ist der „werte und liebe Lehrer", dessen predigtartige, an Bibel und gesamtchristlicher Tradition ausgerichtete Anweisungen nun wiederum der Verkündigung der christlichen Wahrheit dienen. Dabei ist auffallend, wie oft Spener direkt auf Arndt zu sprechen kommt, und zwar gerade im Zusammenhang der inhaltlichen Aussagen des *Wahren Christentums*, die

---

[110] Spener: Predigten III, 142; Spener zitiert Arndt WCh III, 15, 3.
[111] Magnificat, WA 7, 546, 24–29; Die 7 Bußpsalmen, WA 18, 503, 14–17.
[112] WCh III, 21, 2.
[113] Spener: Predigten III, 194.
[114] Magnificat, WA 7, 550, 28–36.

seit Osiander scharf kritisiert wurden. Deshalb haben diese Predigten Speners an zahlreichen einzelnen Stellen den Charakter einer direkten Arndt-Apologie. An keiner Stelle, an der Spener Arndt erwähnt, übt er irgendeine direkte inhaltliche Kritik an ihm. Spener geht auch nicht den sonst in der Arndt-Rezeption oft gegangenen Weg, an der Ausdrucksweise Arndts kritisch Anstoß zu nehmen, in den Sachaussagen jedoch ihm beizupflichten. Vielmehr bemüht sich Spener stets an solchen Stellen, die anstößig und gewagt erscheinen, der Intention Arndts nachzuspüren und diese seinen Hörern und Lesern verständlich zu machen, ohne Arndts Ausdrucksweise zurückzunehmen oder sie als unangemessenen Ausdruck des richtig gemeinten Inhalts auszugeben. Dass dies besonders an den Passagen zu beobachten ist, die seit den Arndtschen Streitigkeiten als enthusiastisch, spiritualistisch oder mystisch charakterisiert wurden, ist das besonders Auffallende und Bemerkenswerte an diesen Predigten Speners.

Nicht Kritik oder Distanz, aber bestimmte Akzentuierungen Speners gegenüber Arndt sind in diesen Predigten mehrfach zu beobachten, freilich immer in Art einer Ergänzung und Fortführung dessen, was bereits Arndt schon ausgeführt hat. So setzt er z. B. in seiner Predigt zu WCh I, 24 über 1Tim 1,5, die von der Liebe als der Summe aller Gebote handelt, betont hinzu, dass die Liebe notwendig aus dem Glauben kommen muss: „Nun diese liebe ist nicht allein die summa des gesetzes / sondern auch ein zweck der ankündigung der erlösung und der Göttlichen gnaden. Daher / wer sich nicht zu solcher liebe verstehen will / zeiget / daß er die gnade Gottes / die er auff muthwillen ziehen will / nie recht erkant / viel weniger ergriffen habe: obwol nicht sie / sondern der glaube das mittel des heyls ist".[115] Bei der Thematik von Glaube und Liebe kommt Spener öfters auf das Mittel des göttlichen Wortes zu sprechen, das fleißig zu brauchen ist, und zwar nicht nur das Gesetz, „sonderlich aber das Evangelium / darmit dardurch der glaub / gestärcket / und das hertz von selbs zur liebe gelocket werde". Auch die gläubige Niessung des Heiligen Abendmahls stärkt den Glauben und macht „durch die genauere vereinigung mit dem / der sich aus liebe vor uns dargegeben hat / unsere liebe brünstiger".[116]

In WCh I, 28, 4. vergleicht Arndt die Liebe Gottes und Christi mit einem Anker, an den sich die Christen wie die Schiffsleute im tobenden Meer in leiblichen und seelischen Nöten halten sollten. Spener setzt akzentuierend hinzu: „Was Arnd meldet / [. . .] muß von solcher liebe verstanden werden / dero grund immerdar der glaube bleibet / und sie von ihm die krafft hat: Also ist eigentlich der glaube dasjenige / was uns / als

---

[115] Spener: Predigten I, 170.
[116] Spener: Predigten I, 170.

das mittel / in allen anfechtungen erhält."[117] Die unterschiedliche Akzentsetzung im Verhältnis von Glaube und Liebe bei Spener und Arndt kommt besonders deutlich am Ende des 1. Teiles der Predigt Speners zu WCh I, 35 über Mt 7,21 zum Ausdruck. Bezeichnenderweise nicht an Arndts Aussagen, sondern an denen des Evangeliums macht Spener deutlich, dass es wohl wahr ist, dass nur derjenige in das Himmelreich kommt, der den Willen des Vaters im Himmel tut, „in beyden stücken nach dem Evangelio und Gesetz, im glauben und liebe." Zwischen dem Glauben und der Liebe aber besteht der Unterschied: „daß der glaube allein das mittel ist / durch welches der eingang in das himmelreich geschiehet: die liebe aber ist dasjenige / das sich allezeit bey dem glauben und denjenigen / die in dem himmelreich sind / sich findet / ohne daß sie das eigentliche mittel und ursach wäre."[118]

In der ersten Predigt Speners zum III. Buch, in der er auf die Vorrede eingeht und den für Arndt so wichtigen Text Lk 17,21 zur Grundlage seiner Predigt nimmt, setzt er am Ende der Texterklärung einen charakteristischen Akzent. Dass das Reich Gottes „in eigentlichem verstand in solchen dingen bestehet / die geistlich / himmlisch und unsichtbar sind / die deswegen auch nirgend anders als in den seelen der menschen ihren platz haben können", darüber besteht für Spener kein Zweifel.[119] Aber auch der Version, das Reich Gottes sei mitten unter den Menschen, kann Spener durchaus einen Sinn abgewinnen. Und in dieser Beziehung fährt er fort:

> Zu noch deutlicher erklärung möchten wir sagen / es werde der name des reichs Gottes entweder also genommen / daß es zugleich auch die mittel dessen / das wort des Evangelii und die Sacramenten / und die gantze verfassung aller glaubigen / über die Christus in gnaden regiret / begrifft / wie wir die gesamte wahre kirch des reichs Gottes zu nennen pflegen. In solchem verstand ist das reich Gottes in gewisser maas auch ausser den hertzen / und hat etwas äusserliches in sich / da heist es / es seye unter den menschen / unter diesem und jenem volck / oder es wird genommen allein vor die geistliche regierung / würckung / güter der seligkeit / die Christus und sein Geist den glaubigen mittheilen / und selbs bey ihnen wohnen: in diesem verstand ist das reich Gottes allein in der seele / und dero inwendigsten. Da heist es also auffs schärffeste / es ist inwendig; so inwendig / daß es ausser dem inwendigen weder ist noch seyn kan / ob wol seine würckungen in das äusserliche sich ergiessen.[120]

Wenn Spener im folgenden zweiten Teil der Predigt über „Das inwendige Reich Gottes" ganz in Arndts Sinne predigt, so interpretiert er

---

[117] Spener: Predigten I, 192.
[118] Spener: Predigten I, 240.
[119] Spener: Predigten III, 5.
[120] Spener: Predigten III, 6.

diesen Text in einem bestimmten „Verstand", der dem Text durchaus gemäß ist, der aber auch noch einer anderen Deutungsmöglichkeit zugänglich ist, die jedoch jetzt nicht weiter verfolgt wird, bei der das Reich Gottes sich in den äußeren Mitteln der Wortverkündigung und Sakramentsspendung in der äußerlich sichtbaren Kirche verwirklicht.

Das für Arndts Theologie so entscheidende Verhältnis zwischen Innen und Außen kommt in WCh III, 4. in Form der zwei Wege zum Ausdruck, auf denen Gott gesucht wird: Dem auswendigen, der in wirkender Weise vom Menschen aus geschieht und dem inwendigen, auf dem in leidender Weise der Mensch von Gott gesucht wird.[121] In Speners Predigt zu diesem Kapitel über Joh 17,26 fügt er den Beispielen Arndts für den ersten Weg wie Fasten, Beten, Stille und Sanftmut charakteristischerweise hinzu „fleissiges hören / lesen und betrachten deß Göttlichen worts / als deß rechten mittels / durch welches Gott zu uns kommt / und sich von uns in demselben finden lassen will." So zentral der innere Weg ist, so wichtig ist doch auch die Mahnung: „Diese äusserliche dinge und übungen sind nicht zu verachten noch außzulassen / und hat Gott zwar sich nicht / aber uns / an dieselbe verbunden."[122] Die Unterscheidung „auswendig" und „inwendig" empfindet Spener offenkundig als unglückliche Redeweise,[123] weil auch bei den sog. äußerlichen Übungen die Seele selbstverständlich innerlich beteiligt ist, wie Spener den für Arndt so zentral wichtigen inneren Weg kommentiert, auf dem sich die menschliche Seele ganz dem Wirken Gottes bzw. seines Heiligen Geistes in ihr überlässt. Er weist auf die Beispiele der Propheten und Apostel hin, die vom Heiligen Geist erfüllt wurden, aber auch auf das Handeln Gottes der „zuweilen noch mit einigen seinen kindern handelt / wann [...] sich eine plötzliche Würckung deß Heiligen Geistes in ihrer seele [...] ereignet." Statt einer weiteren Ausführung dieser zu aller Zeit möglichen inneren Geisterfülltheit folgen nun zwei Zitate, eines von Luther[124] und eines von Joachim Lütkemann aus seinem Erbauungsbuch „Vorschmack Göttlicher Güte". Diese Zitate werden eingeleitet mit der Bemerkung: „Damit man sich aber hieüber keiner schwermerey besorgen möge" und mit dem Satz beschlossen: „Ich habe mit fleiß allein andere Lehrer wort gebrauchen müssen / da ich aus eigener erfahrung nicht zu reden oder etwas hinzu zuthun vermöchte."[125]

Aus eigner Erfahrung vermag Spener über diesen inneren Weg nichts zu berichten, aber er ermahnt, „daß wir / was jetzt gesagt / nicht leugnen

---

[121] Spener: Predigten III, 45.
[122] Spener: Predigten III, 45.
[123] Das kommt auch in der Wendung zum Ausdruck: „das aber nicht so eigentlich geredet ist / außwendig oder inwendig." Spener: Predigten III, 45.
[124] Eine einfältige Weise zu beten für einen guten Freund, 1535, WA 38, 363, 8–13.
[125] Spener: Predigten III, 46 f.

und widersprechen / deßwegen / weil wirs nicht erfahren haben."[126] Auch im alltäglichen Leben kann das aus persönlicher Erfahrung Mitgeteilte durchaus überzeugen, auch wenn bei den Adressaten eine ähnliche Erfahrung fehlt. Spener versäumt jedoch auch nicht die Mahnung, dass bei solchen inneren Erfahrungen zuweilen die Fantasie den Schein göttlicher Wirkungen annehmen und man darin betrogen werden kann. Aber die Welt spottet sowohl über den inwendigen wie auch den ordentlichen Wegen. Deshalb haben wir uns zu hüten, „nicht alles gleich schlecht dahin zu widersprechen / und sich einzubilden / Gott könne und wolle zu dieser zeit allerdings mit den seinigen niemals etwas ausserordentliches oder doch ungemeines vornehmen."[127] Fern jeder alternativen Entgegensetzung fasst Spener diese Erörterung in dem für ihn so charakteristischen Satz zusammen: „Lasset uns fleissig seyn auff dem ordentlichen weg treulich einherzugehen / so wohl eusserlich die von Gott verordnete mittel des Wort und der Heil. Sacramenten der betrachtung und des gebets zugebrauchen / und alles in acht zunehmen / was als eine vorbereitung dienlich seyn mag / der Göttlichen innerlichen würckung fähig zu seyn."[128]

Auch hinsichtlich der pleonastischen Rede Arndts von der Seelenschönheit und der Schönheit Gottes setzt Spener Akzente. In der schon zitierten Predigt Speners zu WCh III, 6 über Hohelied 5,17, in der er das Verhältnis der Braut zum Bräutigam traditionell auf die christliche Kirche und Christus deutet, fügt er dem individuellen Blick Arndts auf den „Adel der Seele" die Schönheit der christlichen Kirche hinzu: „Alle diese arten der schönheit finden sich bey einer gläubigen seelen / folglich auch bey der gesamten kirchen / die auß denselben bestehet: und machet sie / die es vor sich nicht wäre / würdig / Gottes wohnung und tempel zu seyn / darauß aber auch wiederum ihre schöne wächset / und der schönste einwohner seine wohnung immer mehr zieret."[129] Die Rede Arndts von der Schönheit Gottes im Zusammenhang seiner Einwohnung in der Seele, die Spener in seiner Predigt zu WCh III, 7 ausführlich kommentiert, ergänzt er schließlich mit den Worten: „Am besten aber erkennet man die rechte herrlichkeit und schönheit Gottes / wo man betrachtet seine allmacht / Gerechtigkeit / weißheit und wahrheit / wie sie uns in der Heil. Schrifft beschrieben werden / und wie wir sie sonderlich in dem werck unserer seligkeit wahrnehmen."[130]

Die weiterführenden Akzente Speners schließen sich oft an eine vorausgehende Bestätigung der Aussagen Arndts an. Wenn es am Anfang des 8. Kapitels des III. Buches heißt: „Gott rufet uns mit allem, das er ist, das

---

[126] Spener: Predigten III, 47.
[127] Spener: Predigten III, 47
[128] Spener: Predigten III, 47; Zur Kritik Osianders an den zwei Wegen vgl. Bedencken, 122 f.
[129] Spener: Predigten III, 63.
[130] Spener: Predigten III, 78.

er hat, und das er vermag", so ergänzt Spener, dass dies für diejenigen gilt, die der Gnade Gottes schon teilhaftig geworden sind und in der Schöpfung „lauter stimmen Gottes erkennen / welche sie zum vertauen auf ihn / zu seiner liebe und gehorsam / ruffen und einladen. Das meynet Arnd / wann er saget / Gott ruffe uns mit allem / was er ist / und was er hat / und was er vermag / das alles ruffe / leite und locke uns zu ihm und in ihm."[131] Aber dieses, zum ersten Artikel gehörende Rufen Gottes ist noch nicht der rechte Gnadenberuf, der zum dritten Artikel gehört,

> dessen wahres mittel ist allein das Evangelium / das uns Christus erst aus dem schoos seines Vaters gebracht / und uns verkündiget hat / [...] das er auch nachmal durch seine Apostel in der gantzen welt predigen / [...] und in schrifften verfassen lassen / es auch biß daher noch in der welt erhalten hat / und allen vorleget / auch predigen lässet. Dieses ist das eigentliche mittel / weil es uns den gütigen willen Gottes gegen uns offenbaret / und uns die seligkeit anerbietet.[132]

Besonders deutlich ergänzt Spener Arndt in seiner Predigt zu WCh III, 16 mit der Überschrift im zweiten Teil „Von empfahung des Heiligen Geistes / und dessen würckungen in der seele".[133] Schon die Überschrift weicht hier von Arndt ab, bei dem es heißt: „Wie der Heilige Geist empfangen werde, und wie er unverhindert in unserer Seele wirke." Zunächst kommentiert Spener wiederum ausführlich die Aussagen Arndts, geht auf die beiden Regeln ein, die für das Wirken des Heiligen Geistes im Menschen zu beachten sind,[134] um sodann eine deutliche Mahnung auszusprechen:

> Wo wir versichert sind / daß der Heilige Geist bereits bey uns wohnung hat / dessen zeugnuß wir sonderlich an seinen würckungen haben können / so ligt uns ob / uns also zu halten / daß wir ihn auch behalten mögen: wozu gehöret / daß wir stäts fortfahren der mittel uns immer zu gebrauchen / durch die er zu erst uns gegeben worden / und also mit lesung / hörung und betrachtung des evangelii anzuhalten / (dazu auch zu setzen ist / daß man fleißig und offt des Heiligen Abendmahls sich gebrauche / als in welchem / wie Christus mit seinem leib und blut bey uns sacramentlich zu genauer vereinigung einzeucht / also auch sein geist immer dadurch seine einwohnung befestiget).

An diese Mahnung schließt sich die Warnung vor einem gefährlichen Irrtum an:

> daher diejenigen gefährlich irren / welche meynen / wenn sie einmal gewahr worden seyn / daß der Heilige Geist wahrhafftig in ihren seelen sich kräfftig

---

131 Spener: Predigten III, 85.
132 Spener: Predigten III, 86.
133 Spener: Predigten III, 149.
134 Diese sind: Abwendung des Herzens von Welt, Kreaturen und von sich selbst und das Annehmen aller Anfechtungen und Trübsale als von Gott geschickt.

erzeiget / sie bedörfften nun keiner weitern mittel / daher ists ihnen ein eckel mit lesen oder hören des worts umzugehen / und deucht sie / lauter buch-staben-werck zu seyn / über welches sie sich nunmehr achten / aber damit sich in grosse gefahr stürtzen / den Heiligen Geist zu verliehren / und alsdann von der eigenen phantasie unter der einbildung der eingebungen des geistes betrogen zu werden; das alsdann ein gerechtes gericht über den in solcher einbildung stehenden hochmuth ist.[135]

Wie fern Spener diese Gefahr des Spiritualismus bei Arndt selbst sieht, wird aus der gesamten Predigt überaus deutlich, in der Arndt mehrfach namentlich vorbildlich erwähnt wird.

Die unterschiedlichen Denkstrukturen bei Arndt und Spener, in de-nen sich zwei ganz eigen geprägte Persönlichkeiten gegenüberstehen, kommen besonders deutlich in ihrem jeweiligen Verhältnis zum außer-menschlichen Kosmos zum Ausdruck. Hier fließt gewiss auch die unter-schiedliche Zeitdimension erheblich ein, in der sich die Theologie am Anfang und am Ende des 17. Jahrhunderts befindet. In Speners Predigt zum letzten Kapitel des II. Buches über Jer 10,2 finden sich Wendungen, in denen die Ferne Speners zum Weltbild Arndts deutlich zum Ausdruck kommt. Unter dem gemeinsamen Bekenntnis, dass der gesamte Kosmos unter der Regierung Gottes steht und vor Aberglauben, Furcht und Leichtfertigkeit im Verhältnis zu den Gestirnen dringend zu warnen ist, geht Spener hier doch mit keinem Wort z. B. auf die für Arndt so wich-tige Aussage ein, dass der größte Teil menschlicher Krankheit astralisch ist.[136] Vielmehr ist auffallend, dass er seine eigene Meinung einbringt, die seine Auffassung hinsichtlich der Wirkungen der Gestirne auf den Men-schen offen zeigt. Unter der Überschrift „Wie sich die kinder Gottes gegen die himmlische cörper und gestirn zu verhalten haben" geht Spe-ner zunächst ausführlich auf dieses Thema ein. Nachdem er den „Nut-zen" von Sonne und Mond für das Leben auf der Erde beschrieben hat, fährt er fort: „Was die übrige sternen anlanget / wollen die meiste auch denselben / sonderlich den planeten / viele wirckungen auf erden und in den menschlichen leibern zuschreiben / denen aber andere auch kluge und gelehrte leute widersprechen: darüber ich dann nicht urtheilen will."[137] Und im deutlichen Gegensatz zu WCh II, 58,6 heißt es:

Was die kometen anlangt / ists die gemeinste meynung der so Theologorum als Alstrologorum, daß sie traurige zeichen Göttlichen zorns seyn / und viele veränderung und plagen im geist- und weltlichen vorsagen; daher sie insge-

---

135 Spener: Predigten III, 152.
136 WCh II, 58, 7; Spener: Predigten II, 617–624.
137 Spener: Predigten II, 619. Nüchtern und unspektakulär stellt er fest: „In dessen sind die wirckungen / die bekantlich sind / schon so viele / daß wir sehen / wie Gott auch durch solche seine obere geschöpffe mit uns handele / und sie zu werckzeugen seiner güte gegen uns / zuweilen auch seiner gerichte / mache." (Spener: Predigten II, 619).

mein mit lauter schrecken / und als buß-prediger angesehen werden. Wie ich nun zwar niemand in seinen guten gedanken zu stöhren gedencke / so bekenne doch / daß mich von dergleichen bedeutung derselben nicht überzeuget finde.[138]

Eine Vorausdeutung kommender Ereignisse durch die Beobachtung der Gestirne anzunehmen, ist höchst ungewiss und zweifelhaft: „Damit dann das meiste der Astrologiae judiciariae oder weissagung aus der stern-kunst dahin fället / wann man von glück und unglück / krieg oder frieden eintzeler menschen / oder gantzer städte oder länder / vorher sagen will." Spener fügt charakteristischerweise hinzu: „Daß die Schrifft nichts davon zeuge / ist offenbar: so können auch aus der natur keine genugsame und überzeugende ursachen angeführet werden."[139]

Nicht in den Grundaussagen von Theologie und Frömmigkeit, sondern in diesen weltbildhaften Dimensionen wird der Unterschied zwischen dem Denken Arndts und Speners besonders markant, ohne freilich wiederum, dass eine direkte Kritik Speners an Arndt zum Ausdruck käme. Aber Arndts Denken in den großen Zusammenhängen von Mikro- und Makrokosmos, dass „das ganze Firmament im Menschen ist, und das microcosmische Firmament mit dem macrocosmischen eine sehr geheime und große Konsonanz hat"[140] und der Himmel ein Spiegel der großen Welt ist, „darin ein Verständiger sehen kann, was auf Erden geschehen soll"[141] – diese für Arndt so wesentlichen Perspektiven finden bei Spener keine Resonanz. Nicht umsonst hat er ja auch nicht über das IV. Buch gepredigt. Am Schluss dieser Predigt heißt es:

Alle Christen sind durch die wiedergeburt in Christo eine neue creatur worden [. . .] Wann dann auch die sternen und planeten / in dem reich der natur über die menschen / auch dero seelen und gemüther eine mehrere macht und wirckung hätten / als ich / daß sie haben / nicht glaube / hörte doch solche wirckung in gewisser maas in denjenigen auf / die kinder Gottes / in das reich der gnaden versetzet sind / und in ihrem haupt Christo / eine herrschafft über alle creaturen haben / und zu dem weib gehören / das mit der sonne bekleidet / und der mond unter dessen füssen ist (Off 12,1).[142]

Speners Predigten über die Leittexte des *Wahren Christentums* haben wir in zentralen inhaltlichen Aspekten vorgestellt, wobei wir Spener selbst mit reichlichen Zitaten zu Wort kommen ließen. Nur in dieser Weise kann ein Eindruck von der Bedeutung dieses Predigtkommentars zum *Wahren Christentum* vermittelt werden, einem Werk, das Spener seit

---

138 Spener: Predigten II, 619.
139 Spener: Predigten II, 619 f.
140 WCh II, 58, 9.
141 WCh II, 58, 5.
142 Spener: Predigten II, 624.

seiner Jugendzeit in Rappoltsweiler sein Leben lang intensiv begleitet hat. Dass die intensive Beschäftigung mit dem *Wahren Christentum* auch in die entscheidenden Entstehungsjahre des Frankfurter Pietismus hineingehört, macht die von Spener veranstaltete Ausgabe des *Wahren Christentums* von 1673/74 deutlich, über die Martin Brecht ausführlich berichtet hat.[143] Mit Hilfe von Anmerkungen waren in dieser Ausgabe auf Kritik gestoßene Formulierungen Arndts als rechtgläubig verteidigt worden. „Mit Speners Ausgabe ist die Verkirchlichung Arndts zu einem gewissen Abschluß gekommen. Spener erklärte Arndt [. . .] für biblisch-orthodox. In diesem Sinne wird das *Wahren Christentum* in Speners Wochenpredigten ausgelegt."[144]

Die Predigten Speners zu allen Kapiteln der ersten drei Bücher des *Wahren Christentums* stehen in der Tat in einer bemerkenswerten Kontinuität der Hochschätzung des gesamten Werkes von Arndt und insbesondere des *Wahren Christentums* im Leben Speners. Gegenüber der Ausgabe des *Wahren Christentums* von 1673/74 und den Arndt gewidmeten Ausführungen in den *Pia Desideria* können diese Predigten Speners jedoch den Höhepunkt sowohl in der Intensität wie in der Ausführlichkeit seiner Begegnung mit Arndts Theologie und Frömmigkeit beanspruchen. Neben dem anderen, bekannteren Predigtband „Der hochwichtige Artikel von der Wiedergeburt"[145] sind diese Wochenfrühpredigten in der Berliner Nikolaikirche zu Arndts *Wahrem Christentum* noch von Spener selbst für den Druck vorbereitet worden.[146] Das gibt ihnen im Rahmen der Berliner Predigten Speners insgesamt einen relativ hohen Quellenwert. Wenn Spener sich in seinen letzten Berliner Jahren von 1698–1704 in 143 Predigten so eingehend mit Arndts *Wahrem Christentum* beschäftigt, dann wird man durchaus von einer Art Vermächtnis sprechen können, das er im Rückblick auf sein gesamtes Wirken und im Vorausblick auf die Zukunft der pietistischen Bewegung abzulegen beabsichtigte. Denn anders als bei der Ausgabe des *Wahren Christentums* von 1673/74, bei der Spener mit Hilfe von Anmerkungen der Arndt-Verteidiger Heinrich Varenius und Johann Georg Dorsche gegenüber dem Arndt-Kritiker Lucas Osiander d.J. sowie von ihm selbst beigesteuerten, gezielt ausgewählten Lutherzitaten das *Wahre Christentum* in die Reihe der über jeden Zweifel erhabenen Grundbücher des christlichen Glaubens gerückt hat, nimmt er in seinem Berliner Predigtkommentar zum *Wahren Christentum* nun auch ausführlich zu Person sowie Theologie

---

[143] Vgl. Anm. 9.

[144] Brecht: Geschichte des Pietismus, Bd. 1, 149.

[145] 66 Wochenfrühpredigten, gehalten zwischen 1691 und 1694, gedruckt 1696. Vgl. Martin Schmidt: Speners Wiedergeburtslehre, in: Ders.: Wiedergeburt und neuer Mensch. Gesammelte Studien zur Geschichte des Pietismus, AGP 2. Witten 1969, 169–194.

[146] Vgl. Johannes Wallmann: Philipp Jakob Spener in Berlin, 295–324, 307 f.

und Frömmigkeit Arndts Stellung. In der Art und Weise, wie dies geschieht, liegt der besondere Quellenwert dieser Predigtsammlung, die einen Einblick in das Verhältnis Speners zu Arndt gewährt, wie dies kein anderer Spener-Text bietet.

Nun ist die große Nähe zwischen der Theologie und Frömmigkeit Speners, wie sie in seinen verschiedenen Predigtbänden zum Ausdruck kommt, zu der Theologie und Frömmigkeit Arndts keine neue Erkenntnis. Sie bildet vielmehr den wohl unerschütterlichsten Grundkonsens in der Pietismusforschung seit langer Zeit, worüber auch in der gegenwärtigen vielstimmigen Diskussionslage selbstverständliche Übereinkunft besteht. Johannes Wallmann stellte kürzlich fest: „Fragt man nur, was Spener gesagt und geschrieben hat, so rückt sein ‚literarisches Erbe‘, das zwar nicht allein, aber überwiegend in Predigtbänden besteht, in den Vordergrund. Man muß dann feststellen, daß das meiste der Arndtschen Frömmigkeitsrichtung entstammt, der Spener nur, etwa durch die kräftigere Rückbindung an Luther, deutlichere Konturen gegeben hat."[147] Um die Eigenart und das Neue bei Spener zu erfassen, müsse nach dem gefragt werden, was durch Spener überwunden worden ist. Sein entscheidender Beitrag zur Überwindung des konfessionellen Zeitalters könne nicht im Eintreten für frommes Leben gesehen werden, das „schon seit Johann Arndt in der lutherischen Kirche intensiv betrieben wurde".[148]

Dass Spener und der gesamte Pietismus nach ihm frömmigkeitsgeschichtlich ein wesentlicher Erbe Arndts ist, kann den Pietismus als kirchengeschichtliches Phänomen der neuzeitlichen Christentumsgeschichte und insbesondere die kirchen- und geistesgeschichtliche Bedeutung der Gestalt Speners in der Neuzeit gewiss nicht genügend erklären und begründen. Dem Pietismus als historische Epoche und Phänomen wird man schwerlich gerecht werden, wenn man ihn nur in die Frömmigkeitsgeschichte seit 1600 einordnet und ihn allein von hier aus zu verstehen versucht. Eingeschlossen in diese Perspektive ist jedoch zweifellos, dass der Pietismus andererseits nicht losgelöst von den Frömmigkeitsimpulsen insbesondere seit Johann Arndt in den Blick treten kann. Was bedeutet aber nun diese, gegenüber der älteren Pietismusforschung unverzichtbar gewordene Blickrichtung auf Johann Arndt und dessen Wirkungsgeschichte für die sinnvolle Erfassung von Theologie und Frömmigkeit im Pietismus insgesamt? Wenn heute keine Geschichte des Pietismus mehr geschrieben werden kann ohne eingehende Berücksichtigung Johann Arndts und seiner Wirkungen auf Theologie und Frömmigkeit des Pietismus, dann kann es bei einer solchen bloßen Feststellung wohl nicht sein Bewenden haben. Vor allem deshalb nicht, weil die

---

[147] Johannes Wallmann: Eine alternative Geschichte des Pietismus. Zur gegenwärtigen Diskussion um den Pietismusbegriff. In: PuN 28 (2002), 30–71, 64.
[148] Wallmann: Alternative Geschichte, 64 f.

Arndt-Forschung der letzten Zeit ein höchst widersprüchliches Bild seiner Theologie und Frömmigkeit gezeichnet hat, was auch für das rechte Verständnis seiner Wirkungsgeschichte vor und nach Spener erhebliche Bedeutung hat. Dass es sich bei den Werken Arndts nicht nur um Frömmigkeit, sondern um eine bestimmte Gestalt von Theologie handelt, ist inmitten der unterschiedlichen Arndt-Deutungen inzwischen weithin Konsens.[149] Ebenso ist unstrittig, dass diese Theologie einen erheblichen Unruhefaktor in der lutherischen Theologie des frühen 17. Jahrhunderts darstellte, wie die Arndtschen Streitigkeiten zeigen, die jedoch schon bald nach Arndts Tod zugunsten seiner Verteidiger ausgegangen sind. In diesem Zusammenhang ist verschiedentlich die These von der Verkirchlichung der Arndtschen Intentionen ausgegeben worden, die schon mit Arndt selbst beginnt und spätestens bei Spener ihren weithin anerkannten Abschluss gefunden hat.[150] Die These von der Verkirchlichung der Arndtschen Intentionen setzt eine notwendige Integration einer gegenüber der Orthodoxie widerständigen Theologie und Frömmigkeitshaltung voraus, die entweder schon bei Arndt selbst angelegt oder zumindest von den radikalen Arndtianern aus seinen Schriften entnommen und vertreten wurde. So ergibt sich – grob gezeichnet – eine dreigeteilte Wegstrecke von Arndt bis Spener durch das 17. Jahrhundert, bei der auf der rechten Seite die Orthodoxie, in der Mitte und am linken Rand eine von Arndt und anderen verwandten Autoren herkommende Frömmigkeitsrichtung platziert ist, deren Hauptstrom in der Mitte als verkirchlichter Arndtianismus näher bei der Orthodoxie steht und schließlich in den Pietismus Spenerscher Prägung einmündet.[151] Freilich hat dieser mittlere Strom auch offene Flanken zum linksseitigen Spiritualismus, was sich dann auch in den innerpietistischen Streitigkeiten und in denen zwischen Orthodoxie und Pietismus weiterhin auswirkt.

Ob ein solcher – notwendig vereinfachender – Versuch einer Orientierung in der vielfältigen Theologie- und Frömmigkeitsgeschichte des 17. Jahrhunderts der geschichtlichen Wirklichkeit nahe kommt, wird weiterhin zu diskutieren sein. Dabei wird es wesentlich von der gegen-

---

[149] Frömmigkeit und Theologie sind zwar zu unterscheidende, aber keine alternativ auseinander tretende Phänomene! Diesen letzteren Eindruck vermittelt mir die Darlegung zur Forschungslage von Arndts Theologieverständnis bei Geyer: Verborgene Weisheit I, 142–158. Schon Lucas Osiander sprach selbstverständlich von Theologie bei Arndt und kritisierte in diesem Zusammenhang die Phänomene seiner Frömmigkeit. Auf Arndts Theologieverständnis heben in unterschiedlicher Weise besonders ab: Berndt Hamm: Johann Arndts Wortverständnis. Ein Beitrag zu den Anfängen des Pietismus. In: PuN 8 (1982), 43–73; Christian Braw: Bücher im Staube. Die Theologie Johann Arndts in ihrem Verhältnis zur Mystik. Leiden 1986; Geyer: Verborgene Weisheit.

[150] So z. B. Johannes Wallmann: Anfänge des Pietismus, 41; Brecht: Spener und das Wahre Christentum, 123–145.

[151] Brecht: Spener und das Wahre Christentum, 148–150.

wärtig im Fluss befindlichen Arndt-Deutung abhängen, in welcher Weise die Akzente in Zukunft gesetzt werden. Nur so viel sollte klar sein, dass eine Arndt-Deutung, die seine Theologie dezidiert als eine spiritualistisch-hermetische Theologie versteht,[152] auf die Interpretation von Theologie und Frömmigkeit Speners und anderer Gestalten in der Geschichte des Pietismus erheblich einwirken müsste.

In der gegenwärtig offenen Diskussionslage können die vielfältigen Stellungnahmen Speners zu Arndts Person, seiner Theologie und Frömmigkeit in seinen Predigten zum *Wahren Christentum*, wie wir sie quellennah darzustellen versuchten, einen hoffentlich sinnvollen, d. h. weiterführenden Dienst tun. Weiterführend insofern, als es nicht ausreicht, die bekannte Rezeption Arndts durch Spener in einer schon lange vor ihm begonnenen Tradition einfach zu konstatieren, ohne auf die Bedeutung dieses Vorgangs für eine den Intentionen Speners gerecht werdende Interpretation seiner Theologie und Frömmigkeit und der des Pietismus nach Spener intensiv einzugehen. Von einer Notwendigkeit, den „lieben und werten Lehrer" der Christenheit, Johann Arndt, in verkirchlichte Bahnen lenken zu müssen, ist Spener in seinem Arndt-Verständnis weltenweit entfernt. Vielmehr gehört Arndt für Spener uneingeschränkt in eine lange Reihe von altkirchlichen und mittelalterlichen rechtgläubigen Theologen und erst recht unmittelbar an die Seite Luthers, dem in diesen Predigten meist zitierten Autor.[153] Ähnlich wie schon bei der Ausgabe des *Wahren Christentums* von 1673/74 zitiert Spener Luther wiederum auffallend vor allem dann, wenn er sich mit der Kritik an Arndt und dessen gewagten Formulierungen auseinandersetzt. Bei vielen Stellen, an denen Spener direkt auf Arndt zu sprechen kommt, weist er vor allem die kritischen Einwände des Lucas Osiander d.J. aus seinem *Theologischen Bedencken* von 1623 zurück. Er tut dies durchaus auf eigenständige Weise, wenngleich er auch Hilfestellungen aus den verschiedenen Arndt-Apologien, vor allem aus derjenigen des Heinrich Varenius,[154] aufnimmt. Ein solches ausführliches Eingehen auf die Arndt-Kritik in Zitaten und eigener Stellungnahme ist für diese Predigtsammlung besonders charakteristisch und insgesamt für Speners Stellung zu Arndt am Ende seines Lebens von erheblicher Bedeutung. An keiner Stelle

---

[152] Die Diskussion um das voluminöse Werk Geyers: Verborgene Weisheit, hat noch kaum begonnen. Es wird nicht nur die Arndt-Diskussion, sondern auch die Pietismusforschung insgesamt zu beschäftigen haben.

[153] Neben Luther, besonders mit Zitaten aus der Kirchenpostille, werden am zweithäufigsten Augustin und sodann viele weitere altkirchliche Theologen wie Irenäus, Cyprian, Hieronymus, Gregor von Nazianz, Leo I. und Gregor d. Gr. zitiert, aus dem Mittelalter an erster Stelle Bernhard, sodann Thomas, Bonaventura und Tauler. Aus Speners Zeit kommen Sebastian Schmidt und Joachim Lütkemann mit Zitaten vor.

[154] Heinrich Varenius: Christliche Schrifftmäßige, wolgegründete Rettung der Vier Bücher vom wahren Christenthumb des seligen [...] Theologi H. Johannis Arndten [...] D. Lucae Osiandri Theologischem Bedencken entgegengesetzt. Lüneburg 1624.

wird direkte Kritik an Arndt geübt, vielmehr ist kein Versuch unterlassen, ihn ohne Anstöße zu interpretieren und aufzunehmen, höchstens ein „gewisser maas" wird zuweilen hinzugesetzt, um eine bestimmte Aussage Arndts etwas abzuschwächen. Besonders auffallend und eindrücklich an dieser Predigtsammlung ist, wie ausführlich, umständlich und intensiv Spener seine Hörer und Leser vor allem mit denjenigen Aussagen Arndts konfrontiert, die seit dem frühen 17. Jahrhundert unter dem Spiritualismus-Vorwurf stehen. Was Spener zu den Themenkreisen des geistlichen Sabbats im Herzen, dem geistlichen Gespräch, der Salbung des Geistes, dem Schmecken Gottes, dem Durst nach Gott, der Schönheit und Süßigkeit Gottes, der Seelenruhe und der Seelenschönheit ausführt, macht nicht den Eindruck einer aufgrund seiner Quelle notwendigen Pflichtübung. In einer freilich sehr anderen, überaus umständlichen Sprachgestalt werden hier die oft knappen, apodiktischen Sätze Arndts ohne Abstriche wiedergegeben, wobei auch die Quellen Arndts, z. B. Tauler, reichlich mit zitiert werden. So sehr Spener an bestimmten Stellen Arndt dezidiert gegenüber seinen Kritikern verteidigt, haben diese Predigten insgesamt doch keinen apologetischen Charakter, sondern sind das eindrückliche Beispiel für das intensive Eingehen einer ganz anders gearteten Persönlichkeit auf die Grundintentionen einer für die christliche Kirche hoch veranschlagten, bedeutsamen Vatergestalt. Gerade durch die Hinzufügungen und Akzente, die Spener gegenüber Arndt setzt, wird die eigenständige Rezeption und durchgängige hohe Wertschätzung Arndts unterstrichen, die er vor allem Arndt als Ausleger der Heiligen Schrift entgegenbringt. In der Wirkungsgeschichte Arndts und insbesondere des *Wahren Christentums* kommen den Predigten Speners zu den Vorreden und Leittexten zu allen Kapiteln der ersten drei Bücher ein herausragender Platz zu. Ohne das hier besonders deutlich werdende Verhältnis Speners zu Arndt wird man Speners eigenes Wollen und Wirken und seine Stellung in der Theologie- und Frömmigkeitsgeschichte nicht sinnvoll würdigen können.

MARCUS MEIER

Der bekräfftigte *ORIGENES*

Origenesrezeption im radikalen Pietismus

Wolfgang A. Bienert zum 65. Geburtstag

1716 erschien in Frankfurt bei Alexander von Sand[1] ein ansehnlicher Oktavband unter dem Titel *Der bekräfftigte ORIGENES*.[2] Der Autor war der ehemalige Superintendent Johann Wilhelm Petersen (1666–1727),[3] der 1692 nach seiner Amtsenthebung wegen Verbreitung chiliastischer Anschauungen äußerst wirksam in zahlreichen Schriften seine Vorstellungen vom Tausendjährigen Reich und der Apokatastasis propagierte. Bei der Lehre von der Apokatastasis spielte – wie meist, wenn sie in der Kirchengeschichte begegnet – der Rekurs auf Origenes eine wichtige Rolle,[4] der auch von Petersen als Kronzeuge bemüht wurde. Die Erwähnung des altkirchlichen Theologen berührt ein Problem, das bisher in der Forschung kaum Beachtung fand: die Aufnahme origenistischer Vorstellungen im radikalen Pietismus.[5] Nach dem streitbaren Greifswalder Professor Ehre Gott

---

[1] Zu von Sand vgl. Josef Benzing: Die deutschen Verleger des 16. und 17. Jahrhunderts. Eine Neubearbeitung. In: Archiv für Geschichte des Buchwesens 18 (1977), 1077–1322, hier 1080.

[2] Johann Wilhelm Petersen: Der bekräfftigte ORIGENES, in der Lehre von der Wiederbringung aller Dinge. o. O. [Frankfurt/Main] 1716.

[3] Vgl. Markus Matthias: Johann Wilhelm und Johanna Eleonora Petersen. Eine Biographie bis zur Amtsenthebung Petersens im Jahre 1692. Göttingen 1993 (AGP, 30). Hans Schneider: Der radikale Pietismus im 17. Jahrhundert. In: Martin Brecht (Hg.): Geschichte des Pietismus. Bd. 1: Der Pietismus vom 16. bis zum frühen 18. Jahrhundert. Göttingen 1993, 402–406; ders.: Der radikale Pietismus im 18. Jahrhundert. In: Martin Brecht/Klaus Deppermann (Hg.): Geschichte des Pietismus. Bd. 2: Der Pietismus im 18. Jahrhundert. Göttingen 1995, 114 f.; Dietrich Blaufuß: Art. „Petersen, Johann Wilhelm". In: TRE 26 (1996), 248–254; Stefan Luft: Leben und Schreiben für den Pietismus. Der Kampf des pietistischen Ehepaares Johanna Eleonora und Johann Wilhelm Petersen gegen die lutherische Orthodoxie. Herzberg 1994.

[4] Auf Origenes als einen der bedeutendsten Vertreter der Apokatastasis-Vorstellung nimmt Bezug Ernst Staehelin: Die Wiederbringung aller Dinge. Basel 1960 (BU, 45), 8 f.; Hartmut Rosenau: Allversöhnung. Ein transzendentaltheologischer Grundlegungsversuch. Berlin 1993, 113 f.; Johanna Christine Janowski: Allerlösung. Annäherung an eine entdualisierte Eschatologie. Neukirchen 2000 (NBST, 23, 1 + 2), 102 f.; Hartmut Rosenau: Art. „Wiederbringung aller". In: TRE 35 (2003), 774–780, hier 776.

[5] Einen Überblick über die Rezeptionsgeschichte im 18. Jahrhundert vermittelt Dieter

Daniel Colberg (1659–1698) bildet Origenes die „falsche Theologie der heutigen Schwärmer" am präzisesten ab.[6] Anhand der literarischen Kontroverse soll ein Schlaglicht auf die Origenesrezeption geworfen werden.

I.

Der vollständige Buchtitel lässt erkennen, dass Petersen einen Angriff auf den reformierten Hofprediger Conrad Baumann zum Anlass nahm, seine in zahlreichen Druckwerken vorgetragene Apokatastasislehre erneut zu verteidigen:

> Der bekräfftigte ORIGENES, in der Lehre von der Wiederbringung aller Dinge / gegen den so genannten entkräffteten ORIGENEM und Vogel an der Farbe / welche beyde diese theure Lehr und deren Bekennere unverantwortlicher weiß lästern / und sonderlich der letzere den Birsteinischen Hof=Prediger / Herrn Conrad Baumann / auff eine sehr unchristliche und recht grobe und ungeschliffene Art schmähet / und gantz offenbare landkündige Unwahrheiten boßhafftiger weise ihm andichtet.

1715 waren zwei Schriften – der *entkräfftete Origenes* und der *Vogel an der Farbe* – anonym erschienen, von denen die letztere sich gegen den reformierten Hofprediger Conrad Baumann richtete.[7] Der Inhalt der verschollenen[8] Schriften lässt sich aus Petersens Entgegnung rekonstruieren. Laut Titel entzündete sich der Streit primär an dem altkirchlichen

---

Breuer: Origenes im 18. Jahrhundert in Deutschland. In: „seminar" 21 (1985), 1–30; vgl. auch Lothar Lies: Origenes' Peri Archon. Eine undogmatische Dogmatik. Einführungen und Erläuterungen. Darmstadt 1992, 200; vgl. auch Frank Hartmann: Johann Heinrich Horb (1645–1695). Leben und Werk bis zum Beginn der Hamburger pietistischen Streitigkeiten 1693. Tübingen 2004.

[6] „Man wird schwerlich von den Alten einen finden / der die falsche Theologie der heutigen Schwärmer so eigentlich abbilden sollte / als Origenes thut." Ehre Gott Daniel Colberg: Das Platonisch-Hermetisches [sic] Christenthum / Begreiffend Die Historische Erzehlung vom Ursprung und vielerley Secten der heutigen Fanatischen Theologie, unterm Namen der Paracelsisten / Weigelianer / Rosencreutzer / Quäcker / Böhmisten / Wiedertäuffer / Bourignonisten / Labadisten und Quietisten. Leipzig 1709/1710, 37; zu Colberg vgl. Hans Schneider: Das *Platonisch-hermetische Christenthum* – Ehre Gott Daniel Colbergs Bild des frühneuzeitlichen Spiritualismus. In: Hermetik. Literarische Figurationen zwischen Babylon und Cyberspace. Hg. v. Nicola Kaminski, Heinz J. Drügh und Michael Hermann unter Mitarbeit von Andreas Beck. Tübingen 2002, 21–42. Die Ansicht, origenistische Lehren seien der Ursprung aller Ketzereien, begegnet schon bei Epiphanius (um 315–403) und Hieronymus (347–420). Vgl. dazu Gottfried Arnold: Die Erste Liebe der Gemeinen JESU Christi / Das ist: wahre Abbildung der ersten Christen / nach ihren lebendigen Glauben und heiligen Leben [. . .]. Frankfurt/Main 1700, 458.

[7] Vgl. BIBLIOTHECA PETERSENIANA ID EST APPRATUS LIBRARIVS, QVO, DVM VIVERET, VSUS EST IOAN. GVILIELMVS PETERSENIVS [. . .]. Berlin 1731, 108.

[8] Petersen hat hinsichtlich der Schrift *Vogel an der Farbe* wohl recht behalten: „weil dessen Schrifft [Vogel an der Farbe, d. Vf.] in ihrem elenden beygebrachten Zeug und allzugroben Lästerung von selbsten untergehen [. . .]" werde. Petersen: Der bekräfftigte ORIGENES, 6.

Theologen Origenes (ca. 185/86–253/54).[9] In den Traktaten ging der anonyme Autor mit der Lehre von der Allversöhnung[10] hart ins Gericht. Petersen reagierte umgehend und konnte schon 1716 den *bekräfftigten ORIGENES* vorlegen, ein an Umfang beeindruckendes Werk, das sich gegen den *entkräffteten Origenes* richtete, im Kern aber auf die Widerlegung der strengen reformierten Prädestinationslehre zielte. Mit der Verteidigung erschienen in dem Band drei weitere Abhandlungen Petersens, bei deren Abfassung er offensichtlich nicht nur seinen Kontrahenten im Blick hatte.[11] Er führte vielmehr gleichzeitig einen Generalangriff gegen den radikalen Pietisten Henrich Horch (1652–1729), ehemaliger Theologieprofessor an der Hohen Schule in Herborn, der erstmals 1715 Petersen literarisch attackiert hatte.[12] Petersen reagierte auf den Angriff mit seinem *bekräfftigten ORIGENES* und löste damit einen Streitschriftenkrieg aus, der über viele Jahre zwischen Horch und Petersen mit Zähigkeit und Intensität geführt wurde und erst 1721 endete.[13] Ein weiterer vierter Traktat, den Petersen dem Druck beifügte, trägt den Titel „Extract zweyer Sendschreiben eines Gott=liebenden Mitglieds der reformierten Kirche". Die uns noch später beschäftigende Identität des Verfassers blieb bewusst im Dunkeln.

---

[9] Ernst Rudolf Redepenning: Origenes. Eine Darstellung seines Lebens und seiner Lehre. 2 Bde. Bonn 1841/1846 [Nachdruck Aalen 1966]; Franz Heinrich Kettler: Der ursprüngliche Sinn der Dogmatik des Origenes. Berlin 1966 (BZNW, 31); Wolfgang Bienert: Dionysius von Alexandrien. Zur Frage des Origenismus im dritten Jahrhundert. Berlin 1978 (PTS, 21); Henri Crouzel: Origéne. Paris 1985. Rowan Williams: Art. „Origenes/Origenismus". In: TRE 25 (1995), 397–420 (Lit.). Zu den jüngsten Forschungsergebnissen vgl. die Vorträge der internationalen Origeneskongresse (Origeniana).

[10] Der Begriff „Allversöhnung" legt unter Ausblendung des Gerichtsgedankens den Akzent auf die Versöhnung aller mit allen und bringt das eigentliche Hauptanliegen – die eschatologische Erlösung vom Bösen – nur vage zum Ausdruck. Dennoch verwende ich den Begriff „Allversöhnung", weil der Terminus im Hintergrund der Kontroverse steht und die Differenzpunkte des Streites deutlich hervortreten lässt; zum Begriff vgl. Hartmut Rosenau: Wiederbringung, 775; vgl. auch Wilfried Härle: Dogmatik. Berlin ²2000, 624.

[11] Die drei Schriften sind: 1. Das absolute Decret GOttes / dem absoluto Decreto der harten Reformirten entgegen gesetzt; 2. Beweiß der allgemeinen Erbarmung GOttes in Christo JEsu / gegen die behauptete unendlich=ewige Straffen eines Reformirten Hessischen Theologi; 3. Eine wichtige Frage / welche ohne gründliche Erkänntniß der Wiederbringung aller Dinge nicht auß dem Grund kan beantwortet werden / auß deren Unerkanntnuß das absolutum Decretum der Reformirten erwachsen / hergegen auß solcher Erkänntniß völlig aufhören muß.

[12] Henrich Horch: Die Filadelfische Versuchungs=Stunde / in Ansehung des so genanten Ewigen Evangeliums / das die Erlösung verkündiget allen verdamten Engeln und Menschen. Wie auch Jakob und Esau / zur Betrachtung der Göttlichen Gnaden=Wahl. Marburg 1715.

[13] Henrich Horch: Ja Nein und Nein Ja des sogenannten Ewigen Evangeliums, worin der Augenschein so vieler Exempeln gibt, daß es im Grund sich selbst vernichte. Zusammen mit einer ausführlichen Widerlegung der zur Erlösung aus der Verdammniß fürgegebenen Höllen=Predigt=Christi 1. Petri 3,19. Wie auch einem Antwort=Schreiben an die Frau D. Petersin, neben einer Vorrede von dem zweispaltigen Paulo Röm VII, 14 etc. zur gründlichen Unterrichtung im wahren Christenthum. Marburg 1721.

Warum verteidigte Petersen den Birsteiner Hofprediger gegen Anfeindungen, obgleich Baumann ein Anhänger der reformierten Prädestinationslehre war? Conrad Baumann war am 12. Februar 1665 in Deisel bei Hofgeismar als Sohn eines Richters und Kastenvorstehers geboren worden und hatte 1688 in Bremen Theologie studiert.[14] Dort herrschte zu dieser Zeit eine an der Bibel orientierte und auf die Reform der Kirche zielende coccejanische Förderaltheologie.[15] An der Bremer Kirche St. Martini wirkte in dieser Zeit von 1670–1693 der reformierte Theologe Theodor Undereyck (1635–1693)[16] als Pastor primarius, der eine strenge Prädestinationslehre vertrat.[17] Er legte zudem alles Gewicht auf eine katechismusartige Unterweisung der Gemeindemitglieder. Darin ist wohl auch der Grund zu sehen, dass Baumann – seit 1697 Hofprediger in Birstein im Vogelsberg – 1712 einen 350 Oktavseiten starken Katechismus herausgab.[18] Die in Offenbach bei Bonaventura de Launoy gedruckte „Lautere Milch / für alle nach Gottes Wort begierigen Kinder in Christo" behandelt ausführlich die doppelte Prädestination (gemina praedestinatio).[19] Die hier supralapsarisch entfaltete Lehre von der Erwählung und Verwerfung stand zur Allversöhnung in schroffem Gegensatz und bot Konfliktpotenzial von nicht geringem Ausmaß.

Petersen besaß zudem über die Vorgänge am Birsteiner Hof detaillierte Kenntnisse und war darüber informiert, dass „zu Birstein / seit dem der Herr Hof=Prediger [Baumann] da ist / weder von ihm / noch sonst jemand / einige Privat=Versammlungen gehalten worden" waren, die „hohe Landes=Herrschafft" aber mit dem Hofgesinde täglich „Privat=Betstunden"[20] hielt. Petersens Ausführungen lassen den vorsichtigen Schluss zu, dass im Umfeld der gräflichen Familie eine gewisse Offenheit gegenüber der religiösen Erneuerungsbewegung des Pietismus herrschte.[21] In der Grafschaft Isenburg-Birstein hatte seit 1690 Samuel Nethenus (1628–1707) als Hofprediger, Inspektor und Konsisto-

---

[14] Lorenz Kohlenbusch: Pfarrerbuch der evang. unierten Kirchengemeinschaft („Hanauer Union") im Gebiet der Landeskirche in Hessen-Kassel. Darmstadt 1938, 275.

[15] Ortwin Rudloff: Art. „Bremen". In: TRE 7 (1981), 153–168, hier 159 f.; vgl. auch Heiner Faulenbach: Die Anfänge des Pietismus bei den Reformierten in Deutschland. In: PuN 4 (1979), 190–234, hier 211.

[16] Zu Undereyck vgl. Rudolf Mohr: Art. „Undereyck, Theodor". In: TRE 34 (2002) 268–272.

[17] Johannes Wallmann: Der Pietismus. Göttingen 1990 (KIG 4, Lfg. O 1), 26.

[18] Conrad Baumann: Lautere Milch für alle nach GOttes Wort begierigen Kinder in Christo wie sie nach Anlaß des Heydelbergischen Catechismi treulich eingeflösset, Offenbach 1712. Ein Exemplar des sehr seltenen Drucks befindet sich im Evangelischen Pfarramt zu Birstein.

[19] Conrad Baumann: Lautere Milch, 142–146.

[20] Petersen: Der bekräfftigte ORIGENES, 12.

[21] Daher wünschte Petersen, dass „an allen Höfen und in allen Häusern dergleichen geschehen möge". Petersen: Der bekräfftigte ORIGENES, 12.

rialrat gewirkt.[22] Schon vor seinem Amtsantritt war er als scharfer Kritiker der kirchlichen Zustände und Vertreter einer strengen Sonntagsheiligung und Kirchenzucht bekannt.[23] Das unbesonnene Vorgehen des Hofpredigers, das Drängen auf eine Abendmahlsgemeinschaft der „Bekehrten" und eine auf kirchliche Traditionen wenig Rücksicht nehmende Amtsführung hatten zu einem Konflikt zwischen Nethenus und dem Grafenhaus geführt. Nach der Eskalation des Streites war der Hofprediger schließlich abgesetzt worden. Dennoch hatte wohl ein gemäßigter Pietismus in Birstein Eingang gefunden. Sein Nachfolger Baumann, der den pietistischen Ideen eher reserviert gegenüberstand, wurde 1716 in die Auseinandersetzung um die Apokatastasis mit hineingezogen. Wie aus dem Titel der Schrift Petersens hervorgeht, wurde auch der Hofprediger Zielscheibe persönlicher Angriffe. Daraufhin stellte sich die Landesobrigkeit hinter ihren Hofprediger und leitete ein Verfahren gegen den unbekannten Autor ein.[24] Für Petersen boten die Vorgänge und die öffentliche Kritik an Baumann schlicht eine willkommene Gelegenheit, seine theologischen Ansichten erneut vorzutragen. Mit seinem Werk unterstützte Petersen dabei das Anliegen der frommen Kreise am Hof und widerlegte die theologischen Einwände gegen die Allversöhnung, denn neben den persönlichen Verunglimpfungen und den theologischen Attacken waren die zwei Traktate des anonymen Autors gespickt mit polemischen Äußerungen. So hatte der Autor des *entkräffteten Origenes* harsch von den „falschen Lehrern / falschen Propheten / reissenden Wölffen / [...] Hirn=Krancken / Labadisten / Pietisten / u.d.g."[25] gesprochen und die Anschauungen der Pietisten als teuflisch und närrisch gebrandmarkt.[26]

Wie lässt sich aber Petersens intime Kenntnis über den Birsteiner Hof erklären? Der offenbare Tatbestand lässt vermuten, dass Petersen von einem Informanten in Birstein über die Vorgänge am Grafenhaus unterrichtet wurde. Ein handschriftlicher Vermerk in dem Werk Petersens, das die Staats- und Universitätsbibliothek Göttingen besitzt, führt auf eine interessante Spur. Der Eintrag im Göttinger Exemplar lautet „W. E. Neuns Con. R. in Birstein" und verweist auf Wolf Ernst Neun, der in Birstein als Konrektor der Lateinschule tätig war[27] und den In-

---

[22] Vgl. Johann Friedrich Gerhard Goeters: Der reformierte Pietismus in Deutschland 1650–1690. In: GdP 1, 240–277, hier 268 f.; Hans Schneider: Pietismus im 18. Jahrhundert, 399.

[23] Goeters: Der reformierte Pietismus, 268.

[24] Petersen: Der bekräfftigte ORIGENES, 16.

[25] Petersen: Der bekräfftigte ORIGENES, 16 f.

[26] Petersen: Der bekräfftigte ORIGENES, 17.

[27] Zu Neun vgl. Thilo Daniel: Johann Michael Loëns Auseinandersetzungen mit Nikolaus Ludwig von Zinzendorf und der Brüdergemeine. In: Hans Georg Kemper/Hans Schneider (Hg.): Goethe und der Pietismus. Tübingen 2001, 25–44, hier 28 f.

spirierten zuneigte.[28] Als der „seelige Bruder Neun"[29] im April 1716 seine Bekehrung erlebte,[30] schloss er sich den Inspirierten an und war Johann Friedrich Rock (1678–1749) auf seinen ausgedehnten Reisen eine „treue Stütze".[31]

Stand Neun womöglich mit Petersen in näherem Kontakt und informierte ihn über die Ereignisse in Birstein? Es gibt zumindest zwei Indizien, die für diese Vermutung sprechen: Petersens Werk war der schon erwähnte „Extract zweyer Sendschreiben" beigefügt. Der Autor des Schriftstücks war der uns schon bekannte Birsteiner Konrektor Neun. Petersen bot dem unbekannten Mitstreiter eine publizistische Plattform, der aufgrund der gemeinsamen Veröffentlichung mit einer breiten Leserschaft und einem verstärkten Interesse bei den Rezipienten rechnen konnte.

Dass Petersen Beziehungen zu Gesinnungsgenossen vor Ort pflegte und literarische Auseinandersetzungen gemeinsam führte, ist keineswegs ungewöhnlich. 1715 reiste Petersen nach Wittgenstein, besuchte dort den Berleburger Inspektor und Pfarrer Ludwig Christoph Schäfer[32] und ermutigte ihn zu einer Publikation gegen den radikalen Pietisten Henrich Horch. Obgleich er dem radikalen Lager zuzuordnen ist, hatte Horch seit 1703 gegen die Apokatastasis geschrieben und trat 1715 erstmals mit einer Schrift gegen Petersen an die Öffentlichkeit.[33] Im selben Jahr erschien eine Entgegnung von Petersen und Schäfer in Berleburg bei Christoph Konert.[34] Es ist folglich kein Einzelfall, dass Petersen bei der Verteidigung seiner Auffassungen bewusst Kontakt zu Gesinnungsgenossen vor Ort aufnahm und diese Verbindungen dann geschickt in den Kontroversen mit seinen Gegnern nutzte.

---

[28] Die Inspirierten konstituierten sich 1714 in der von Birstein nicht weit entfernt gelegenen Grafschaft Ysenburg-Büdingen.

[29] Johann Friedrich Rock: Anfänge des Erniedrigungs=Laufs eines Sünders auf Erden in= und durch die Gnade. In: Ders.: Wie ihn Gott geführet und ihn auf die Wege der Inspiration gebracht habe. Autobiographische Schriften. Hg. v. Ulf-Michael Schneider. Leipzig 1999 (KTP, 1), 46.

[30] Vgl. Gottlieb Scheuner: Inspirations=Historie oder historischer Bericht von der Gründung der Gebets=Versammlungen und Gemeinden [. . .]. 1. Teil. Amana/Iowa 1884, 94.

[31] Die Wortführer der Bewegung waren der ehemalige württembergische Pfarrer Eberhard Ludwig Gruber (1665–1728) und der gleichfalls aus Württemberg stammende Sattler Johann Friedrich Rock.

[32] Zu Ludwig Christoph Schäfer vgl. Johann Georg Hinsberg: Geschichte der Kirchengemeinde Berleburg bis zur Regierungszeit des Grafen Casimir (18. Jh.). Hg. v. Johannes Burkardt und Ulf Lückel. Bad Berleburg 1999, 78–87.

[33] Vgl. dazu Anm. 12.

[34] Johann Wilhelm Petersen: Beweis / daß die Zahlung des letzten Hellers beym Mattheo am V. 25. 26. gar wol bestehen könne bey der / nach der Straffe / erfolgenden gnädigen Loßlassung [. . .] nebst Hinbeyfügung des Grundes der Hoffnung von dieser allgemeinen Erlösung. Von [. . .] Schefer [. . .]. Berleburg 1715. Das Werk erlebte 1716 noch eine zweite Auflage.

II.

Anhand der Polemik Petersens lässt sich der Argumentationsgang des *entkräffteten Origenes* rekonstruieren. Danach sind es im wesentlichen fünf Kritikpunkte, die der anonyme Autor gegen die Apokatastasis anführte. Die Wiederbringungslehre halte erstens einer kritischen Überprüfung an der Schrift nicht stand.[35] Die Annahme einer Allversöhnung kann folglich nicht als schriftgemäß gelten. Sodann führe die Behauptung einer Teilhabe aller Menschen an der ewigen Seligkeit zu einer gefährlichen Verharmlosung der Sünde. Daher beginnt der anonyme Verfasser, die „Sünde in ihrer Garstigkeit zu beschreiben, die er nimmer so garstig abmahlen kan".[36] Die Boshaftigkeit der Missetat müsse nicht nur deutlich herausgestellt werden, sondern verdiene auch die ewige Strafe (Mt 25,2; 2Thess 1; Off 14).[37] Das Argument lässt erkennen, dass für den Verfasser die Strafandrohung einen für die Predigt bedeutsamen paränetischen Wert besitzt. Die Allversöhnung nehme dagegen der „Vermahnung und Warnungen"[38] alle Kraft, und der Aufruf zur Buße stoße letztlich ins Leere. Der Umkehrpredigt fehle durch die Verkündigung eines universalen Heils eine hinreichende Begründung.

Im Verlauf der Argumentation dient das hamartiologische Argument ferner dazu, einen besonderen Aspekt der Gotteslehre genauer zu beleuchten: die Strafgerechtigkeit Gottes. Die Bedeutsamkeit der Sünde korrespondiert mit Gottes strafender Gerechtigkeit und steht einer Verabsolutierung der Liebe Gottes entgegen. Neben dem Wesenszug der Liebe sei Gott vor allem die „Heiligkeit selbst / welche die Sünden straffen" müsse.[39] Die göttliche Majestät, deren Betonung in der reformierten Tradition den unüberbrückbaren Abstand zwischen Mensch und Gott zum Ausdruck bringt, ist aber keine „particulare Tugend GOttes",[40] die am Ende der göttlichen Barmherzigkeit weiche. Gott zeichne sich vielmehr durch eine „heilige Barmhertzigkeit"[41] aus. Fluchtpunkt der Argumentation ist die strenge Prädestinationslehre mit der Annahme, dass Gott vor Grundlegung der Welt die einen zum ewigen Heil und die anderen zur ewigen Verdammnis bestimmt habe.

Weiterhin sieht der Verfasser den Stellenwert der Genugtuung Christi durch die Apokatastasis in Frage gestellt, indem der Heilsuniversalismus

---

[35] Petersen: Der bekräfftigte ORIGENES, 22.
[36] Petersen: Der bekräfftigte ORIGENES, 22 f.
[37] Petersen: Der bekräfftigte ORIGENES, 23.
[38] Petersen: Der bekräfftigte ORIGENES, 27.
[39] Petersen: Der bekräfftigte ORIGENES, 50.
[40] Petersen: Der bekräfftigte ORIGENES, 50.
[41] Petersen: Der bekräfftigte ORIGENES, 51.

das Verdienst Christi auf unzulässige Weise schmälere.[42] Christus sei jedoch einzig für die zum Heil Auserwählten gestorben, nicht aber für die Verworfenen.[43] Dieser Gedanke wird damit begründet, dass Christus nicht einmal für die „Verwörfflinge" bete, sondern allein für diejenigen, die „ihm der Vater gegeben / und von der Welt zu seinem Eigenthum erwählet habe".[44] Der Prädestinationsgedanke bleibt somit auch für die christologische Erörterung entscheidend. Zuletzt konfrontiert der *entkräfftete Origenes* die Anhänger der Apokatastasis mit der Frage, ob Christus auch für „die Teufel" gestorben sei.[45] Jane Leade (1624–1704)[46] vertrat die Ansicht einer eschatologischen Überwindung der satanischen Macht[47] und war sich dabei durchaus bewusst, von der Position Jakob Böhmes abzuweichen.[48] Die Vorstellung einer Erlösung des Teufels begegnet auch in den Schriften Petersens.[49]

Nach der Darlegung der fundamentalen Kritik greift Petersen die fünf Punkte auf und beginnt mit der Widerlegung. Er entkräftet zuerst den grundsätzlichen Einwand, dass die Apokatastasis einer kritischen Überprüfung an der Schrift nicht standhalte. Petersen verstand sich als Schrifttheologe und wies darauf hin, dass auch Origenes „seine Theologie von Paulo gelernet" habe.[50] Rekurrierte der *entkräfftete Origenes* noch auffallend häufig auf die Schwere der Sündenlast, so tritt in Petersens Argumentation die Hamartiologie zurück. Petersen bemerkt lakonisch, dass die Sünde keine „ewige Wurtzel"[51] habe, infolgedessen lehne er die Re-

[42] Petersen: Der bekräfftigte ORIGENES, 39.
[43] Petersen: Der bekräfftigte ORIGENES, 29.
[44] Petersen: Der bekräfftigte ORIGENES, 29, vgl. dazu Joh 17,6.9; Ps 135,4.
[45] Petersen: Der bekräfftigte ORIGENES, 35.
[46] Zu Leade vgl. Carl Wilhelm Hermann Hochhuth: Geschichte und Entwicklung der philadelphischen Gemeinden. In: ZHTh 29 (1865), 171–290; Nils Thune: The Behmenists and the Philadelphians. A Contribution to the Study of English Mysticism in the 17th and 18th Centuries. Diss. theol. Uppsala 1948; Hans-Jürgen Schrader: Literaturproduktion und Büchermarkt des radikalen Pietismus. Johann Henrich Reitz' „Historie Der Wiedergebohrnen" und ihr geschichtlicher Kontext. Göttingen 1989 (Palaestra, 283), 63–73; Hans Schneider: Pietismus im 17. Jahrhundert, 405 f.; ders.: Pietismus im 18. Jahrhundert, 112–114; Willi Temme: Krise der Leiblichkeit. Die Sozietät der Mutter Eva (Buttlarsche Rotte) und der radikale Pietismus um 1700. Göttingen 1998 (AGP, 35), 51 Anm. 146.
[47] „Hiermit nun gehe ich fort / und schreite auch zum andern Punct / so die Wiederaufrichtung Lucifers und seines gantzen gefallnen Fürstenthums / und also eben der grosse Stein des Anstoßes [. . .] ist; angesehen man deren Wiederbringung für eine lautere Unmüglichkeit achtet". Jane Leade: Eine Offenbarung der Bottschafft des EWIGEN EVANGELII welches gepredigt zu werden nimmer aufhören soll [. . .]. Amsterdam 1697, 28.
[48] Jane Leade: Eine Offenbarung der Bottschafft, 35 f.
[49] [Johann Wilhelm Petersen:] ΜΥΣΤΗΡΙΟΝ ΑΠΟΚΑΤΑΣΤΑΣΕΩΣ ΠΑΝΤΩΝ, Das ist: Das Geheimniß der Wiederbringung aller Dinge [. . .]. Pamphilia [Offenbach] 1700, 255.
[50] Petersen: Der bekräfftigte ORIGENES, 36.
[51] Petersen: Der bekräfftigte ORIGENES, 49.

de von einer ewigen Strafe ab.[52] Die Bestrafung währe nur eine „periodische Ewigkeit" und reiche bis zu dem Anbruch des Tausendjährigen Reiches, das alle Menschen „endlich" in einen sündlosen Zustand versetze.[53] Der Pietismus betonte das Streben nach Vollkommenheit und die damit verbundene endgültige Überwindung der Sünde. Ziel des eschatologischen Enddramas ist die Übergabe des Reiches durch Christus an den Vater, damit „Gott alles in allen" (1 Kor 15,28) sei.[54] Die heilsgeschichtliche Sicht leitet die Argumentation und bildet den Hintergrund der Erörterung.

Der Ruf zur Umkehr und das Dringen auf einen vorbildlichen Lebenswandel werde durch die Wiederbringung aller Dinge nicht in Frage gestellt. Vielmehr sei die Einsicht in die allumfassende Barmherzigkeit Gottes Ansporn, „die Erstgeburt mit Esau nicht um ein Linsen=Gericht der vergänglichen Lust" zu verkaufen.[55] Die Betonung des universalen Heils verharmlose gleichfalls den Zorn Gottes keineswegs und mache sich der einseitigen Akzentuierung der Liebe Gottes nicht schuldig.[56] Vergehen und Missetat werden bestraft.[57] Der eigentliche Dissens besteht darin, dass Petersen die Herrschaft der Sünde, das Strafhandeln Gottes und das Gericht zeitlich begrenzt.[58]

Auch das Mittleramt Jesu werde keineswegs verkannt, sondern umgekehrt: die Allversöhnung mache das „grosse Verdienst Jesu Christi erst recht groß"[59], und so komme das Heilswerk allen Menschen, ja auch dem „gefallenen Engel"[60] zugute. Die mit der Versöhnung einhergehende Aufhebung der „Sünden=Register" schließe auch die „Sünden des Teufels" mit ein.[61] Leitgedanke ist wiederum das eschatologische Grundprinzip der Wiederherstellung eines paradiesischen Urzustandes (restitutio ad integrum).[62]

Die Vorstellung einer doppelten Prädestination stieß bei Petersen auf Unverständnis und provozierte die Frage: „Was solte aber doch immer unsern GOtt / den so frommen GOtt / bewogen haben / mehrere Creaturen in dem Elende des Falls zu lassen / und die wenigsten zu er-

[52] Petersen: Der bekräfftigte ORIGENES, 23.
[53] Petersen: Der bekräfftigte ORIGENES, 49.
[54] Petersen: Der bekräfftigte ORIGENES, 25.
[55] Petersen: Der bekräfftigte ORIGENES, 27.
[56] Petersen: Der bekräfftigte ORIGENES, 32.
[57] Petersen: Der bekräfftigte ORIGENES, 33.
[58] Die „Verwörfflinge" werden eben nur eine Zeit lang „in den Gefängnissen" leiden. Petersen: Der bekräfftigte ORIGENES, 31.
[59] Petersen: Der bekräfftigte ORIGENES, 29.
[60] Petersen: Der bekräfftigte ORIGENES, 48.
[61] Petersen: Der bekräfftigte ORIGENES, 51.
[62] „auff daß also / welcher der erste in der Schöpffung und in der Sünde gewesen / der letste werde in der Wiederbringung." Petersen: Der bekräfftigte ORIGENES, 38.

wählen?"[63] Die Erwählungslehre, offensichtlich Hauptstreitpunkt, war zwischen Lutheranern und Reformierten neben der Christologie ein ständiger Zankapfel. Die Vorstellung, dass die Barmherzigkeit nach Gottes Wohlgefallen den einen zukomme, den anderen aber vorenthalten werde, sei der „rechte Grund von dem *absoluto decreto*, welches doch absolut falsch" sei.[64] Petersen geht von der Christologie aus, nicht aber von der Gotteslehre. Die göttlichen Wesenseigenschaften, Gottes Zorn und Barmherzigkeit, seien in Christus verschmolzen – „also daß eine gerechte Barmhertzigkeit und barmhertzige Gerechtigkeit darauß geworden"[65] – und dürften nicht in der „Waage" gehalten werden.[66] Für Petersen gab das Erbarmen Gottes den Ausschlag, das in der Passion Jesu für alle Menschen gründe.[67] Er missbilligte scharf den reformierten Heilspartikularismus und sprach im Gegenzug von einer „universalen Erbarmung".[68] Von diesem Standpunkt aus könne man Gott „in sein Liebes= Hertz tieff" hineinblicken, „davon die harten Reformirten nicht viel wissen."[69] Schon Lutheraner und Arminianer hätten der reformierten Lehre einen entscheidenden Stoß versetzt, durch die Lehre von der Apokatastasis werde sie nun endgültig „zu Grabe" getragen.[70]

III.

Der unbekannte Gegner der Apokatastasis hatte im Vorwort Origenes der Verbreitung häretischer Lehren bezichtigt und mit Schwenckfeld „unter das Unkraut der Kätzer" gezählt, welches der „Teuffel in der Kirchen unter den guten Waitzen" gesät habe.[71] Er hatte seine Position mit dem Hinweis auf das fünfte allgemeine Konzil von Konstantinopel (553) und dessen Verdammungsurteil über einige origenistische Lehren begründet.[72] Das harsche Ketzerurteil ließ Petersen aufgrund der eigenen Amtsenthebung und der Verteidigung seiner zahlreichen Streitschriften nicht unberührt. Petersen erkannte hier den unter den „heutigen Schul=gelehrten" weit verbreiteten „kätzer=macherischen Läster= Geist" am Werk, der „so

---

63 Petersen: Der bekräfftigte ORIGENES, 51 f.
64 Petersen: Der bekräfftigte ORIGENES, 51.
65 Petersen: Der bekräfftigte ORIGENES, 51.
66 Petersen: Der bekräfftigte ORIGENES, 53.
67 Petersen: Der bekräfftigte ORIGENES, 52.
68 Petersen: Der bekräfftigte ORIGENES, 54.
69 Petersen: Der bekräfftigte ORIGENES, 52.
70 [Petersen:] Geheimniß der Wiederbringung, 60.
71 Petersen: Der bekräfftigte ORIGENES, 19.
72 Petersen: Der bekräfftigte ORIGENES, 21.

gleich im Anfang allhier [. . .] gar zu mercklich hervor=gucket".[73] Petersen sah in Origenes den heiligen „Vatter"[74], den „theuren Zeugen und Mann Gottes"[75] und schätzte ihn als einen vortrefflichen christlichen Lehrer.[76] Origenes sei zu vergleichen mit einem „guten Brunnen [. . .], auß welchem so viele herrliche Lehren geflossen".[77] Für Petersen war Origenes der „theure Kirchen=Vatter"[78] oder einfach der „liebe Origenes".[79] Seinem Kontrahenten hielt er entgegen, dass die Verwerfung der protestantischen Lehre in Trient ebenfalls kein eindeutiger Beleg dafür sei, die Anschauungen der Protestanten für „irrig und falsch" zu halten.[80] Nach Petersen ist die offizielle Verurteilung also kein hinreichendes Kriterium für die zweifelsfreie Identifizierung häretischer Positionen. Der kurze Schlagabtausch offenbart die Beurteilungskriterien der streitenden Parteien und macht auf den unterschiedlichen terminologischen Gebrauch des Ketzerbegriffs aufmerksam. Damit ist der entscheidende Nerv der Auseinandersetzung berührt. Die Verwendung des Ketzerbegriffes gibt Aufschluss über die maßgeblichen Rezeptionsbedingungen origenistischer Ansichten im radikalen Pietismus. Daher ist zunächst die Ketzerproblematik im radikalen Pietismus ins Auge zu fassen.

Der Pietismus musste aufgrund zahlreicher Angriffe von orthodoxer Seite auf den nicht selten geäußerten Häresievorwurf reagieren. Das Problem stellte sich den Vertretern des radikalen Flügels als besonders dringliche Aufgabe, weil sich die zumeist separatistisch gesinnten Kräfte durch divergierende ekklesiologische Konzeptionen bewusst von der Kirche abgrenzten.[81] Schon Anfang des 17. Jahrhunderts gab Johann Arndt (1555–1621), Verfasser der *Vier Bücher vom wahren Christentum*, entscheidende Anstöße zu einer Überprüfung und Neubewertung des Ketzerbegriffs. Obgleich Arndt an keiner Stelle auf das Thema einging, trug er dennoch wesentlich dazu bei, dass es in der Folgezeit zu einer bedeutenden Akzentverschiebung kam. Arndt verwies auf das „wahre" Christentum, das nicht in „Worten" und dem „äußerlichen Schein" bestehe, sondern allein an einem „Christlichen Wandel" erkannt werde.[82]

---

[73] Petersen: Der bekräfftigte ORIGENES, 21.

[74] [Petersen:] Geheimniß der Wiederbringung, 56.

[75] [Petersen:] Geheimniß der Wiederbringung, 55.

[76] [Petersen:] Geheimniß der Wiederbringung, 55.

[77] [Petersen:] Geheimniß der Wiederbringung, 58.

[78] [Petersen:] Geheimniß der Wiederbringung, 54.

[79] [Petersen:] Geheimniß der Wiederbringung, 64; vgl. Gottfried Arnold: Die Erste Liebe, 417. Zu Tertullian vgl. Gottfried Arnold: Die Erste Liebe, 428.

[80] Petersen: Der bekräfftigte ORIGENES, 12.

[81] [Eberhard Ludwig Gruber:] Gespräch und Unterredung von der wahren und falschen Absonderung. Auff Veranlassung der heutigen Separatisten [. . .] und von Einem Lang=Geübten. o. O. 1714.

[82] Johann Arndt: Sämtliche Geistreiche Bücher vom Wahren Christenthum. Frankfurt/Main 1700. Vorrede.

Das vorbildliche Leben Jesu sollte der Glaubenspraxis als normatives Leitbild dienen.[83] Die Frage nach dem wahren Christentum stellte sich den Zeitgenossen angesichts der Erfahrungen im Dreißigjährigen Krieg umso dringlicher.

Für Christian Hoburg (1607–1675)[84] waren die „wahren" Christen ebenso an der Lebenspraxis zu erkennen. Als Maßstab des rechten Wandels galt ihm die „enge Creutz=Strasse Christi"[85]. Im Zentrum seiner Anschauungen stand der Gottesdienst „im Geist und in der Wahrheit" (Joh 4,24),[86] der zur verfassten Kirche in einen unüberbrückbaren Gegensatz trat. Hoburg kritisierte den Meinungsstreit der „Secten" (Konfessionen), deren „Zanck=Lehre"[87] dazu beitrage, dass die Prediger von den Kanzeln herunter einzelne Leute ungerechterweise „verketzern vnd verdammen".[88] Hoburg beabsichtigte, dem „heuttägigen Ministerio Chismatico in Europa" eine „scharpffe Bußpredigt" zu halten.[89] Die herbe Kirchenkritik gewann bei Hoburg durch sein Geschichtsverständnis zusätzlich an Dynamik. Die idealtypische Zeit einer innerlichen Herzensfrömmigkeit begrenzte er einzig auf die ersten drei Jahrhunderte der Kirchengeschichte. Nach Hoburg markiert die „konstantinische Wende"[90] nicht nur den Beginn des Verfalls[91], sondern auch der „Ketzermacherei"[92].

Aufgenommen und konsequent durchgeführt wurde Hoburgs Geschichtsdeutung von Gottfried Arnold (1666–1714) in seiner epochema-

---

[83] Johann Arndt: Wahres Christentum, Vorrede.

[84] Zu Hoburg vgl. Hans-Jürgen Schrader: Art. „Hoburg, Christian". In: Schleswig-Holsteinisches Biographisches Lexikon 5. Neumünster 1979, 133–137. Vgl. auch Martin Schmidt: Christian Hoburgs Begriff der mystischen Theologie. In: Ders.: Wiedergeburt und neuer Mensch. Gesammelte Studien zur Geschichte des Pietismus. Witten 1969 (AGP, 2), 51–90.

[85] Christian Hoburg: Der unbekante Christus. Leipzig 1701, 80. „Hätte man so hefftig Christi Leben dem Volck eingebläuet / als hefftig man für die Lehre gestritten; es gienge in allen Ständen besser zu." Elia Praetorius [Christian Hoburg]: Spiegel der Misbräuche beym Predig=Amt im heutigen Christenthumb und wie selbige gründlich und heilsam zu reformieren. o. O. 1644, 478.

[86] [Hoburg]: Spiegel der Misbräuche, 102.

[87] [Hoburg]: Spiegel der Misbräuche, 22.

[88] [Hoburg]: Spiegel der Misbräuche, 22. Nach Hoburg verketzert die „Clerisey" Personen, „welche sie Ihr lebenlang nicht gesehen". Vgl. dazu auch Gottfried Arnold: UKKH, Allgemeine Anmerkungen, IV § 28.

[89] [Hoburg]: Spiegel der Misbräuche, 414.

[90] Zum Begriff vgl. Wilhelm Schneemelcher: Art. „Konstantinisches Zeitalter". In: TRE 19 (1990), 501–503 (Lit.); [Hoburg]: Spiegel der Misbräuche, Vorwort. „Und so lange man vnter dem Creutz Christi geschwebet in die 300. Jahre / biß an die Zeiten Keisers Constantini Magni, ist der Gottesdienst allezeit nur Innerlich vnd Gott wolgefällig geblieben." [Hoburg]: Spiegel der Misbräuche, 578 f.

[91] [Hoburg]: Spiegel der Misbräuche, 733.

[92] Die „Clerisey" habe damit begonnen „die jenigen / so vnsere Formulen nicht wollen billigen / zu verfolgen / zu incarceriren, vnd wol gar auß dem Lande zu verjagen". Hoburg: Spiegel der Misbräuche, 733; vgl. dazu auch Gottfried Arnold: UKKH, Allgemeine Anmerkungen, IV § 34.

chenden *Unparteiischen Kirchen- und Ketzerhistorie* (1699/1700).[93] Arnold rückte die Ketzerproblematik betont in den Vordergrund seiner Darstellung[94] und nahm ausdrücklich einen überkonfessionellen Standpunkt ein. Dogmatische Lehrsätze ablehnend, berief er sich allein auf das vorbildliche Leben der apostolischen Gemeinden als das entscheidende Wahrheitskriterium.[95] Dies blieb nicht ohne Folgen für den Ketzerbegriff. Im Vorwort der *Kirchen- und Ketzerhistorie* spricht Arnold interessanterweise aber nur an einer Stelle von den Anschauungen der „sogenannten kätzer" und bemerkt, dass einzig der Wiedergeborene imstande sei, diese recht zu beurteilen.[96]

Wolfgang Bienert wies darauf hin, dass Arnold den Ketzerbegriff schon in der *Ersten Liebe der Gemeinen Jesu Christi* (1696) ausführlich behandelt hat.[97] In seinem ersten bedeutenden Werk erteilte Arnold der traditionellen Sicht der Häresie eine eindeutige Absage. Den Grund für den Niedergang der wahren Herzensreligion erblickte er darin, dass die „Clerisey" neben die Schrift „offenbare Menschen=Erfindungen und Satzungen [...], Erklärungen / Bekänntnisse / Symbola" setzte.[98] Mit der Verwerfung der kirchlichen Lehraussagen hob Arnold die zur Bestimmung von Häresien notwendigen Beurteilungskriterien auf und entzog damit der „Ketzermacherei" endgültig den Boden. Arnold ließ als Richtschnur einzig die Lehre und das Leben Jesu und die sich daran orientierende Glaubenspraxis der ersten Christen gelten.[99] Damit entschied sich die Rechtgläubigkeit am unsträflichen Lebenswandel.[100] Schon in den frühen Gemeinden sei man der Überzeugung gewesen, dass „kein Ketzer ein wahrhaftiges Gottseliges Leben führen könne"[101]. Weiterhin zeichne sich der Zeuge der Wahrheit dadurch aus, dass er Verfolgung leide.[102] Die Kreuzesnachfolge war für Arnold der Maßstab

---

[93] Nach J. F. G. Goeters wurde Arnolds Sicht der Kirchengeschichte maßgeblich durch Friedrich Spanheim d.J. (1649–1710) beeinflusst. Vgl. Johann Friedrich Gerhard Goeters: Gottfried Arnolds Anschauung von der Kirchengeschichte in ihrem Werdegang. In: Bernd Jaspert/Rudolf Mohr (Hg.): Traditio – Krisis – Renovatio aus theologischer Sicht. Festschrift für W. Zeller. Marburg 1976, 249.

[94] Vgl. Arnold: UKKH, Allgemeine Anmerkungen.

[95] „Je näher es denen Zeiten der Apostel und derer jenigen war / so JESUM in dem Fleische selbst gesehen und gehöret hatten / je reiner war auch alles bey ihnen." Gottfried Arnold: Die Erste Liebe, Vorrede, 3.

[96] Arnold: UKKH, Vorrede, 3. Der Begriff „Wahrheit" begegnet auffällig häufig in der Vorrede der UKKH: §§ 1, 3, 5, 6, 7, 8, 9, 14, 15, 18, 20, 23, 24, 26, 27, 28, 29, 33, 35, 36, 42, 43, 45, 52.

[97] Wolfgang Bienert: Ketzer oder Wahrheitszeuge. Zum Ketzerbegriff Gottfried Arnolds. In: ZKG 88 (1977), 230–246, hier 231.

[98] Arnold: Die Erste Liebe, 413.

[99] Arnold: Die Erste Liebe, Vorrede, 2.

[100] Arnold: Die Erste Liebe, 418.

[101] Arnold: Die Erste Liebe, 418.

[102] Arnold: Die Erste Liebe, 447.

149

des wahren Christentums, auch Kennzeichen des lebendigen Glaubens, zeige sich doch gerade hier die Übereinstimmung mit dem Leben Jesu und der ersten Christen am deutlichsten.[103] Die Verfolgten erschienen als die echten Christen und die Verfolger als die vom christlichen Glauben Abgefallenen.[104] Arnold ging folglich vom pietistischen Grundanliegen der *praxis pietatis* aus und gelangte auf diese Weise zu einer Neubewertung des Ketzerbegriffs.

Die hier von Arnold entwickelten Grundsätze spiegeln sich in seiner Origenes-Darstellung wider.[105] Alles, was auch nur den Anschein einer Ketzerei erwecken könnte, hält Arnold von Origenes fern. Er preist den bemerkenswerten Glaubensgehorsam und die umfassende Gelehrsamkeit des altkirchlichen Theologen.[106] Die Verleumdungen und Verketzerungen der Gegner führt Arnold dagegen auf die Affekte zurück.[107] So sei Origenes aus Hass und Neid von dem Bischof Demetrius und seinen späteren Widersachern angefeindet worden.[108] Gegen die Angriffe verteidigten ihn schon früh bewährte Männer wie Euseb von Caesarea (um 260–339), Didymus von Alexandria (um 315–395),[109] Gregor von Nazianz (um 330–390), Rufin von Aquileia (um 345–410), anfangs auch Hieronymus (347–420) und der Kirchenhistoriker Sokrates (um 380–439).[110]

---

[103] Wie prägend und weit verbreitet diese Vorstellung unter radikalen Pietisten war, lässt sich besonders eindrücklich an den autobiografischen Berichten von Johann Georg Rosenbach (1678–1747) erkennen. Johann Georg Rosenbach: Wunder=und Gnaden=volle Führung Gottes eines auff dem Wege der Bekehrung Christo nachfolgenden Schaafs / oder historische Erzehlung was sich mit mir Endes=benahmten in verschiedenen Landen/ Städten/ Flecken und Oertern von 1701. biß 1704. zugetragen. o. O. o. J.; Johann Georg Rosenbach: Wunder=und Gnaden=volle Bekehrung/ zweyer in der Irre gegangenen verlohrnen gewesenen Schaafe [. . .]. o. O. 1701. Zu Rosenbach vgl. Friedrich Fritz: Johann Georg Rosenbach. In: ZBKG 18 (1949), 21–59. Hans Schneider: Pietismus im 18. Jahrhundert, 141 f.; Horst Weigelt: Die Geschichte des Pietismus in Bayern. Anfänge – Entwickung – Bedeutung. Göttingen 2001 (AGP, 40), 137–141.

[104] „bey denen die Zeugen der Wahrheit Ketzer seyn musten". Arnold: Die Erste Liebe, 427.

[105] Zu Origenes vgl. Arnold: Die Erste Liebe, Vorrede, 65, 426, 431, 434, 436, 437, 450, 458. Arnolds Kenntnisse über Origenes beruhen vor allem auf den Arbeiten des Franzosen Pierre-Daniel Huet (1630–1721), dessen Werk Origeniana in deutscher Übersetzung 1685 in Köln erschien. Vgl. Catalogus Bibliothecae Godofredi Arnoldi, Inspectoris et Pastoris Perlebergensis. o. O. 1714, 2 Nr. 17. Zur Bedeutung von Huet für die Rezeption origenistischer Ansichten vgl. Herwig Görgemanns/Heinrich Karpp (Hg.): Origenes. Vier Bücher von den Prinzipien. Darmstadt 1976, 30.

[106] Arnold: Die Erste Liebe, 65.

[107] Arnold: Die Erste Liebe, Vorrede, 431. Schon Hieronymus gab Missgunst und Eifersucht als Motive für das Vorgehen gegen Origenes an; vgl. Max Schär: Das Nachleben des Origenes im Zeitalter des Humanismus. Basel 1979 (BBGW, 140), 23.

[108] Arnold: Die Erste Liebe, 431.

[109] Arnold: Die Erste Liebe, 458. Zu Didymos vgl. Wolfgang Bienert: „Allegoria" und „Anagoge" bei Didymos dem Blinden von Alexandria. Berlin 1972 (PTS, 13).

[110] Arnold: Die Erste Liebe, 458.

Der konzeptionelle Neuentwurf des Ketzerbegriffs wirkte sich auf Petersens Studium der altkirchlichen Werke förderlich aus und befreite ihn von dem Legitimationsdruck gegenüber orthodoxen Anfeindungen. Für Petersen erlangte Origenes eine nicht zu überschätzende Bedeutung, wenn es darum ging, die Apokatastasis gegen Angriffe seiner Gegner zu verteidigen. Petersens zahlreiche Publikationen zeugen davon, dass er intensiv die vier Bücher *Von den Prinzipien* (Περὶ ἀρχῶν) studierte. In der voluminösen Schrift *Geheimniß der Wiederbringung* kam Origenes ausführlich zu Wort.[111] Bevor Petersen die origenistische Apokatastasislehre darlegte, begann er mit einer biografischen Skizze[112] und lobte, pietistischen Deutemustern folgend, den vorbildlichen Lebenswandel[113] und Bekehrungseifer des griechischen Kirchenvaters.[114] Zudem habe Origenes durch die „Erleuchtung" des Heiligen Geistes die Schrift „nach dem Kern" und den darin „verborgenen Geheimnissen" untersucht.[115] Die bemerkenswerte Geistbegabung habe Origenes nicht zuletzt dazu befähigt, das „Ende aller Dinge" einzusehen.[116] Aufgrund der durch Arnold eingeleiteten Revision des Ketzerbegriffs stand einer breiten Aufnahme origenistischer Ideen im radikalen Pietismus nichts mehr im Wege.

---

[111] [Petersen:] Geheimniß der Wiederbringung, 4, 36 f., 41 f., 43, 53 f., 67 u. a.

[112] [Petersen:] Geheimniß der Wiederbringung, 58–72.

[113] „der also heilig von Kindes Beinen auff biß in sein graues Alter gelebet". [Petersen:] Geheimniß der Wiederbringung, 61.

[114] „so viele tausend zu Christus Jesus bekehret", [Petersen:] Geheimniß der Wiederbringung, 61.

[115] [Petersen:] Geheimniß der Wiederbringung, 61.

[116] [Petersen:] Geheimniß der Wiederbringung, 61.

DIETER ISING

Radikaler Pietismus in der frühen Korrespondenz Johann Albrecht Bengels

Verbindungen des württembergischen Theologen Johann Albrecht Bengel (1687–1752) zu Vertretern des radikalen Pietismus sind in der Literatur auf unterschiedliche Weise akzentuiert worden. Johann Christian Friedrich Burk erwähnt diesen Sachverhalt in auffallender Kürze bei der Schilderung von Bengels wissenschaftlicher Reise. Der Name Tennhardt taucht auf, wobei diese höchst interessante Begegnung umgehend eingeordnet und harmonisiert wird: Bengel habe auf der Reise „eifernde Lutheraner, strenge Calvinisten, Spenerianer, Inspirierte, Separatisten" kennen gelernt. Dies alles habe ihn auf „jene goldene Mittelstraße" hingeleitet, „welche von enthusiastischer Schwärmerey und kaltsinniger Verständigkeit gleichweit entfernt bleibt."[1] Das Bemühen, den verehrten Lehrer – angesichts nicht zu leugnender Verbindungen zum radikalen Pietismus – als unbeirrbaren Vertreter eines kirchlichen Pietismus zu zeichnen, ist offensichtlich.

Oscar Wächter widmet Bengels Verhältnis zum radikalen Pietismus immerhin einen eigenen, wenn auch kurzen Abschnitt. Sein Florilegium Bengelscher Aussprüche „Ueber Separatisten" verzichtet auf die Angabe von Quellen; offensichtlich kommt hier vor allem der späte Bengel zu Wort.[2] Bengels offenes Auge für kirchliche Missstände wird erwähnt, auch die Redlichkeit und Ernsthaftigkeit einiger Separatisten. Ein kirchlicher Amtsträger habe ihnen freundlich zu begegnen, bei aller notwendigen theologischen Distanz. Dass Bengels Freundlichkeit und persönliche Wertschätzung eine Vorgeschichte haben, darauf geht Wächter nicht ein.

Diese Vorgeschichte kommt in Karl Hermanns Darstellung ansatzweise zur Sprache. David Wendelin Spindler wird geschildert, dem Bengel als Kostgänger und Schüler übergeben war und dessen Stuttgarter

---

[1] Johann Christian Friedrich Burk: Dr. Johann Albrecht Bengel's Leben und Wirken, meist nach handschriftlichen Materialien bearbeitet. Stuttgart 1831, 28 (im Folgenden: Burk: Bengel's Leben).

[2] Oscar Wächter: Johann Albrecht Bengel. Lebensabriß, Character, Briefe und Aussprüche [...]. Nach handschriftlichen Mittheilungen dargestellt [...] Stuttgart 1865, 371–374 (im Folgenden: Wächter: Bengel).

Haus sich zu einem Treffpunkt radikaler Pietisten entwickelte. Die Frage nach dem Einfluss des Spindlerschen Kreises auf den jungen Bengel wird gestellt, eine Erinnerung Bengels an seine frühe Not mit „Bußkampf" und „Durchbruch" erwähnt.[3] Dessen Kennenlernen weiterer Vertreter radikal-pietistischer Anschauungen begegnet bei Hermann dagegen nur sporadisch; hier ist man auf das Personenregister angewiesen.

Auch Gottfried Mälzer beschränkt sich weitgehend auf die Einflüsse Spindlers und sieht Auswirkungen auf Bengels spätere chiliastische Naherwartung und heilsgeschichtliche Berechnungen. Zudem weist er, wie zuvor Hermann, auf Bengels Arbeiten zur Mystik, die im radikalen Pietismus einflussreiche Autorinnen und Autoren wie Böhme, de Guyon, de Bourignon und Poiret einbeziehen.[4] Eine zusammenhängende Darstellung der Kontakte Bengels zum radikalen Pietismus fehlt auch hier.

Martin Brecht hat sich wiederholt der Auseinandersetzung Bengels mit dem radikalen Pietismus, mit Spiritualismus, Mystik und Quietismus gewidmet.[5] Bengels früh begonnene Lektüre einschlägiger Literatur wird genannt, seine Auseinandersetzung mit radikalen wie kirchlichen Positionen nachvollzogen. Auf diese Weise kann Brecht Aufschlussreiches etwa über Bengels Hermeneutik und sein Verständnis von Rechtfertigung und Heiligung sagen.

Dass ein genauer Blick auf Bengels Auseinandersetzung mit dem radikalen Pietismus weiterführt, liegt auf der Hand. So wird es möglich, nicht nur das Übermalen dieser Auseinandersetzung in der Bengel-Schule des 19. Jahrhunderts aufzudecken, sondern auch neue Erkenntnisse zur Entstehung und Weiterentwicklung von Bengels Theologie zu gewinnen.

Radikaler wie kirchlicher Pietismus sind nicht nur Gegenstand theologischer Betrachtung, sondern haben auch einen psychologischen, sozialgeschichtlichen und politischen Aspekt;[6] dies wird im Folgenden

---

[3] Karl Hermann: Johann Albrecht Bengel. Der Klosterpräzeptor von Denkendorf. Sein Werden und Wirken nach handschriftlichen Quellen dargestellt [. . .] hg. vom Calwer Verlagsverein. Stuttgart 1937, 38–83 (im Folgenden: Hermann: Bengel).

[4] Gottfried Mälzer: Johann Albrecht Bengel. Leben und Werk. Stuttgart 1970, 21–29.333–335.341 (im Folgenden: Mälzer: Bengel).

[5] Vor allem: Martin Brecht: Bibelmystik. J. A. Bengels Verhältnis zur Schrift und zur Mystik. In: Ders.: Ausgewählte Aufsätze. Bd. 2: Pietismus. Stuttgart 1997, 253–272 (im Folgenden: Brecht: Bibelmystik); Martin Brecht: Die Hermeneutik des jungen J. A. Bengel. In: Ders.: Ausgewählte Aufsätze. Bd. 2: Pietismus. Stuttgart 1997, 273–285 (im Folgenden: Brecht: Hermeneutik). – Herrn Prof. Dr. Brecht habe ich im Zusammenhang mit meiner Edition der Bengel-Korrespondenz für Diskussion und weiterführende Hinweise zu danken.

[6] Vgl. Eberhard Fritz: Radikaler Pietismus in Württemberg. Religiöse Ideale im Konflikt mit gesellschaftlichen Realitäten. (Quellen und Forschungen zur württembergischen Kirchengeschichte 18). Epfendorf 2003 (im Folgenden: E. Fritz: Radikaler Pietismus); Hans Schneider: Der radikale Pietismus im 17. Jahrhundert. In: Martin Brecht (Hg.): Geschichte des Pietismus. Bd. 1: Der Pietismus vom siebzehnten bis zum frühen achtzehnten Jahrhundert. Göttingen 1993, 391–437 (im Folgenden: Schneider: 17. Jahrhundert), hier 394–398.

vorausgesetzt. Theologen und Theologien bewegen sich nicht im luft-leeren Raum. Was etwa Hans Schneider und Eberhard Fritz über Daseinsangst und endzeitliche Wirklichkeitsdeutung, über soziale Herkunft und soziales Verhalten radikaler Pietisten sagen, gilt auch für das Feld, das hier ins Auge zu fassen ist. Die vorliegende Arbeit hat sich allerdings auf Bengels Briefwechsel zu konzentrieren, der theologisch argumentiert und nur selten die Situation des Betreffenden einbezieht. Sie beschränkt sich weitgehend auf die theologische Ebene und setzt voraus, dass dieses Vorgehen sinnvoll ist. Schließlich handelt es sich beim radikalen Pietismus nicht nur um ein Produkt psychologischer, gesell-schaftlicher und politischer Gegebenheiten.

Unter radikalem Pietismus wird im Folgenden eine Bewegung verstan-den, die unter Aufnahme mystisch-spiritualistischen Gedankenguts des 17. Jahrhunderts eine spiritualistische Hermeneutik entwickelt. Das innere Wort als Eingebung des Heiligen Geistes stellt man über die Bibel; die ideologiekritische Funktion der Schrift geht häufig verloren. Biblische Aussagen werden mit theosophischen Spekulationen verflochten, was Aus-wirkungen auf Gottesbild, Menschenbild und Rechtfertigungslehre hat. Tauf- und Abendmahlslehre werden spiritualisiert (Geisttaufe in der Wie-dergeburt, geistliches Genießen des Abendmahls). Eine damit verbundene Geringschätzung der kirchlichen Sakramente wird zur Geringschätzung kirchlicher Amtsträger und der Institution Kirche überhaupt. Harte Reak-tionen von kirchlicher und staatlicher Seite verstärken das elitäre Selbstbe-wusstsein radikaler Pietisten. Die verfassten Kirchen sind nicht länger als Kirche Jesu Christi anzusehen, sondern als widergöttliches Babel, auf des-sen Untergang die Geschichte Gottes mit den Menschen hinausläuft. An die Stelle Babels tritt die unsichtbare Geistkirche, die einzige wahre Kirche, in der sich Gläubige aller Konfessionen vereinen. Sie lebt in der Naher-wartung durch Gott heraufgeführter besserer Zeiten. Häufig trägt die Erwartung chiliastische Züge (Tausendjähriges Reich der Johannesoffen-barung) und ist mit endzeitlichen Berechnungen verbunden.

Radikaler Pietismus und Separatismus sind nicht immer identisch. Radikal-pietistisches Denken findet sich, wie Bengels Korrespon-denz zeigen wird, auch bei kirchlichen Amtsträgern. Erst wenn spiritua-listische Elemente die Oberhand gewinnen, wird die Separation von der Institution Kirche vollzogen.[7] Hier gibt es Übergänge zwischen radikaler und kirchlicher pietistischer Strömung; klare Grenzlinien sind nicht im-mer zu ziehen.

Im Folgenden wird versucht, Bengels Beziehungen zu diesem Feld zu orten, und zwar aufgrund seiner frühen Korrespondenz[8] aus dem Zeit-

---

[7] Vgl. Hans Schneider: Der radikale Pietismus im 18. Jahrhundert. In: Martin Brecht/Klaus Deppermann (Hg.): Geschichte des Pietismus. Bd. 2: Der Pietismus im achtzehnten Jahrhun-dert. Göttingen 1995, 107–197, hier 116 (im Folgenden: Schneider: 18. Jahrhundert).

raum 1707–1719. Abgedeckt sind damit die Zeit im Herzoglichen Stipendium in Tübingen (dem „Stift"), allerdings erst nach Bengels Erstem Theologischen Examen, seine Tätigkeit als Vikar und Repetent, die wissenschaftliche Reise (März–November 1713) sowie die ersten Jahre als Klosterpräzeptor in Denkendorf. Weitere handschriftliche Quellen wie Bengels Reisetagebuch von 1713 *(Itinerarium)* und seine Materialsammlung zu August Hermann Franckes Reise durch Süddeutschland 1717/1718 *(Iter Franckianum)* werden hinzugezogen.[9]

Bengels Korrespondenz geht weit über Württemberg hinaus. Ein breites Spektrum radikal- wie kirchlich-pietistischer Stimmen kommt zu Wort, eine bisher nicht wahrgenommene Vielfalt in unterschiedlicher Intensität – von kommentarloser Nennung der Personen und ihrer Schriften über eingehende Diskussion bis hin zur persönlichen Begegnung. Wie hat sich Bengel angesichts dieses Spannungsfeldes von radikalem und kirchlichem Pietismus zurechtgefunden? Welche Anregungen hat er aufgenommen, was hat er entschieden abgelehnt? Auf diesem frühen Hintergrund können seine späteren Beziehungen und theologischen Äußerungen zum radikalen Pietismus besser verstanden werden.

1. Erste Berührungen mit dem radikalen Pietismus

Die frühe Bekanntschaft Bengels mit radikal-pietistischen Anschauungen im Haus des Präzeptors David Wendelin Spindler (1650–1714) wurde u. a. von Karl Hermann und Gottfried Mälzer dargestellt.[10] Spindler hat den in Württemberg üblichen theologischen Bildungsgang absolviert. Nach dem Besuch von Klosterschule und Herzoglichem Stipendium, dem Tübinger „Stift", wird er 1673 Präzeptor in Leonberg, 1684 in Cannstatt. Bei einem Vertretungsdienst in Winnenden 1693 lernt er Bengel kennen; nach dem frühen Tod von Bengels Vater nimmt er den Sohn als Kostgänger und Schüler in sein Haus auf. Dieser folgt ihm 1693 nach Marbach am Neckar, 1696 in die Schorndorfer Lateinschule und schließlich nach Stuttgart, wo Spindler seit 1699 an der Mittelstufe des Gymnasiums unterrichtet.

Der pietistischen Kreisen nahe stehende Präzeptor besucht in Stuttgart die Privatversammlungen im Haus des Zuckerbäckers Johann Jacob Kalchbrunner (Kaltbrunner). Hier, so wird dem Konsistorium berichtet,[11] übe man Kritik am geistlichen Amt, verachte die kirchlichen Got-

---

[8] Eine kommentierte Edition der Briefe von und an Bengel wird vom Autor bearbeitet. Bd. 1 wird die frühe Korrespondenz enthalten. Die Originale der in diesem Aufsatz zitierten Briefe befinden sich im Bengel-Nachlass der Württembergischen Landesbibliothek (WLB) Stuttgart.

[9] WLB Stuttgart, cod. hist. fol. 1002, 11. 14.

[10] Siehe oben Anm. 3 und 4.

[11] Zum Folgenden vgl. Christoph Kolb: Die Anfänge des Pietismus und Separatismus in

tesdienste, gehe jahrelang nicht zum Abendmahl. Als Kalchbrunners Eheprobleme überdeutlich werden, verlegt man die Zusammenkünfte in das Haus Spindlers. Dieser, 1702 vor das Konsistorium beschieden, wird nach seinen chiliastischen (ein Tausendjähriges Reich betreffenden) Überzeugungen gefragt, worauf er antwortet, „er wisse von keinem Chiliasmus als Apocalypsis [Offenbarung des Johannes] zeige, so auf determinationem temporum gehe". Ein Jahr später hat er sich u. a. wegen Äußerungen zur Allversöhnung („Verführung der Jugend durch Beibringen von irriger Lehre und Diskursen [. . .] de salute diabolorum") zu verantworten. 1704 wird er erneut verhört; Verdacht erregen die bis in die Nacht dauernden und auch von Auswärtigen besuchten Zusammenkünfte in seinem Haus. Die Verhöre ergeben, dass man in einer Gemeinschaft nach dem Vorbild der ersten Christen zu leben versucht. Das Auftreten des Antichrists (vgl. Offb 13) wird gespannt erwartet als Vorbote des kommenden Herrn.

Im März 1707 hat sich Spindler wegen seiner Kritik an der Kirche zu verantworten. Er behauptet Widersprüche in den lutherischen Bekenntnisschriften, lehnt die Kindertaufe ab, geht nicht mehr zur kirchlichen Abendmahlsfeier. Mit Gottlosen solle ein Christ keine Gemeinschaft haben. Durch die Gnade des Heiligen Geistes könne man es zur Sündlosigkeit bringen. Spindler verspricht zwar, künftig den Vorgesetzten gehorsam zu sein, kann aber seine Bedenken, die er gegenüber dem kirchlichen Abendmahl hegt, nicht überwinden. Im August 1710 wird er aus dem Amt entlassen.

Bengels Lebenslauf von 1721 schildert Spindler als „väterlichen Freund". Er habe ihm „mit leidenschaftlicher Hingabe" wissenschaftlichen Unterricht erteilt, ihn aber auch „zu beständiger Beschäftigung mit der Heiligen Schrift" angehalten.[12] Die Vorgänge in Stuttgart werden im Lebenslauf schweigend übergangen. Bengels früher Briefwechsel (erhalten ab 1707) geht noch einen Schritt weiter; hier taucht Spindler überhaupt nicht auf.[13] Bengel, seit 1703 in Tübingen, hat dessen Haus zwar vor dem Höhepunkt der Auseinandersetzung verlassen, das Geschehen aber ohne Zweifel aus der Ferne miterlebt.

Sein Schweigen erstreckt sich auch auf Personen, die er als Spindlersche Hausgenossen gekannt haben muss. Da ist sein eigener Cousin Philipp Albrecht Bengel (1684–1712), der 1703 nach der Begegnung mit

---

Württemberg. Stuttgart 1902, 108–123 (im Folgenden: Kolb: Anfänge); Hermann: Bengel, 78–83.

[12] Übersetzung von Wilhelm Keller. In: Ders. (Hg.): Von göttlichen Dingen. Drei Aufsätze über Bibel und Gebet von Johann Albrecht Bengel mit seinem selbstverfaßten Lebenslauf. Stuttgart, Basel 1937, 11.

[13] Auch wenn man eine nachträgliche „Säuberung" des Briefwechsels nicht ausschließen kann, bleibt das durchgängige Schweigen Bengels und seiner Korrespondenzpartner auffällig.

Spindler das Theologiestudium abbricht und das Tübinger Stift verlässt. Es heißt von ihm, er sei „umhergelaufen wie ein verirrt Schaf, habe jeden geflohen, der seine Sache nicht gebilligt". Er wird aus dem Stift entlassen; ein Gesuch um Wiederaufnahme lehnt man 1707 ab. Philipp Albrecht wird Soldat und fällt 1712 vor Quesnoy in Flandern.[14]

Von Johann Albrecht Bengel ebenfalls nicht erwähnt wird Wolfgang Eberhard Hepplen (1683–1742), als Stuttgarter Gymnasiast sein Mitschüler und wie er Kostgänger im Haus Spindlers. Hepplen soll dort in Bußkämpfe geraten sein und asketische Übungen getrieben haben, um zum ersehnten „Durchbruch" zu kommen. Als man ihn 1704 verhört, gibt er sich als Anhänger der Allversöhnungslehre zu erkennen. Er kann sein Studium beenden. Beim Antritt des Vikariats in Königsbronn 1708 wird er dem Spezialsuperintendenten in Heidenheim zu besonderer Aufsicht empfohlen; 1709 geht er ins Pfarramt.[15]

In den Briefen taucht lediglich Andreas Ludwig Hepplen (1688–16. Januar 1713) auf, offensichtlich ein Bruder Wolfgang Eberhards. Andreas Ludwig studiert seit 1709 Theologie in Tübingen; er verlobt sich mit Maria Katharina Seeger, der älteren Schwester von Bengels späterer Frau Johanna Regina. Er ist mit Bengel befreundet, der den früh Verstorbenen betrauert.[16]

Ein Brief Bengels nennt die kirchenkritischen Theologen Christian Gottfried Schmoller und Polycarp Jacob Baur. Ob er von ihren Verbindungen zum radikal-pietistischen Zirkel in Stuttgart (1706 bzw. 1707) wusste, sei dahingestellt; auch hier schweigt er.[17] Der in Bengels Briefen und Tagebüchern erwähnte Johann Wilhelm Petersen hat 1705 Stuttgart besucht und bei Frau von Kulpis, einem Mitglied des Spindlerschen Kreises, gewohnt.[18] Obwohl eine persönliche Begegnung unwahrscheinlich ist, wird Bengel davon erfahren haben. Auch hierüber findet sich in den frühen Quellen nichts.

Als Bengel 1715 über den Inspirierten J. M. Schwanfelder (Schwanenfeld) berichtet, der an den radikal-pietistischen Unruhen in Stuttgart 1710 führend beteiligt gewesen ist, beschränkt er sich auf die unverbindliche Aussage, dieser sei an einigen Orten Württembergs aufgetreten; jetzt sei von den Inspirierten fast nicht mehr die Rede.[19]

---

[14] Kolb: Anfänge, 108, 111; Hermann: Bengel, 82 f.
[15] Kolb: Anfänge, 110–112.
[16] Bengel an Christoph Andreas Schmidlin 22.–23.1.1713; an Johann Christian Lange September 1714.
[17] Siehe unten S. 161 f. Vgl. Kolb: Anfänge, 94, 97.
[18] Kolb: Anfänge, 112 f.
[19] Bengel an Joachim Lange 2.9.1715 (vgl. S. 189 f.). Vgl. Kolb: Anfänge, 118 f.

2. Begegnung mit radikal-pietistischer Kirchenkritik in Württemberg

Geht es dagegen um Personen der radikalpietistischen Szene außerhalb Stuttgarts, wird man in Bengels Korrespondenz und seinen Tagebüchern um so besser informiert. Gleich das älteste Stück des Briefwechsels, ein Schreiben von Andreas Bardili an Bengel vom 8. Januar 1707, führt mitten in die württembergischen Auseinandersetzungen der ersten Jahre des 18. Jahrhunderts. Bengels Antwort, auch auf die anschließenden Briefe Bardilis[20], ist verloren; es wird aber deutlich, dass hier kontrovers diskutiert und freundschaftlich zugehört wird.

Der ein Jahr ältere Andreas Bardili (1686–1754), seit 1703 Bengels Kommilitone im Tübinger „Stift", gehört wie Spindler zu den in den ersten Jahren nach 1700 verfolgten radikalen Pietisten. Bardili hat 1706 sein Vikariat in Herrenberg verlassen aus Empörung über die Amtsenthebung Sigmund Christian Gmelins.[21] Dies und die von ihm abgelehnte Zulassung Unbußfertiger zum Abendmahl verschärfen seinen Konflikt mit der Kirche.

Dem frisch examinierten Bengel, der einer Tätigkeit als Vikar und Stiftsrepetent entgegensieht, bekennt der ehemalige Vikar am 8. Januar 1707: „Auf die universitaet habe freylich schlechtre lust, inmaßen ich in Christo Jesu einer ganz anderen ad ministerium Spiritus nothwendigen praeparation überzeuget bin, als bißhero mir eingebildet habe und eingebildet worden." Entscheidend sei, dass man „das bilde Gottes in sich in der wiedergeburt nach Göttlicher ordnung läßt wieder aufrichten". Dann bekenne man seinen Glauben nicht nur mit dem Munde, sondern werde auch im Tun „von ihme nach allen seinen Kräfften beherrscht". Als Diener des göttlichen Wortes dürfe er (Bardili) nichts reden, „wo es nicht Christus durch mich würkte und von dem H[eiligen] Geist wahrhafftig erleuchtet und regirt wird". So habe es Paulus Röm 15,18 f. gesagt. Nur dann könne man verstehen, „was die apostel und übrige männer Gottes aus diesem geist geschrieben haben und was sonst andre Kinder Gottes in schrifften der welt vorlegen".

Bardili begründet sein Verlassen des akademischen Lehrbetriebs mit der von ihm angestrebten Praxis pietatis. Es fällt auf, dass er – anders als kirchliche Pietisten – beides nicht zu vereinen vermag, sondern nur alternativ verstehen kann. Auch sein Reden von Wiedergeburt und Erleuchtung durch den Heiligen Geist wirkt endgültig, so als ob es sich bei der neuen Kreatur um eine substanzielle Transformation handle. Weiß Bardili noch, dass biblische Rede vom Neuwerden des Menschen eine eschatologische Gabe meint, dass also Wiedergeborene fehlbar bleiben und zurückfallen können? Bengel hat diese Einsicht im gleichen Jahr

---

[20] Bardili an Bengel 8.1.1707, 12.5.1708, 4.6.1708, 16.6.1708, 12.7.1708.
[21] Kolb: Anfänge, 101 f. Zu Sigmund Christian Gmelin siehe unten S. 161.

deutlich formuliert; seine unter dem Vorsitz Johann Wolfgang Jägers gehaltene *Dissertatio de Theologia Mystica eiusque Processu* wendet sich gegen ein habituelles Verständnis von Wiedergeburt und neuer Kreatur.[22] Dagegen redet Bardili als einer, der eine eindrückliche Erfahrung gemacht hat, so eindrücklich, dass er sie nicht zu relativieren vermag. Ein neues Fundament ist gewonnen, auf dem er radikale Entscheidungen für sich trifft: Die akademische Bildung hat ausgedient, weil sie für das Verstehen der Schrift und damit für die Ausbildung des Predigers nicht relevant ist. Dazu bedarf es einer „ganz anderen ad ministerium Spiritus nothwendigen praeparation", der Bereitschaft, sich dem göttlichen Wirken zu öffnen. Die Konsequenzen für eine Beurteilung des geistlichen Amtes in der verfassten Kirche liegen auf der Hand.

Bardilis explizite Kritik an Kirche und Amt lässt nicht lange auf sich warten. Im Brief vom 12. Mai 1708, der auf ein verlorenes Schreiben Bengels antwortet, lehnt er zwar Wortgefechte und Disputationen ab. Sie würden die neue Schöpfung nur verzögern; auf diese komme es schließlich an. Aber er will doch in die Diskussion eintreten, freundschaftlich, „remotis odiosis controversiis". Er erkenne Bengels Redlichkeit an, schreibt er am 4. Juni 1708. Dann geht es in aller Deutlichkeit zur Sache. Bengel wird zitiert, der über die göttliche Bereitung zum Predigtamt geschrieben und hinzugefügt habe: „und vielleicht auch zum Amt, dazu du beruffen bist". Bardili antwortet, zu einem Amt, wie es Bengel verstehe, „nemlich nach einer falschen (meo judicio) Kirche Sazungen, Ordnungen und MenschenGebotten, aberglaubischen und abgöttischen Gottesdienst und Verfälschungen des Wahren Worts Gottes und seinen Sacramenten, gehorsamlich einhergehen und sich von der falschen Kirche, deren Christus nimmer das privilegium zu beruffen, sondern seiner Braut, den wahren Glaubigen gegeben hat, sich dazu beruffen laßen" – das sei nicht seine, Bardilis, Sache.

Hier sind die Argumente spiritualistischer Kirchenkritik versammelt, die sich häufig im radikalen Pietismus finden: Die Gründung auf das „innere Wort" lässt erkennen, dass sich die verfassten Kirchen nach menschlichen Maßstäben richten, das Wort Gottes und die Sakramente verfälschen; ihr Gottesdienst ist Aberglaube. Die von dieser „falschen Kirche" ausgesprochenen Berufungen sind ungültig; berufen darf nur die unsichtbare Kirche der wahren Gläubigen, die Braut Christi.

Man kann davon ausgehen, dass Bardili von Bengels Vergangenheit im Hause Spindlers weiß. Er diskutiert mit jemandem, der eigene Erfahrung auf diesem Gebiet hat und seine Bedenken versteht. In der Tat sind die Parallelen zur Kirchenkritik des Spindlerschen Kreises nicht zu übersehen. Daher geht Bardili noch einen Schritt weiter: Bengel, der von der Kirche noch „andere und beßere concepten" hat, soll seinerseits dem

---

[22] Tübingen (1707), These 58. Siehe unten S. 179 f.

geistlichen Amt entsagen, „vergeßen deßen was dahinten ist, der Vocatur". Bardili bittet ihn, wohl nicht ohne missionarische Hintergedanken, um die Besorgung von Gottfried Arnolds *Abwegen oder Irrungen und Versuchungen gutwilliger und frommen Menschen* (Frankfurt 1708) sowie Johann Wilhelm Petersens *Geheimniß des in der letzten Zeit gebährenden apocalyptischen Weibes*[23] und dessen *Gantzer Oeconomie der Liebe Gottes in Christo* (1707).

Auch zwei unter dem Pseudonym Aletophilus publizierte Werke stehen auf Bardilis Wunschliste: *Die wahre Vollkommenheit und Glückseeligkeit in dieser Welt* sowie *Vollkommenheit und Rechtfertigung aus Gottes Wort* – offensichtlich theosophische erbauliche Schriften des Diplomaten und Alchemisten Ernst Wolf von Metternich (gest. 1731). Zur letztgenannten hat Petersen 1713 kritisch Stellung bezogen.[24]

Der Hinweis auf Arnold und Petersen ist bei Bengel auf fruchtbaren Boden gefallen. Mit Arnold hat er sich eingehend beschäftigt, allem Anschein nach mit ihm auch korrespondiert.[25] Auf Petersen kommt Bengel wiederholt zu sprechen. Er kennt dessen Auslegung biblischer Stellen, welche Ereignisse der letzten Zeiten behandeln.[26] Den Theologiestudenten Johann Gottfried Salzmann weist er 1713 auf Petersens neu erschienene „Erkl[ärung] des gleichn[isses] v[on] d[en] arbeitern im weinberge" hin.[27]

In der Folgezeit hat Bengel gegenüber Bardili die Bindung der Kirche an die lutherischen Bekenntnisschriften erwähnt. Darauf antwortet Bardili am 16. Juni 1708, „daß ich unsere Kirch propter Symbola nicht für wahr ansehen könne". Lippenbekenntnisse reichten nicht aus; außerdem enthielten die Bekenntnisschriften Irrtümer und Widersprüche. Er beharrt darauf, die Kirche sei nicht die Braut Christi, sondern eine Hure. Ihr müsse man den Gehorsam aufkündigen, um sich nicht unter die Herrschaft des Antichristen zu stellen. Bardili wird vom Konsistorium anfangs nachsichtig behandelt; man möchte sehen, „ob er zur Erkenntnis seiner gar zu krassen errorum und auf bessere Wege gebracht werden könne". Dies bleibt ohne Erfolg. Als er schließlich in Calw Anlass für

---

[23] Das Geheimniß des in der letzten Zeit gebährenden apocalyptischen Weibes, mit welchem eine neue Kirchen-Zeit angehet; und welches das grosse Zeichen im Himmel ist, das bisher von den wenigsten erkannt, itzo aber . . . absonderlich aus der heil. Offenbarung am XII. c[apitel] nach dem wahrhafftigen Sinn eröffnet ist. Frankfurt 1708.

[24] Johann Wilhelm Petersen: Das Geheimniß der Rechtfertigung: dem Herrn Alethophilo und seinem so genanndten Buch „Vollkommenheit und Rechtfertigung aus Gottes Wort" vorgestellet. Frankfurt, Leipzig 1713. – Zu Wolf von Metternich vgl. BBKL 5, Sp. 1399.

[25] Arnold an Bengel? Mai 1714. Siehe unten S. 171 ff.

[26] Bengel an Christoph Andreas Schmidlin 22.–23.1.1713. – Zu Petersen siehe unten S. 183, 188; vg. S. 173.

[27] Bengel an Salzmann 13.6.1713. – Johann Wilhelm Petersen: Das Geheimnüß von den Arbeitern im Weinberge: Aus Matthäo am XX. 20. Nach dem Sinn des Geistes entdecket. Frankfurt 1713.

Unruhen wird, verweist man ihn 1712 als „rigorosen Separatisten" des Landes, „so sehr man ihn als ein kapables Subjekt bedauerte".[28]

Der Verbannte geht nach Nürnberg, wo es 1713 zu einem Wiedersehen mit Bengel kommt, der im Reisetagebuch festhält, Bardili sei immer noch freundlich, verständig und fromm; er habe von Gmelin erzählt. Dem Reisenden gibt Bardili das Gebet mit auf den Weg: „Wenn Du mich demüthigest, so machest Du mich groß. Also wünschet und seuffzet in geistbrüderl[ichem] Sinn und Gemeinschafft, zu einem guten und liebreichen Angedencken und Bestätigung der alt[en] Freundschafft, des H. Reisenden ergeb[ener] Andreas Bardili."[29]

1714 kehrt er nach Württemberg zurück und bittet um Wiederaufnahme in den Kirchendienst: Als Separatist sei er Gott und den Menschen nichts nütze. 1715 wird er Vikar bzw. Pfarrverweser auf dem Hohentwiel, im gleichen Jahr Diakonus in Metzingen, 1718 Pfarrer in Boll, 1731 in Heiningen. Nach dem Amtsantritt in Boll erhält Bengel von Christoph Jacob Klüpfel, Pfarrer im benachbarten Hattenhofen, die Nachricht[30]: „Bardili ist zu Boll in einem auch guthen credit. Er wird mehr für guth als böß gehalthen und damit die Aufflag Seiner Feinde recht an Ihme zu schanden. Gott gebe, daß zu Seines Reiches ohngehinderter Erweiterung, die da über die Fromme affterreden, immer müßen zu schanden werden." In der Folgezeit lebt Bengels Briefwechsel mit Bardili wieder auf; zahlreiche Schreiben sind erhalten.[31]

Der von Bardili erwähnte Sigmund Christian Gmelin (1679–1707) steht für eine erweckliche Bewegung, die Bengel 1703 bei seinem Eintritt ins Tübinger Stift miterlebt hat. Drei Repetenten des Stifts, neben Gmelin auch Johannes Oechslin und Jeremias Rebstock, halten auf Wunsch einiger Tübinger Weingärtner erbauliche Versammlungen in deren Häusern ab. Dies führt zu kontroversen Diskussionen im Konsistorium und Synodus, wie weit diese zu gestatten seien. Schließlich erlaubt man Zusammenkünfte unter Leitung der Repetenten, will sie aber in der Kirche statt in Privathäusern abgehalten wissen.[32]

Oechslin und Rebstock bleiben in der Landeskirche. Oechslin wirkt zunächst als Diakonus in Waiblingen und Stuttgart; aus dieser Zeit ist ein Brief Bengels an ihn erhalten.[33] 1728 ernennt man ihn zum Stuttgarter Hofprediger und Konsistorialrat. Dagegen verlässt Gmelin den Weg innerkirchlicher Reformen. Als Diakonus in Herrenberg übt er 1706 in einem Verhör vor dem Konsistorium Kritik an der akademischen Aus-

---

28 Kolb: Anfänge, 101 f.
29 Bengels Itinerarium 1v; Bardilis Eintrag (Nürnberg 13.3.1713) in Bengels Stammbuch 227.
30 Klüpfel an Bengel 28.11.1718.
31 Briefwechsel 1724–1752.
32 Kolb: Anfänge, 43–47.
33 29.5./13.6.1713. Bengel schildert den Verlauf seiner Reise von Nürnberg über Jena bis Halle.

bildung der Geistlichen, betont das „Christus in uns", sieht den Gottesdienst überwuchert von äußerlichen Zeremonien. Kirchliche Taufe und
Abendmahl seien nicht die rechte Feier. Dass Gmelins Kritik Bardili,
seinem Vikar in Herrenberg, zum Vorbild gedient hat, ist offensichtlich.
Man entlässt Gmelin im August 1706 aus dem kirchlichen Dienst. Er
geht nach Calw zu Moses Dörtenbach, widerruft seine Überzeugungen
nicht; im Oktober 1706 wird er des Landes verwiesen. In Schwarzenau
bei Berleburg stirbt er ein Jahr später.[34]

Wie Bengel Bardili trotz theologischer Differenzen die Freundschaft
nicht aufgekündigt hat und dessen Hinweisen auf radikal-pietistische
Lektüre gefolgt ist, hat auch Gmelin für ihn noch Jahre später eine gewisse Bedeutung. Im Brief an den befreundeten Pfarrer Georg Heinrich
Hofholz vom 27. Dezember 1717 geht es Bengel um die Aufrichtigkeit
gegen Gott und Menschen sowie die „seelige Armuth im Geist" der
Haushalter Gottes. In der Zeit Speners sei dies gelebt worden; in der
Gegenwart habe man dagegen auf diesem Grund schlecht weiter gebaut.
„Mir seyn", fährt Bengel fort, „die Apologien[35] der drey Männer, Gme-
lins, Schmollers und Bauren wieder unter die hand gekommen; die mir
zu gleichmässigen reifen Gedancken gedienet." Auf welche Gedanken
ihn die Erklärungen Gmelins[36] und der im gleichen Jahr 1706 wegen
ihrer Kirchenkritik verhörten Tübinger Theologen Christian Gottfried
Schmoller und Polycarp Jacob Bau(e)r[37] gebracht haben, formuliert er im
Anschluss: „Es läßt sich gar wol ein Parallelismus zwischen Lutheri und
Speneri Zeiten anstellen: massen auch die Reformation selbs unter den
verfolgungen gewachsen; so bald aber unsere Kirche keiner verfolgung
mehr würdig erfund[en] word[en], selbige wieder abgenommen."

Es geht Bengel hier nicht um die Übernahme radikal-pietistischen
Gedankenguts – das zeigt die positive Erwähnung Luthers und Speners,
danach auch der Geschichte der Böhmischen Brüder von Johan Amos
Comenius.[38] Bengels Andenken an Gmelin und die ebenfalls 1707 früh

---

[34] Kolb: Anfänge, 89–92.

[35] Sigmund Christian Gmehlins, Gewesenen Diaconi zu Herrenberg in dem Würtembergi-
schen, Apologetische Erklärung, unsere heutige sogenannte Lutherische Kirche, und derselben
Lehre, Predig-Amt, äusserlichen GOttesdienst, Sacramenten &c. betreffend: So im verwiche-
nen 1706. Jahr dem Fürstl. Geheimen Regiments-Rath in Stuttgardt übergeben worden; welcher beygefüget sind: Christian Gottfried Schmollers, gewesenen Repetenten in dem Theol.
Stipend. zu Tübingen; und Polycarpi Jacobi Bauren, Theol. Stud. daselbst eingegebene Schrift-
ten von gleichem Innhalt. Darauß zugleich die Ursachen deß Processes mit ihnen ersehen
werden mögen. Unpartheyischen Gemuethern zur Prueffung vorgelegt. O. O. 1708, 114 S.

[36] An Sigmund Christian Gmelin erinnert sich Bengel noch im Sommer 1751 (Brief an Johann Philipp Fresenius), auch an Gmelins ebenfalls aus dem Amt entlassenen Bruder Wilhelm
Christian (1684–1746; vgl. Kolb: Anfänge, 98–101, 136–138).

[37] Zu Schmoller und Baur: Kolb: Anfänge, 92–98. Vgl. oben S. 156.

[38] Io. Amos Comenii [...] Historia fratrum Bohemorum, eorum ordo et disciplina ecclesiastica ad ecclesiae recte constituendae exemplar [...] Halle 1702.

verstorbenen Schmoller und Baur hebt die erlittenen Verfolgungen hervor. Was er von ihrer Kritik an der Kirche hält, sagt Bengel hier nicht. Ihre Aufrichtigkeit und „seelige Armuth im Geist" sind es, die ihm imponieren und seine Überzeugung stärken: Wenn eine Kirche nicht mehr verfolgt wird, fällt sie zurück. Derjenige, der ihm als heutiges Beispiel eines in der „rechten Krafft" beharrenden Mannes einfällt, ist folglich kein radikaler Pietist, sondern August Hermann Francke.[39]

Vor Gmelin und Bardili hat bereits Johann Christoph Mayer (Majer) (1663–1713) Amtsentlassung und Landesverweisung erdulden müssen. Als Pfarrer im württembergischen Großgartach dringt er auf regelmäßigen Besuch der Christenlehre und vertritt eine schärfere Kirchenzucht bei der Zulassung zum Abendmahl. Von Gegnern verklagt, wird er 1704 vor das Konsistorium zitiert; das Gremium ist mit seinen Antworten auf Fragen etwa zum geistlichen Amt, zu Chiliasmus und Allversöhnung zufrieden. Eine spätere schriftliche Erklärung hält man jedoch für „obscur" und beschließt auf Ende des Jahres 1704 seine Entlassung. Man sagt ihm Beziehungen zur kirchenkritischen Bewegung des Sporergesellen Johann Georg Rosenbach[40] nach, der ihn besucht hat. Dogmatische Abweichungen von der offiziellen Kirchenlehre hat man Mayer nicht nachweisen können. Anscheinend haben sich Mitglieder des Konsistoriums durchgesetzt, die dem Pietismus überhaupt kritisch gegenüberstehen, etwa Ehrenreich Weismann und Johann Philipp Datt. Der pietismusfreundliche und in diesen Fällen zur Mäßigung ratende Hofprediger und Konsistorialrat Johann Reinhard Hedinger hat an der entscheidenden Sitzung nicht teilgenommen. Mayer verlegt seinen Wohnsitz nach Neuenstadt/Kocher, wo ihm Herzog Karl Rudolf Asyl gewährt. Als er Reisen bis nach Calw und Heidenheim unternimmt und Anhänger wirbt, wird er inhaftiert und verhört. 1706 verweist man ihn des Landes. Er findet mit seiner Familie Aufnahme in Halle/Saale, wo er 1713 stirbt.[41]

Aufschlussreich ist, dass Bengel während seines Aufenthalts in Halle Mayer wiederholt besucht hat, nicht weniger aufschlussreich, dass er dessen letzten Tage einem Mitglied des Konsistoriums schildert. Es handelt sich um Bengels väterlichen Freund und Mentor Andreas Adam Hochstetter, wie Hedinger ein Befürworter und Verteidiger des Pietismus. Hochstetter, erst seit 1711 Mitglied des Konsistoriums, war an den damaligen Vorgängen nicht beteiligt, hätte sie auch nicht gutgeheißen. So klingt Bengels Schilderung wie eine Bestätigung der Hochstetterschen

---

[39] Bengel an Hofholz 27.12.1717. Seine Gespräche mit Francke, der auf seiner Reise durch Süddeutschland im November 1717 in Stuttgart Station gemacht und auch das Kloster Denkendorf besucht hat, liegen bei Abfassung des Briefs erst wenige Wochen zurück. Zu Bengels Aufenthalt 1713 in Halle siehe unten S. 190 f.

[40] Zu Rosenbach: Kolb: Anfänge, 63–66; BBKL 8, Sp. 669 f.; Schneider: 18. Jahrhundert, 141 f.

[41] Kolb: Anfänge, 78–80.

Position, zugleich eine mahnende Erinnerung an die schlecht begründete und unangemessene Entscheidung dieses Gremiums[42]: „Wenige Tage zuvor [August 1713] starb nach einer langwierigen und beschwerlichen Krankheit Maier von Gartach, fern vom geräuschvollen Leben und Verkehr der Menschen. Er nahm zwei- bis dreimal einen Besuch an und war freundlich gegen mich und fast vertraulich. Vom Separatismus ließ er nichts merken; gegen die Separatisten selbst ist er sogar heftig losgezogen." Mayer habe sich über Württemberg freundlich geäußert und an eine Rückkehr gedacht. „Aber diesen Hoffnungen ist der andere Ausgang zuvorgekommen. Ich war nicht dabei, als er starb; aber aus dem Mund eines vertrauenswürdigen Freundes hörte ich, der letzte Ruf des Sterbenden sei gewesen: O Greuel!"

Weniger deutlich tauchen in Bengels frühem Briefwechsel weitere Personen auf, die der radikal-pietistischen Szene in Württemberg nahe stehen. Johann Ferdinand Dreher (1685–1763)[43] wird 1706 aus dem Tübinger Stift entlassen wegen Verweigerung der Examenspredigt. Danach in Wiedertäuferei verwickelt, wird er inhaftiert und des Landes verwiesen. Später kann er zurückkehren und ist seit 1712 Präzeptor in Böblingen. Er wendet sich 1716 an die Klosterschule Denkendorf mit der Bitte, den Sohn eines Verwandten als Hospes (Gastschüler) aufzunehmen. Zum Adressaten wählt er den zweiten Präzeptor Bengel und nicht den Vorsteher der Klosterschule, Propst Johann Friedrich Hochstetter. Hochstetter ist als Gegner des Pietismus bekannt; Bengel dagegen erscheint dem Bittsteller als eine Adresse, an die sich auch jemand mit radikal-pietistischer Vergangenheit wenden kann. 1722 bedankt sich Dreher bei ihm für die Zusendung eines Exemplars der Dankrede an Origines von Gregorius Thaumatourgos.[44]

Christoph Eberhard Denzel (1681–1757) wird 1704 aus dem Stift entlassen; seine Ablehnung wissenschaftlicher Ausbildung sowie Kritik an der Kirche und ihrer Tauf- und Abendmahlspraxis stehen im Hintergrund. Seiner Bitte um Wiederaufnahme kommt man nach; der württembergische Kirchendienst bleibt ihm nicht versperrt. Ein Briefwechsel mit Bengel ist belegt, allerdings erst 1736–1737; es geht u. a. um eine Neuübersetzung der Johannesoffenbarung.[45] Auch der Stiftler Christoph Adam Mezger (1688–1737), 1712 vom Konsistorium verhört wegen heterodoxer Ansichten und Zugehörigkeit zur radikal-pietistischen Gruppe in Herrenberg, wird später in den Dienst der Landeskirche übernommen. Ein Brief-

---

[42] Bengel an Hochstetter 16.9./23.9.1713.
[43] Vgl. Kolb: Anfänge, 92.
[44] Dreher an Bengel 29.6.1716, 9.2.1722. Johann Albrecht Bengel: Gregorii Thaumaturgi Panegyricus ad Origenem. Graece et latine. Stuttgart 1722.
[45] Kolb: Anfänge, 102 f.; Denzel an Bengel 24.1.1736, 18.1.1737; Bengel an Denzel 29.1.1737.

wechsel mit Bengel ist nachweisbar, ebenfalls erst in späteren Jahren, worin Mezger für Patengeschenke dankt und sein unglückliches Ergehen schildert.[46]

Schließlich sind noch Johann Philipp Burckh (1673–1715), Johann Friedrich Walliser (1675–1753) und Gottlieb Seeger (1683–1743) zu nennen. Burckh, einer der drei Geistlichen, die Johann Georg Rosenbach nach dem Besuch in Bietigheim 1703 das Geleit geben, wird 1706 als Diakonus in Nürtingen angezeigt wegen des Abhaltens von Konventikeln. Freundschaftliche Beziehungen Bengels zur Familie Burckh haben bestanden. Dies ist weniger dem einzigen erhaltenen Brief Burckhs vom 9. März 1715 zu entnehmen als Bengels Schriftwechsel mit dessen Witwe Christina Juditha, die sich wegen der Not mit ihrem Sohn Philipp Conrad, Klosterschüler zu Denkendorf, an Bengel wendet.[47]

Walliser, Pfarrer in Vaihingen auf den Fildern, einer Patronatspfarrstelle der Reichsstadt Esslingen, gerät 1705 in den Verdacht radikal-pietistischer Überzeugungen. Er pflegt Verbindung mit den Stuttgarter Separatisten, besucht auch ihre Konventikel. 1707 gibt er das Amt auf und wird Pfarrer im reichsritterschaftlichen Lehrensteinsfeld. In seinen 1710 erschienenen *Vindiciae librorum Symbolorum* verteidigt er die Bekenntnisschriften und verwahrt sich gegen den Vorwurf, er habe Ordnungen der Kirche übertreten. Der gut informierte Bengel (Walliser ist ein enger Freund seines Mentors Andreas Adam Hochstetter) kündigt das baldige Erscheinen des Werks seinem Onkel Christoph Andreas Schmidlin an; Stellung dazu bezieht er nicht.[48] Aus der Zeit Wallisers als Oberpfarrer und Senior in Eßlingen (seit 1734) stammen zwei Briefe von ihm an Bengel. In Lehrensteinsfeld hat Walliser, so erfährt Bengel aus einem Brief von Gottlieb David Rumpus, 1714 dem Pfarrer Gottlieb Seeger die Hochzeitspredigt gehalten. Seeger, wie Rumpus ehemaliger Kommilitone Bengels in Tübingen, ist ein Neffe von Bengels Schwiegervater Friedrich Seeger. Auch bei ihm sind „Berührungspunkte mit den radikalen Pietisten" festzustellen. Seeger, von Rumpus als Segen für die Gemeinde geschildert, unterscheidet zwischen der Kirche und der „eigentlichen Gemeinde" der Erbauungsversammlungen. Schwierigkeiten bereitet ihm die Zulassung derjenigen zum Abendmahl, die er der eigentlichen Gemeinde nicht zuordnen kann. Schließlich bleibt die Mehrheit der Kirchengemeinde dem Abendmahl fern.[49]

---

[46] Kolb: Anfänge, 104; Mezger an Bengel 18.1.(18.6.?)1727, 20.6.1734.

[47] Kolb: Anfänge, 144; Christina Juditha Burckh an Bengel, 17 Briefe 1717–1736.

[48] Kolb: Anfänge, 156 f.; E. Fritz: Radikaler Pietismus, 56 f.; Bengel an Christoph Andreas Schmidlin 17.3.1710.

[49] Rumpus an Bengel 18.6.1714; Martin Brecht: Der württembergische Pietismus. In: Martin Brecht/Klaus Deppermann (Hg.): Geschichte des Pietismus. Bd. 2: Der Pietismus im achtzehnten Jahrhundert. Göttingen 1995, 225–295, hier 241 (im Folgenden: Brecht: Württembergischer Pietismus).

Bengels früher Korrespondenz sind keine Urteile über die Letztgenannten zu entnehmen. Festzuhalten ist, dass er, auch in seinem Freundeskreis, es häufig mit Geistlichen zu tun hat, die mit radikal-pietistischen Anschauungen sympathisieren. Entweder wird der Bruch mit der Kirche nach einiger Zeit rückgängig gemacht, oder die Betreffenden bleiben im Amt, machen aber aus ihrer Kritik an der Kirche keinen Hehl.

Deutlichere Konturen gewinnt in Bengels Briefwechsel ein weiterer Vertreter dieser Richtung, Johann Jacob Rues (1681–1754, Pfarrer in Dürrmenz 1707–1738). Zwar sind Bengels Gegenbriefe verloren; es fällt jedoch auf, wie selbstverständlich Bengel in Rues' Schreiben[50] unter die gerechnet wird, „die wahrhafftig mit hindansetzung deß ihrigen suchen, das chr[ist]i J[esu] ist". Dabei geht Rues mit vielen Kollegen äußerst kritisch um. 1715 sieht er sich umgeben von „blinden leitern und faulen arbeitern" und klagt über „falsche und fleischliche pfarrer, die so gesezlich von den Canzeln fulminir[en] und doch den verfall [ihrer Gemeinden] nicht einsehen." Rues sieht es als seine Aufgabe, „den armen leuthen die einbildung mit einander zu vernichten, daß sie Christen seyen". Alles laufe auf eine Scheidung in seiner Dürrmenzer Gemeinde hinaus; ein großer Teil widerstehe seinen Bemühungen noch.[51] Wie Gottlieb Seeger, mit dem er in Verbindung steht, sammelt er die „edlen Seelen" in einer kleinen Erbauungsstunde; die Gemeinde ist polarisiert. Diese Nachordnung der kirchlichen Gemeinde hinter einen elitären Zirkel hat letztlich ihren Grund in Rues' spiritualistischer Hermeneutik. 1716 beklagt er, dass künftige Pfarrer „sich zwar um viel superficiales und auch unnöthiges wißen umthun, [. . .] aber von der erleuchtung der klarheit gottes, von der wahren gemeinschafft mit christo" nichts wüßten. Der Wille Gottes als Richtschnur für Pfarrer und Gemeinde ist in seiner wahren Bedeutung nur den Erleuchteten zugänglich, wobei allerdings anzunehmen ist, dass Rues den göttlichen Willen in den Aussagen der Bibel niedergelegt sieht. Jedoch führt die Annahme besonderer Erleuchtung zu einer Zweiteilung der Gemeinde. Es gibt „wahre" und „falsche" Pfarrer sowie eine „wahre" und „falsche" Gemeinde. Rues verfolgt unbeirrbar seinen radikalen Kurs, ist er doch überzeugt, dass ein Großteil der Kirche „Babel" ist und dass „Flicken flicken und heylen an Babel nichts rechts thun oder helffen will".[52]

In Briefen an Bengel von 1727 und 1728 bedankt sich Rues für die treue Behandlung, die jener seinem Sohn Simeon Friedrich, Klosterschüler in Denkendorf, angedeihen lasse. Aus der Dürrmenzer Gemeinde teilt er mit, der „schöne Seegen an manchen Seelen" sei erfreulich, betreffe aber nicht einmal ein Zehntel der Gemeindeglieder. Er habe „die materia de Excom-

---

[50] Fünf Briefe von Rues an Bengel im Zeitraum 1715–1728.
[51] Rues an Bengel 30.4.1715.
[52] Rues an Bengel 23.9.1716; Brecht: Württembergischer Pietismus, 241.

municatione incorrigibilium außgefertigct" und wolle sich danach dem Thema „An Papo-Caesaria an Caesaro-Papia?" widmen.[53]

Diejenigen, denen er die „Einbildung" nehmen will, dass sie Christen seien, protestieren, vor allem über Rues' Strenge bei der Zulassung zum Abendmahl. 1735 schließt er 133 Gemeindeglieder vom Abendmahl aus. Einer der Ausgeschlossenen, der Dürrmenzer Amtmann Fischer, beklagt sich beim Herzog; 1736 wird Rues mit seiner Familie vorübergehend inhaftiert. 1737 erhält er sein Pfarramt zurück; ein Jahr später versetzt man ihn nach Ensingen.[54] Rues' Schreiben an Bengel geben Aufschluss über die bei Friedrich Fritz nur spärlich dokumentierte erste Zeit in Dürrmenz.[55] Erkennbar wird, dass die Ereignisse von 1735–1737 bereits in Rues' Frühzeit angelegt sind.

3. Begegnung mit radikal-pietistischer Kirchenkritik außerhalb Württembergs

Schon aufgrund des Briefwechsels geht Bengels Horizont weit über Württemberg hinaus. Erst recht bietet die 1713 unternommene Reise Gelegenheit, jenseits der württembergischen Grenzen Vertreter aller theologischen Richtungen und damit auch des radikalen Pietismus kennen zu lernen. Hier wird die briefliche Information zur persönlichen Begegnung. Die Reise führt Bengel von Stuttgart über Nürnberg, Erlangen, Coburg und Jena nach Halle. In Halle hält er sich über drei Monate auf (29. Mai–1. September 1713); die dort sichtbare Einheit von Theologie und Praxis pietatis begeistert ihn. Die Halleschen Anstalten lernt er kennen und ihren Gründer August Hermann Francke. Auf dem Rückweg hält sich Bengel u. a. in Leipzig, Gießen und Frankfurt auf; am 1. November trifft er in Stuttgart ein.[56]

In Leipzig besucht er den ehemaligen Perückenmacher Johann Tennhardt (1661–1720), der wegen seiner Kritik am geistlichen Amt und der kirchlichen Sakramentspraxis in Nürnberg vorübergehend inhaftiert worden ist und seitdem ein Leben als Wanderprophet führt.[57] Bengel trifft ihn nicht unvorbereitet. Zwei Jahre zuvor wird in einem (vermut-

---

[53] Rues an Bengel 15.4.1728. Vgl. die Klage Andreas Bardilis, in der Reformation sei das Papsttum durch das weltliche Kirchenregiment der Fürsten ersetzt worden. Bardili ordnet dies in das geschichtstheologische Schema der Philadelphier ein (siehe unten S. 181 f.).

[54] Vgl. die ausschließlich positive Schilderung von Rues' Wirken bei Friedrich Fritz: Johann Jacob Rues. Ein pietistischer Seelsorger und seine Schicksale unter Herzog Karl Alexander. BWKG 1924 (im Folgenden: F. Fritz: Rues), 130–143.

[55] Vgl. F. Fritz: Rues, 130: „Er hat, wenigstens in den späteren Jahren, sehr ungünstig über Dürrmenz geurteilt."

[56] Eine ausführliche Schilderung gibt Hermann: Bengel, 189–232.

[57] Vgl. Schneider: 18. Jahrhundert, 139–141; BBKL 11, Sp. 663–668 (Eberhard Zwink).

lich von Bengel stammenden) Brief[58] der Bericht zitiert, den ein „ausländischer Freund" über Tennhardt gegeben hat. Tennhardt sei noch vor einigen Jahren in Nürnberg für einen frommen, ehrlichen Mann gehalten worden. „Nach der Zeit aber ist er theils aus Lesung Tauleri, theils aus Conversation mit einigen den Separatismum cum connexis erroribus hegenden Leuten [. . .] auf die principia vom innerlich sprechenden Wort, von den äusserlichen mortificationen, von Heruntersetzung des gepredigten Worts, der Sacramenten, des Ministerii etc. gerathen etc., daraus dann endlich sein Buch erwachsen." Hier ist offensichtlich die Rede von dem 1710 erschienenen Sammelband, der Tennhardts Schriften *Worte Gottes*, das *Gott allein soll die Ehre sein* und den *Göttlichen Extract* enthält.[59] Zur kritischen Stellungnahme des unbekannten Freundes passt Bengels Bemerkung im Brief an Schmidlin vom 22.–23. Januar 1713, er habe gehört, Tennhardt „wolle nach seinen auf einer langen Reise gesammelten Beobachtungen über Verschiedenes sich richten".

Die Begegnungen mit Tennhardt – sie haben im September 1713 an mehreren aufeinander folgenden Tagen stattgefunden – hält Bengel im Reisetagebuch (Itinerarium) fest; unmittelbar darauf schildert er sie dem befreundeten Andreas Adam Hochstetter.[60] Der beargwöhnte Prophet erweist sich als äußerst liebenswürdig. Er begrüßt den Gast freundlich und überreicht ihm zwei Exemplare seiner Schrift „Warn[ung] an alle menschen"[61], außerdem seine soeben publizierte Erwiderung auf Angriffe des Solms-Braunfelsischen Hofpredigers Johann Conrad Scheurer.[62] Dann frühstückt er in Bengels Gegenwart; dieser beobachtet ihn dabei. Tennhardt macht auf ihn den Eindruck eines bescheidenen, genügsamen Menschen; Bengel sieht dies in Verbindung mit dessen Neigung zur

---

[58] Bengel? an Johann Leonhard Seybold 13.7.1711. Seybold (1677–1750), ein kirchlicher Pietist, ist seit 1709 Diakonus in Calw, 1723–1733 Spezial in Blaubeuren.

[59] Worte Gottes / oder Letzte Warnungs- und Erbarmungs-Stimme Jesu Christi [. . .] zum Lebens-Lauff gehörig / von Johann Tennhardt [. . .]. 1710, 622 S. Zusammengebunden mit: Johann Tennhardt: GOTT allein soll die Ehre seyn: Welcher mir befohlen fein: Zu schreiben durch seinen Geist allein: Gantz wunderlich zwey Tractätelein: An alle Menschen insgemein [. . .] Daß sie sollen Buße thun / und vom Sünden-Schlaf aufwachen: Dieweil GOtt mit grossem Donner / Blitz / Hagel und Krachen: Der bösen Welt bald / bald / ja bald ein End wird machen. Benebst meinem Johann Tennhardts Lebens-Lauff / Auß Welchem zu sehen seyn / wie lang mir der grosse GOtt und Vatter / Schöpffer Himmels und der Erden / nachgegangen / ehe ich mich von Ihme habe ergreiffen lassen [. . .]. 1710, 256 S. Ferner zusammengebunden mit: [Johann Tennhardt]: Göttlicher Extract [. . .] (aus Schriften Johann Taulers und Johann Arndts). 1710, 160 S.

[60] Itinerarium 84r–v; Bengel an Hochstetter 16.9./23.9.1713.

[61] Itinerarium 84r. Vermutlich handelt es sich um: Kleiner Auszug oder Extract aus Joh. Tennhards Schriften. Worte Gottes und Warnungs-Erbauungs-Stimme Jesu Christi an alle Menschen. O. O. 1712.

[62] Nothwendige und von Joh. Conrad Scheurer Causirte Erklärung Meiner Joh. Tennhards auf Göttlichen Befehl heraußgegebenen Droh- und Warnungs-Schrifften, Worte Gottes genannt. O. O. 1713, 224 S.

Kreuzigung des Fleisches und zur Erschütterung der Seele. Er habe Abscheu vor der Lüge; ein unrechter Lebenswandel sei bei ihm nicht festzustellen.[63]

In der Diskussion erweist sich Tennhardt, der Bauernsohn, als ebenbürtiger Gesprächspartner. Auf Bengels kritische Rückfragen antwortet er ruhig und entschieden.[64] Er, der in einer Vision die Berufung zum „Kanzlisten des großen Gottes" erlebt hat, versteht seine aufgeschriebenen Eingebungen als göttliches Diktat. Damit verbunden seien starke innere Erschütterungen; so sei sein erstes Buch entstanden. Tennhardt unterscheidet die unter innerem Drang geschriebenen Worte, an denen er nichts ändern könne, von seinen übrigen Aufzeichnungen. Er gesteht, letztere seien Ausfluss des eigenen frommen Denkens. Dabei könne er seines Herzens Gedanken nicht so gut ausdrücken wie die Gebildeten.[65] Auf Nachfragen Bengels stellt Tennhardt fest, dieses „innere Wort" sei nicht nur ihm zugänglich, sondern auch anderen. Es sei das, was in der Seele zum Guten treibe und ermahne. Aber auch durch Christus, durch den alles geschaffen sei, würden die Menschen bewegt. Die Heiden hätten das innere Wort ebenso wie die Christen; allerdings sei es für die Heiden schwieriger, das Heil zu erlangen. Was das innere Wort sei, könne letztlich niemand erklären.[66]

Ob Tennhardt mit „Christus" das Wort der Bibel meint und auf diese Weise seine subjektivistische Hermeneutik des göttlichen Willens relativiert, oder ob „Christus" hier nur als Chiffre für weitere subjektive Eingebungen verstanden ist, geht aus Bengels Aufzeichnungen nicht klar hervor. Explizit wird das Bibelwort in diesem Gespräch nicht behandelt. Als kritische Instanz nennt Tennhardt lediglich das „se plene voluntati divinae resignare": Im Gespräch mit Gott werde nur derjenige des göttlichen Willens ansichtig, der das eigene Wollen ganz zunichte macht und sich völlig dem Willen Gottes hingibt. Ist dies nicht der Fall, erkenne der Betreffende nur das, was er selber will.[67]

---

[63] Itinerarium 84r; Bengel an Hochstetter 16.9./23.9.1713.

[64] Bengel an Hochstetter 16.9./23.9.1713: „ubi inprimis illud mihi memorabile est visum, quod nihil solicitae meditationis aut haesitationis in eo, dum ad obiectiones confertas responderet, animadverterim."

[65] Bengel an Hochstetter 16.9./23.9.1713; Itinerarium 84r.

[66] Itinerarium 84r: „De Verbo interno se explicavit, quod sit illud, quod in anima hominis ad bonum tendit, monet, movet. Per Christum, per quem omnia creata, omnes homines etiam moveri. Agnoscit, etiam Gentiles habere illud verbum; sed difficilius e[ss]e illis salutem consequi. Quid illud sit, nemo p[otes]t explicare." Vgl. Bengel an Hochstetter 16.9./23.9.1713: „. . . eo comprehendi censet omnia illa, quae veritas naturalis & revelata in animis quorumlibet hominum, etiam gentilium, dictat; eaq[ue] omnia ad τὴν χάριν τὴν σωτήριον referanda docet" (Das innere Wort, glaubt er [Tennhardt], umfasse alles, was die natürliche und die geoffenbarte Wahrheit den Seelen beliebiger Menschen, auch der Heiden, diktiert; und er lehrt, das alles sei zur seligmachenden Gnade zu rechnen).

[67] Itinerarium 84v.

Auch mit August Hermann Francke, erzählt Tennhardt, habe er über das innere Wort diskutiert und diesem entgegengehalten, seine (Tennhardts) Predigten seien doch wirksamer als die anderer. Da habe Francke gestutzt.[68] Wie weit dies den gerade aus Halle angereisten Bengel beeindrucken kann, der eine lebendige Anschauung von Franckes Wirksamkeit gewonnen hat, muss nicht erörtert werden.

Der Gastgeber rät Bengel, mit dem Verleugnen und Zunichtemachen des eigenen Wollens (abnegatio sui ipsius) bald zu beginnen. Hier taucht der von Tennhardt vertretene Zusammenhang auf von spiritualistischer Hermeneutik und strengen Vorschriften zur Heiligung des Lebens. Das Thema Heiligung entwickelt sich zum zweiten Schwerpunkt des Gesprächs.

In diesem Zusammenhang äußert sich Tennhardt nicht gerade positiv über die Ehe. Wer zur Ehelosigkeit berufen sei, solle dies bleiben. Selig in der Ehe sei nur, wer vorher bereits mit Gott verbunden gewesen sei und in diesem Stand die Ehe beginne. Wer heirate, könne dennoch durch das Kreuz wieder „ad frugem" – hier im Sinne von moralischer Tauglichkeit – gelangen.[69]

Als die Rede auf die Sonntagsheiligung kommt, beharrt er auf dem Halten des Sabbats. Er will am Wortlaut des Dekalogs (Ex 20,10 f.) festhalten. Wie Tennhardt in den *Worten Gottes* näher ausführt, soll der Sabbat in der Stille begangen werden, was für ihn offensichtlich mit der Teilnahme an kirchlichen Gottesdiensten nicht vereinbar ist. Die Menschen haben

> „den stillen Sabbath des HErrn nicht gehalten, sondern sind viel lieber in die Kirchen gelauffen, sonderlich an Feyer-Tägen mit gantzen Hauffen, und haben mit Freuden dem Glocken-Getön [. . .] zugehöret [. . .]: O schöne Christen-Teuffel! dadurch sind sie so verführet worden, daß kein Mensch den Sabbath oder Feyertag recht gefeyret oder geruhet, auch nicht mehr auf die Stimme GOttes in der Seelen gemercket, vielweniger gehöret."[70]

Zu Bengel sagt er, auch den „ritum capitis aperiendi", die Entblößung des Hauptes, solle man beibehalten. Das breche den menschlichen Hang zur Verweichlichung.[71] Welche Formen die geforderte abnegatio sui annehmen kann, hat Bengel Tennhardts *Worten Gottes* entnehmen können:

> „Laß keinen Haß oder Feindschafft in dir auffsteigen, einigen Menschen zu richten oder übel rückwerts von ihnen zu reden, er sey gelehrt, verkehrt oder wie er will; soltest du aber solche unversehens richten und übel von ihnen

---

[68] Itinerarium 84r: „Cum in sermone de verbo interno Frankio opponeret, ipsius homilias esse efficaciores aliis, eum siluisse (gestutzt)."

[69] Itinerarium 84r.

[70] Itinerarium 84v; Tennhardt: Worte Gottes, 472 f.

[71] Itinerarium 84v.

geredet haben, so ist es deine Schuldigkeit, hin zu ihnen zu gehen und ihnen Abbitte zu thun, auch dich außzuziehen und deinen Leib so lang zu hauen, biß das Blut nachläufft [. . .] thust du solches, wohl dir, thust du es aber nicht, wehe dir, du bist ein falscher und böser Anti-Pietist."[72]

Bengel stellt Tennhardt die entscheidende Frage, warum er von Buße und Selbstverleugnung viel öfter rede als von dem, was doch alles sei, der Versöhnung und der Gnade Jesu Christi. Dieser antwortet, das sei nun einmal sein Auftrag. Es fehle nicht an andern, welche die Gnade Gottes deutlicher zur Sprache brächten. Er, Tennhardt, wolle vor allem die Sicheren und Faulen aufrufen. Die schon wach seien, brauchten sich durch diese Strenge nicht beirren lassen.[73] Tennhardt nimmt eine Art Arbeitsteilung an; Buß- und Versöhnungspredigt existieren seiner Überzeugung nach nebeneinander. Bengel geht davon aus, dass es sich um ein Ineinander handeln muss; erst mit der Botschaft von der Versöhnung erhält der Ruf zur Buße die ihm angemessene Gestalt.

Tennhardts spiritualistische Hermeneutik hat nicht nur ein einseitiges Verständnis von Heiligung zur Folge. Wer durch den Heiligen Geist erleuchtet ist, muss sich zudem an kirchliche Ordnungen nicht mehr halten. Tennhardt will von der seiner Meinung nach veräußerlichten Form zur wahren Bedeutung von Predigt und Abendmahl vorstoßen. Warum, fragt er seinen Gast, soll man nur zu festen Zeiten predigen? Ist es nicht sinnvoller, dass einer, der predigen will, ab und zu die Zuhörer um sich versammelt?[74] Auch das Abendmahl, dessen Bedeutung er nicht in Frage stellt, will er nicht in kirchlicher Form, sondern als unsichtbare Gemeinschaft der Erleuchteten feiern. In den *Worten Gottes* formuliert er dies als Kanzlist des auferstandenen Christus, der ihm in die Feder diktiert:

„Die Liebe ist ein nöthig Ding, die habe ich gebothen, die muß seyn; aber das Brod brechen und Wein trincken muß eben nicht seyn. Darum hab ich solches auch mit keinem Geboth gefasset, sondern es frey gelassen zu thun [. . .] Ja ich sage euch, wer meine Stimme höret, der wird mit der Lieb entzündet werden [. . .] und brauchet nicht mehr das Abendmahl sichtbarlich zu halten, denn er isset von meinen Lehren mannigfalten [. . .]".[75]

Ein intensives, an mehreren Tagen geführtes Gespräch bleibt nicht ohne Nachwirkung. Bengels kurz darauf verfasster Bericht an Andreas Adam Hochstetter nennt die entscheidenden Fragen, gewiss nicht ohne Hoffnung auf eine Stellungnahme. Offensichtlich hat sich Bengel darüber hin-

---

72 Tennhardt: Worte Gottes, 548. Die Selbstzüchtigung mit Ruten hat offenbar auch im Gespräch mit Bengel eine Rolle gespielt; vgl. unten S. 173 die Antwort Gottfried Arnolds auf eine (wohl von Bengel gestellte) Frage.

73 Bengel an Hochstetter 16.9./23.9.1713; vgl. Itinerarium 84r.

74 Itinerarium 84r: „Utilius, si interdum is, q[ui] sentiat se actum, convocet auditores."

75 Tennhardt: Worte Gottes, 450. Vgl. die Antwort Gottfried Arnolds unten S. 173.

aus an Gottfried Arnold (1666–30.5.1714) gewandt. Neben dem kirchlich-pietistischen Hochstetter ist ihm – unbeschadet theologischer Differenzen[76] – die Meinung des radikalen Kirchenkritikers wichtig, der sich 1702 dennoch zur Übernahme eines kirchlichen Amts entschlossen hat. Eine Verbindung Bengels zu Arnold kann sich über Johann Christian Lange ergeben haben, der 1697 mit Arnold nach Gießen gegangen ist. Bengel hat Lange 1713 in Gießen besucht und korrespondiert seitdem mit ihm.

Ein Schreiben Arnolds wird im Bengel-Nachlass der Württembergischen Landesbibliothek verwahrt. Arnold geht auf ihm gestellte Fragen über Tennhardt ein. Ob Bengel tatsächlich der Adressat dieses in der Forschung bisher nicht erwähnten Schreibens ist, lässt sich nicht mit letzter Eindeutigkeit klären. Es fällt jedoch auf, dass Arnold genau zu den in Bengels Gespräch mit Tennhardt behandelten Themen Stellung nimmt. Eine Datierung auf den Mai 1714, kurz vor Arnolds Tod, ist wahrscheinlich.[77]

Dem Fragesteller sind, wie Arnold erwähnt, „manche Dubia über particularien beygefallen, die wenigstens uns auf tiefere prüfung führen und von abgöttischer opinion einer Infallibilitaet und erfolgender verleitung von der lauterkeit des glaubens abhalten können und sollen". Arnold geht also mit dem Fragenden darin einig, dass Tennhardts Äußerungen nicht als unfehlbar zu nehmen sind. Gott habe diesen gewiss zu seinem Werkzeug brauchen wollen, aber „wol hie und da seine eigenheit mit untergemenget". Daher seien Tennhardts Ansichten „nach der Regel der neuen Creatur auß Gottes wort wol zu prüfen".[78] Dessen Beharren auf dem Sabbat, fährt Arnold fort, könne ein Christ genauso wenig annehmen, „als wann jemand den Gottesdienst allein an den Sonntag binden wollte". Dazu ver-

---

[76] Vgl. Bengels Kritik an Arnold in der Dissertatio de Theologia Mystica 1707; siehe unten S. 180.

[77] WLB Stuttgart, cod. theol. qt. 534g,5. Ein Handschriftenvergleich ergab, dass das in Bengels Nachlass verwahrte, mit „Arnold" unterzeichnete und ohne Adresse überlieferte Exemplar nicht von Gottfried Arnolds eigener Hand stammt. (Für die Bereitstellung einer Schriftprobe danke ich Herrn Prof. Dr. Hans Schneider/Marburg.) Wie die vorliegende Fassung fremder Hand zustande kam, wird nicht klar. Hat Arnold sie einem Schreiber diktiert? Oder hat Bengel eine Abschrift des Originals von einem Dritten erhalten, dem wirklichen Adressaten? Auf Bengel als Adressaten deuten die zahlreichen Parallelen zum Gespräch mit Tennhardt. – Das Schreiben ist undatiert. Geht man von einem Adressaten Bengel aus, weist der Inhalt auf eine Nachbereitung seines Besuchs bei Tennhardt im September 1713. Der von Arnold erwähnte Fragebrief „vom 23. Januar" wäre dann am 23.1.1714 verfasst. Arnold erhält ihn erst „im Majo" desselben Jahres und hat ihn kurz vor seinem Tod am 30.5.1714 beantwortet. – Zur Ergänzung von Arnolds Schreiben findet sich auf demselben Bogen ein Exzerpt von Bengels Hand aus: „Einfältige und aufrichtige Gedancken über Johann Tennhardts Schrifften". Der Verfasser setzt sich kritisch mit Tennhardts Offenbarungen auseinander. Vollständiger Titel: Einfältige und aufrichtige Gedancken über des neuen von sich selbst entstandenen Propheten Johann Tennhardts Schrifften. Auffgesetzt Für und auff Begehren Eines ungestudierten, aber in H. Schrifft geübten Gott liebenden Freundes in der Schweitz. Frankfurt 1712, 36 S. Als Verfasser wird Johann Daniel Schmidmann vermutet (Titelaufnahme der Staatsbibliothek Berlin).

[78] Arnold an Bengel? Mai 1714.

weist er auf die „Abbildung der grund Christl. Freyheit".[79] Danach antwortet er auf die Frage des Adressaten zur „Bedeckung des Haupts" – die Reihenfolge der Themen entspricht hier dem von Bengel festgehaltenen Gesprächsverlauf mit Tennhardt.[80] Dessen Beharren auf einem solch „äußerlichen werk" sei misslich. Über die Entblößung oder Bedeckung des Haupts habe man keine Regeln aufzustellen, sondern nach dem Grundsatz christlicher Liebe zu verfahren, die den Schwachen und auch das eigene Gewissen schont. Wenn etwa „die innige Veneration vor Christi gegenwart eine entblösung forderte", sei nichts dagegen einzuwenden. Ebenso widerspricht Arnold der von Tennhardt geforderten Selbstbestrafung mit Ruten. Wer „sein fleisch in der warheit creuziget und seinen willen bricht", kann auf solche „äußerlichen" Dinge verzichten, die zudem vom Papsttum missbraucht worden seien.

Die von Tennhardt favorisierte Ehelosigkeit kann Arnold, 1701 in den Ehestand getreten, nicht gutheißen. Schon damals hatte er sich der Kritik u. a. Johann Gottfried Gichtels zu erwehren; jetzt stellt Arnold im Blick auf Tennhardt fest: „Und gilt sonderlich hier die Observation, daß gemeiniglich solche Seelen, denen ihres zustands wegen diß und das insonderheit [den ehelichen Verkehr betreffend] unzuläßig wird, hernach solch verbott so gerne und mit nachdruk und schein auf alle extendiren: wider welche Irrung schon die Apostel streitten."[81] Übrigens tauchen Gichtel und dessen Schüler Johann Wilhelm Überfeld bei Bengel nur am Rande auf. Bengel schreibt 1713 aus Halle, „vom Separatismo" höre man hier nichts; ein kundiger Freund habe in Betreff der „Sectae Uberfeldio Gichtelianae" nichts zu berichten gewusst. August Hermann Franckes Ehekrise von 1715, im Zusammenhang zu sehen mit der Korrespondenz von Gichtel und Franckes Frau Anna Magdalena, ist hier noch nicht im Blick.[82]

Auch Tennhardts Stellung zum kirchlichen Abendmahl kann Arnold, bei aller eigenen Kritik an der kirchlichen Praxis, nicht gutheißen. Vom Adressaten befragt, setzt er sich von Tennhardt ab: „Es gilt aber hier die regul der condescendirenden [herablassenden] Liebe unter jezigem Elend

---

[79] Gottfried Arnold: Die Erste Liebe der Gemeinen Jesu Christi, Das ist, Wahre Abbildung der Ersten Christen, Nach Ihrem Lebendigen Glauben und Heiligen Leben. Frankfurt am Main: Friedeburg 1696. Es kann sich auch handeln um die „mystische Vertiefung" dieser Schrift (Schneider: 18. Jahrhundert, 117) unter dem Titel: Gottfried Arnolds wahre Abbildung des inwendigen Christenthums, nach dessen Anfang und grund, fortgang oder wachsthum und ausgang oder ziel in lebendigen glauben und gottseligen leben aus denen zeugnißen und exemplen der gottseligen alten zur fortsetzung und erläuterung der Abbildung derer ersten Christen dargestellet. Frankfurt: Fritsch 1709.

[80] Vgl. oben S. 170.

[81] Arnold an Bengel? Mai 1714; Schneider: 18. Jahrhundert, 116 f.

[82] Bengel an Wilhelm Conrad Haselmajer 13.6./4.7.1713; Gertraud Zaepernick: Johann Georg Gichtels und seiner Nachfolger Briefwechsel mit den Hallischen Pietisten, besonders mit A. H. Francke. PuN 8 (1982), 94–113.

am meisten, und muß ein jeder wissen, was und worzu ers thue." Maßgebend sei die Gewissheit des Glaubens und der Liebe (vgl. Hebr 10,22). „Wer aber einmal sich dem HErrn zu dienen gewidmet hat, der wird auch hier alle Scrupel redlich im Kampf besiegen."[83] Das „jezige Elend" kirchlicher Sakramentspraxis steht für Arnold nicht in Frage, aber er hat sich dazu durchgerungen, dennoch in der Kirche tätig zu sein.

Bereits im Jahr 1700 erwidert er auf Anschuldigungen Ernst Salomon Cyprians, er gehe nicht zum Abendmahl, in *Gottfried Arnolds Erklärung vom gemeinen Secten-wesen, Kirchen- und Abendmahl-gehen*: „Daß ich allerdings nach CHristi klaren worten und der ersten Apostolischen kirche exempel und weise des HErrn Nachtmahl zu seinem gedächtniß und verkündigung seines todes halte [. . .] Ich verstehe aber hierunter nicht nur das innerliche stätswährende Abendmahl des innwohnenden Immanuels aus der Offenb. Joh. III [20], sondern auch das äussere geniessen des von CHristo verordneten Brods und Weins". Zugleich bemängelt Arnold, „das öffentliche und gemeine Abendmahl halten derer Lutheraner sey in der praxi noch immer so übel beschaffen, daß wer es im Göttlichen licht erkennet, allerdings entschuldiget und ihm nicht zu verdencken sey, wenn er davon bleibe."[84] Für Arnold schließen sich „innerliches" und „äusseres" Halten des Abendmahls nicht aus. Sein Ausspruch auf dem Sterbebett: „Ich esse Gott in allen Bissen Brod!"[85] belegt ein spiritualistisches Abendmahlsverständnis. Arnolds *Erklärung* und seine briefliche Äußerung zeigen allerdings, dass es für ihn mit dem kirchlichen Abendmahl vereinbar ist.

In welcher Weise hat sich der frühe Bengel zum Abendmahl geäußert? Eine eingehende Darstellung kann im Rahmen dieses Aufsatzes nicht geleistet werden; kurze Bemerkungen müssen genügen. Das Problem der Zulassung zum Abendmahl, mit dem er bereits bei Spindler konfrontiert wurde, treibt ihn um. Handschriftlich erhalten sind Bengels *Theses de administratione eucharistiae* (etwa 1712), die *Unvorgreifflichen Gedanken von Zulassung der Unwürdigen zu dem Abendmahl des HErrn* sowie weitere Überlegungen Bengels zum Thema.[86] 1744 erinnert er sich an eine Stellungnahme Petersens zu den *Theses*, vermittelt durch den Freund Andreas Ludwig Hepplen: „Vor mehr als 30 Jahren habe ich de admissione

---

[83] Arnold an Bengel? Mai 1714.

[84] Gottfried Arnolds Erklärung vom gemeinen Secten-wesen, Kirchen- und Abendmahl-gehen: Wie auch vom recht-Evangel. Lehr-Amt und recht-Christl. Freyheit: Auff veranlassung derer von Ernest. Salomon. Cypriani [. . .] vorgebrachten beschuldigungen wider seine Person, unpartheyisch vorgetragen. Nebenst Eines Freundes Erinnerungen gegen Cypriani Anmerckungen über Arnoldi Kirchen- und Ketzer-Historie [. . .]. Leipzig: Thomas Fritsch 1700, 34.

[85] Arnold: Gedoppelter Lebenslauf. Zitiert bei Schneider: 18. Jahrhundert, 119 als Beleg für Arnolds bis zum Lebensende durchgehaltenes spiritualistisches Abendmahlsverständnis.

[86] WLB Stuttgart, cod. hist. qt. 689,III,1–11.

indignorum ad S[anctam] C[oenam] [. . .] aufgesetzet. Den scharfen aufsatz hat der jüngere seel. Hepplen damals an D. Petersen geschickt, dessen eigenhändige Epicrisis noch dabey befindl. ist".[87] Dessen handschriftliche Antwort *Ad theses de Administratione Eucharistiae* wird ebenfalls im Stuttgarter Bengel-Nachlass verwahrt.[88] Auch ein Konzeptblatt, überschrieben *Eine heikle Frage der Kirchenzucht,* das Hermann der Repetentenprüfung Bengels im Jahr 1708 zuordnet, befasst sich mit der Zulassung zum Abendmahl.[89]

1717 äußert sich Bengel brieflich zum Thema. Gegenüber Christoph Andreas Schmidlin stellt er fest, zwar sollten diejenigen, die zu heiligen Handlungen zugelassen werden, lauter Heilige sein. Wollte man aber in dieser Zeit weltlich Gesinnte davon abhalten, wer bliebe übrig? Augenscheinliche Ärgernisse seien allerdings zu verhüten.[90] Eine theologische Begründung dieser gewiss nicht radikal-pietistischen Ansicht gibt sein Brief an Georg Michael Seeger; Bengel zitiert hier aus einem früheren Schreiben an einen Freund: Beim Abendmahl empfangen auch Ungläubige den Leib und das Blut Christi gemäß den Einsetzungsworten. Sie verschmähen ihn aber im Augenblick des Empfangens. Dadurch haben sie keine Gemeinschaft mit dem Herrn und machen sich des Leibes und Blutes Christi schuldig. Der Herr lässt sich also auch zu Ungläubigen herab, entzieht sich aber, so dass seine Reinheit nicht angetastet wird.[91] Damit ist für Bengel die Zulassung zum Abendmahl aus der Verantwortung des Pfarrers entlassen; sie wird zu einer Frage, die sich zwischen Gott und dem Einzelnen entscheidet.

Zurück zu Tennhardt. Ein Satz in Bengels Gesprächsnotizen lässt aufhorchen: „De multis Ministris passim bene sentit"; gefolgt von der Aufzählung: „Favet ei D. Oleari[us], Teller, Plazius, Schmid Helmst., Buddeus, Hottingerus, Antonius." Dass Tennhardt über viele kirchliche Amtsträger weithin positiv denkt, welche auch ihrerseits ihm wohlwollen, erwähnt Bengel auch gegenüber Hochstetter: In Leipzig habe Tennhardt einen freundschaftlichen Zugang zu vielen Geistlichen; sehr viele

---

[87] Bengel an Andreas Bardili 28.12.1744.

[88] WLB Stuttgart, cod. hist. qt. 689,III,3.

[89] WLB Stuttgart, cod. hist. fol. 1002,9; Hermann: Bengel, 162–164.

[90] Bengel an Schmidlin 13.–15.3.1717: „Qui ad sacra admittuntur, sancti esse debebant omnes, *hac aetate si profani procul habendi essent, quis remaneret?* Conspicuae tamen offensiones, quia datur, cavendae" (Hervorhebung bei Johann Christian Friedrich Burk: Dr. Johann Albrecht Bengels literarischer Briefwechsel. Stuttgart 1836, 74 (im Folgenden: Burk: Literarischer Briefwechsel).

[91] Bengel an Seeger 16.7.1717: „Cum terrena materia, virtute verbi unientis, coelestem una accipiunt; sed eo momento, quo unio inter hanc & illam desinit, ut certe perpetua non est, spirituale alimentum abs se repellunt; solum animale, animales ipsi, intra se recondunt." Im Brief an Seeger teilt Bengel seine frühere Antwort an einen Freund nur auszugsweise mit. Den ausführlichen Wortlaut bietet Burk: Literarischer Briefwechsel, 79–84.

bringe er dazu, seine Schriften zu lesen, unter ihnen Paul Anton in Halle, Johann Franz Budde in Jena und Hottinger (offensichtlich Johann He(i)nrich Hottinger in Marburg).[92] Diese Aufzählung stammt von Tennhardt, der für seine Position werben will; wie weit die gegenseitige Freundschaft im Einzelfall geht, wird nicht gesagt. Dass er bei einigen Geistlichen wohlwollende Beachtung findet, trifft jedoch zu. Es müssen nicht in jedem Fall entschiedene Parteigänger gewesen sein wie der württembergische Pfarrer Jakob Friedrich Golther, der 1711 unter dem Pseudonym Aletophilus die Lehre Tennhardts verteidigt.[93] So äußert sich Johann Heinrich May der Ältere (1653–1719), von Bengel 1713 in Gießen aufgesucht, lediglich „benigne" zu Tennhardt.[94] Der von Tennhardt genannte Marburger Theologe und Orientalist Johann Heinrich Hottinger (1681–1750) bekennt sich, 1715 nach seiner Haltung gegenüber den Inspirierten befragt, zur Möglichkeit außerordentlicher Offenbarungen. Diese machten allerdings nicht die Grundwahrheiten des Glaubens aus und dürften der Heiligen Schrift nicht widersprechen. 1717 wird er wegen Heterodoxie entlassen.[95]

Wenn Tennhardt, wie Bengel in Leipzig bemerkt, die Übersetzung des Neuen Testaments von Johann Henrich Reitz (1655–1720) liest[96], wird dieser zu den von ihm geschätzten Geistlichen gehören. Reitz versucht, reformierte Theologie und radikal-pietistisches Gedankengut zu verbinden. Als Hofprediger in der Grafschaft Solms-Braunfeld verteidigt er die Möglichkeit unmittelbarer Offenbarungen, worauf man ihn 1697 des Amtes enthebt und inhaftiert. Bengel hat Reitz' Vorrede zur *Untersuchung des 9. Capitels in dem Brief Pauli an die Römer* (Idstein 1714) gelesen. Sie habe ihn „nicht wenig ergözt", schreibt er an Johann Christian Lange. Bedenklich erscheint ihm jedoch, dass die *Untersuchung* mit ihrem Leugnen der reformierten Prädestinationslehre (des „absolutum decretum") auch das göttliche Vorherwissen in Frage stelle – das hätten auch Pierre Poiret und Antoinette de Bourignon getan. In einem Brief an Langes Namensvetter Joachim Lange in Halle stellt Bengel einen Wider-

---

[92] Itinerarium 84r. Vgl. Bengel an Hochstetter 16.9./23.9.1713: „Lipsiae quidem apud multos homines sacro etiam aliove ordine eminentes aditum habet eosq[ue] amicos experitur: et plurimos allegat, qui scripta et declarationes ipsius [legunt], in his D. Antonium, Buddeum, Hottinger[um] et alios."

[93] Anonymi Alethophili Schrifftmäßiges Judicium theologicum von Johann Tennhardts Burgers in Nürnberg an alle [...] Potentien im Römischen Reich gesandtem sonderbahrem Buche. O. O. 1711. Vgl. Kolb: Anfänge, 105. – Golther wird in Bengels früher Korrespondenz nicht erwähnt.

[94] Itinerarium 91r.

[95] BBKL 2, Sp. 1080 f.

[96] Itinerarium 84r; Johann Henrich Reitz: Das Neue Testament Unsers Herrn JEsu Christi, Auffs neue ausm Grund verteutscht, und mit Anziehung der verschiedenen Lesungen und vieler übereinstimmenden Schrift-Oerter versehen. Offenbach 1703. – Zu Reitz: Schneider: 17. Jahrhundert, 406 f.; BBKL 7, Sp. 1587–1592.

spruch fest zwischen göttlichem Vorherwissen und der Allversöhnungslehre (Apokatastasis), die Gottes allumfassende Gnade hervorhebt. Das sei bei Reitz der Fall.[97] In den Briefen an beide Lange bittet Bengel um einen Schlüssel zur Lösung des Problems. Er ist an dem Problem nachhaltig interessiert; dabei legt er Wert auf die Bescheidenheit des Glaubens, der mit dem geoffenbarten Wort zufrieden ist („modestia fidei verbo revelato contentae").[98] Weder von Johann Christian noch Joachim Lange ist eine Antwort überliefert.

Der Wetzlarer Pfarrer Egidius Günther Hellmund (1678–1749) ist ein von Francke beeinflusster streitbarer Pietist, der Betstunden im Pfarrhaus einrichtet. 1713 enthebt man ihn des Amtes. Hellmund nimmt in allen Dingen des Alltags eine unmittelbare göttliche Einwirkung an; auch steht für ihn die Heiligung über der Rechtfertigung. Damit sind radikal-pietistische Themen angesprochen. Einen weiteren Hinweis auf dieses Umfeld gibt, dass der Bruder von Johann Friedrich Haug in Idstein neben Schriften von Reitz und Petersen 1722 auch die *Catechismusfragen* von Hellmund verlegt.[99] Bengel begegnet ihm nach der Entlassung 1713 in Wetzlar und schildert ihn als rechtschaffenen, aber verachteten Mann. Es kommt zu einem sehr persönlichen Gespräch, das Bengel als „sond[er]bare wonne" empfindet. Hellmunds Satz, wenn Fromme sich von Angesicht begegnet seien, müssten sie vor allem füreinander beten, hält er im Itinerarium fest.[100]

Die von Hellmund auf Kosten der Rechtfertigung betonte Heiligung des Lebens ist Bengel häufig begegnet, nicht nur bei Johann Tennhardt. Dass man es durch die Gnade des Heiligen Geistes bis zur Sündlosigkeit bringen könne, hat bereits Spindler behauptet.[101] Aber auch die kirchlichen Amtsträger Johann Jacob Rues und Gottlieb Seeger fordern eine strenge Heiligung; auch sie stellen einen Zusammenhang zur spirituellen „Erleuchtung" her. Während jedoch Erleuchtung für Tennhardt und Spindler aus der Kirche und ihrer Sakramentsverwaltung hinausführt, stellen Seeger und Rues das kirchliche Abendmahl nicht in Frage. Für sie vollzieht sich die Scheidung innerhalb der Kirche, bei der Zulassung zum Abendmahl.

In diese Grauzone zwischen radikalem und kirchlichem Pietismus führt auch Bengels Begegnung mit Ambrosius Wirth (1656–1723). 1693

---

[97] Bengel an Johann Christian Lange 30.11.1714; Bengel an Joachim Lange 2.9.1715. Zur Apokatastasis siehe unten S. 189 f.
[98] Bengel an Joachim Lange 2.9.1715.
[99] Friedhelm Ackva: Der Pietismus in Hessen, in der Pfalz, im Elsaß und in Baden. In: Martin Brecht/Klaus Deppermann (Hg.): Geschichte des Pietismus. Bd. 2: Der Pietismus im achtzehnten Jahrhundert. Göttingen 1995, 198–224, hier 206 f.; Martin Brecht: Die Berleburger Bibel. Hinweise zu ihrem Verständnis. In: Ders.: Ausgewählte Aufsätze. Bd. 2: Pietismus. Stuttgart 1997, 376.
[100] Bengel an Johann Christian Lange 16.1.1714; Itinerarium 25v.
[101] Siehe oben S. 156.

als Pfarrer im Nürnberger Landgebiet wegen „pietistischen Eiferns" entlassen, fordert er eine strenge Sonntagsheiligung; Unbußfertige werden zum Abendmahl nicht zugelassen. Seit 1694 ist er Prediger in Nürnberg, wo er in seinem Haus collegia pietatis hält.[102] Beim Aufenthalt in Nürnberg 1713 bemüht sich Bengel um ein persönliches Gespräch, das nicht zustande kommt. Dafür nimmt er an einer Erbauungsversammlung teil, von der er Andreas Adam Hochstetter berichtet: Nach Wirth spricht ein Laie mit feurigem Geist („fervido spiritu"); einfachere Leute haben die Möglichkeit, Fragen zu stellen. Auch Kinder der Armen versammeln sich in seinem Haus zum Gebet. Auf Bengel macht dies alles einen positiven Eindruck. Wirth sei in Nürnberg „wie ein unbekanntes, zugleich verachtetes Lichtlein", habe aber doch viele, die ihn begierig hören. Er und seine Frau seien aufrichtig und von ernster Frömmigkeit.[103]

Nachhaltig hat Bengel die Begegnung mit Johann Ernst Stolte (1672–1719) in Jena beeindruckt. Stolte unterrichtet als Magister an der Universität, gründet 1700 ein collegium biblicum und hält Hausandachten. Seine Abendbetstunden werden 1711 verboten; 1715 wird er Pfarrer in Weimar. Weil Bengel einen Brief Christian Friedrich Jägers von Jägersberg abzugeben hat, führt ihn nach der Ankunft in Jena Anfang April 1713 sein erster Gang zu Stolte. Dort erfährt er, dass Stolte einigen Studenten Kost und Logis in seinem Hause gibt; Bengel wird in diese Runde aufgenommen. Er berichtet Jäger:

> „Ja ich habe eine sonderbare Göttliche gütige Führung darunter verspüret, indem[e] ich meines herzenslust an der erbaulichen gemeinschafft gesehen, welche in diesem hause gepflog[en] wird, und bin in meinem glaub[en] nicht wenig dadurch aufgemuntert und erbauet word[en]. So hat mich auch der gründl. und durchdringende vortrag, d[e]n der H. M. Stolte in seinen Collegiis und Bettstund[en] hat, sehr contentiret."[104]

In den Vorlesungen sei Stolte sorgfältig, feurig und fromm („diligens, fervidus, pius"). In seinen Hausandachten zeige er eine große Kraft, sichere Gemüter zu erschüttern. Stoltes Ziel ist die Bekehrung seiner Zuhörer. Ihre Tränen sollen sie nicht zurückhalten, sagt er; das habe auch Wirkung auf andere. Zur rechten Frömmigkeit gehöre das Kreuz, hält Bengel im Reisetagebuch fest, aber auch „eine Freudigkeit, fiducia, dadurch alles widrige überwunden und ein rechte bekänntniß, nicht allein vor den frommen, sondern auch vor den bösen abgeleget wird. Im Christenthum ist eine hauptmaxime: Pati."[105]

Bengel bleibt sechs Wochen in Jena, „gleichsam mich selbst verges-

---

[102] Vgl. Horst Weigelt: Geschichte des Pietismus in Bayern. Anfänge – Entwicklung – Bedeutung. Göttingen 2001, 91–93.
[103] Bengel an Hochstetter 13.3.1713; Bengel an Haselmajer 13.6./4.7.1713; Itinerarium 1v.
[104] Bengel an Jäger 14.5.1713.
[105] Itinerarium 11v, 13r.

send". Später hebt er gegenüber Andreas Adam Hochstetter die besondere Bedeutung hervor, die Stolte für Jena besitze. In dessen Haus fließe zusammen, was es dort an guten Geistern gebe. Stolte und sein Kreis werde angefeindet und sei Gegenstand von Verdächtigungen, „ut fieri solet". Der Jenaer Theologe Michael Förtsch, bis 1705 Professor in Tübingen und dort einer von Bengels Lehrern, hege gegen ihn einen offenen Zorn. Aber das bedrücke Stolte nicht; er werde von Johann Franz Budde und andern in Schutz genommen, die ihm ein glaubwürdiges Zeugnis seiner Rechtgläubigkeit („orthodoxiae locupletissimu[m] testimoniu[m]") ausstellten.[106] Stoltes Hervorhebung des Leidens will Kreuzesnachfolge im biblischen Sinne sein; damit unterscheidet sie sich von Tennhardts abnegatio sui mit ihren spiritualistischen Konsequenzen. Die Differenz wird von Bengel mit scharfem Blick erkannt. Tennhardt schildert er mit einfühlsamer Distanz; bei Stolte fühlt er sich heimisch.

4. Hermeneutik und Rechtfertigungslehre des frühen Bengel.
Sein Verhältnis zur Mystik

Die hier erkennbare Fähigkeit, zwischen der Hermeneutik des kirchlichen und des radikalen Pietismus unterscheiden zu können, hat Bengel früh ausgebildet. 1707 beauftragt sein Tübinger Lehrer Johann Wolfgang Jäger ihn und einen Kommilitonen mit einer Disputation über die mystische Theologie.[107] Die *Dissertatio De Theologia Mystica* gibt Aufschluss über Bengels Stellung zur Mystik und zugleich darüber, wie sich nach Bengel das Erkennen des göttlichen Willens vollzieht. Angesichts des Einflusses mystischer Theologie auf viele radikale Pietisten ist Bengels *Dissertatio* eine Stellungnahme zum radikalen Pietismus seiner Zeit.

Die illegitime mystische Theologie, stellt er fest, stützt sich auf eine unmittelbare Offenbarung; die kritische Funktion der Bibel ist ausgeschaltet. Dagegen leitet sich die legitime Mystik aus dem Wort Gottes her, das den Propheten und Aposteln unmittelbar geoffenbart und in der Schrift auf göttlichen Befehl niedergelegt ist.[108] Der wahre Mystiker ist

---

[106] Bengel an Christoph Andreas Schmidlin 17.–21.6.1713; Bengel an Hochstetter 4.–5.7.1713.
[107] Dissertatio De Theologia Mystica Ejusque Processu, Quam [...] Praeside Joh. Wolfg. Jägero [...] Examini publico subjiciunt M. Wilhelmus Ludovicus Mohl, Mulifontanus & M. Johannes Albertus Bengel, Winnedensis [...]. Tübingen: Eitel 1707. Zum Inhalt der 77 Thesen und ihrer theologiegeschichtlichen Einordnung vgl. Brecht: Bibelmystik, 253–272. Jäger hat die Disputation, geringfügig überarbeitet, mit anderen Beiträgen zusammengefasst und 1709 unter seinem Namen als Examen Theologiae Mysticae veteris et novae publiziert. Der eigentliche Autor der Disputation von 1707 ist jedoch Bengel (Brecht: Bibelmystik, 256).
[108] „[...] ex verbo dei immediate viris propheticis et apostolicis revelato et in scripturam iussu divino relatum".

der demütige Bibelleser, der dieses Schriftwort unmittelbar als das innere Wort aufnimmt – also eine unmittelbare Begegnung mit dem Wort der Bibel; keine unmittelbare, aber unkontrollierbare Gottesbegegnung des radikalen Pietismus. Hier füllt Bengel, wie Martin Brecht feststellt, das reformatorische sola scriptura mit neuem Gehalt: „Das Schriftwort ist selbst ganz und ungebrochen göttliche Wirklichkeit, und diese Wirklichkeit ist dem frommen Bibelleser zugänglich, ja er kann sich ihrer bemächtigen." Damit ist eine Synthese von objektivem Bibelwort und mystischer Subjektivität vollzogen, eine theologiegeschichtlich bedeutsame Leistung, auch wenn Bengel auf dem Weg über die Mystik den Graben der Geschichte umgeht. Das historische Verstehen der Schrift bleibt ihm verschlossen.[109]

Wie er sich die unmittelbare Begegnung des demütigen (gläubigen) Bibellesers mit dem Schriftwort vorstellt, lassen seine, wohl von 1711 stammenden, 18 Thesen *De habitu Verbi Divini ad mentem hominum carnalium & spiritualium* (Über die Stellung des göttlichen Wortes zum Geist der fleischlichen und der geistlichen Menschen) erkennen. Sie werden zusammen mit der Stellungnahme des Gießener Professors Johann Christian Lange aufbewahrt.[110] These 9 vertritt die Auffassung, die natürlichen Sinne des Menschen seien nur für natürliche Wahrnehmungen geeignet. Das Erkennen von Übernatürlichem sei dagegen an das Vorhandensein entsprechender Sinne und Sinneswerkzeuge gebunden. Daher könne nur der Mensch, der den Geist Gottes hat, die Kraft des Bibelworts erfahren. Ein Beispiel dafür gibt These 18: Ein Mensch mit einem Sehfehler erkennt zwar die Schriftzüge, aber nicht die Farbe der Buchstaben. So nehme ein ungläubiger Bibelleser die Buchstaben wahr, aber nicht den darin wirkenden und den Menschen erschütternden göttlichen Geist (pulsantem Spiritum).

Nicht nur in puncto Hermeneutik grenzt sich Bengels *Dissertatio De Theologia Mystica* von der „illegitimen" mystischen Theologie ab. Wenn er auf die von Mystikern behauptete Vergottung des Menschen (deificatio)[111] zu sprechen kommt, steht deren Sicht von Rechtfertigung und Heiligung auf dem Prüfstand. Wird der Mensch im Prozess der Erleuchtung und Wiedergeburt vergottet, vollzieht sich im Werden zur neuen Kreatur eine substanzielle Transformation? Gegen Tauler, Hoburg, Arnold, Poiret und Molinos stellt Bengel fest, dass die Teilhabe an der göttlichen Natur (2Petr 1,4) sich auf das Verdienst Christi stützt und eine eschatologische Gabe meint. Der deificatus bleibt fehlsam und kann seinen Status nicht halten.[112] Die von radikal-pietistischer Seite

---

[109] Brecht: Bibelmystik, 260, 270.
[110] Entwurf von Bengels Hand sowie Begleitbrief Johann Christian Langes an Bengel? 23.9.1711. Wortlaut und Interpretation der Thesen bei Brecht: Hermeneutik, 273–285.
[111] Dissertatio De Theologia Mystica, Thesen 57–60.
[112] Vgl. Brecht: Bibelmystik, 267: „Die Kritik Bengels am radikalen Pietismus könnte an dieser

geforderte strenge Heiligung, wie sie Bengel später bei Tennhardt erlebt, will die Fiktion einer substanziellen Transformation aufrechterhalten. Damit rückt der forensische Charakter der Rechtfertigung in den Hintergrund[113] – übrigens auch in der Grauzone zwischen radikalem und kirchlichem Pietismus (Rues u. a.), wo man zwar nicht von substanzieller Transformation redet, aber der Heiligung einen Rang einräumt, der das reformatorische Verständnis von Rechtfertigung überwuchert.

Bengels briefliche Äußerungen der folgenden Jahre sind auf dem Hintergrund 1707 verfassten Stellungnahme zur mystischen Theologie zu sehen. Eine systematische Auseinandersetzung findet in den Briefen nicht statt, mehr ein punktueller Rückgriff auf mystische Autorinnen und Autoren. Schriften von John Pordage[114], Antoinette de Bourignon[115] und Pierre Poiret[116], die er eingehend studiert, regen Bengel 1715 zum Nachdenken über das göttliche Vorherwissen an.[117] Auch Werke zum Quietismus sind ihm nicht unbekannt. 1713 weist er einen Freund auf Fénelons neu erschienenen *Traité de l'existence et des attributs de Dieu* (Teil 1, 1712) hin, einen „franz[ösischen] Commentar[ius] mysticus über d[as] N. T., welchen Mad[ame] de Guion verfertigt hab[en] solle".[118] 1709 erkundigt er sich bei einem italienischen Gelehrten, den er in Stuttgart kennen gelernt hat, nach den Prozessakten des Miguel de Molinos. Dass Bengel die lateinische Übersetzung von Molinos'

Stelle nicht radikaler sein. Hier besteht keine Gemeinsamkeit. Die letzten Konsequenzen mystischen Denkens macht er nicht mit."

[113] Vgl. Schneider: 18. Jahrhundert, 168, der die Tendenz einer „weitgehenden Verdrängung der forensischen Rechtfertigung durch die als Prozeß der Christwerdung verstandene Wiedergeburt" als ein Kennzeichen des radikalen Pietismus überhaupt betrachtet.

[114] Bengel weist Joachim Lange am 2.9.1715 auf die neu herausgekommene deutsche Übersetzung der Metaphysica vera & divina hin: John Pordage: Göttliche und wahre Metaphysica, oder wunderbahre, durch eigene Erfahrung erlangte Wissenschafft der unsichtbaren und ewigen Dinge, nemlich von denen unsichtbaren Welten, als der göttlichen, der ewigen Natur, der Englischen, der Hölle und paradißischen, ihren Einwohnern, deren Regierung, Gestalt, Sprache, Verrichtung und andern Wundern [. . .] Aus dem Engl. übersetzt. Frankfurt, Leipzig: Hagen 1715.

Das Urteil Franckes über Pordage ist Bengel wichtig. Er zitiert einen Bericht von Diakonus Pregizer über Franckes Besuch 1717 in Tübingen (Iter Franckianum 31r): „Es wurde auch von Pordage metaph[ysica] div[ina] gesprochen: da H. Prof. Frank frey bekannte, Er könne diß buch, welches so abstrus, dunkel und hoch geschrieb[en], nicht loben. Wenn er in dem N. T. nur etliche blätter lese, so habe er 1000mal mehr licht, erbauung und unterweisung als in dieser metaph[ysica] div[ina]."

[115] Das Leben der Jungfrau Antoinette Bourignon. Theils durch Sie selbst, theils durch einen von ihren Bekandten [Pierre Poiret] geschrieben [. . .]. Amsterdam: Riewerts & Arents 1684.

[116] Pierre Poiret: Vera et cognita omnium prima. De natura idearum ex origine sua repetita, asserta & adversus A. Pungelerum defensa, disquisitio theologico-philosophica. 1715.

[117] Bengel an Joachim Lange 2.9.1715; siehe oben S. 176.

[118] Bengel an Johann Gottfried Salzmann 13.6.1713.

Guida spirituale und *Della communione cottidiana* durch August Hermann Francke kennt, ist anzunehmen.[119]

5. *Bengels Stellung zu Geschichtstheologie und Naherwartung im radikalen und kirchlichen Pietismus sowie zur Prophetie der Inspirierten*

Bengels frühe Korrespondenz zeigt, dass die apokalyptische Naherwartung seiner Zeit nicht nur in seinem Umfeld wirksam ist. Der junge Theologe lässt diese Einflüsse an sich herankommen, in der ihm eigenen Nachdenklichkeit.

Ein Brief des genannten Andreas Bardili an Bengel ordnet die scharfe Kirchenkritik in ein geschichtstheologisches Schema ein. Gehörten die Reformatoren noch zu denen, die „ausgang[en] sind von jener Babylonischen Hure", so seien ihre Nachkommen abgefallen, indem sie das „päbstliche Antichristen Haupt" ersetzt hätten durch das weltliche Kirchenregiment der Fürsten. So bilde die lutherische Kirche neben dem römisch-katholischen „groben Babel" ein subtiles Babel. Ihre Worte seien äußerlich recht, aber sie verfolge die wahren Zeugen Jesu. Die Gegenwart versteht Bardili als „philadelphische Kirchenzeit", an deren Ende ein geistlicher Fall beider Babel stehe. Dem folge ein „würckliche[r] und leibliche[r]" Fall in „Laodicea, der 7.d[en] und lezten kurzen Kirchenzeit N[euen] T[estaments]".[120] Unschwer zu erkennen sind die geschichtstheologisch-apokalyptischen Spekulationen der Philadelphischen Sozietät, in London 1697 gegründet von der Visionärin, Chiliastin und Allversöhnerin Jane Leade. Eine zentrale Rolle spielen die sieben Sendschreiben der Johannesoffenbarung (Apk 2: an Ephesus, Smyrna, Pergamus und Thyatira; Apk 3: an Sardes, Philadelphia und Laodizea), die man auf ebensoviele Perioden der Kirchengeschichte deutet. Die Epoche der „sardischen" nachreformatorischen Christenheit ist trotz ihres lebendigen Namens tot (Apk 3,1–5); auf sie folgt die Zeit von Philadelphia (Apk 3,7–12), in der die wahren Kinder Gottes gesammelt werden, und als letzte die Zeit von Laodizea (Apk 3,14–21). Die Philadelphier beeinflussen seit dem Ende des 17. Jahrhunderts den deutschen radikalen Pietismus; hier spielt das Ehepaar Petersen eine zentrale Rolle.[121]

Mit apokalyptischen Schriften Petersens wie *Das Geheimniß des in der letzten Zeit gebährenden apocalyptischen Weibes* hat Bengel sich beschäf-

---

[119] Antonio Colligar an Bengel 17.3.1709; August Hermann Francke: Manuductio spiritualis [. . .] una cum tractatu ejusdem de quotidiana communione [. . .] in latin. ling. translata [. . .], 1687.
[120] Bardili an Bengel 12.7.1708.
[121] Vgl. Schneider: 17. Jahrhundert, 405 f.

tigt.[122] Tennhardts Ankündigungen des göttlichen Gerichts und des nahen Weltendes in seinen Schriften *Worte Gottes* und *Gott allein soll die Ehre sein* sind Bengel bekannt, auch wenn sie beim Gespräch in Leipzig 1713 keine Rolle gespielt haben.[123] Selbstverständlich und eher beiläufig erwähnt er Anfang 1713 den Schustergesellen und Wanderpropheten Johann Maximilian Daut (1656–1736), dessen chiliastische Schriften kurz zuvor im Ulmer Landgebiet Anklang gefunden haben: „Ich habe gehört, [. . .] Daut [. . .] habe im Schlaf sich selbst nach der Scheibe schießen und um einige Zolle, Andere aber noch viel mehr fehlen sehen." Dauts Erwartung richtet sich auf die „Kriegs-Flut der Türcken", welche zusammen mit König Karl XII. von Schweden die böse Christenheit vertilgen und Gottes Friedensreich herbeiführen werde.[124]

Bengel verurteilt Dauts Prophezeiungen nicht und unterscheidet sich darin vom Ulmer Rat, der 1712 die Lektüre von Dauts und Tennhardts Schriften verbietet. Wie eine vermutlich von Bengel stammende Äußerung belegt, begnügt er sich damit, ihre Nichtübereinstimmung mit dem Wort der Schrift festzustellen und gelassen abzuwarten: „Des Dauten Aussage, weil sie futura und gewisse Personen und Regionen betrifft, laß ich juxta praeceptum divinum, Deut[eronomium] c. 18 an ihrem Ort stehen, biß sie der Tag entweder bestättigen oder widerlegen wird."[125] Ihm kommt es auf das tatsächliche Eintreffen der Vorhersagen an. Erweisen sie sich als falsch, wie etwa die Androhung eines feindlichen Einfalls in Württemberg für den Mai 1710, möchte er immerhin noch wissen, wer sie in die Welt gesetzt hat: „Möchte wohl wissen: von wem die vermeinte Vaticinia gekommen, die den Wirttembergern das Exilium auf den vergangenen Majum bestimmt hatten? Ob es nicht der Theophilus Hoffstetter geschrieben und für wahr ausgegeben? Item: Wer die fromme Person, so den Einspruch bey hellem Tag claris et distinctis verbis empfangen habe de irruptione hostium, et aliis?"[126] Bengel vermutet Gottlieb Hoffstetter, Lehrer in Reutlingen und 1703 wegen chiliastischer Prophezeiungen aus der Stadt gewiesen, als Urheber des Gerüchts.

Handelt es sich dagegen nicht um Wahrsagerei eines „Erleuchteten", sondern um Auslegung biblischer Weissagungen, steigert sich Bengels Interesse, vor allem wenn er eine Auslegung vor sich hat, die auf ihn einen soliden Eindruck macht. Ein Brief Bengels vom Januar 1713 an

---

[122] Siehe oben S. 160.

[123] Siehe oben S. 168.

[124] Bengel an Christoph Andreas Schmidlin 22.–23.1.1713; Schneider: 18. Jahrhundert, 143 f. Vgl. Johann Maximilian Daut: Helle Donner-Posaune, durch den Geist der Weissagung verkündigend und ausblasend die instehende Gerichte Gottes über das Römische Reich und die gantze falsche und unbußfertige Christenheit. O. O. 1710.

[125] Bengel? an Johann Leonhard Seybold 13.7.1711.

[126] Bengel? an Johann Leonhard Seybold 13.7.1711.

Schmidlin zitiert die Stellungnahme Christian Hagmajers zum Kommentar zu den Kleinen Propheten von Johannes Marckius (Johannes à Marck, 1656–1731). Hagmajer war ehemals mit Bengel Student und Repetent am Tübinger Stift. Bengel glaubt dessen ausführliche Stellungnahme mitteilen zu sollen, „obwohl Sie [Schmidlin] nicht weiter geschrieben haben, daß sie es verlangen". Bengels eigenes Interesse am Thema ist offensichtlich. Er zitiert Hagmajer wie folgt[127]:

> „Er [Marckius] sieht recht in die Quelle hinein und hält sich immer ernstlich an sie [...] Entwicklung und Zusammenhang sucht er im Text, erdichtet ihn nicht, die natürliche Ordnung ist ihm lieb, und er bedenkt jedes Wort [...] Im Übrigen erlaube ich mir zu bemerken, daß er durch Scharfsinn viel leistet; er hat eine große Belesenheit, im Styl vermeidet er unnütze Wortumschweife, die verschiedenen Meinungen anderer bringt er nicht ohne Urtheilskraft bei und entscheidet darüber; häufig ist er Censor des Coccejus, kaum nimmt er mit einem gewissen Vorgreifen die Seele des Lesers ein und begnügt sich mit einer buchstäblichen Erklär[un]g des Sinnes."

Bei der inhaltlichen Betrachtung übernimmt Hagmajer kommentarlos Marckius' messianische Deutung alttestamentlicher Stellen. Die Weissagung Habakuk 2,3 deutet Marckius auf die Ankunft des Messias, den er mit Christus identifiziert. Dabei hält er sich auffallend zurück, wenn es um die Qualifizierung einer Stelle als endzeitliche Weissagung geht. Habakuk 2,3 erwarte den Messias, der sein Volk von den Babyloniern befreit – nicht etwa, wie ein jüdischer Gelehrter meine, das Ende auch der gegenwärtigen Gefangenschaft des jüdischen Volkes[128], also ein endzeitliches Ereignis. Die Weissagung Sacharja 6,12 f. versteht Marckius ebenfalls messianisch, widerspricht aber auch hier weiter gehenden Deutungen. Der Neubau des Tempels sei nicht material, sondern geistlich zu verstehen; der erwartete Messias erbaue den geistlichen Tempel, und das sei, so Marckius, die christliche Kirche.[129] Hagmajer beurteilt dies durchaus positiv: „Die Stellen, in welchen die Ereignisse der letzten Zeiten verkündiget sind, verdreht er nach der sonst üblichen Weise der Commentatoren nicht, tritt aber auch den jüdischen und Petersen'schen Erklärungen über die Rückkehr ins Land Canaan, die Wiederherstellung des Tempels, die Wiedereinführung der Opfer etc. nicht bei, schlägt mit

---

[127] Bengel an Schmidlin 22.–23.1.1713 in der Übersetzung von Williardts (WLB Stuttgart, cod. hist. qt. 433,119 f.). Lateinischer Brieftext bei Burk: Literarischer Briefwechsel, 71 f. Von Marckius' Kommentar sind 1696–1701 nur Einzellieferungen nachweisbar. Eine Gesamtausgabe erscheint 1734: Joannis Marckii, theologi Lugdunensis Batavi commentarius in duodecim prophetas minores seu analysis exegetica [...] Praemittitur praefatio D. Christophori Matthaei Pfaffii [...] Editio nova, prioribus accuratior, cum indicibus necessariis. Tübingen: Johann Georg Cotta & Johann Rudolf Hoff 1734. Bd. 1: [XXII], S. 1–619; Bd. 2: S. 623–1300.
[128] Marckius: Commentarius in duodecim prophetas minores, Bd. 2, 697b f.
[129] Commentarius in duodecim prophetas minores, Bd. 2, 993a.b.

Spener und Andern den Mittelweg ein und nimmt auch nicht mit Andern in Allem die Zeiten des N. T. an."[130]
Bengel gibt Hagmajers Urteil kommentarlos weiter. Erst viel später hat er sich selbst zu Marckius geäußert, der ausufernde Spekulationen kritisiert und sich dementsprechend gegenüber apokalyptischen Berechnungen zurückhält. In der *Erklärten Offenbarung* vermisst Bengel dies an ihm[131]:

„Kein Wunder ist es, daß bey so grossen Schwierigkeiten und so vielen leer ausgegangenen Terminen viele vernünftige Leute es bey nahe aufgegeben und fast alle apokalyptische Betrachtung auf etliche allgemeine vorhin bekannte Lehr-Sätze, daß die Kirche immer gedruckt, aber nimmer untergedruckt werde, reduciret, auch die Zeitrechnung schier zernichtet haben. Ein Exempel gibt Markii Commentarius in Apocalypsin [Johannes Marckius, *In Apocalypsin Johannis commentarius*; 2. Aufl. 1699], da er viele ungeschickte Meinungen geschickt widerlegt, aber selbs [...] eine gar sparsame Unterweisung gibt."

Zurück zum Jahr 1713. Am Schluss seiner Wiedergabe von Hagmajers Urteil fährt Bengel fort: „Gerade diese Beurtheilung veranlaßt mich, daß ich wissen möchte, was Hagmajer von der Unkaufschen Auslegung denkt." Johann Georg Unkauff (um 1674–1734), den Bengel seit der Stuttgarter Zeit kennt, wird als Diakonus an der Hospitalkirche 1708 amtsenthoben wegen kritischer Äußerungen über Herzog Eberhard Ludwig und Wilhelmine von Grävenitz. Im hohenlohischen Pfedelbach findet er im gleichen Jahr eine Pfarrstelle; 1713 wird er Superintendent und Hofprediger. Die von Bengel genannte Auslegung meint eine endzeitliche Spekulation Unkauffs, die er aufgrund des Alten Testaments entwickelt hat. Hermann nennt es ein „System von gewagten Aufstellungen über die kommenden Geschicke der Kirche". Eine briefliche Stellungnahme des frühen Bengel ist nicht überliefert; allerdings fertigt er sich Abschriften an. Der Stuttgarter Diakonus Johannes Oechslin, den Bengel ebenfalls kennt, äußert sich kritisch zu Unkauffs Ausführungen.[132] Ob Christian Hagmajer die von Bengel gewünschte Beurteilung geliefert hat, ist nicht bekannt.

Auffallend kurz, eher nebensächlich, erwähnt Bengel im Brief an Schmidlin zwei weitere Schriften: „Für jetzt schicke ich außer den Strümpfen Strauß Ephemeriden und Herrenschmid. Sonst habe ich nichts zu schicken."[133] In diesem Zusammenhang ist nicht das ungenannte Werk des Francke-Mitarbeiters Johann Daniel Herrenschmidt

---

[130] Bengel an Schmidlin 22.–23.1.1713 in der Übersetzung von Williardts (siehe oben Anm. 127).
[131] Bengel: Erklärte Offenbarung. Ausgabe Stuttgart 1773, S. 1122.
[132] Bengels Abschriften unter dem Titel: Hypotheses Unkauffianae de fatis ecclesiae futuris; Oechslin: Animadversiones [...] ad Hypotheses Unkauffianas. Vgl. Hermann: Bengel, 412.
[133] Bengel an Schmidlin 22.–23.1.1713.

von Interesse, sondern die von Schmidlin offenbar bestellten und von Bengel kommentarlos übersandten „Ephemeriden". Ein Autor Strauß ist nicht nachweisbar[134]; jedoch fand sich ein zeitgenössisches Werk unter diesem Titel, das sich zudem als „Prognosticon" in die Reihe der radikal-pietistischen Zukunftsdeutungen stellt[135]:

> *Kirchen-Calender, oder, Aus denen Ephemeriden und Zeit-Büchern Neues Testaments abgefasstes Prognosticon Der gegenwertigen und jetzt lebenden Christenheit von Jesu Christo selbst durch seinen Jünger und Apostel Johannem fürgelegt: Sich daraus nach allen ihren Secten, Schwärmen und Ständen, ja ein jeder in seiner eigenen Person, zu examiniren, daß er wissen und verstehen lerne: I. Wenn und wie lange die Christenheit eine rechte Braut Christi gewesen. II. Wenn sie zu einer Babel-Hure worden und es noch ist biß diese Stunde. III. Was es für ein Ende mit ihr nehmen wird; Denen sich selbst erkennenden zur Lehre und Bekehrung, denen verstockten Babel-Christen aber Zu einem Zeugnüß über Sie mitgetheilet.*

Festzuhalten ist, dass der frühe Bengel bei Marckius aufhorcht, dagegen dieses Dokument philadelphischer Geschichtsdeutung kommentarlos übergeht.

Das Interesse an Aussagen über die Zukunft, sofern sie auf einer Exegese des Bibeltextes beruhen, die wissenschaftlichen Anspruch erhebt, behält Bengel auf der anschließenden Reise 1713 bei. In Halle interessiert ihn die Apokalypseauslegung Paul Antons (1661–1730, seit 1695 Prof. für Exegese, Polemik und praktische Theologie auf Vorschlag von Spener). Bengel kann nur die letzten Stunden von Antons Vorlesung hören. Ausführlich notiert er dessen Bemerkungen zu Apk 18,4 („Aufforderung, außzugehen auß Babel") im Reisetagebuch[136]:

> „Ihr solltet euch schon zum außgang längst parat gehalt[en] haben; per saltum gehts nicht zu. Alles was zum Geiste dieser grossen Babel gehöret, muß *verlassen* werd[en]. Non convenit cum objecto speciali, eccl[esi]am Evangelicam vocare Babelem [er geht nicht einig mit dem speziellen Vorwurf, die evangelische Kirche Babel zu nennen], es bleibt aber doch in seiner extensione; mann muß in Eccl[esia] Ev[angelica] sich vor der συγκοινωνία [Teilnahme] hüten. Vid[e] Spener, welcher d[en] Punct von Babel sond[er]lich immer gehabt und, weil die Zeit herbey nahet, viel davon geschrieb[en] [. . .] Zu unsrer Zeit hat man sich am allerwenigsten zu säumen. Was von corruptelis [moralischer Verderb] unter uns ist, das sind Päpstl. principia."

Antons Verständnis von „Babel" bezieht sich auf Teile der evangelischen Kirche, ohne den radikal-pietistischen Generalverdacht zu übernehmen. Seine Apokalypseauslegung lässt Bengel sich ganz abschrei-

---

[134] Vielleicht handelt es sich um ein Leseversehen des Briefübersetzers Williardts. Diese Passage des Briefes existiert nicht in der lateinischen Originalversion, sondern nur bei Williardts.

[135] Erschienen 1695, ohne Angabe von Autor und Ort. Vgl. das spätere Theologische Prognosticon Samuel Königs, Büdingen 1718 (Schneider: 18. Jahrhundert, 123).

[136] Itinerarium 70r (Hervorhebung durch Bengel).

ben.[137] Antons Kollege Joachim Lange (1670–1744) weist Bengel auf das Werk des Vitringa *Anacrisis Apocalypseos Joannis apostoli* (Franeker 1705) hin. Campegius Vitringa d. Ä. (1659–1722), Professor der Theologie an der westfriesischen Universität Franeker, versucht eine zeitliche Bestimmung des Tausendjährigen Reichs. Bengel notiert, auch Francke und Canstein schätzten ihn.[138] Joachim Lange hat in seiner 1730 erschienenen Apokalypse-Auslegung *Apokalyptisches Licht und Recht* sich ausdrücklich auf ihn berufen.[139] Auch der Gießener Professor und Hofprediger Johann Heinrich May d. Ä. (1653–1719) gibt Bengel bei dessen Besuch im Oktober 1713 ein positives Urteil über Vitringa mit auf den Weg. Von Spener und Coccejus beeinflusst und mit den Halleschen Theologen verbunden, lobt er Vitringas *Typus doctrinae propheticae*.[140]

Bengel macht sich nach 1721 Auszüge aus Vitringas *Anacrisis* (Ausgabe Leucopetra 1721) und aus dessen *Commentarius in librum prophetiarum Jesaiae* (1720).[141] Er wird später in der *Erklärten Offenbarung* feststellen[142]: „In den jährigen Tag hat er [Vitringa] ein Mistrauen gesetzet und sich doch auch nicht an den gemeinen Tag gehänget. Hiemit hat er diesen beederley falschen Zeitrechnungen einen namhaften Stoß gegeben und der wahren, in der Mitte einhergehenden Zeitrechnung nicht gar weit verfehlet."

Ein „Artikel über die 70 Wochen", 1713 zugeschickt von seinem Onkel Christoph Andreas Schmidlin, ist Bengel ein „Räthsel". Er bittet um Bedenkzeit und entschuldigt sich mit vielfältigen Verpflichtungen während seiner Reise. Gemeint ist die Weissagung von den 70 Wochen (Daniel 9,24), welche sich auf die Zukunft des Volkes Israel und Jerusalems bezieht. Vielleicht besteht ein Zusammenhang mit einer unter dem Vorsitz von Johann Georg Dorsch 1651 gehaltenen Disputation zum Thema, die 1713 im Druck erscheint.[143] Erst der späte Bengel wird sich zu den 70 Wochen

---

[137] Burk: Bengel's Leben, 11.

[138] Itinerarium 35r: „[Lange] valde laudat Vitringae ἀναϰρισιν ad apocalypsin (laudat & Franke & Cansteini[us])."

[139] Joachim Lange: Apocalyptisches Licht und Recht, das ist richtige und erbaulich Erklärung des prophetischen Buchs der heiligen Offenbahrung Johannis: darinn, nach dem bisher auch bey der evangelischen Kirche sehr beliebt gewordenen Systemate Vitringiano, nach einem nöthigen Vorbericht erstlich eine ausführliche Einleitung und nach der exegetischen Abhandlung, zur mehrern Erläuterung und Bevestigung des richtigen Verstandes, eine genaue Übereinstimmung gedachter Offenbahrung mit den Propheten des alten Testaments, sonderlich dem Jesai, aus des niederländischen hochberühmten theologi, Campegii Vitringä, grossen und vortefflichen commentario über den Jesaiam dargelegt wird [. . .] Halle 1730.

[140] Itinerarium 91r: „Animum suum cum Theol[ogibus] Halens[ibus] conjunctissimum fatetur [. . .] Laudat Vitringae typu[m] d[o]c[t]r[i]nae p[ro]pheticae". Vitringa: Hypotyposis historiae et chronologiae sacrae [. . .] Accedit typus doctrinae propheticae. Franeker 1708. Zu Johann Heinrich May: BBKL 5, 1103–1105.

[141] WLB Stuttgart, cod. theol. qt. 534g,2,37.

[142] Bengel: Erklärte Offenbarung. Ausgabe Stuttgart 1773, S. 1122 f.

[143] Bengel an Schmidlin 17.–21.6.1713; Dorsch: De septuaginta hebdomadibus Von denen

äußern in *Welt-Alter darin Die Schriftmässige Zeiten-Linie bewiesen und die Siebenzig Wochen samt andern wichtigen Texten und heilsamen Lehren erörtert werden: zum Preise des grossen Gottes und seines wahrhaftigen Wortes an das Licht gestellet* (1746).

Kometenerscheinungen haben der apokalyptischen Stimmung des ausgehenden 17. und beginnenden 18. Jahrhunderts neue Nahrung gegeben. So deuten Johann Jacob Zimmermann und Johann Jacob Schütz den im Winter 1680/1681 erschienenen Kometen als Zeichen des bevorstehenden göttlichen Strafgerichts.[144] Eine Kometenerscheinung am 22. Februar 1719 gibt Bengels Freund Philipp Heinrich Weissensee (1673–1767) Gelegenheit, von diesem „phaenomenon" ausführlich zu berichten. Dabei lehnt Weissensee es ab, Aussagen über die Zukunft daraus abzuleiten[145]: „Divinationes et conjecturae de futuro seyn mir, ich waiß nicht von Natur od[er] von der Gnade, zu wider. Die grossen Werke deß herren, dem wir dienen, bewundre und verehre; glaube aber, daß sie im Nidersinken und nicht im Aufsteigen recht erkannt werden."

Bengels briefliche Äußerung zum Thema ist verloren, wird aber von Weissensee referiert: „Wer solche consequenzen macht wie M[ein] br[uder], Gott hat Feur genug, die Welt zu verbrennen etc., der geht sicher und fehlt nicht." Dieser an 2Petr 3,10 erinnernde Satz entspricht Bengels Stellungnahme zu den Vorhersagen Dauts. Es kommt auf die Übereinstimmung der Vorhersagen mit dem biblischen Zeugnis an; was darüber hinausgeht, wird – mit Gelassenheit, die ein gewisses Interesse nicht ausschließt – zur Kenntnis genommen. Bengel wartet ab, ob es „der Tag entweder bestättigen oder widerlegen wird".[146]

Die Ablehnung von Spekulationen hindert Weissensee nicht, dem Freund ein Beispiel einer solchen Zukunftsschau zu geben. Der anglikanische Theologe und Mathematiker William Whiston (1667–1752) hat in seiner *Theoria Telluris* Berechnungen Edmond Halleys herangezogen, die er mit theologischen Aussagen zu vereinen sucht:[147] „M[eines] br[uders]

---

siebenzig Jahr-Wochen, Danielis cap.IX. v. 24. dissertatio theologica [...] [Wittenberg]: Heber 1713.

[144] Schneider: 17. Jahrhundert, 397.
[145] Weissensee an Bengel 10.4.1719.
[146] Vgl. oben S. 182.
[147] Weissensee an Bengel 10.4.1719. Whistons Werk (1696) erscheint 1713 in deutscher Übersetzung: Wilhelm Whistons Nova telluris theoria: das ist: Neue Betrachtung der Erde, nach ihren Ursprung und Fortgang bis zur Hervorbringung aller Dinge, oder eine gründliche, deutliche und nach beygefügten Abrissen eingerichtete Vorstellung, daß so wohl die sechstägige Schöpffung und darauf erfolgte Sündfluth als auch die annoch zukünfftige Conflagration der Welt wie solche in Heil. Schrift beschrieben werden, mit der gesunden Vernunfft und wahren Philosophie keinesweges streite, sondern von beyden gar wohl begriffen und folglich um so viel mehr als untrügliche Wahrheiten angenommen werden können; nebst einer Vorrede von der

gedanke: Gott habe Feur genug etc. hat mich erinnert, was Whiston in Theoria Telluris für ein Systema Cometarum macht und in specie ex calculo [. . .] Hallejani von dem A[nn]o 1680 erschienenen grossen Cometen statuiert, daß er durch seinen 570 Jährigen periodum ungefehr [. . .] die grossen Conversionen in der Welt verursacht, ex[empli] gr[atia] die Sündfluth, da er vom Mond kommen sey; die Zerstörung Jerusalem, waiß nicht von was für einem planeten, und wann er von der Sonnen kommen werde (welches demnach noch über 5 Secula weyle hette), die verderbung der Erde durchs Feur mit sich bringen od[er] vielmehr sie selbst verbrennen werde."

Bengels Interesse an einer aus biblischer Exegese gewonnenen Zukunftsdeutung kommt auch im Brief an Georg Heinrich Hofholz vom 26. Juni 1718 zum Vorschein. Bei einer Predigtvorbereitung ist Bengel der eschatologische Zug des Gleichnisses vom großen Abendmahl (Lk 14,16–24) aufgefallen. Die Geladenen von „den Landstrassen und Zäunen" seien nicht die bestehenden heidenchristlichen Kirchen, sondern alle Völker, die Gottes Ruf noch nicht erreicht hat. Lk 14,23 deute damit auf bevorstehende große Fortschritte in der Heidenmission. Bengel versteht diese Entdeckung als Hinweis auf einen prophetischen Sinn der Gleichnisse überhaupt (sensus propheticus parabolarum).

Nebenbei erfährt man, dass er das *Leben der Glaubigen* von Gottfried Arnold liest. Der darin genannte Berliner Diakonus Johann Caspar Schade (1666–1698), der eine routinemäßig gewährte Absolution in der Privatbeichte scharf kritisiert und darauf entlassen wird, habe das Gleichnis vom großen Abendmahl besonders geliebt[148]: „In dem Leben der glaubigen ist sehr beweglich zu lesen, wie der seel. Schad auf seinem Kranckenbett, als dieses Evangelium vorgekommen, so sehnlich gewünschet, daß er noch einmal predigen könnte; er wolte das Wort: Es ist noch Raum da [Lk 14,22], dem volk vorhalten."

Auf die in zahlreichen radikal-pietistischen Zukunftsdeutungen erwartete Apokatastasis panton gehen die Briefe und Tagebücher des frühen Bengel kaum ein. Seine Erfahrungen im Stuttgarter Kreis um Spindler, die er auch in anderer Hinsicht verschweigt, stehen im Hintergrund. Johann Wilhelm Petersen, ein maßgeblicher Vertreter der Apokatastasis, ist ihm ja nicht unbekannt.[149]

---

eigentlichen Beschaffenheit der Mosaischen Geschichte von der Schöpffung. Frankfurt: Ludwig 1713.

[148] Bengel an Hofholz 26.6.1718; Gottfried Arnold: Das Leben der Glaubigen, oder Beschreibung solcher gottseligen Personen: welche in den letzten 200 Jahren sonderlich bekand worden [. . .] Mit einem Zusatz einiger besondern Zeugnisse der Wahrheit und Lebens-Beschreibungen. Halle: Verlag des Waisenhauses 1701, 111–168. Zu Johann Caspar Schade siehe auch BBKL 17, 1191–1197 (Werner Raupp).

[149] Siehe oben S. 156, 173.

Das Ehepaar Petersen betont die Allmacht des göttlichen Heilswillens (1 Tim 2,4). Das „ewige Evangelium" von Apk 14,6 wird in diesem Sinn gedeutet und in die philadelphische Geschichtsschau eingeordnet. Auf das „Evangelium vom Glauben" und das chiliastische „Evangelium vom Reich" folge in der Endzeit das ewige Evangelium von der allumfassenden Liebe Gottes. Damit sei „ewige" Verdammnis nur als lange, aber nicht unendliche Zeit aufzufassen; alle Menschen, selbst der Satan, würden nach einem Reinigungsprozess erlöst.[150]

In seiner frühen Korrespondenz interessiert Bengel das Problem der Apokatastasis vor allem im Zusammenhang mit dem göttlichen Vorherwissen[151]; sonst taucht es selten auf. Eine Notiz im Reisetagebuch hält eine Äußerung Gottfried Vockerodts (1665–1727) fest, den Bengel 1713 in Gotha aufsucht: Die von Petersen behauptete Lehre von der Apokatastasis könne sich nicht auf den biblischen Wortlaut stützen.[152] In Gießen erklärt Johann Georg Rüdiger (1676–1748) ihm gegenüber, Petersen habe in dieser Lehre alle Geduld mit sich selbst verloren.[153] In der Materialsammlung zu Franckes Reise durch Süddeutschland notiert Bengel ein Gespräch des Tübinger Diakonus Georg Conrad Pregizer mit Francke. Auf Petersens Allversöhnungslehre angesprochen, antwortet Francke, in Halle liebe man Petersen zwar wegen dessen schöner Gaben; man könne aber nicht anders „als bey der H. Schrifft bleiben".[154]

Auch der späte Bengel hat das Thema Allversöhnung mit vorsichtiger Zurückhaltung behandelt. Er betont den Ernst des Gerichts und die Ewigkeit der Pein für die Verdammten. Dennoch ist, wie Friedhelm Groth feststellt, „Bengels schließliche eschatologische Perspektive, der Punkt, auf den durch Gericht hindurch alle endzeitlichen Ereignisse nach dem Jüngsten Tag zulaufen, die Apokatastasis panton". Wie die Petersens nimmt er einen doppelten Sinn des Begriffs αἰώνιος an; anders als sie hütet er sich davor, die Apokatastasis als Lehre zu vertreten.[155]

---

[150] Schneider: 17. Jahrhundert, 404 f.
[151] Siehe oben S. 175.
[152] Itinerarium 23r.
[153] Itinerarium 92v: „Petersenium ait Dogmate de ἀποκαταστάσει πάντων omnem sui tolera[nti]am perdidisse."
[154] Iter Franckianum 29r.
[155] Friedhelm Groth: Die „Wiederbringung aller Dinge" im württembergischen Pietismus. Theologiegeschichtliche Studien zum eschatologischen Heilsuniversalismus württembergischer Pietisten des 18. Jahrhunderts. (Arbeiten zur Geschichte des Pietismus; 21.) Göttingen 1984, 79, 85. Vgl. Johann Christoph Blumhardts (1805–1880) Tendenz zur Apokatastasis, die sich gegen Ende seines Lebens verstärkt, ohne in eine systematische Wiederbringungslehre zu münden. Hier steht Blumhardt in der Tradition Bengels, auch wenn sich Blumhardts Eschatologie in anderer Hinsicht von der Bengelschen unterscheidet (Joh. Chr. Blumhardt: Gesammelte Werke. Reihe III: Briefe, Bd. 2. Göttingen 1993, 257–262; Dieter Ising: Johann Christoph Blumhardt. Leben und Werk. Göttingen 2002, 204 f.).

Wenn der frühe Bengel nur biblisch fundierten Zukunftsaussagen wirklich Gehör schenkt, kann er die auf subjektiver Eingebung beruhende Prophetie der Inspirierten nicht ernst nehmen.[156] Entsprechend selten ist in den Briefen davon die Rede. Bengels Konflikt mit dem Inspirierten Johann Friedrich Rock wird erst 1735 stattfinden, auch wenn sich beide schon früher bei Spindler in Stuttgart begegnet sein müssen. Rock schließt sich 1702 dem Stuttgarter Kreis an.[157]

Bengels briefliche Äußerung über den Inspirierten J. M. Schwanfelder (Schwanenfeld) und dessen Begleiterin, die „Haagin", fällt durch ihre Kürze auf, obwohl Bengel gut informiert ist. Der Brief vom 2. September 1715 richtet sich an Joachim Lange, mit dem er seit dem Besuch in Halle 1713 in Korrespondenz steht. Er schreibt ihm auf dem Hintergrund eines 1715 erschienenen Traktats, in dem Inspirierte das Offenbarungsverständnis Langes scharf angreifen.[158] Häufig, so Bengel, habe man von den Inspirierten geredet, als einige wenige nach Württemberg kamen. Jetzt, nach ihrer Abreise, schweige fast alles von ihnen.[159] Schwanfelder habe auf den Gassen Kölns die Gerichte Gottes öffentlich angekündigt[160] und sei deswegen zu einer Strafe als Rudersklave verurteilt

---

[156] Vgl. Iter Franckianum 15v–19v. Dort zitiert Bengel den Bericht eines unbekannten Verfassers über ein Stuttgarter Tischgespräch zwischen Konsistorialdirektor Johann Osiander und August Hermann Francke. Man spricht u. a. über die Inspirierten und die durch sie bewirkten Unruhen; der von Bengel verehrte Francke empfiehlt als Gegenmittel Speners Lehre von Buße und Glauben.

[157] Kolb: Anfänge, 113; Johann Friedrich Rock und andere an (Bengel) 4.10.1735.

[158] Titel des Traktats: Erweiß, daß Hn. J. Langens Schrifft von Offenbarungen parteyisch und höchstgefährlich sey (1715). Der Autor nennt sich „Testimonium veritatis". Der Erweiß wird anschließend von lutherisch-orthodoxen Theologen gegen Joachim Lange verwendet. Gottlieb Wernsdorf schreibt diesbezüglich am 18.7.1715 an Valentin Ernst Löscher: „Joachimus ille hat allen Kredit auf Lebenszeit bei mir verloren" (Theodor Wotschke: A. H. Franckes rheinische Freunde. In: Monatshefte für Rheinische Kirchengeschichte 22 (1928), 215 mit Anm. 24). Vgl. die Rezension in den von Löscher hg. Unschuldigen Nachrichten von Alten und Neuen Theologischen Sachen [. . .] auf das Jahr 1715, 536–543.

[159] „Frequens sermo de inspiratis fuit, quum aliquot Patriae nostrae loca adiissent; iis profectis, ferme omnia silent."

[160] Der zuvor in Stuttgart aufgetretene Separatist Schwanfeld (Kolb: Anfänge, 118 f.) oder Schwanenfeld (Theodor Wotschke: Prophet Schwanenfeld in Köln. In: Monatshefte für Rheinische Kirchengeschichte 27 (1933), 26 f.) tritt am 3.6.1715 hervor mit einem „Ausspruch des Geistes, geschehen zu Köln am Rhein in eines Bürgers Hause auf der öffentlichen Straße in Gegenwart einer großen Menge Volks durch den Mund J. M. Schwanenfeldes [. . .]." Darin heißt es: „So spricht der Herr, der Gott des Himmels und der Erde: Höret, ihr Geschlechter dieser Stadt, was der Herr zu euch redet! Wie lange wollt ihr den Höchsten mit eurer Abgötterei noch lästern und mit eurem Herzen noch an den Götzen hängen und ihnen dienen?" Schwanenfelds Bußpredigt richtet sich an Hohe und Niedrige, Priester und Leviten; im Fall der Bekehrung wird Barmherzigkeit und Errettung verheißen (Wotschke: Prophet Schwanenfeld, 26 f.; Zitat aus: Herzogliche Bibliothek Gotha, Codex Chart. A 298). – Die Hinweise auf Schwanenfeld und die Haagin verdanke ich Herrn Ulrich Dühr vom Archiv der Evang. Kirche im Rheinland.

worden.[161] Seine Begleiterin, die „Haagische", hätten die Priester abgeführt.[162]

Nur bedingt in den Kreis inspirierter Prophezeiungen gehören die Visionen des zwanzigjährigen Gottfried Winkler, den Bengel im März 1713 in Nürnberg kennen lernt. Dessen Berichte über angebliche Engelserscheinungen hält er auf den letzten Seiten seines Reisetagebuchs ausführlich fest[163]: Die Engel antworten auf Fragen und zeigen „dem Knaben allerhand gesichte [...], dadurch sehr viele dinge, die in Mose und denen historischen Büchern, auch in den Propheten A[lten] und N[euen] T[estaments] stehen, exprimirt, vieles auch, das nicht darinn stehet, gleichwolen abgebildet ist". Paradiesfrüchte, die Schlange aus Gen 3, das Kainsmal, die Arche Noah, der Leviathan („100 Elen hoch, 200 Elen lang") und vieles andere wird vorgeführt. Gottfried zeichnet die Gesichte auf; in vier Jahren seien es über 1200 gewesen. Weissagungen werden gegeben; Gottfrieds Vater, der blinde Nürnberger Pfarrer Tobias Winkler (1648–1720), solle wieder sehend werden. Bengel schließt: „Jezo hat der Mensch keine Visiones mehr, höret aber alle Nacht oder alle andere Nacht, wie die Engel den HErrn loben und preisen."

Hier ist Bengels Schilderung ausführlich, vielleicht weil die Visionen Biblisches zum Thema haben. Dem befreundeten Andreas Adam Hochstetter gibt er am 13. März 1713 eine genaue Beschreibung, nimmt sich aber im Brief vom 7. April 1713 zurück: Sein Bericht über Winkler sei doch zu ausführlich gewesen. Im Juni 1713 bittet er seinen Onkel Schmidlin um Verständnis, wenn er ihm keine Abschrift aus dem Reisetagebuch schicke[164]: „Ich verwundere mich sehr über jene Sache, lasse es aber bei der Verwunderung bewenden." Bengels *Iter Franckianum* referiert die Meinung Franckes, der 1718 in Nürnberg zu Winkler befragt wird. Er habe zwar keinen überzeugenden Gegenbeweis, rate aber zur Vorsicht, „damit man nicht einen anstoß in seinem eigenen gemüth

---

[161] Konrad Schmidt an August Hermann Francke 20.9.1715 berichtet, „daß Schwanenfeld zu Köln von den Kapuzinern gefangen gesetzt, nach einigen Tagen von da durch Kaiserswerth [...] Münster bis nach Amsterdam auf einem Schiffe herumgeführt worden, an Händen und Füßen geschlossen, um, wie gesagt wird, [ihn] auf die Galeere zu schicken". Er sei aber freigelassen worden (Wotschke: A. H. Franckes rheinische Freunde, 237).

[162] Die „Haagin" tritt in Köln ebenfalls mit Bußpredigten hervor. Sie wird nach Bonn in ein Kloster gebracht und wie Schwanenfeld nach einiger Zeit freigelassen (Konrad Schmidt an A. H. Francke 6.8.1715 und 20.9.1715; in: Wotschke: A.H. Franckes rheinische Freunde, 214f., 237). Sie heiratet Schwanenfeld; beide leben noch 1740 zusammen in Berlin (Max Goebel: Geschichte des christlichen Lebens in der rheinisch-westfälischen Kirche, Bd. 3, Koblenz 1860, 148).

[163] Itinerarium 101r–104v. Vgl. Horst Weigelt: Geschichte des Pietismus in Bayern. Anfänge – Entwicklung – Bedeutung (AGP 40). Göttingen 2001, 248–250.

[164] Bengel an Schmidlin 17.–21.6.1713.

kriegte oder Scepticis occasionem ridendi veritates divinas gäbe", wenn die geweissagte Heilung des Vaters nicht eintrete.[165] Zusammenfassend lässt sich feststellen, dass der frühe Bengel für chiliastische Konzeptionen ein offenes Ohr hat. Die Schrecken der Franzoseneinfälle in Winnenden und Marbach werden für ihn als Kind ein „apokalyptisches Ausmaß" gehabt haben[166]; Spindlers Chiliasmus hat seine Wirkung auf ihn gewiss nicht verfehlt.[167] Bengels frühe Korrespondenz vermittelt jedoch den Eindruck einer Wende, die er spätestens als Student und Repetent in Tübingen vollzieht. Radikal-pietistische Geschichtskonzepte (Daut, Tennhardt, Bardili etc.) werden interessiert betrachtet, aber mit Gelassenheit zur Kenntnis genommen. Bengel kennt sich aus auf diesem Gebiet, hat er doch in Spindlers Haus genügend Hinweise erhalten. Aber er prüft diese Konzepte im Blick auf ihre biblische Fundierung; kann er keinen ausreichenden Bezug zu den Verheißungen der Schrift feststellen, verliert er das Interesse. Dagegen widmet er sich ausgiebig den Zukunftsdeutungen, die auf exegetischer Arbeit beruhen. Der nüchterne Marckius findet seine Aufmerksamkeit, aber auch der hier weiter gehende Vitringa; die Apokalypseauslegung Paul Antons ist ihm wichtig. Franckes Psalmenauslegung, seine paränetischen und kasuistischen Vorlesungen hört Bengel 1713 in Halle[168]; hier ist kein ausdrücklicher eschatologischer Bezug erkennbar. Aber Francke taucht immer dann in seinen Notizen auf, wenn dieser Zukunftsaussagen beurteilt, bei denen Bengel noch um die eigene Meinung ringt (Vitringa, Petersen, Winkler). Auch in den ersten Denkendorfer Jahren ist Bengels zukunftsgerichtetes Interesse erkennbar; 1718 nimmt er in den biblischen Gleichnissen einen eschatologischen Zug wahr.

Martin Brecht stellt fest, ein „unmittelbares apokalyptisches Interesse" lasse sich beim frühen Bengel vor der exegetischen Entdeckung von 1724 nicht nachweisen; es habe nur „ein allgemeines apokalyptisches Klima" in seinem Umkreis bestanden.[169] Dies ist auf Grund der frühen Briefe und Tagebücher zu präzisieren. Zwar liegt aus dieser Zeit keine eigene „ausgeführte Konzeption" Bengels vor, aber sein apokalyptisches Interesse ist mehr als nur Teilhabe an einem allgemeinen Klima. Bengel macht sich kundig, führt Gespräche und fällt Entscheidungen. Hier

---

[165] Iter Franckianum 41r–v.
[166] Hermann: Bengel, 79.
[167] Hermann: Bengel, 79 f.; Mälzer: Bengel 333–335. Vgl. oben S. 155.
[168] Bengel an Schmidlin 17.–21.6.1713; Itinerarium 56r–58r. 46r–49r. 51r–55r.
[169] Martin Brecht: Johann Albrecht Bengels Theologie der Schrift. In: Ders.: Ausgewählte Aufsätze. Bd. 2: Pietismus. Stuttgart 1997, 286–307, hier 295. Zu Bengels Entdeckung der „Zahl des Tiers" als apokalyptischer Schlüssel vgl. Bengel an Jeremias Friedrich Reuß 22.12.1724: „Celare te non possum, quod abs te celatum plane volo. Inveni numerum bestiae, Domino dante. Sunt anni 666, ab anno 1143 usque ad 1809. [. . .] Est haec apocalyptica clavis magna [. . .]".

wächst etwas heran, das in der Entdeckung von 1724 deutlichere Konturen gewinnt.

6. Der frühe Bengel und der radikale Pietismus

Der in Spindlers Umkreis Aufgewachsene hat auch in seinen Tübinger und den ersten Denkendorfer Jahren einen unmittelbaren Zugang zu radikal-pietistischen Überzeugungen. Seine Brief- und Gesprächspartner auf diesem Gebiet sind Theologen, die er während des Studiums oder auf Reisen kennen gelernt hat, aber auch Laien wie der Perückenmacher Tennhardt. Darunter finden sich zahlreiche württembergische Vertreter; Bengels Verbindungen gehen aber weit über Württemberg hinaus. Inhaltlich decken diese Kontakte das ganze Spektrum des radikalen Pietismus ab, von radikalen kirchenkritischen Überzeugungen bis hin zu einer, wenn auch spiritualistisch beeinflussten, innerkirchlichen Kritik. Dieses Spektrum nimmt Bengel nicht aus der Distanz wahr; mehr als einmal handelt es sich um Personen aus dem Freundeskreis. Dabei werden bestehende Freundschaften mit radikalen Pietisten nicht aufgekündigt.

Er weiß davon, dass die Hinwendung zum radikalen Pietismus oft eine Leidensgeschichte ist und in zunehmendes Leid hineinführt. Den Prozess zunehmender Radikalisierung und immer starrer werdender subjektiver Überzeugung erlebt er aus der Nähe mit, ebenso die Inhaftierung, Ausweisung und manchmal den frühen Tod der Betroffenen. Er weiß um überzogene Entscheidungen der kirchlichen Behörden, aber auch um geduldiges Abwarten, das Zeit lässt zur Sinnesänderung. Das Gegeneinander kirchlich-pietistischer und orthodoxer Kräfte ist ihm bekannt, nicht nur im württembergischen Konsistorium. Aber Bengel kennt auch Entwicklungen auf radikal-pietistischer Seite, welche die Übernahme eines kirchlichen Amts wieder möglich machen, etwa bei Andreas Bardili und Gottfried Arnold. Berührungsängste mit radikal-pietistischen Positionen sind nicht wahrzunehmen; häufig ist Bengel derjenige, der die Initiative zum Gespräch ergreift. Mit den Ergebnissen seiner Dialoge, die auch zu persönlicher Wertschätzung führen können, hält er nicht hinter dem Berg. Bengel hat genug kirchlich-pietistische Gesprächspartner (etwa Andreas Adam Hochstetter, August Hermann Francke, Joachim Lange/Halle und Johann Christian Lange/Gießen), denen gegenüber er sich offen äußern kann.

Dass es Übergänge gibt zwischen radikalem und kirchlichem Pietismus, die klare Grenzziehungen erschweren, ist ihm bekannt. Dies erlebt er auch an sich selbst; Bengels Hermeneutik ist der Versuch, Elemente beider Seiten zu verbinden.

Was die Heiligung des Lebens angeht, hat er radikal-pietistische Konzepte vor sich, welche die Einheit von Heiligung und Rechtfertigung verfehlen. Dem frühen Bengel ist die Übereinstimmung von Lehre und Leben wichtig, aber er verfällt nicht in Einseitigkeiten. Darum kann er Tennhardt die entscheidende Frage stellen nach der Einheit von Buß- und Versöhnungspredigt.

Bengels frühe Briefe und Tagebücher vermitteln den Eindruck, dass er sich auf allen Feldern seiner Begegnung mit dem radikalen Pietismus von einem Grundsatz leiten lässt, der bereits im Zusammenhang seines apokalyptischen Interesses herausgestellt wurde: Theologische Überzeugungen sind daraufhin zu prüfen, ob sie im Einklang mit dem biblischen Zeugnis stehen. Spätere Engführungen sind hier noch nicht im Blick; der frühe Bengel hält sich den Horizont theologischer Erkenntnis offen.

HANS-HENRIK KRUMMACHER

Friedrich Wilhelm Krummacher
und die Religionskritik des 19. Jahrhunderts

Die Geschichte der eigenen Familie in ihrer Verknüpfung mit der allgemeinen Geistes- und Literaturgeschichte sich zu vergegenwärtigen, hat seinen eigenen, Vergangenheit in besonderer Weise lebendig machenden Reiz. Für das 19. Jahrhundert gilt dies – in unterschiedlicher Weise – vor allem für Friedrich Adolf Krummacher (1767–1845), den „Ätti", in seiner Zeit weithin bekannt insbesondere durch seine Parabeln, für seinen Bruder Gottfried Daniel (1774–1837), eine der zentralen Gestalten der niederrheinischen Erweckungsbewegung, und für den ältesten Sohn des Ätti, Friedrich Wilhelm. Von ihm soll hier, am Ort seines letzten Amtes,[1] die Rede sein. Dabei wird freilich der Blick auf die Verknüpfung von Familiengeschichte und allgemeiner Historie auch Anlass zu kritischer Besinnung geben.

Geboren 1796 in Moers, studierte Friedrich Wilhelm Krummacher in Halle und Jena Theologie. Er war, zusammen mit seinem Bruder Emil Wilhelm und dem späteren Kotzebue-Mörder Carl Sand abwechselnd die Fahne der Jenaer Burschenschaft tragend, Teilnehmer des Wartburgfestes von 1817[2], und er hat in seiner Autobiografie von gelegentlichen Begegnungen der Jenaer Studenten mit Goethe berichtet.[3] Von 1819 bis 1823 war er Pfarrer in Frankfurt am Main[4], 1823 bis 1825 in Ruhrort (heute ein Teil von Duisburg), 1825 bis 1835 in Barmen-

---

[1] Dieser Beitrag ist die erweiterte Fassung eines Vortrags über meinen Ururgroßvater, der am 21. Oktober 2000 auf einem Krummacher-Familientag in Potsdam gehalten wurde. – Zur Gesamtwürdigung s. Jo Krummacher: „Seine Predigten sind wie Narkotika" (Goethe). Friedrich Wilhelm Krummacher (28.1.1796–10.12.1868). Erweckungsprediger im Wuppertal, Hofprediger in Berlin und Potsdam. In: JBBKG 61 (1997), 151–171.

[2] Friedrich Wilhelm Krummacher: Eine Selbstbiographie. Berlin 1869, 52–55; Emil Wilhelm Krummacher: Lebenserinnerungen eines geistlichen Veteranen. Essen 1889, 10–12.

[3] Krummacher: Selbstbiographie, 55 f. – Die gelegentlich ihm zugeschriebene Unterhaltung über die Parabeln des Ätti allerdings hat sich zwischen Goethe und Emil Wilhelm Krummacher (Krummacher: Lebenserinnerungen, 13 f.) zugetragen.

[4] Im Jahr 1820 hoffte er vergeblich auf eine Professur an einer damals geplanten, jedoch nicht zustande gekommenen Evangelischen Theologischen Fakultät in Wien (vgl. Friedrich Adolph Krummacher und seine Freunde. Briefe und Lebensnachrichten mitgetheilt v. A. W. Möller. Bd. 1. Bremen 1849, 212 f.).

Gemarke[5], 1835 bis 1847 in Elberfeld, hier bis zu dessen Tod an der Seite seines Onkels Gottfried Daniel.[6] Während der Elberfelder Jahre erhielt er 1843 einen Ruf auf eine Professur an einem kirchlichen Seminar in den Vereinigten Staaten, den er mit Rücksicht auf seine Gemeinde ablehnte.[7] Im Jahre 1847 wurde er an die Dreifaltigkeitskirche in Berlin, an der von 1809 bis 1834 Schleiermacher gewirkt hatte, berufen, 1853 ernannte ihn Friedrich Wilhelm IV. zum Hofprediger an der Hof- und Garnisonkirche in Potsdam. Hier ist er 1868 gestorben.

Friedrich Wilhelm Krummachers postum erschienene und bald auch ins Englische und Französische übersetzte Autobiographie, die leider im wesentlichen nur bis zum Jahr 1848 reicht, zeugt zumal für die frühen Jahre von vielseitiger Aufgeschlossenheit und berichtet von Begegnungen mit zahlreichen Zelebritäten des damaligen Geisteslebens in der Frankfurter Zeit[8], auf Reisen nach Württemberg und Baden[9] und später dann in den Berliner Salons.[10] Es ist diesen Erinnerungen aber auch abzulesen, wie der einstige Teilnehmer des Wartburgfestes politisch zunehmend konservativer wird. Anders als sein Onkel Gottfried Daniel[11] hielt

---

[5] Über seine dortige Wirkung gibt es ein lebendiges Zeugnis in den Erinnerungen eines Erweckten: „Ich kam nun einmal nach Gemarke in die Kirche, Friedrich Krummacher predigte damals recht gut für so ein gejagtes Thier, ich wurde dadurch oft auf die Beine geholfen und erquikt, alle 14 Tage ging ich hin, dieser Tag war dann immer ein Festtag". (Arnold Esch. Pietismus und Frühindustrialisierung. Die Lebenserinnerungen des Mechanicus Arnold Volkenborn (1852). In: Nachrichten d. Akademie d. Wissenschaften in Göttingen. Philol.-histor. Klasse. Jg. 1978, Nr. 3, 1–57, hier 46; darin wiederholte Erwähnungen auch von E. W. und G. D. Krummacher).

[6] Zu beider Wirksamkeit im Wuppertal s. die einschlägigen Stellen bei Gustav Adolf Benrath: Die Erweckung innerhalb der deutschen Landeskirchen 1815–1888. In: Ulrich Gäbler (Hg.): Geschichte des Pietismus. Bd. 3. Göttingen 2000, 150–271, bes. 186–188. Vgl. auch: Erich Beyreuther: Die Erweckungsbewegung. In: Kurt Dietrich Schmidt/Ernst Wolf (Hg.): Die Kirche in ihrer Geschichte. Ein Handbuch. Bd. 4, Lieferung R (1. Teil). Göttingen 1963, R 40 f.; Friedrich Wilhelm Kantzenbach: Die Erweckungsbewegung. Studien zur Geschichte ihrer Entstehung und ersten Ausbreitung in Deutschland. Neuendettelsau 1957, 151–154.

[7] Krummacher: Selbstbiographie, 173 f.; Offnes Wort an meine Freunde über meine Berufung nach Amerika. In: Palmblätter. Organ für christliche Mittheilungen. Hg. v. Friedrich Wilhelm Krummacher. H. 1. Elberfeld 1843.

[8] Krummacher: Selbstbiographie, 60–67 (u. a. Ludwig Börne, Clemens Brentano, Peter Cornelius, Bertel Thorwaldsen).

[9] Krummacher: Selbstbiographie, 156–167 (Justinus Kerner, Albert Knapp, Johann Heinrich Dannecker, Johann Peter Hebel).

[10] Krummacher: Selbstbiographie, 190–201 (u. a. Henrik Steffens, Friedrich Wilhelm Joseph von Schelling, Leopold von Ranke).

[11] Dieser hatte, als ihm ein Besuch des Kronprinzen in seinem Gottesdienst angekündigt wurde, erklärt: „er werde deswegen die Reihenfolge seiner Predigten über die Wanderungen der Kinder Israel nicht unterbrechen, wenn aber Se. Königl. Hoheit geruhen wolle, mit der Gemeinde durch das rothe Meer zu ziehen, so werde man diesen theuren Reisegefährten gar sehr willkommen heißen" (zit. in: Friedrich-Wilhelm Krummacher: Gottfried Daniel Krummacher und die niederrheinische Erweckungsbewegung zu Anfang des 19. Jahrhunderts. Berlin,

er mit unverhohlener Begeisterung bei einem Besuch des damaligen preußischen Kronprinzen und späteren Königs Friedrich Wilhelm IV. im Wuppertal die Festpredigt.[12] Gut zwei Jahrzehnte später begrüßte er in Tecklenburg den König mit einem Gedicht bei der Hundertjahrfeier der Vereinigung der Grafschaft Tecklenburg mit Preußen.[13] Er hat die revolutionären Ereignisse des März 1848 mit Schaudern und Abscheu wahrgenommen und noch spät bedauert, mit den meisten anderen Berliner Geistlichen am „unermeßlichen Leichenconduct nach dem Friedrichshain" teilgenommen und im ersten Gottesdienst nach den Ereignissen die Fürbitte für das königliche Haus abgekürzt zu haben.[14]

In den Berliner und Potsdamer Jahren ist Friedrich Wilhelm Krummacher über seine Gemeinde hinaus auch vielfältig gesamtkirchlich tätig gewesen. Er war beteiligt an der entstehenden Inneren Mission,[15] an den seit 1848 stattfindenden Kirchentagen[16] und insbesondere am frühen ökumenischen Zusammenschluss der Evangelischen Allianz, an deren Konferenzen in vielen Ländern Europas er regelmäßig teilnahm und deren Berliner Tagung von 1857 er mit einer Ansprache eröffnete.[17]

Neben einem frühen Bändchen *Gedichte* (1819), das wie viele Werke des Ätti im Verlag G. D. Bädeker erschienen ist, hat Friedrich Wilhelm insbesondere zahlreiche Predigtsammlungen – u. a. über den Propheten Elias, über David, über die Passion und über *Des Christen Wallfahrt nach der himmlischen Heimath* – veröffentlicht, aber beispielsweise auch eine Neuausgabe von Johann Arndts wirkungsreichen Erbauungsbüchern *Sechs Bücher vom wahren Christentum* und *Paradiesgärtlein* (1842 bei Reclam) und einen Aufsatz über Paul Gerhardt.[18] Mit seinen Predigten, die bis weit ins 20. Jahrhundert hinein gedruckt und in mancherlei Sprachen übersetzt worden sind, hat er einen bedeutenden Platz in der Predigtgeschichte des 19. Jahrhunderts. In älteren wie neueren Darstellungen zur Geschichte der Predigt begegnet man immer wieder seinem Namen unter den beispielhaften Predigern der Epoche. So ist noch 1997 in der neuen *Theologische[n] Realenzyklopädie* zu lesen: „Die reformierte Predigt

---

Leipzig 1935, 145). Während des Streits um eine neue Agende äußerte er 1835 gegenüber dem preußischen Oberpräsidenten der Rheinprovinz: „Ich bin Sr. Majestät unterthänigster Unterthan in allen Dingen, welche das leibliche Leben betreffen; will aber der König in die kirchlichen u. geistlichen Angelegenheiten gebietend eingreifen, so ist er mir ein Gegenstand des tiefsten Abscheus" (295).

[12] Krummacher: Selbstbiographie, 136–151.
[13] Krummacher: Selbstbiographie, 213–215; hier 211–213 mehrere Briefe des Königs an F. W. Krummacher aus den Jahren 1848 und 1853.
[14] Krummacher: Selbstbiographie, 202–210, hier 205.
[15] Krummacher: Selbstbiographie, 209 f.
[16] Krummacher: Selbstbiographie, 230–233. Vgl. auch die anonyme Schrift: Entstehung und bisherige Geschichte des deutschen evangelischen Kirchentages. Berlin 1853.
[17] Krummacher: Selbstbiographie, 215–230.
[18] In: Pipers Evangelischer Kalender. 1866, 204 ff.

im 19. Jh. wurde besonders geprägt durch Friedrich Wilhelm Krummacher [...] Er war ein Erweckungsprediger mit poetischen und rhetorischen Gaben und ein Meister spannender Erzählkunst, der auch grandiose Naturbeschreibungen geben konnte [...] Er besaß einen phantasievollen Geist und narratives Können".[19] Und in der großen Darstellung *Biedermeierzeit. Deutsche Literatur im Spannungsfeld zwischen Restauration und Revolution 1815–1848*[20] dient Friedrich Wilhelm Krummacher dem Literarhistoriker Friedrich Sengle als Exempel für die Behandlung der Predigt als eines Teils der literarischen Formenwelt.

Mit seinen Predigten, mit seiner Predigtweise und seiner ganzen theologischen Haltung ist Friedrich Wilhelm Krummacher aber auch für nicht wenige kritische Geister des 19. Jahrhunderts ein Stein des Anstoßes gewesen, Inbegriff einer Kirchlichkeit, die Gegenstand einer aus umfassender Religionskritik gespeisten Polemik wurde.[21]

Der Reigen der Kritiker wird angeführt vom namhaftesten, der denkbar ist. Goethe hat 1830 die frühe Predigtsammlung *Blicke ins Reich der Gnade* (Elberfeld 1828), in deren Vorwort sich der Verfasser entschlossener Unabhängigkeit von aller geltenden Homiletik, Hermeneutik, Ästhetik und kritischen Philosophie rühmt, einer scharfen Kritik unterzogen,[22] in der es, ausgehend von der ökonomischen und sozialen Lage im Wuppertal, unter anderem heißt:

Der Prediger scheint das Seelenbedürfnis seiner Gemeine dadurch befriedigen zu wollen, daß er ihren Zustand behaglich, ihre Mängel erträglich darstellt,

---

[19] Friedrich Wintzer: Art. „Predigt IX". In: TRE 27 (1997), 311–330, hier 316. Vgl. ferner August Nebe: Zur Geschichte der Predigt. Charakterbilder der bedeutendsten Kanzelredner. Bd. 3. Wiesbaden 1879, 242–279; Martin Schian: Art. „Predigt". In: RE³ 15 (1904), 623–747, hier 714; Werner Schütz: Geschichte der christlichen Predigt. Berlin, New York 1972, 190 f.

[20] Bd. 2, Stuttgart 1972, 187 f.

[21] Eher humoristisch-ironisch denn entschieden kritisch lässt sich eine Erwähnung in den 1852 erschienenen Berliner Jugenderinnerungen von Karl Gutzkow (1811–1878), einem der Exponenten des sog. Jungen Deutschland, an: „Ginge in Berlin die Uhr der Akademie falsch, so wäre ‚etwas faul im Staate Dänemark'. Der Punkt, den Archimedes suchte, um die Welt aus ihren Angeln zu heben, liegt dem Berliner zwischen seiner akademischen Uhr hüben und dem Barometer Petitpierres drüben. Gieb mir, wo ich stehen soll! predigen für die frommen Geheimräthe die *Büchsels* und die *Krummachers* in den Matthäus- und Dreifaltigkeitskirchen und nennen den Heiland alles Lebens Eckstein. *Müller* und *Schulze* aber haben nur einen Glauben: Den an die Uhr der Berliner Akademie" (Gutzkow: Schriften. Bd. 2. Hg. v. Adrian Hummel. Frankfurt/Main 1998, 1523).

[22] In: Kritische Prediger-Bibliothek. Hg. v. Johann Friedrich Röhr. 11 (1830), 21–23; hier zit. nach: Goethe: Werke. Hg. v. Erich Trunz, Bd. 12. München ⁹1981, 356 f. Abgedruckt auch in F. W. Krummacher: Selbstbiographie, 98–100. Vgl. auch: Goethes Gespräche. Hg. v. Wolfgang Herwig. Bd. 3/2. Zürich, Stuttgart 1972, 544 (Aufzeichnung des Kanzlers v. Müller, 11.1.1830): „So habe er kürzlich einen ganzen Band absurder Krummacherscher Predigten durchgelesen, ja einen Aufsatz darüber zusammenzubringen versucht [...] ihm sei daran gelegen, so ein tolles Individuum zu lernen und zu ergründen, *wie* es sich zu unsrer Zeit und Bildung verhalte und sich darin habe gestalten können".

auch die Hoffnung auf ein gegenwärtiges und künftiges Gute zu beleben gedenkt. Dies scheint der Zweck dieser Predigten zu sein, bei denen er folgendes Verfahren beliebt. Er nimmt die deutsche Übersetzung der Bibel, wie sie daliegt, ohne weitere Kritik, buchstäblich geltend, als kanonisch an und deutet sie wie ein ungelehrter Kirchenvater nach seinem schon fertigen Systeme willkürlich aus. Sogar die Überschriften der Kapitel dienen ihm zum Texte und die herkömmlichen Parallelstellen als Beweise; ja er zieht dasselbe Wort, wo es auch und in welchem Sinne es vorkommt, zu seinem Gebrauche heran und findet dadurch für seine Meinungen eine Quelle von überfließenden Gründen, die er besonders zu Beruhigung und Trost anwendet.

Der Text endet mit den Sätzen:

Wie sich nun diese Behandlungsart des Religiösen zu den schon bekannten ähnlichen aller separatistischen Gemeinden, Herrnhuter, Pietisten etc. verhalte, ist offenbar, und man sieht wohl ein, wie ein Geistlicher solcher Art willkommen sein mag, da die Bewohner jener Gegenden, wie anfangs bemerkt, sämtlich operose, in Handarbeit versunkene, materiellem Gewinne hingegebene Menschen sind, die man eigentlich über ihre körperlichen und geistigen Unbilden nur in Schlaf zu lullen braucht. Man könnte deshalb diese Vorträge *narkotische Predigten* nennen; welche sich denn freilich am klaren Tage, dessen sich das mittlere Deutschland erfreut, höchst wunderlich ausnehmen.

Die Wendung von den „narkotischen Predigten" übrigens könnte nach Meinung mancher Forscher auf Umwegen Anregung für die Formel von der Religion als „Opium des Volks" bei Karl Marx gewesen sein.[23]

Aus den dreißiger und vierziger Jahren des 19. Jahrhunderts gibt es eine Reihe von Zeugnissen dafür, wie Friedrich Wilhelm Krummacher und mit ihm der Name Krummacher überhaupt für manche jüngeren Autoren immer mehr zum Exponenten einer skeptisch betrachteten pietistischen Frömmigkeit, ja einer unbedingt zu bekämpfenden klerikalen Reaktion wird. David Friedrich Strauß (1808–1874), dessen Werk *Das Leben Jesu, kritisch bearbeitet* (1835/36) die akademischen Ambitionen seines Verfassers zunichte gemacht hat, berichtet im Sommer 1838 in einem Brief an Ernst Friedrich Kauffmann, den gemeinsamen Freund von

---

[23] Vgl. Karl Kupisch: Vom Pietismus zum Kommunismus. Historische Gestalten, Szenen und Probleme. Berlin 1953, 41, dazu 208 f., Anm. 57; s. auch Reinhart Seeger: Herkunft und Bedeutung des Schlagwortes ‚Die Religion ist Opium für das Volk'. (Theologische Arbeiten zur Bibel-, Kirchen- und Geistesgeschichte, 3) Halle 1935; Ewald Schaper: Religion ist Opium für das Volk. In: ZKG 59 (1940), 425–429; Helmut Gollwitzer: Die marxistische Religionskritik und der christliche Glaube. Gütersloh ¹1965, hier ⁶1977, 23–28; Werner Post: Kritik der Religion bei Karl Marx. München 1969, 166–169. Zu den Vorläufern und Parallelen der Marx'schen Formel vgl. ferner u. a. Peter Meinhold: „Opium des Volkes"? Zur Religionskritik von Heinrich Heine und Karl Marx. In: MPTh 49 (1960), 161–176; Friedrich Wilhelm Kantzenbach: Religionskritik der Neuzeit. Einführung in ihre Geschichte und Probleme. München 1972, 31 f., 91 f.

Strauß, Friedrich Theodor Vischer und Eduard Mörike, über eine Begegnung mit Friedrich Wilhelm Krummacher: „Heut war Prediger Krummacher aus Elberfeld bei mir, ein arger Pietist u. Bruder des ganz argen, aber ein Mann von Geist und Bildung, war durch m. Aufsatz über Kerner zum Glauben an meine Menschheit gekommen".[24] Dass die Begegnung der so verschiedenen Männer als eine keineswegs selbstverständliche auch öffentliches Interesse fand, spiegelt in einem Brief des Ätti an seine Tochter Marie eine Bemerkung über die Reise des Sohnes: „Die erste Nachricht von seiner vollbrachten Reise haben wir gestern durch die hiesige Zeitung empfangen, aus einem Artikel aus Frankfurt, worin gemeldet wird, daß der Pastor Krummacher von Elberfeld nach einer Reise daselbst angekommen sei und mit Dr. D. Strauß eine Unterredung gehabt habe".[25]

Schärfer als das von der persönlichen Begegnung mitgeprägte und gemilderte Urteil von D. F. Strauß sind Hinweise bei Herwegh und Stirner. Georg Herwegh (1817–1875), einer der bekanntesten politischen Lyriker des Vormärz und Anführer badischer Aufständischer im Revolutionsjahr 1848, publizierte 1843 im 2. Teil seiner *Gedichte eines Lebendigen* ein mit seiner Überschrift parodistisch an den Titel eines Goethe-Gedichts anknüpfendes Spruchgedicht:[26]

---

[24] Zit. nach der Handschrift: Schiller-Nationalmuseum Marbach a. N., Inv. Nr. 4032 (dem Schiller-Nationalmuseum danke ich für die Genehmigung zur Zitierung dieses Briefes und der unten in Anm. 29 genannten Briefe). Mit dem „ganz argen" Pietisten dürfte Strauß nicht den Bruder Emil Wilhelm, sondern den Onkel Gottfried Daniel meinen.

[25] F. A. Krummacher und seine Freunde, Bd. 2, 100 (Bremen, 5.8.1838). F. W. Krummacher seinerseits schrieb nach der Rückkehr an seine Eltern (Elberfeld, 4.8.1838): „Unter solchen Auspicien ging nun die Reise vor sich über Cöln, Coblenz, Mainz, Worms, Mannheim nach Heidelberg, wo ich auch Dr. Paulus besuchte. Ein interessantes Rencontre. Dann über Heilbronn nach Weinsberg zu Justinus Kerner, einem prächtigen Kerl, voll schwäbischen Gemüths und Geblütes. Hierauf gen Stuttgart. Prächtiges Zusammensein mit Hofacker, Knapp und andern. – Mein merkwürdiger Besuch bei Strauß und eine Unterhaltung mit ihm haben, scheint's, Aufsehen gemacht" (zit. in: F.- W. Krummacher: Gottfried Daniel Krummacher, 296). Vgl. auch unten das Zitat aus den *Briefen aus dem Wuppertal* (29–31) von F. Engels.

[26] Georg Herwegh: Werke. Hg. v. Hermann Tardel. Berlin (u. a.) O.J., Teil I., 139. Der Herausgeber zitiert dazu in seinen Anmerkungen (III, 184 f.) aus dem sozialkritischen Buch *Berlin* (1846) von Ernst Dronke: „Auch wurde der bekannte Pietistenprediger *Krummacher*, der zu dieser Zeit in Berlin Gastpredigten hielt, von hochgestellten Staatsbeamten besonders zuvorkommend aufgenommen und sogar vom König zur Tafel gezogen". Welchen Anteil Herwegh an den kritischen Strömungen der Zeit nahm, zeigt beispielsweise auch ein Brief an Ludwig Feuerbach vom 3.9.1842, worin Herwegh das Ziel eines geplanten Journals, für das er um Feuerbachs Mitwirkung bittet, u. a. so kennzeichnet: „wissenschaftlich, aber furchtlos und unverschämt sollen einmal die Konsequenzen der neuesten philosophischen und theologischen Forschungen gezogen und der Kampf gegen die Theologie und resp. deren Selbstmord zu Ende geführt werden" (Georg Herwegh: Briefwechsel mit seiner Braut. Hg. v. Marcel Herwegh. Stuttgart 1906, 233–285: Anhang, hier 251; s. auch 255, an Robert Prutz, 4.9.1842).

Dauer im Wechsel.

Da ist nichts unten, ist nichts oben,
Die Pfaffen haben es längst verschoben,
Mit Augenverdrehn, mit Phrasenschwalle –
Krummacher sind und bleiben sie alle!

Max Stirner (1806–1856), einer der radikalsten Linkshegelianer, Vertreter eines individualistischen Anarchismus, nennt in seinem Hauptwerk *Der Einzige und sein Eigentum* (1845)[27] neben Philipp II., dem spanischen Herrscher der Gegenreformation, dessen negatives Bild für das 19. Jahrhundert durch Schillers *Don Carlos* geprägt war, den Namen Krummacher, um im Vergleich mit beiden diejenigen zu kritisieren, die sich auf allgemeine sittliche Grundsätze berufen, welche insgeheim doch noch auf einem christlichen Fundament beruhen und mit diesem überwunden werden sollen:

> [. . .] man wird erfahren, wie dieser Sittliche eben auch ein *Glaubensheld* ist, trotz einem Krummacher, trotz einem Philipp II. Diese fechten für den Kirchenglauben, er für den Staatsglauben, oder die sittlichen Gesetze des Staates; für Glaubensartikel verdammen beide denjenigen, der anders handelt, als *ihr Glaube* es gestatten will [. . .] Der sittliche Glaube ist so fanatisch als der religiöse! (49).

Und an späterer Stelle beruft Stirner noch einmal den Namen Krummacher, bei welchem er sicherlich vor allem an Friedrich Wilhelm denkt, um in einem Atemzug den Anspruch einer den Egoismus des Einzigen eingrenzenden Vernunft und den eines aller kritischen Auflösung zum Trotz noch denkmöglichen Christseins abzuwehren:

> So herrschen die *Denkenden* in der Welt, so lange die Pfaffen- oder Schulmeister-Zeit dauert, und was sie sich denken, das ist möglich, was aber möglich ist, das muß verwirklicht werden [. . .] Aber Ich und Du, Wir mögen zwar Leute sein, von denen sich ein Krummacher *denken* kann, daß Wir noch gute Christen werden könnten; wenn er Uns indes ,bearbeiten' wollte, so würden Wir ihm bald fühlbar machen, daß unsere Christlichkeit nur *denkbar*, sonst aber *unmöglich* ist: er würde, grinste er Uns fort und fort mit seinen zudringlichen *Gedanken*, seinem ,guten Glauben', an, erfahren müssen, daß Wir gar nicht zu werden *brauchen*, was Wir nicht werden mögen. Und so geht es fort, weit über die Frömmsten und Frommen hinaus [. . .] die Vernunft ist ein Buch voll Gesetze, die alle gegen den Egoismus gegeben sind (371 f.).

Häufiger und ausführlicher als manche anderen Kritiker hat sich Friedrich Engels (1820–1895), geboren in Barmen als Sohn eines Fabrikanten, mit Friedrich Wilhelm Krummacher befasst, so in seinen Briefen an die ihm befreundeten Söhne des späteren westfälischen Generalsuperinten-

---

[27] Hier zit. nach der Ausgabe von Ahlrich Meyer. Stuttgart: Reclam 1972. Zu Stirner s. auch unten Anm. 36.

denten Graeber, in welchen sich zugleich die Entwicklung seiner religionskritischen Haltung beobachten lässt,[28] vor allem aber in den *Briefe[n] aus dem Wuppertal* (erschienen 1839 in Gutzkows *Telegraph für Deutschland*) und in Korrespondenzberichten aus Bremen (1840/41 im Cotta'schen *Morgenblatt für gebildete Leser*). In der ersten Folge der *Briefe aus dem Wuppertal* (März 1839) hat Engels, nach knapperen Bemerkungen über Gottfried Daniel, ein eindringliches Portrait Friedrich Wilhelm Krummachers geliefert:

> Dr. Friedrich Wilhelm Krummacher, ein Mann von ungefähr vierzig Jahren, groß, stark, von imposanter Gestalt, doch nimmt er, seitdem er in Elberfeld ist, einen nicht unbedeutenden körperlichen Umfang an. Sein Haar trägt er auf ganz absonderliche Weise, worin ihm alle seine Anhänger nachahmen, wer weiß, vielleicht wird es noch einmal Mode, die Haare à la Krummacher zu tragen; doch würde diese Mode *alle* frühern, sogar die der Puderperücken, an Abgeschmacktheit übertreffen. – Als Student war er Mitarbeiter an der turnenden Demagogie, schrieb Freiheitslieder, trug auf dem Wartburgfeste eine Fahne und hielt eine Rede, die großen Eindruck gemacht haben soll. Dieser flotten Jahre gedenkt er noch häufig auf der Kanzel mit den Worten: als ich noch unter den Hethitern und Kana[a]nitern war [. . .] Krummacher ist unleugbar ein Mann von ausgezeichnetem rhetorischen, auch poetischen Talent; seine Predigten sind nie langweilig, ihr Zusammenhang ist sicher und natürlich; vorzüglich stark ist er in dunkelschattigen Schilderungen – seine Schilderung der Hölle ist stets neu und kühn, wie oft sie auch vorkommt – und in Antithesen. Dagegen hält er sich wieder sehr häufig an der biblischen Phraseologie und an den darin gegebenen Bildern, die, wenn auch ihre Anwendung meistens geistreich ist, zuletzt doch sich wiederholen müssen; dazwischen trifft man denn wieder ein höchst prosaisches Bild aus dem gewöhnlichen Leben oder eine Erzählung aus seinen eignen Schicksalen und

---

[28] Vgl. z. B. an Friedrich Graeber, ca. 23.4.–1.5.1839: „Ich beschäftige mich jetzt sehr mit Philosophie und kritischer Theologie. Wenn man 18 Jahr alt wird, Strauß, die Rationalisten und die Kirchenzeitung kennen lernt, so muß man entweder alles ohne Gedanken lesen oder anfangen, an seinem Wuppertaler Glauben zu zweifeln. Ich begreife nicht, wie die orthodoxen Prediger so orthodox sein können, da sich doch offenbare Widersprüche in der Bibel finden". (Marx/Engels: Historisch-kritische Gesamtausgabe. Abt. I, Bd. 2. Berlin 1930, 505; in diesem Band auch die anderen hier genannten und zitierten Texte von Engels, von denen der unten angeführte erste kurze Bericht im *Telegraph für Deutschland* über Krummachers Bremer Predigten in der Neuauflage der Marx/Engels-Gesamtausgabe, Abt. I, Bd. 3. Berlin 1985, 617, 671, 1249, mit wenig überzeugenden Gründen zu den zweifelhaften Texten von Engels gerechnet wird.). Zur geistigen Situation des jungen Friedrich Engels und zu seiner Auseinandersetzung mit der pietistischen Frömmigkeit des Wuppertals vgl. u. a. Gustav Mayer: Friedrich Engels. Eine Biographie. Bd. 1: Friedrich Engels in seiner Frühzeit. Berlin 1920, bes. 19–34: Kap. II. Religiöse Kämpfe; Reinhart Seeger: Friedrich Engels. Die religiöse Entwicklung des Spätpietisten und Frühsozialisten. (Christentum und Sozialismus. Quellen und Darstellungen, 7) Halle 1935; Kupisch: Vom Pietismus zum Kommunismus, 9–70; Bert Andreas: Friedrich Engels' Weg zum Kommunismus. In: Periodikum für wissenschaftlichen Sozialismus 11 (1959), 45–58; Klaus Goebel: Der rheinische Friedrich Engels. In: MEKGR 22 (1973), 131–160; Wolfgang Köllmann: Der junge Friedrich Engels. In: ZBGV 86 (1973), 146–163.

seinen unbedeutendsten Erfahrungen. Alles bringt er auf die Kanzel, es mag passen oder nicht; eine Reise nach Württemberg und der Schweiz hat er neulich in zwei Predigten seinen andächtigen Zuhörern zum Besten gegeben, darin sprach er von seinen siegreichen vier Disputationen mit Paulus in Heidelberg und Strauß in Tübingen, freilich ganz anders, als Strauß sich in einem Brief darüber ausdrückt. – Seine Deklamation ist stellenweise sehr gut und seine gewaltsame, handgreifliche Gestikulation oft ganz passend angebracht; zuweilen aber über alle Begriffe maniriert und abgeschmackt. Dann rennt er in allen Richtungen auf der Kanzel umher, beugt sich nach allen Seiten, schlägt auf den Rand, stampft wie ein Schlachtroß und schreit dazu, daß die Fenster klirren und die Leute auf der Straße zusammenfahren. Da beginnen denn die Zuhörer zu schluchzen; zuerst weinen die jungen Mädchen, die alten Weiber fallen mit einem herzzerschneidenden Sopran ein, die entnervten Branntweinpietisten, denen seine Worte durch Mark und Bein gehen würden, wenn sie noch Mark in den Knochen hätten, vollenden die Dissonanz mit ihren Jammertönen, und dazwischen tönt seine gewaltige Stimme durch all das Heulen hin, mit der er der ganzen Versammlung unzählige Verdammungs-urteile oder diabolische Szenen vormalt. Und nun gar seine Lehre! Man be-greift nicht, wie ein Mensch dergleichen, was mit der Vernunft und der Bibel im direktesten Widerspruch steht, glauben kann. Dem ungeachtet hat Krum-macher die Doktrin so scharf ausgeprägt und in allen Konsequenzen verfolgt und festgehalten, daß man nichts verwerfen kann, sobald die Grundlage zu-gegeben ist, nämlich die Unfähigkeit des Menschen, aus eigner Kraft das Gute zu wollen, geschweige zu tun [...] Wie das alles mit der Lehre der Apostel stimmt, die vom vernünftigen Gottesdienst und vernünftiger Milch des Evan-geliums sprechen, das ist ein Geheimnis, das der Vernunft zu hoch ist. Solche Lehren verderben alle Krummacherschen Predigten; die einzigen, in denen sie nicht so stark hervortreten, sind die Stellen, wo er von dem Gegensatz der irdischen Üppigkeit und der Niedrigkeit Christi oder des Stolzes der weltli-chen Fürsten und Gottes spricht. Da bricht sehr häufig noch ein Strahl von seiner frühern Demagogie durch, und redete er dann nicht so allgemein, so würde die Regierung nicht dazu schweigen. Der ästhetische Wert seiner Pre-digten wird nur von sehr wenigen in Elberfeld gewürdigt; denn wenn man seine drei Kollegen, die fast alle ein gleich starkes Auditorium haben, gegen ihn hält, so erscheint er als Eins, die andern als lauter Nullen dahinter, die nur dazu dienen, seinen Wert zu erhöhen (29–31).

Im Herbst 1840 berichtet Engels zunächst knapp im *Telegraph für Deutschland* über zwei von Friedrich Wilhelm Krummacher in der Ans-gariikirche in Bremen gehaltene Predigten:

Wenn man von den gewöhnlichen Predigten, wo Gott nur der *Weltenvater* oder das *höchste Wesen* genannt wird, einen meist sehr wässerigen Eindruck hat, so ist der Text dieser Krummacher'schen Reden Lauge, Beize, ja Schei-dewasser. Schon der Originalität wegen, so von der Kanzel herab, wie es hier geschieht, mit den Gemeinden zu verkehren, wird man die Reden mit Inte-resse lesen; sie zeigen, daß Krummacher ein geistvoller, mit Witz und Phan-tasie gesegneter Zelote ist. Ob diese geharnischte Sprache aus einem wirkli-chen Felsenglauben an das Christentum fließt, kann man bezweifeln. Wir glauben, daß Krummacher kein Heuchler ist, sich aber in diese Predigtweise nur aus Geschmack festrannte und sie um so weniger lassen kann, als allerdings der gewöhnliche Ton der evangelischen Liebessäusler und der Damenprediger ein sehr abgeschmackter ist. Soviel aber ist gewiß, daß Krummacher die Bedeutung der Kanzel sehr verkennt, wenn er sie zum Inquisitionsstuhle erhebt. Was kann eine Gemeinde aus einer solchen Predigt mit nach Hause nehmen? Nichts, als jenen *geistlichen Hochmut*, der am Pietismus so widerwärtig ist. Wer von seiner Gemeinde nur *Glauben* verlangt, dies starre Gebot nur mit Synonymen umschreibt und den übrigen Teil des Predigtvortrags zur Tagespolemik benutzt, wird sehr viel Eigendünkel, Hochmut und orthodoxe Verstocktheit, aber sehr wenig Christentum verbreiten. Krummacher scheint diese Aufgabe, die christliche Einfalt zum Hochmut zu emanzipieren, methodisch zu betreiben. Die Wendung, daß Geist, Witz, Phantasie, Dichtertalent, Kunst, Wissenschaft, alles vor Gott nichts wäre, ist ihm stereotyp. Er sagt: ,Im Himmel ist ein Festtag, nicht wenn ein Dichter geboren wird, sondern ein Irrender geweckt wird.' Er schildert dem Ärmsten in seiner Gemeinde eine *Bedeutung*, die er haben könne, daß dieser unfehlbar sich höher und weiser bedünken muß als Kant, Hegel, Strauß etc., die Krummacher fortwährend in seinen Predigten anathematisiert (88).

Eingehender referiert Engels dann in einem der Korrespondenzberichte für das *Morgenblatt* über diese Predigten und ihre Wirkung:

Das Gewitter am Himmel der Zeit hat auch in Bremen eingeschlagen, der Kampf um freiere oder beschränktere Auffassung des Christentums hat auch hier, in der Hauptstadt des norddeutschen Buchstabenglaubens, sich entzündet [. . .] Der Verlauf der Sache ist kurz folgender: Pastor *F. W. Krummacher*, der Papst der Wuppertaler Kalvinisten, der Sankt Michael der Prädestinationslehre, besuchte seine Eltern hier und predigte zweimal für seinen Vater in der St. Ansgariuskirche. Die erste Predigt behandelte sein Lieblingsschauspiel, das jüngste Gericht, die zweite eine anathematisierende Stelle des Galaterbriefes; beide waren mit der flammenden Beredsamkeit, mit der poetischen, wenn auch nicht immer gewählten Bilderpracht geschrieben, die man an diesem reichbegabten Kanzelredner kennt; beide aber, und namentlich die letzte, sprühen von Verfluchungen Andersdenkender, wie sie von einem so schroffen Mystiker nicht anders erwartet werden können. Die Kanzel wurde der Präsidentenstuhl eines Inquisitionsgerichts, von dem der ewige Fluch auf alle theologischen Richtungen gewälzt wurde, die der Inquisitor kannte und nicht kannte; jeder, der den krassen Mystizismus nicht für das absolute Christentum hält, wurde dem Teufel übergeben. Und dabei wußte sich Krummacher mit einer Sophistik, die seltsam naiv herauskam, immer hinter den Apostel Paulus zurückzuziehen [. . .] Das Schlimmste bei der Sache war, daß der Apostel griechisch schrieb, und die Gelehrten sich über die bestimmte Bedeutung einiger seiner Ausdrücke noch nicht haben verständigen können. Zu diesen dubiosen Wörtern gehört denn auch das an dieser Stelle gebrauchte Anathema, dem Krummacher hier ohne weiteres die schärfste Bedeutung, als einer Anwünschung der ewigen Verdammnis, beigelegt hatte. Pastor Paniel, der Hauptvertreter des Rationalismus auf jener Kanzel, hatte das Unglück, dieses Wort in milderem Sinne zu fassen, und überhaupt ein Feind der Krummacherschen Anschauungsweise zu sein; er hielt darum Kontroverspredigten. Man mag über seine Gesinnungen denken, wie man will, so wird sich doch gegen sein Benehmen kein gegründeter Tadel beibringen lassen. Krummacher wird nicht leugnen können, daß er bei der Abfassung seiner Predigten nicht nur an die rationalistische Mehrzahl der Gemeine, sondern auch speziell an Paniel gedacht hat; er wird nicht leugnen können, daß es unrecht ist, als *Gast*prediger eine Gemeine gegen ihren angestellten Seelsorger einnehmen zu wollen; er wird zugeben müssen, daß auf einen groben Klotz ein grober Keil gehört. Was sollte hier alles Schelten auf Voltaire und Rousseau, vor denen sich in Bremen auch der ärgste Rationalist wie vor dem Teufel fürchtet, was alles Verfluchen der spekulativen Theologie, über die sein ganzes Auditorium mit zwei oder drei Ausnahmen ebensowenig urteilsfähig war wie er, was sollte das anders, als die sehr bestimmte, ja persönliche Tendenz der Predigten bemänteln? – Paniels Kontroverspredigten wurden nun im Geiste des Paulusschen Rationalismus gehalten, und leiden trotz ihrer belobten gründlichen Disponierung und ihres rhetorischen Pathos an allen Fehlern dieser Richtung. Da ist alles unbestimmt und phrasenhaft; der hie und da angebrachte poetische Schwung gleicht dem Arbeiten einer Spinnmaschine, die Behandlung des Textes einem homöopathischen Aufguß; Krummacher hat in drei Sätzen mehr Originalität, als sein Gegner in allen drei Predigten [. . .] Eine neue Schrift von Paniel wird dieser Tage die Presse verlassen. Wie diese auch ausfalle [. . .] der Pietismus, der es bisher für eine Schikkung Gottes ansah, daß seine Gegner in so viele Parteien unter sich selbst zerfielen, spüre nun auch einmal, daß wir alle zusammenhalten, wo es den Kampf gegen die Finsternis gilt (128–130).[29]

---

[29] Vgl. auch: „[. . .] außerdem war auf seiten des Pietismus diesmal auch das Talent. Ein Krummacher wird im einzelnen manche Geschmacklosigkeit vorbringen, nie aber sich ganze Seiten lang in so nichtssagenden Redensarten umdrehen können, wie Paniel tut" (143; Morgenblatt v. 16.1.1841). – Wie sehr übrigens K. F. W. Paniel, in den durch F. W. Krummachers Predigten ausgelösten Kontroversen dessen Hauptgegner, sich durch Stellen wie diese – ungeachtet der von Engels so deutlich auch an F. W. Krummacher geübten Kritik – getroffen fühlte, zeigen seine dagegen protestierenden Briefe an Hermann Hauff, den Redakteur von Cottas *Morgenblatt*. Am 14.2.1841 äußert er (unter dem fingierten Namen Philipp Grabenhorst) den Verdacht, es handle sich bei dem Bericht des ihm noch nicht bekannten Verfassers, der das „überwiegende Talent" fälschlich den Pietisten zuschreibe, um das Werk „eines baar bezahlten Ehrenschänders" (Schiller-Nationalmuseum Marbach a. N., Inv.-Nr. 34028). In einem (wiederum pseudonymen) Brief vom 23.3.1841 heißt es über den nun bekannt gewordenen Verfasser: „Es ist ein kaum *zwanzigjähriger Handlungsdiener*, Namens *Engels*. Dieser freche Junge ist Comptoirist auf dem Comptoir des Consul Leupoldt, eines der ärgsten hiesigen *Pietisten*, und des intimen Freunds von Krummacher, Vater und Sohn. Engels ist überdieß von Barmen, und durch seine Familie mit dem dortigen Fanatiker Krumacher [sic] bekannt. Endlich wohnt er bei dem *Hauptpietisten Pastor* Treviranus im Hause. Er hatte also von allen Seiten Veranlaßung, sich ein Verdienst um seine Freunde zu erwerben. Da der [. . .] Junge schreiblustig ist, den Schöngeist spielt und Geld für seine Ausschweifungen bedarf, so gab er sich dem Treviranus und Krummacher bereitwillig her, um das Gift, was diese gegen alle Nichtpietisten [. . .] bereitet hatten, in eine scheinbar *über* den Partheien stehende Form (der dumme Junge spielt nemlich den *Hegelianer*) einzukleiden" (Inv.-Nr. 34027). Im Brief vom 14.1.1842 urteilt Paniel (nunmehr unter eigenem Namen) über den jungen Engels: „Die Schmähartikel von Engels (der mich übrigens, eingestandenermaßen, gar nie gesehen, noch predigen gehört hat) haben mich und meine Freunde allerdings in demselben Maaße verletzt, als sie aus einer so armseligen Quelle floßen. Der während seines Hierseins völlig unbekannte Mensch mag immerhin einiges Talent

Die Texte von Friedrich Engels sind keineswegs nur einseitig polemisch. Sie bleiben vielmehr – und dabei wohl, ähnlich wie die briefliche Äußerung von D. F. Strauß, auch bestimmt vom unmittelbaren Eindruck der Person – eigentümlich ambivalent, sind nicht ohne Anerkennung der Eigenart und Begabung Friedrich Wilhelm Krummachers und geben insofern ein zwar gewiss nicht ausgewogenes, aber doch anschauliches Bild des Predigers. Mit ihrer Kritik aber machen sie die historische Problemlage deutlich, für welche Friedrich Wilhelm Krummacher auch in den Augen anderer kritischer Geister der Zeit[30] eine beispielhafte Figur gewesen ist. Das gilt vor allem von dem letzten der zitierten Texte von Engels. Er hat den so genannten Bremer Kirchenstreit[31] zum Gegenstand, welcher durch die zwei im Juli 1840 an der Predigtstätte des Ätti gehaltenen Gastpredigten F. W. Krummachers über *Das letzte Gericht* (über Mt 25,31–46) und *Paulus kein Mann nach dem Sinne unsrer Zeit* (über Gal 1,8.9)[32] ausgelöst wurde.

---

besitzen; über theologische Fragen zu urteilen, dazu fehlt ihm jedoch alles Zeug. Daß er sich für einen Hegelianer ausgibt, ist nur lächerlich. Da ich selber ein Jahrzehent hindurch der eifrigste Anhänger des Hegelianismus gewesen bin, so vermochte ich aus seinen Artikeln leicht zu ersehen, daß derselbe nur einige Brocken jenes Systems aufgeschnappt hatte. Hinter dem Comptoirtische wird man als zwanzigjähriger Jüngling nicht ein Philosoph und Theologe" (Inv.-Nr. 34022, von Schreiberhand). Am 23.2.1842 schließlich beklagt Paniel, „daß ich alles dieß *bloß deßhalb* zu erdulden hatte, weil ich meine *Amtspflicht* gegen einen verfluchenden Fanatiker erfüllte und that, was meine Gemeinde unbedingt von mir *forderte* [. . .] Ich bin in hundert Beziehungen ganz eigentlich das *Opfer* dieser Krummacherschen Verfluchungssache" (Inv.-Nr. 34025). Vgl. auch den (nicht ganz fehlerfreien) vollständigen, kommentierten Abdruck dieser Briefe bei Hans Pelger/Michael Knieriem: Friedrich Engels als Bremer Korrespondent des Stuttgarter „Morgenblatts für gebildete Leser" und der Augsburger „Allgemeinen Zeitung". (Schriften aus dem Karl-Marx-Haus, 15) Trier ²1976.

[30] Zu ihnen gehören beispielsweise auch Ferdinand Freiligrath und Karl Immermann (vgl. F.-W. Krummacher: Gottfried Daniel Krummacher, 226) mit kritischen Bemerkungen zu dem von F. W. und G. D. Krummacher repräsentierten Pietismus des Wuppertals. In Immermanns Tagebüchern ist u. a. vom „starren Pietismus in Elberfeld", von den „Pfaffen Doering u. Krummacher" (im Anschluss an eine Notiz über einen Besuch bei Freiligrath in Barmen), von einem Immermann zugegangenen Bericht über eine Predigt F. W. Krummachers gegen D. F. Strauß die Rede (Karl Immermann: Zwischen Poesie und Wirklichkeit. Tagebücher 1831–1840. Hg. v. Peter Hasubek. München 1984, 246, 554, 566). In einem Brief vom 8.1.1839 wünscht er Freiligrath: „Gott sei mit Ihnen im neuen Jahre d. h. nicht der Krummachersche Garngott von Elberfeld, sondern *der* Gott, der über die Sahara dahin streicht" (Karl Immermann: Briefe. Hg. v. Peter Hasubek. Bd. 2, 1832–1840. München 1979, 933). Freiligrath hat in Briefen seiner Wuppertaler Jahre (1837–1839) von „vertrackten Tractätleinsthale" (an Lina Schwollmann, 26.10.1837) oder vom „verdammten Muckerneste" (an Wolfgang Müller von Königswinter, 16.7.1838) gesprochen (s. Wilhelm Buchner: Ferdinand Freiligrath. Ein Dichterleben in Briefen. Bd. 1. Lahr 1882, 253, 277).

[31] Dazu Otto Wenig: Rationalismus und Erweckungsbewegung in Bremen. Vorgeschichte, Geschichte und theologischer Gehalt der Bremer Kirchenstreitigkeiten von 1830 bis 1852. Bonn 1966, bes. 221–253, 268–343.

[32] Beide Predigten sind alsbald in Bremen einzeln gedruckt und noch im selben Jahr neu aufgelegt worden (hier zit. nach der 2. Auflage). 1847 hat der Verfasser sie in den 2. Teil seiner Sammlung *Kirchliche Lehrstimmen* aufgenommen.

Im Zuge einer lebhaften Ausmalung des Jüngsten Gerichts, seiner Drohungen und seiner Verheißungen kann man in der einen unter anderem lesen:

[. . .] wer ists, der hier den Schleier von Eurer Zukunft hebt? Jesus selbst. So steht die Wahrheit unsers Textes außer Frage; oder gelten Andere, gilt euch ein Kant, ein Fichte, ein Hegel, ein Strauß und wie sie heißen, mehr denn diese? (*Das letzte Gericht*, 5).

Die Welt ersieht nichts Großes in der Ferne. Ihre Propheten, wenn sie zu weissagen wagen, was schauen sie? Eine Erde etwa mit einem Netz von Eisenbahnen überspannt; eine Zeit an sinnlichen Genüssen reicher, als die heutige; ein Jahrhundert größerer oder allgemeinerer politischer Freiheit; eine Menschheit, in der ein jeder den Göthe und Schiller gelesen hat und zu würdigen weiß; und das ist das Höchste, was träumend in der Zukunft sie gewahren. Armseliger Gesichtskreis! Kümmerliche Aussicht! Es ist dies aber der Fluch der glaubenslosen Blindheit, daß sie auch in ihrem höchsten Aufschwung auf dem Bauche kriecht und Erde ißt, aus dem Materiellen, Zeitlichen und Menschlichen nimmer heraus kann; daß sie nur weiß von einem ewigen Kreislauf der irdischen Dinge; nichts aber ahndet von dem erhabenen Gange des göttlichen Regierungsplanes über die Welt [. . .] (6).

‚Wann aber des Menschen Sohn kommen wird in seiner Herrlichkeit, und alle heiligen Engel mit ihm.‘ Hört wohl zu, ihr Ungläubigen und Zweifler in unserer Mitte. O sagt, wo bleibt ihr hier doch mit eurem bloß menschlichen Rabbi und ‚Trefflichen aus Nazareth‘? Muß es euch nicht tief bewegen und ergreifen, wie er hier mit einem Male über das ärmliche Ellenmaaß eurer sogenannten rationellen Begriffe von seiner Person so hoch hinauswächst? [. . .] Seine Freunde jauchzen wonnetrunken ihm entgegen. Seine Feinde – – o Querstrich durch deren Berechnungen, zermalmender Donnerschlag in ihre Vernunftsysteme, fürchterliche Vernichtung ihrer Lügenweisheit! Da stehen sie mit ihren Büchern, worin sie ihm die Krone abgerissen; mit ihren Predigten, in denen er zu einem bloßen Weisen von Nazareth zusammenschrumpfte; mit ihren giftigen Witzen, Hohnliedern und Spottkomödien, in welchen sie das Volk verfolgten, das Ihm die Knie bog. Da stehen sie, und sehen jetzt, in welchen sie gestochen haben; und nehmen wahr: das unter die Füße getretene Volk, es hatte Recht; und erkennen: es war was dran an dem Evangelio von Christo; und werden inne: ihre vermeintliche Aufklärung, nur Verfinsterung war sie, und die gepriesenen Lichtträger ihres Jahrhunderts waren falsche Propheten, und verführende Irrwische deren Philosopheme, Theorien und Lehrgebäude (6–8).

Läugnet immerhin ihr Glaubenslosen, daß Jesus lebe; wir sehen unterdessen seine Wolken- und Feuersäule durch die Wüste schweben, und rufen: Hier ist Immanuel! [. . .] Hockt ihr nur, ihr hölzernen Schriftgelehrten mit der Seele ohne Resonanzboden und ohne Flügel, vor euren Pulten, und sucht zu demonstriren, wie dieses Stück und jenes des Jesaias, des Daniel, der Evangelien oder der Epistel nicht ächt sei; während ihr an marklosen Knochen nagt und Stroh drescht, fahren jene Bibelstücke über das große Todtenfeld der Menschheit hin, und stürzen Götzentempel um, schaffen hinter euren Rücken eine neue Welt, und sind um die Geltendmachung ihrer Aechtheit nicht bekümmert. Redet nur, ihr ruchlosen Lästerer, von den evangelischen Historien, als von leeren Dichtungen, Fabeln, Mythen; in dem ihr sie zu Mythen stempelt, sehen wir sie auf dem Gebiete der kirchlichen Tagsgeschichte neu ins Leben treten; und was wollt ihr gegen die Geschichte? [...] O ihr verneinenden Geister, wie erbärmlich steht ihr da, wenn man in dem Waffenschmucke euch entgegentritt, den die tägliche Erfahrung uns darbeut. Ihr habt Philosopheme, wir Geschichte. Wo bleibt ihr doch vor der. Ihr argumentirt aus Gründen der Vernunft, es könnten Wunder nicht geschehen; wir zeigen euch Wunder [...] und die bebenden Lanzen eurer blinden Deductionen müssen wie Halme an dem Schilde unsers historischen Erlebens splittern. Unsere Sache wird durch ein fortgehendes Wunder als eine Sache Gottes bestätigt und besiegelt. O, der Aaronsstab des Christenthums treibt jahraus jahrein Blüthen eines unvergänglichen geistlichen Lebens, Frucht eines Friedens, der jeder Noth, der selbst dem Tod gewachsen ist. Dergleichen treibt der Stab eines Sokrates, eines Plato, eines Kant, Fichte, Göthe und Hegel nicht (18–20).

Die andere Predigt setzt sich zum Zweck, „jenes Bewußtsein neu [...] zu frischen, daß der große Weltstreit gegen unser kirchliches Bekenntniß nur ein Streit sey gegen die Schrift, gegen die Lehre Christi und der Apostel" (*Paulus kein Mann nach dem Sinne unsrer Zeit*, 4), und sie verfolgt ihn unter mancherlei scharfen Attacken auf zeitgenössische Tendenzen rationalistischer Theologie und an sie anknüpfender Religionskritik. Da heißt es etwa:

[...] wo Einer biblischen Begriffen und Anschauungen huldigt, wie wird der gehaßt, verschrien und verfolgt. Schöne Liberalität dieses ,liberalen Jahrhunderts!' (7).

Nach dieser Modelehre ist der Mensch keineswegs grundverderbt und untüchtig zu allem Guten. Nach dieser Lehre ist Christus mit Nichten wahrhaftiger Gott, sondern nur ein göttlicher Mensch. Nach dieser Lehre trat Christus ja nicht an der Sünder Stelle, um für sie der göttlichen Gerechtigkeit genug zu thun; vielmehr erlös'te uns Christus nach dieser Lehre nur durch seine ,geläuterte Moral' und durch ,sein Vorbild.' – Nach dieser Lehre ist der Artikel *von der Zurechnung eines fremden Verdienstes aus lauter Gnade* Unsinn. Nach dieser Lehre wird der Mensch allerdings in einer selbst gewirkten Gerechtigkeit und Tugend gerecht und selig. Nach dieser Lehre ist die fortgehende *persönliche* Herrschaft und Wirksamkeit Christi in der Welt ein Hirngespinst [...] Und die Auferstehung des Fleisches ist nach dieser Lehre Nichts, und das jüngste Gericht [...] ein Judaismus, eine Fabel. Diese Lehre, ,*Rationalismus*' genannt, oder ,*vernünftiges Christenthum;*' oder ,*Naturalismus,*' oder ,*speculative Theologie,*' oder was sie für Namen trage; bald erscheinend in kunstreicher biblisch gleißender Verhüllung, bald in schamloser Blöße; bald halb scheu, halb frech; halb verdeckt und doch immer erkenntlich genug; diese Lehre, sage ich, fällt also unverkennbar unter das Anathema unsers Apostels. Verflucht ist sie, und verflucht sind die, die zu ihr schwören, so lange sie es thun. Verflucht sind die Predigten, die mit dieser Lehre das Volk vergiften!

Verflucht die Schriften, in denen diese Lehre verkündet wird! Verflucht die Capellen, die über dem Fundamente dieser Lehre gegründet stehen! Verflucht die Lehrvorträge, Catechismen, Liederbücher, die sich zu dieser Lehre bekennen! (12).

Ich weiß wohl, eure Voltaires, Rousseaus und wie sie alle heißen, (ich will nicht Namen weiter nennen) hat Paulus nicht auf seiner Seite. Aber was thuts? Seht ihr dergleichen Männer, ich weiß nicht in welcher Glorie; so schauen wir sie in einer andern Umhüllung: in der, einer schwarzen Wolke. Es ist das Anathema des Apostels. – ‚Wie, solche Männer verflucht?' Wenn sie Evangelium predigen anders, als Paulus gepredigt hat, und bis an's Ende dabei verharren, – freilich [. . .] vor dem Tribunale Pauli sind eure Auctoritäten, Notabilitäten und Eminenzen *Nichts* [. . .] Den hohen Geistern, auf die ihr euch beruft, wollen wir den Ruhm der Genialität, der Gelehrsamkeit und eines ungemeinen Scharfsinns in *natürlichen* Dingen gern belassen; aber nichtsdestoweniger verurtheilen wir sie, denn wie können wir auf biblischem Grunde anders, als unglückselige Irrsterne, und als Volksverführer (13).

Ich gedachte euch zu überzeugen, wie der sogenannte ‚Rationalismus' der Neueren mit Nichten das reine Christenthum sey, obwohl er gerne dafür gehalten werden mag; sondern der entschiedne Abfall von demselben; und seyd ihr nicht überzeugt geworden? – Ich wollte euch darthun, wie die Opposition der modernen Aufklärung nicht, wie sie vorgiebt, nur gegen diese jene menschliche Theologie, sondern gegen Paulus, in Paulo gegen alle Apostel, in diesen gegen Christum selbst gerichtet sey. Es ward euch dargethan. – Ich freue mich aber schon [. . .] wenn ihr nur erst das lebendige Bewußtseyn gewonnen habt, daß der Grimm der modernen Himmelsstürmer gegen nichts Andres, als gegen den klaren Wortverstand der Schrift entbrannt sey [. . .] Genug, der herrschende Geist unsrer Zeit ist ein antipaulischer, ein antibiblischer, ein antichristischer. Wer aber erscheint dadurch gerichtet? Paulus, und die Bibel, oder der Zeitgeist? – Denket darüber nach! Euch überlasse ich die Entscheidung (16).

Den mit den beiden Gastpredigten hingeworfenen Fehdehandschuh nahm sogleich der engste Amtskollege des Vaters Friedrich Adolf Krummacher, Karl Friedrich Wilhelm Paniel (1803–1856), auf, und so entspann sich ein monatelanger Kampf mit zahlreichen Streitschriften verschiedener Theologen für und gegen F. W. Krummacher, der von den Zeitgenossen als beispielhafter Kampf zwischen einer aus der Aufklärung sich herleitenden rationalistischen Theologie und Bibelkritik auf der einen und Pietismus, Erweckungsbewegung als besonderer Form kirchlicher Orthodoxie auf der anderen Seite wahrgenommen wurde.

An diesen Streit knüpft zum Teil auch ein anderer Autor mit kritischen Äußerungen zu Friedrich Wilhelm Krummacher an, die ähnlich umfangreich und vielfältig wie die von Engels sind, doch stärker theologisch und philosophisch argumentierend und polemisierend. Bruno Bauer (1809–1882), Schüler Hegels, zunehmend radikaler Kritiker von Bibel und Christentum, 1842 deshalb als Privatdozent der Theologie in Bonn suspendiert, 1845 Objekt scharfer Kritik in der Schrift *Die heilige Familie, oder Kritik der kritischen Kritik. Gegen Bruno Bauer & Consorten* von Engels und Marx und in ihrer seinerzeit ungedruckt gebliebenen *Deutsche[n] Ideologie* (1845/46), nach 1848 zum konservativen Politiker sich wandelnd, publizierte 1842 eine anonyme Schrift *Hegel's Lehre von der Religion und Kunst von dem Standpuncte des Glaubens aus beurtheilt.*[33] Ihre Absicht ist, Hegel zum Kronzeugen eines radikalen Atheismus zu machen. Diese Absicht verfolgt Bauer, indem er zunächst die Positionen einiger anderer Theologen und Philosophen, sodann die eigene und schließlich ausführlich diejenige Hegels erörtert aus der ironisch eingenommenen Perspektive eines entschiedenen Pietismus. Für diese aber dienen ihm – ergänzt durch gelegentliche Zitate aus Schriften Gottfried Daniel Krummachers – als Hauptquelle Werke von Friedrich Wilhelm Krummacher. Bauers Schrift ist von Anfang bis Ende durchzogen von einer Fülle von – z. T. umfangreichen, gelegentlich gekürzten und nicht immer genauen – Zitaten vor allem aus der von Goethe rezensierten Predigtsammlung *Blicke ins Reich der Gnade* und den besonders wirkungsreichen *Elias*-Predigten, daneben auch aus *Elisa, Salomo und Sulamith* und aus den *Gedichte[n].* Es gehört zu der ironischen Perspektive, dass dabei Friedrich Wilhelm Krummacher immer wieder apostrophiert wird als der „theure Gottes-Mann Krummacher", als „unser Krummacher", „unser theurer Krummacher", „der tapfere Krummacher", „Krummacher, der gottgesandte Elias unserer Zeit" oder „der tapfere Löwe [...] F. W. Krummacher".

Es muss dahingestellt bleiben, ob Bauer – die Fülle der Zitate könnte dafür sprechen – schon aus frühen Jahren, als er noch zu den konservativen Kritikern des *Leben[s] Jesu* von D. F. Strauß gehörte, mit den Schriften F. W. Krummachers vertraut war oder auf ihn erst durch den Bremer Streit aufmerksam wurde. Ausdrücklich beschäftigt hat Bauer sich mit diesem Streit in der Rezension[34] einer von Paniel, dem rationalistischen Hauptgegner F. W. Krummachers, herausgegebenen Zeitschrift *Bremisches Magazin für evangelische Wahrheit gegenüber dem modernen Pietismus* (1. Heft, Bremen 1841). Diese Rezension, die zur Hauptsache eine Auseinandersetzung mit dem theologischen Rationalismus ist, der der „nächste Gegner" der Philosophie sei, „weil er die reine Vollendung des religiösen Bewußtseins" sei (134), setzt ein mit den Sätzen: „Als Krummacher im vorigen Jahre zu Bremen die Kanzel betrat, war das Erste, was die gute bremische Gemeinde hören mußte, ein Donner gegen Hegel. Die bekannte Verfluchungspredigt enthielt auch ihren Fluch für Hegel und diejenigen, welche dem gottlosen Philosophen zur Hölle folgen" (113). Bauer konzediert dabei: „Krummacher predigte und verkündigte den

---

[33] Leipzig 1842, Ndr. Aalen 1967.
[34] In: Anekdota zur neuesten deutschen Philosophie und Publicistik. Hg. v. Arnold Ruge. Bd. 2. Zürich, Winterthur 1843, 113–134.

Fluch über diejenigen, welche dem Evangelium seine Kraft geraubt, ja das von Gott gegebene, durch Wunder und Zeichen bestätigte und in der heiligen Schrift verbürgte Evangelium mit einem andern vertauscht hätten. Er berief sich auf die heilige Schrift und diese gab ihm das Recht zu diesem Fluche. Er fluchte, weil er mußte, weil es die Schrift ihm gebot" (115 f.), um fortzufahren: „Krummacher hat Recht, aber er hat nur das Recht, welches der Sclave hat, der seine Fesseln für die Attribute der Menschheit erklärt und diejenigen bekämpft, welche nicht wie er gefesselt sein wollen" (116 f.). Paniel hingegen wird von Bauer vorgehalten: „Der rationalistische Gläubige dagegen hat keinen Glauben mehr: ihm scheint es Vermessenheit, wenn ein Mensch glauben wollte, sein Wille könne so weit mit dem göttlichen Eins sein, daß er lösen und binden könnte. Sein Gott hat nicht mehr die Kraft, das Gottlose zu vernichten [...]" (114), „Sein Glaube an die Bibel ist Unglaube, sein Gehorsam gegen das Schriftwort in demselben Augenblicke, in dem er gelobt ist, gebrochen, seine Knechtschaft ist zugleich Empörung gegen den Buchstaben" (118). Für die eigene religionskritische philosophische Position nimmt demgegenüber Bauer, in terminologischer Anlehnung an Hegel, in Anspruch: „Das wissenschaftliche, freie Selbstbewußtsein dagegen ist über dem Tumult dieser Verwirrung und über die Gräuel dieses Kampfes zwischen Sclaven hinaus, da es den Fluch als nothwendigen Act der Religion anerkennt und die Religion als eine Form des Selbstbewußtseins begreift, welche seiner vollendeten Allgemeinheit nichts mehr anhaben kann" (120).

Bauers Rezension sollte zunächst in der Zeitschrift *Deutsche Jahrbücher für Wissenschaft und Kunst* (nach ihrem ursprünglichen Titel auch als *Hallische Jahrbücher* bekannt) erscheinen, einem wichtigen Organ der Junghegelianer, redigiert von Arnold Ruge (1802–1880), der 1844 zusammen mit Karl Marx deren Fortsetzung als *Deutsch-Französische Jahrbücher* in Paris herausgab. Bauers Rezension hat neben anderen Artikeln beigetragen zu den Zensurschwierigkeiten und dem schließlichen Verbot der *Deutsche[n] Jahrbücher*, wie Ruge im ersten Band der als Ersatz in der liberaleren Schweiz gegründeten *Anekdota* (1843, 3–55), worin dann Bauers Rezension erscheinen konnte, dargestellt hat. Beigetragen hat zu Zensurschwierigkeiten und Verbot der *Jahrbücher* aber auch – und nicht zuletzt mit Stellen über F. W. Krummacher[35] – ein umfangreicher Aufsatz von Ruge selbst, der im Juni 1842 in den Nummern 143–147 und 150 der *Deutsche[n] Jahrbücher* erschien, aber erst in den *Anekdota* (Bd. 2, 194–205) – unter Kennzeichnung der von der Zensur in Sachsen beanstandeten Stellen – abgeschlossen werden konnte. Unter dem Titel *Das Selbstbewußtsein des Glaubens oder die Offenbarung unsrer Zeit* befasst sich

---

[35] Vgl. Anekdota. Bd. 1, 1843, 44–47, 52; Bauers Rezension erwähnt (18) in der Liste der von der Zensur beanstandeten Beiträge.

Ruge darin zunächst mit einer anonymen (von F. Engels stammenden) Broschüre über Schelling und dann eingehend mit Bauers Schrift über *Hegel's Lehre von der Religion und Kunst*. Ruge referiert dabei vor allem ausführlich viele der Stellen über Friedrich Wilhelm Krummacher, übernimmt vielfach die ironisch-kritische Perspektive Bauers, kommt aber auch – ähnlich wie dieser in seiner Paniel-Rezension – zu auffällig ambivalenten Formulierungen wie diesen:

Der Einzige, der schlechthin als Autorität angesehen wird, ist Fr. W. Krummacher, und man muß gestehen, daß ihn im Bekenntniß des Christenthums mit allen seinen Consequenzen keiner der jetzt lebenden Menschen, selbst der heilige Vater in Rom nicht übertrifft. Krummacher ist classisch in seiner Art und verdiente allgemein gekannt zu sein. An ihm würde sich jeder sogleich orientiren; denn er handelt und feilscht mit nichts und mit Niemand, er ist radical und das schönste, entscheidenste Extrem, das man nur wünschen kann; weßhalb denn auch seine Reden den altchristlich-classischen Zug und Rhythmus haben, den wir außer der mimetischen Kunst jetzt nirgends weiter antreffen. Dieser altchristliche Radicalismus, den man gewöhnlich Fanatismus nennt, ist das Princip in der vorliegenden Beurtheilung Hegel's und meist wird Krummacher redend eingeführt, wenn es sich in irgend einer Materie darum handelt, den endlichen Ausschlag zu geben. (580)

oder:

Nannte man sonst Hegel einen Pantheisten, höchstens einen nur scheinbaren Christen und meinte Wunder was damit gesagt zu haben, so finden wir hier den Nachweis, wie *Hegel* in dem Aergsten mit *Voltaire*, dem verhaßten Franzosen übereinstimmt, und das Dilemma tritt hervor: Hegel oder Krummacher, keine andre Wahl hat die jetzige Welt, die im Argen liegt mit ihrer Halbheit. Eben so bewundernswürdig, als die Bloßstellung Hegel's, ist die Consequenz Krummacher's, eben so augenscheinlich, als die Freigeisterei der Philosophie, ist die Halbheit der Schleiermacherianer; und wer auch nur ein litterarisches Interesse an der Bewegung solcher Principe nimmt, der wird hier seine Rechnung finden. Die Sache scheint handgreiflich, aber diese Zusammenstellung und Beleuchtung ist neu, und so wenig man den *Glauben* bestreiten kann, der mit Krummacher's Worten redet, so wenig ist die *Kritik* zu bestreiten, welche die Fähigkeit hat, die Extreme so gewaltig aufeinanderplatzen zu lassen. Und man achte diesen Proceß nicht gering, *er ist unsere gegenwärtige Geschichte* (584).[36]

---

[36] Wie sehr F. W. Krummacher bei Bauer, bei Ruge und in deren Umkreis eine feste Bezugsfigur der Polemik ist, zeigen weitere Stellen – z. T. mit Bauers ironischer Formulierung „unser Krummacher" – in den *Deutsche[n] Jahrbücher[n]* (u. a. Jg. 1842, 602, 681, 697, 866), in den *Anekdota* (Bd. 2, 258) und bei Bauer selbst (u. a. Die Posaune des jüngsten Gerichts über Hegel den Atheisten und Antichristen. Leipzig 1841, Ndr. Aalen 1983, 17). – Da Stirner in *Der Einzige und sein Eigentum* Texte von Feuerbach und Bauer aus Ruges *Anekdota* und häufiger weitere Schriften Bauers, dem er im Berliner Kreis der „Freien" auch persönlich begegnet war (vgl. John Henry Mackay: Max Stirner. Sein Leben und sein Werk. Treptow, [2]1910, 104–107, 124), zitiert und Bauers Schriften *Posaune des jüngsten Gerichts über Hegel* und *Hegel's Lehre von der Religion und Kunst* rezensiert hat (Max Stirner: Kleinere Schriften. Hg. v. John Henry Mackay.

Durch Ruge selbst hat diesen Aufsatz und Bauers darin erörtertes Buch Ludwig Feuerbach (1804–1872), mit seinem Hauptwerk *Das Wesen des Christentums* (1841) wohl der wirkungsreichste Vertreter der Religionskritik des 19. Jahrhunderts, kennen gelernt. Er hat sich in einem Brief an Ruge vom 31. August 1842 mit den Sätzen bedankt: „Ich danke Ihnen für die überschickten Bücher. Den zweiten Teil der Posaune [i. e. *Hegel's Lehre von der Religion und Kunst*, d. Vf.] behalte ich. Ihre Anzeige von der Schrift, in welcher Sie das Pikanteste hervorheben, hat übrigens mehr Eindruck auf mich gemacht, als die Schrift selbst. Sehr interessant war mir die Bekanntschaft mit dem Krummacher. Dieser ist noch ein Christ – ein unverschämter, ehrlicher Christ".[37]

Wenn ein aufmerksamer Beobachter wie Engels, dem die rationalistische Theologie, unter deren Einfluss er zunächst gestanden hatte, doch noch viel zu kirchlich, zu christlich und insofern im Vergleich mit einem entschiedenen Bibelchristentum in sich widersprüchlich war,[38] feststellen konnte, dass seine theologischen Gegner an Geist und rhe-

---

Berlin ²1914, Ndr. Stuttgart-Bad Cannstatt 1976, 11–25, 111–113; hier 21 aus Bauers *Posaune*, 17, zit. der Satz mit der Erwähnung Krummachers), ist denkbar, dass er durch Bauers Beschäftigung mit F. W. Krummacher auf diesen hingewiesen wurde. – Zu Ruges lebhaftem Interesse für die religionskritischen Autoren und Schriften vgl. seinen Briefwechsel, bes. aus den frühen vierziger Jahren (Arnold Ruge: Briefwechsel und Tagebuchblätter aus den Jahren 1825–1880. Hg. v. Paul Nerrlich. Bd. 1. Berlin 1886). Zur Rolle der *Hallische[n] Jahrbücher* (bzw. *Deutsche[n] Jahrbücher*) für die religionskritischen Diskussionen dieser Jahre und die Auseinandersetzung mit Pietismus und Erweckungsbewegung vgl. James A. Massey: The Hegelians, the Pietists, and the Nature of Religion. In: JR 58 (1978), 108–129.

[37] Ludwig Feuerbach: Sämtliche Werke. Bd. 13: Ausgewählte Briefe von und an L. Feuerbach. Hg. v. Hans-Martin Sass. Bd. 2. Stuttgart-Bad Cannstatt 1964, 401. Feuerbach hat im Jahr darauf im Vorwort zur 2. Auflage seines Werks *Das Wesen des Christentums* auf einen dem Feuerbach-Kritiker Julius Müller geltenden Abschnitt in Bauers Schrift (Hegel's Lehre von der Religion und Kunst, 28–32) Bezug genommen, der sich so intensiv wie ironisch auf Krummacher beruft (Ludwig Feuerbach: Werke in sechs Bänden. Hg. v. Erich Thies. Bd. 5. Frankfurt/Main 1976, 395–415, hier 399).

[38] Vgl. dazu auch in weiteren Korrespondenzberichten im *Morgenblatt*: „In diese Lage wird sich aber der Rationalismus der Orthodoxie gegenüber immer versetzt finden. Er hat dies seiner schwankenden Stellung zu danken, in der er bald als neue Entwicklung des christlichen Geistes, bald als dessen ursprüngliche Form gelten will, und in beiden Fällen die biblischen Schlagwörter der Orthodoxie – nur mit veränderter Bedeutung – zu den seinigen macht. Er ist nicht ehrlich gegen sich selbst und gegen die Bibel; die Begriffe Offenbarung, Erlösung, Inspiration haben in seinem Munde eine höchst unbestimmte und schielende Fassung. – Die verstandesmäßige Trockenheit des Rationalismus hat in Paniel eine seltene Höhe erreicht" (141 f.; 15.1.1841). – „Der Rationalismus ist nie klar gewesen über seine Stellung zur Bibel; die unglückliche Halbheit, die anfangs entschieden offenbarungsgläubig erschien, aber bei weitern Konsequenzen die Göttlichkeit der Bibel so restringierte, daß fast nichts davon übrig blieb, dieses Schwanken setzt den Rationalismus jedesmal in Nachteil, sobald es sich um biblische Begründung von Lehrsätzen handelt. Warum die Vernunft preisen, und doch keine Autonomie proklamieren? Denn wo von beiden Seiten die Bibel als gemeinsame Basis anerkannt wird, da hat der Pietismus immer Recht" (143; 16.1.1841).

torischem Vermögen Krummacher nicht gewachsen waren, wenn andere wie Bauer, Ruge oder Feuerbach ihre Kritik nicht ohne Respekt vor der inneren Konsequenz einer ihnen anstößigen Haltung formulierten, so wird verständlich, dass für so viele kritische Köpfe der Zeit gerade F. W. Krummacher immer wieder zum exemplarischen Gegenstand ihrer Polemik werden konnte, wird aber auch die theologische Position und intellektuelle Konstitution besonders deutlich wahrnehmbar, die diesen immer wieder in eine zu heftiger Polemik neigende Auseinandersetzung mit den zeitgenössischen Strömungen rationalistischer Theologie[39] und deren Wirkungen trieb, weil er, der von sich bekannte: „Mein Geschmack ist das biblisch Massive",[40] darin die Gefährdung eines unbedingt biblisch fundierten Christentums sah. Biographischer Angelpunkt einer persönlichen Entwicklung Friedrich Wilhelms, die der des Vaters und insbesondere der des Onkels Gottfried Daniel vergleichbar ist, war offenkundig bei der Bernburger Prüfung des Theologiekandidaten die ihn überraschende Frage des examinierenden Vaters zur vorgetragenen Exegese der Speisung der Viertausend (Mt 15), ob er „den Inhalt des Evangeliums für geschichtlich wahr, oder nur für ein Gleichniß halte", und die ihn bald darauf beschämende vag-rationalistische Antwort, dass er „die Wunder Jesu zwar nicht leugne, aber ihren Hauptwerth in den großen, allgemein religiösen und sittlichen Wahrheiten finde, die sie veranschaulichten".[41]

Die aus der Entschiedenheit der persönlichen Entwicklung gespeiste Polemik, die auch große Namen der Geistesgeschichte von Sokrates und Platon bis zu Kant, Lessing und Goethe, Hegel und Fichte nicht verschont, durchzieht das ganze Werk.[42] So wird 1854 in einer Predigt über *Die verneinenden Parteien in der Kirche*[43] der „radikale, der pantheistische Rationalismus" eine Ausgeburt der Hölle genannt, von der es weiterhin heißt:

---

[39] Einen ihrer namhaftesten Vertreter, den Heidelberger Theologieprofessor Heinrich Eberhard Gottlob Paulus (1761–1851), suchte F. W. Krummacher 1838 auf seiner Reise nach Süddeutschland zu einem Disput auf (s. oben Anm. 25 und: Krummacher: Selbstbiographie, 168, wo 167 auch der als Dichter bewunderte Johann Peter Hebel in seiner theologischen Haltung als eben solcher Rationalist charakterisiert wird).

[40] In Kap. XXIV von *Elias der Thisbiter*, hier zit. nach der 6. Aufl., Köln 1874, 416. Mit richtigem Gespür für die symptomatische Bedeutung dieser Stelle hat Bauer (Hegel's Lehre von der Religion und Kunst, 79) sie, typographisch hervorgehoben, zitiert, und Ruge (Deutsche Jahrbücher, 1842, 584) ist ihm darin gefolgt.

[41] Krummacher: Selbstbiographie, 58 f.

[42] Vgl. u. a. auch die Vorreden zum 1. und 2. Teil von *Elias der Thisbiter* (1828, 1831); *Halt, was du hast* (1848; in: Predigten in der Dreifaltigkeitskirche zu Berlin gehalten. 2. Sammlung, 1855), 8, 11 f.; *Anathema* (In: Die Sabbathglocke. Bd. 3, 1852), 72–75; *Viererlei Acker in Berlin* (In: Die Sabbathglocke. Bd. 4, 1853), 87; *Geisterstimmen* (In: Die Sabbathglocke. Bd. 6, 1854), 205; *Was dem deutschen Volke Noth thut* (In: Die Sabbathglocke. Bd. 7, 1854), 181 f.; *Der neueste Kampf auf kirchlichem Gebiete* (In: Die Sabbathglocke. Bd. 10, 1856), 184, 186 f., 190.

[43] In: Die Sabbathglocke. Bd. 6, 1854, 106 f.

Sie ist das faule Sumpf- und Moorland, auf welchem als Giftpilze die Revolution, die ,rothe Republik', der Communismus und die ,Emanzipation des Fleisches' wuchern. Sie bildet die versteckte Mine und Höllenmaschinerie, welche, wie die Kirche und die Fürstenthrone, so den Besitzstand, und alle göttlichen und menschlichen Ordnungen in die Luft zu sprengen droht. Natürlich ist dieser Partei die ganze Bibel ein Märchen- und Fabelbuch, und selbst die *Moral* derselben nur eine Sclavenfessel, die man zu brechen und von sich zu schleudern habe. Ja einer der literarischen Fahnenträger dieser Truppe schilt einen seiner Genossen einen *,Pfaffen'*, weil er, ob er gleich den *Glauben* und die *Hoffnung* wacker habe niederreißen helfen, noch die *Liebe* predige, indem, da Jeder sich selbst der nächste sei, der *Egoismus* herrschen müsse.

Mit der „Emanzipation des Fleisches" wird hier polemisch an ein Schlagwort erinnert, das für den Saint-Simonismus und für davon beeinflusste Tendenzen des Jungen Deutschland kennzeichnend war, die Wendung von der Sklavenfessel klingt an eine gegen Krummacher gerichtete Stelle in Bauers Paniel-Rezension an, und mit dem letzten Satz wird ganz offenkundig angespielt auf die Kritik, die Ludwig Feuerbach und insbesondere sein Hauptwerk *Das Wesen des Christentums* durch den noch radikaleren Max Stirner erfahren haben.[44]

In einer Predigt zum Hamburger Kirchentag von 1858 steht neben der Preisung Hamburgs als der Stadt des Ansgarius, des Reformators Bugenhagen und des *Messias*-Dichters Klopstock ein kritischer, wenn auch den Namen Lessings nicht nennender Hinweis auf dessen Veröffentlichung von Fragmenten des deistischen Theologen Hermann Samuel Reimarus und den dadurch hervorgerufenen Streit mit dem orthodoxen Hamburger Hauptpastor Goeze,[45] und 1862 sieht die Vorrede zur Predigtsammlung *Christus lebt* noch einmal Anlass, von David Friedrich Strauß zu sprechen:

Es dürfte der Erwähnung werth sein, daß selbst ein *David Strauß*, dieser Rädelsführer der neuesten Himmelsstürmer, in seinem vor Kurzem erschienenen Buche über seinen geistigen Urahn *Reimarus* zu der offnen Erklärung sich gedrungen fühlt, die Ansicht, als seien die ersten Jünger Jesu, namentlich die Apostel, von der Wahrheit der leiblichen Auferstehung ihres Meisters *selbst nicht* vollkommen überzeugt gewesen, müsse als eine durchaus *unhaltbare* aufgegeben werden. Wir legen einen *Werth* auf dieses Zugeständniß eines Erz-

---

[44] Vgl. dazu u. a. Der Einzige und sein Eigentum, 62: „Nach der Vernichtung des Glaubens wähnt Feuerbach in die vermeintlich sichere Bucht der *Liebe* einzulaufen. [. . .] Eigentlich ist aber nur der Gott verändert, der Deus, die Liebe ist geblieben; dort Liebe zum übermenschlichen Gott, hier Liebe zum menschlichen Gott, zum homo als Deus [. . .] Hat man da nicht wieder den Pfaffen? [. . .] Es ist eben nur eine neue – *Religion*" und etwa: „Die derbe Faust der Sittlichkeit geht gar unbarmherzig mit dem edlen Wesen des Egoismus um" (58). Stellen wie diese, auf die F. W. Krummacher offensichtlich aus unmittelbarer Kenntnis anspielt, stehen in Stirners Werk übrigens nicht weit entfernt von der ersten kritischen Erwähnung des Namens Krummacher.

[45] Meister, wo bist Du zur Herberge? Berlin 1858, 3.

fcindes der heiligen Geschichte, und einen um so größeren, je abgeschmackter der einige und letzte *Ausweg* erscheint, auf welchem der Genannte dennoch seinen Unglauben zu retten sucht, indem er nämlich, unzweifelhaft wider besseres Wissen und Gewissen, sich einredet, *sämmtliche* Jünger hätten eine schöne *Phantasie* mit einer historischen Thatsache verwechselt (Vf.).

Friedrich Wilhelm Krummachers unbeirrtes Festhalten am biblischen Text und an darauf gegründeten fundamentalen theologischen Lehren und Überzeugungen wie die daraus entspringende Bereitschaft zu polemisch zugespitzter Stellungnahme haben ihn für sehr unterschiedliche Vertreter der Religionskritik des 19. Jahrhunderts, von deren namhaften Exponenten zwischen Hegel und Nietzsche kaum einer unter den hier angeführten Stimmen fehlt, zu einem oft genannten Hauptbeispiel dessen gemacht, was man bekämpfte. Diese aus der Aufklärung des 18. Jahrhunderts sich herleitende, durch die in der Aufklärung sich entwickelnde Bibelkritik und rationalistische Theologie beförderte und vor allem von der Gruppe der linken Hegel-Schüler dann im 19. Jahrhundert verschärfte und verbreitete Religionskritik, eine charakteristische Grundströmung in der Geistesgeschichte der Epoche,[46] hat er seinerseits mit wacher Aufmerksamkeit wahrgenommen und offenkundig – wie seine Disputationen mit D. F. Strauß und H. E. G. Paulus in den dreißiger Jahren oder seine spätere Anspielung auf Stirners Feuerbach-Kritik und noch seine späte Äußerung über D. F. Strauß zeigen – auch im einzelnen genauer verfolgt. Aber er hat sie doch offensichtlich stets nur als Bedrohung empfunden, er hat die Fragen an Kirche und Theologie, die darin verborgen waren, nicht wahrzunehmen vermocht. Darin liegen bei aller noch in den Stimmen der Kritiker sich bezeugenden Wirkung des Predigers und des ökumenisch orientierten Kirchenmannes seine Grenzen, hat er symptomatischen Anteil an ungelösten Konflikten zwischen Kirche und Theologie auf der einen und Politik, Öffentlichkeit, Geistesleben auf der anderen Seite, die, im 19. Jahrhundert angelegt, dem 20. Jahrhundert aus dem 19. überkommen sind und es vielfältig beschäftigt haben und auch das 21. Jahrhundert beschäftigen werden.

---

[46] Vgl. Karl Löwith: Von Hegel zu Nietzsche. Der revolutionäre Bruch im Denken des neunzehnten Jahrhunderts. Stuttgart ³1953 (¹1941); Karl Barth: Die protestantische Theologie im 19. Jahrhundert. Ihre Vorgeschichte und ihre Geschichte. Zürich ³1960 (¹1946); s. auch Ralf Konersmann: Art. „Religionskritik". In: HWP 8 (1992), 734–746; Gunther Wenz: Art. „Religionskritik". In: TRE 28 (1997), 687–699.

PAUL RAABE

Rede zur Vollendung
der *Geschichte des Pietismus*

Vorbemerkung: Bei dem folgenden Beitrag handelt es sich um die Rede, die bei der feierlichen Präsentation von Band 4 der *Geschichte des Pietismus* und zum Abschluss des Gesamtwerkes am 20. Januar 2004 in Berlin gehalten worden ist. Die Buchvorstellung wurde veranstaltet von der Historischen Kommission zur Erforschung des Pietismus, der Kirchenkanzlei der Union Evangelischer Kirchen und dem Verlag Vandenhoeck & Ruprecht. Die Präsentation fand statt in den Räumen der Kirchenkanzlei und in Anwesenheit von Bundespräsident D. Dr. h. c. Johannes Rau statt, der auch ein Grußwort sprach. Die Herausgeber des Gesamtwerkes beantworteten Fragen aus dem Kreis der Anwesenden.

Sehr verehrter Herr Bundespräsident, meine Damen und Herren,

es ist für mich eine große Auszeichnung, hier an diesem Ort, an dem vor knapp vierzig Jahren die Historische Kommission zur Erforschung des Pietismus gegründet wurde, zur Vollendung eines großartigen Werkes, der vierbändigen *Geschichte des Pietismus*, zu Ihnen sprechen und dieses Handbuch präsentieren zu können. In der Einladung zu dieser Stunde wird ein Festvortrag angekündigt: Dies darf ich wohl so verstehen, dass es für alle Anwesenden ein Fest ist, das Buch in Anwesenheit von Ihnen, Herr Bundespräsident, als dem höchsten Repräsentanten unseres Staates, vorzustellen. Wir alle wissen, dass Sie mit dem niederrheinischen Pietismus aufgewachsen sind und so an einem Werk persönliches Interesse haben, das die Geschichte und Bedeutung dieser religiösen Erneuerungsbewegung darstellt. Gern denke ich selbst an Ihren Besuch in den Franckeschen Stiftungen in Halle an der Saale im Frühjahr 2000 zur Eröffnung des Halleschen Kinderjahres zurück. Als damaliger Direktor dieser einst pietistischen pädagogischen und sozialen, kulturellen und wissenschaftlichen Einrichtung hatte ich Gelegenheit, Ihnen das ungewöhnliche Lebenswerk von August Hermann Francke zu zeigen.

In der vierbändigen *Geschichte des Pietismus*, um die es heute geht, nehmen Francke, der erfolgreichste Schüler Philipp Jakob Speners, und der hallische Pietismus einen breiten Raum ein. Für jemanden, der wie ich aus dem Westen kam und die Franckeschen Stiftungen 1990 als eine untergegangene Welt näher kennen lernte, war das Erscheinen des ersten

Bandes des im Auftrag der Historischen Kommission zur Erforschung des Pietismus herausgegebenen wissenschaftlichen Unternehmens 1993 hoch willkommen. Martin Brecht hatte es übernommen, das Werk Franckes und des hallischen Pietismus nach dem damaligen Stand der Forschung zusammenzufassen. Das war für uns Laien beim Wiederaufbau der Stiftungen eine exzellente Hilfe für das Verständnis der Lebensleistung von August Hermann Francke, wie auch der folgende Band, der zwei Jahre später herauskam und mir bei der Vorbereitung einer Ausstellung im Goethejahr 1999 über Goethe und die Stillen im Lande die Kenntnis der pietistischen Strömungen der Goethezeit vermittelte. So spreche ich zu Ihnen, meine Damen und Herren, als Leser, Benutzer und Bewunderer eines Werkes, das in vielfacher Hinsicht zur Reflexion über wissenschaftliche Leistung in unserer Zeit, über die Zusammenarbeit der Gelehrten, über Förderung durch eine kompetente Kommission und das Engagement eines erfahrenen Verlages Anlass gibt.

Ehe ich dazu einige Bemerkungen mache, will ich in aller Kürze das Werk vorstellen, das in jeder Hinsicht der Forschung Neuland erschließt. Der Begriff des Pietismus ist bekanntlich nicht eindeutig zu bestimmen und bleibt letzten Endes umstritten. Doch zweifellos war der Pietismus die bedeutendste Frömmigkeitsbewegung seit der Reformation, besonders auch eine religiöse Erneuerungsbewegung, vor allem im Deutschen Reich. Den weit gefassten Pietismusbegriff legte Martin Brecht als Herausgeber dem ersten Band zugrunde. In seiner Einleitung führte er aus, dass „der Pietismus [. . .] um die Wende vom 16. zum 17. Jahrhundert aus der Kritik an den bestehenden Verhältnissen fast gleichzeitig in England, den Niederlanden und Deutschland" entstand. So stehen die grundlegenden Beiträge von Klaus Deppermann über den englischen Puritanismus und von Johannes Berg über die Frömmigkeitsbewegungen in den Niederlanden, die so genannte *Nadere Reformatie*, am Anfang des gesamten Werkes. Ausführlich werden dann das Aufkommen der neuen Frömmigkeitsbewegung mit Johann Arndt an der Spitze und der noch schwache reformierte Pietismus in Deutschland im 17. Jahrhundert umrissen, ehe der Herausgeber selbst auf Philipp Jakob Spener, den „Vater des Pietismus", und sein pietistisches Hauptwerk, die *Pia Desideria* eingeht, das im engeren Sinne die Geburtsurkunde des Pietismus darstellt. Beschlossen wird der erste Band mit dem schon erwähnten Kapitel über August Hermann Francke, der sein Lebenswerk als ein neues Jerusalem verstand und seine Mitarbeiter in die Welt schickte, um die pietistische Frömmigkeit zu verbreiten.

Das Erscheinen des zweiten, umfangreichsten Bandes erlebte der Freiburger Historiker Klaus Deppermann nicht mehr, so dass Martin Brecht den Band 1995 allein herausbrachte. Die Darstellung des Pietismus im 18. Jahrhundert ist nicht nur eine exzellente Grundlage, sondern überhaupt für das Verständnis der Geschichte des 18. Jahrhunderts und der

Aufklärung in Deutschland eine unentbehrliche Ergänzung. Hier stehen zwei spannende Kapitel am Anfang: Dietrich Meyer stellt Leben und Werk des Grafen Zinzendorf und die frühe Geschichte Herrnhuts das, das noch heute eindrucksvolle Zentrum der Brüdergemeine. Hans Schneider fasst seine langjährigen Studien in einem faszinierenden Kapitel zusammen, das Licht in das Dunkel der separatistischen Tendenzen der Frommen bringt. Der Tatsache, dass sich der Pietismus in den einzelnen Territorien des zersplitterten deutschen Reiches entfaltete, wird dadurch Rechnung getragen, dass er nach den einzelnen Ländern abgehandelt wird, wobei dem lange nachwirkenden württembergischen Pietismus und seinen Lichtgestalten Johann Albrecht Bengel und Friedrich Christoph Oetinger die größte Bedeutung zukommt. Das Verdienst des vorliegenden Handbuches besteht auch darin, dass die Entwicklung pietistischer Strömungen im lutherischen Nordeuropa, in Dänemark, Norwegen, Schweden und Finnland ebenso nachgezeichnet wird wie die in der Schweiz, den Niederlanden, Großbritannien und Nordamerika.

Mit der gängigen Vorstellung, dass der Pietismus im 19. und 20. Jahrhundert eigentlich nur im Württembergischen weiter lebte, räumt der dritte Band auf. Unter der souveränen Herausgeberschaft von Ulrich Gäbler, dem Basler Kirchenhistoriker, wird versucht, den britischen Evangelikalismus und den Genfer Réveil dem Pietismus zuzuordnen. Einen breiten Raum nimmt dann die am Ende des 18. Jahrhunderts einsetzende Erweckungsbewegung innerhalb der deutschen Landeskirchen ein, um deren Darstellung sich hier insbesondere Horst Weigelt und Gustav Adolf Benrath verdient gemacht haben. Darüber hinaus werden die Erweckungsbewegungen in Nord- und Ostmitteleuropa und überhaupt die Vielfalt der gemeinschaftschristlichen Erweckungen bis in unsere Zeit unter Einbeziehung des Evangelikalismus und des Fundamentalismus skizziert. Dabei zeigt sich, dass die pietistische Bewegung auch heute noch innerhalb und außerhalb der Kirchen eine lebendige Kraft des Glaubens in einer säkularisierten Welt geblieben ist.

Die Summe der drei chronologischen Bände ist: Der Pietismus war und ist ein internationales christliches und kirchengeschichtliches Phänomen, das über Deutschland und die europäischen Staaten hinausgreift.

Von Anfang an war ein abschließender Band geplant, den nun Hartmut Lehmann, der Direktor des Max-Planck-Instituts für Geschichte in Göttingen vorgelegt hat. Die geschichtliche Darstellung des Pietismus wird um einen systematischen Überblick ergänzt, der in Querschnitten die wichtigsten Aspekte der pietistischen Glaubenswelt und der pietistischen Lebenswelten abhandelt. Da es ausgeschlossen ist, jeden dieser Abschnitte, wiederum von den kompetentesten Fachleuten geschrieben, zu würdigen, wenngleich sie es verdienten, will ich nur auf einige Beiträge in dieser systematischen Enzyklopädie hinweisen.

Ulrich Gäbler stellt einleitend als einen zentralen theologischen

Aspekt des Pietismus das Verhältnis der Frommen zur Geschichte, Gegenwart und Zukunft, Speners „Hoffnung auf bessere Zeiten für die Kirche" dar. Daran schließen sich Kapitel über Bekehrung und Wiedergeburt, Frömmigkeit und Gebet, über die Bedeutung der Bibel, des Gesangbuchs für die Pietisten und ihr positives Verhältnis zu den Juden an, anregende Studien und wertvolle Zusammenfassungen bisheriger Forschung.

Danach werden geistige, wissenschaftliche und kulturelle Aspekte dargelegt, die bisher wenig in den Blick der Pietismusforschung geraten sind, wie z. B. die Weltsicht, die Lebensgemeinschaften und die Kommunikationsformen der Pietisten, die Manfred Jakubowski-Tiessen untersucht, oder ihr Verhältnis zur Philosophie, das Walter Sparn beschreibt oder das zur Psychologie durch Horst Gundlach. Richard Toellner, der Altmeister der Medizingeschichte in Deutschland, berichtet aufgrund neuerer Forschungen über das Verhältnis der Pietisten zur Medizin und Pharmazie, Thomas Müller-Bahlke über das Technikverständnis und die Anwendung naturwissenschaftlicher Erkenntnisse im hallischen Pietismus.

Für einen Germanisten eröffnen die Ausführungen von Hans-Jürgen Schrader über die Sprache Canaans und die pietistische Sonderterminologie und Spezialsemantik spannende Forschungsfelder. An diesem Beispiel sieht man, wie viele Aufgaben der Pietismusforschung ins Haus stehen. Das zeigt auch der Beitrag von Christian Bunners, der die bisherigen Studien zur Bedeutung der Musikkultur im Pietismus zusammenfasst. Vor 200 Jahren – 1704 – erschien das berühmte Gesangbuch von Johann Anastasius Freylinghausen zum ersten Mal, das die Liedkultur des Pietismus prägte. Ich will hier abbrechen, auch wenn ich damit die ethischen, sozialen, wirtschaftlichen und politischen Aspekte des Pietismus übergehe. An Hand der Beispiele sollte nur die Fülle der interdisziplinären Studien angesprochen werden, die diesen letzten, soeben erschienenen Band auszeichnen.

Das ganze Werk wird mit einem Beitrag über die bleibende Bedeutung des Pietismus von Bischof Martin Kruse beschlossen, den dieser selbst als Essay bezeichnet. Im Wandel der Zeiten hat der Pietismus seine inneren Werte im Widerstand zur Welt bewahrt. Er will früher wie heute – so fasst es Martin Kruse zusammen – dreierlei: die Liebe zur Bibel fördern, Gemeinschaft suchen und pflegen, das Priestertum aller Gläubigen leben. So kommt der Autor zu dem Schluss: „Alles in allem sind der Kirche durch den Pietismus in hohem Maße Kräfte zugewachsen, die in Kritik und verantwortlicher Mitarbeit zur Vitalisierung der Kirche wesentlich beigetragen haben. Die Triebkräfte und Grundanliegen des Pietismus sind keineswegs überholt und ausgeschöpft. Die Zukunft des christlichen Glaubens im 21. Jahrhundert wird – menschlich gesprochen – auch von der Zukunftsfähigkeit des Pietismus mitbestimmt."

Mit diesem Votum werden sicherlich die Herausgeber und Mitarbeiter wie auch die kirchlichen Auftraggeber übereinstimmen. Der Abschluss des Handbuchs, in einer Spanne von zehn Jahren zwischen 1993 und 2003 erschienen, unterstreicht die Jahrhunderte überdauernde Bedeutung des Pietismus in Kirche und Gesellschaft. Dieses wissenschaftliche Werk ist auch ein Beitrag zur Besinnung der Kirchen auf ihren christlichen Glauben durch die Einbeziehung der Geschichte der inner- oder außerkirchlichen Protestler und Sektierer, die von Anfang an das Salz der Kirche gewesen sind. Die Pietisten wurden als Frömmler, Scheinheilige und Mucker geschmäht. Inzwischen ist die Vorstellung einer toleranten Haltung gewichen.

Die *Geschichte des Pietismus* ist ein Handbuch, das die Ergebnisse der bisherigen Forschung zusammenfasst. In vielen Fällen mussten aber einzelne Beiträger eigene Forschungen einbringen, wenn das bisher Geleistete nicht ausreichte. Jeder Beitrag wird umrahmt von einer erschöpfenden Literaturübersicht und den oft sehr umfangreichen Anmerkungen. Das Ganze ist übersichtlich gestaltet. Es versteht sich, dass das Werk durch hervorragende hilfreiche Register erschlossen wurde, denn man wird es auch zum Nachschlagen dankbar benutzen. Der Verlag Vandenhoeck & Ruprecht in Göttingen, durch die Veröffentlichungen wissenschaftlicher und vor allem auch theologischer Werke seit dem 18. Jahrhundert ausgewiesen, hat das Handbuch mit großer Sorgfalt gestaltet, auf einem angenehmen, leicht getönten Papier gedruckt und sogar mit Abbildungen angereichert. Nicht nur dem Verlag, auch den Trägerkirchen ist zu danken, die durch Druckkostenzuschüsse die Veröffentlichung ermöglichten, ohne die ein solches Werk nicht zu finanzieren ist.

In diesen Wochen, in denen eine politische Debatte über die Eliten in der Wissenschaft nicht nur die Betroffenen an den Universitäten befremdet, zeigt der Abschluss eines geisteswissenschaftlichen Gemeinschaftsunternehmens, was diese Eliten, deren Existenz man gerne übersieht, zu leisten imstande sind, ohne staatlichen Auftrag, ohne aufwändige Drittmitteleinwerbung, ohne bürokratische Einschnürungen – durch das freiwillige Zusammenwirken von Wissenschaftlern, von denen die meisten an den Universitäten lehren und die ausländische Kollegen, mit denen sie seit Jahren zusammen arbeiten, zur Mitwirkung gewinnen. Sie alle vertreten geisteswissenschaftliche Disziplinen, die allzu oft zu Gunsten naturwissenschaftlicher und industrienaher technischer Fächer immer wieder in ihrer Ausstattung, besonders im Blick auf den wissenschaftlichen Nachwuchs, beschnitten werden. In einem auf den praktischen Nutzen eingeschränkten Wissenschaftsverständnis haben es die Geisteswissenschaften heute nicht leicht, ihren Anspruch zu verteidigen und ihren höheren Zweck der Öffentlichkeit immer erneut verständlich zu machen und die Bedeutung der Geschichte für das Leben – ein uraltes Thema – zu vermitteln.

Das vorliegende Werk ist die gebündelte Leistung eines großen Kreises von Wissenschaftlern, die damit einen Beitrag zum Verständnis unserer christlichen und kulturellen Existenz leisten und so ihren Dienst an der Allgemeinheit bekunden. Es ist auch ein hervorragendes Beispiel für eine interdisziplinäre Zusammenarbeit in den Geisteswissenschaften, die diese heute auszeichnen. Es vereinigt mehr als vierzig Wissenschaftler, von denen einige, wie Klaus Deppermann, der Mitbegründer des Handbuchs, nicht mehr leben. Sie vertreten zwar zum großen Teil die Kirchengeschichte, doch da die Pietismusforschung inzwischen auch andere geisteswissenschaftliche Disziplinen umgreift, sind Historiker und Germanisten, Kunst- und Musikwissenschaftler und Philosophie- und Medizinhistoriker beteiligt. Insbesondere lehrt ein solches Werk, wie wichtig den künftigen Theologen der Umgang mit der Geschichte des Glaubens und der Kirche ist. Dass es daran inzwischen sehr mangelt, brauche ich in diesem Kreise nicht zu betonen. Vielfach decken inzwischen, wie das Handbuch zeigt, insonderheit die Historiker Defizite in der Kirchengeschichtsforschung ab. Diese *Geschichte des Pietismus* ist ein Menetekel für alle auch in der Kirche, die da glauben, ohne Geschichtskenntnisse und ohne Geschichtsbewusstsein leben zu können.

Wie sehr die Pietismusforschung heute weltweit betrieben wird und das Thema, wie schon gesagt, nicht nur ein interdisziplinäres, sondern auch ein internationales Thema ist, zeigt der Anteil der Wissenschaftler aus der Schweiz und den Niederlanden, aus Finnland, Norwegen, Polen, Tschechien und den USA an dem Unternehmen. Unter den 42 Beiträgern sind, wenn ich recht gezählt habe, zehn Kollegen aus anderen Ländern. Dass allerdings unter der großen Zahl nur eine Frau vertreten ist, gibt auch zu denken.

Lassen Sie mich schließlich ein Wort zur Historischen Kommission zur Erforschung des Pietismus sagen, in deren Auftrag die Wissenschaftler das Werk bearbeitet haben. Dabei kann ich mich auf den ausgezeichneten, im letzten Band erschienenen Bericht von Gerhard Schäfer, dem langjährigen, leider verstorbenen Vorsitzenden der Kommission berufen. Für jemanden, der viele Jahre geisteswissenschaftliche Forschung in der Herzog August Bibliothek Wolfenbüttel organisiert hat, war die Historische Kommission eine faszinierende Pionierleistung im geteilten Deutschland. Sie wurde 1964 im geteilten Berlin gegründet. Da die damals mit Vertretern der Evangelischen Kirche der Union zusammengekommenen Wissenschaftler in jedem Fall und von vornherein die Pietismusforschung als ein gesamtdeutsches wissenschaftliches Unternehmen verstanden, hat man durch die Konstruktion zweier getrennt in West- und Ost-Berlin tagender Sektionen die Pietismusforschung eindrucksvoll auch in einer Zeit gefördert, in der die wissenschaftliche Zusammenarbeit in den beiden deutschen Staaten durch die politischen Verhältnisse so gut wie ganz unmöglich war. So verstand es sich von selbst, dass die Zusammenführung der beiden Sektionen nach der Wende vollzogen wurde. Dass sich eine ganze Reihe von Kirchen, Verbänden und Institutionen bereit erklärt haben, sich finanziell an der Arbeit zu beteiligen – heute sind es 23 – ist ebenfalls ein Beispiel für die fruchtbare Zusammenarbeit von Wissenschaft und Kirche.

Die Organisation der Sitzungen und Tagungen wird von kirchlicher Seite ermöglicht und führt die wissenschaftlichen und kirchlichen Mitglieder zusammen. So wird die gelehrte Kommunität durch gemeinsame Zusammenkünfte gefördert. Das Ergebnis ist beachtlich: ein umfangreiches Veröffentlichungsprogramm als Fazit der Forschungsarbeiten. Inzwischen liegen 42 Bände allein in der Reihe der *Arbeiten zur Geschichte des Pietismus* vor, Monografien und Sammelbände, die wesentliche Forschungsergebnisse enthalten. Daneben erscheinen das Jahrbuch *Pietismus und Neuzeit* seit 1974, große Editionsvorhaben, Bibliografien und seit einigen Jahren *Kleine Texte des Pietismus* zu Studienzwecken.

Mit der Wiedervereinigung erfährt die Pietismusforschung außerdem zusätzliche institutionelle Unterstützung durch die Gründung des Interdisziplinären Zentrums für Pietismusforschung der Martin-Luther-Universität Halle-Wittenberg am Ort des Studienzentrums August Hermann Francke der Franckeschen Stiftungen, das sich der Erschließung der Quellen des hallischen Pietismus widmet. Übrigens werden die Stiftungen im Jahr 2005 eine Ausstellung zu Johann Arndt und Philipp Jakob Spener aus Anlass der runden Jubiläen veranstalten.

Die nun abgeschlossene *Geschichte des Pietismus* krönt zweifellos die bisherige Arbeit der Historischen Kommission. Das anregende Werk fasst bisheriges Wissen zusammen, erschließt der Pietismusforschung ganz neue Aufgabenfelder und verschweigt auch nicht, besonders in den Ausführungen von Hartmut Lehmann in der Einführung des letzten Bandes, die vielen offenen Probleme, die sich der Forschung stellen und die die weitere wissenschaftliche Arbeit bestimmen werden. So wird sich eines Tages, wenn das Handbuch vergriffen sein wird, die Frage stellen, ob nicht eine Neuauflage notwendig sei. Doch das ist Zukunftsmusik. Freuen wir uns heute, dass das Werk nun vollendet ist.

So möchte ich am Ende den Herausgebern, Bearbeitern und allen Beteiligten zum Abschluss dieses Werkes gratulieren. Es ist eine wissenschaftliche Tat. Ich bin sicher, dass der letzte Band, wie es bei den vorangegangenen der Fall ist, der Forschung gute Dienste leisten und dankbare Leser und Benutzer finden wird, und den Laien die Augen öffnet für die Bedeutung dieser religiösen Bewegung in Geschichte und Gegenwart.

Rezensionen

Bibliographie Gerhardina 1601–2002. Verzeichnis der Druckschriften Johann Gerhards (1582–1637) sowie ihrer Neuausgaben, Übersetzungen und Bearbeitungen. Bearbeitet u. hg. von *Johann Anselm Steiger* unter Mitwirkung von *Peter Fiers*. Stuttgart-Bad Cannstatt: frommann-holzboog 2003 (DeP I.9). – 424 S.

„Bei vorliegender Bibliographie handelt es sich nicht nur um die erstmalige umfassende Erschließung des gedruckten Werkes Johann Gerhards. Es ist dies vielmehr auch die erste Erfassung des im Druck erschienenen Lebenswerkes eines Theologen der Barockzeit, die neben den selbständigen auch die unselbständigen Publikationen berücksichtigt" (417). Johann Anselm Steiger, der Herausgeber dieses Werkes, „das [...] innerhalb der Erforschung der Theologie der Barockzeit einzigartig ist" (423), nimmt dem Rezensenten durch diese Bemerkungen einen Gutteil seiner Aufgabe ab, denn man wird schwerlich zu einem anderen Urteil kommen können: Es handelt sich hier in der Tat um ein Werk, das Züge einer Pionierleistung trägt – und nicht nur das: Es ist rundum gelungen und überaus hilfreich für die Benutzung.

Die Bibliografie gibt in umfassender Weise Auskunft über ihren Gegenstand, die gedruckten Werke Johann Gerhards von 1601 bis 2002: 1229 Nummern bis zur von Steiger selbst herausgegebenen *Erklärung der Historien des Leidens und Sterbens unsers Herrn Christi Jesu* im Jahr 2002 und neun weitere Nummern, die nicht datiert werden konnten. Der Aufbau der einzelnen Einträge ist übersichtlich und eingängig für den Benutzer: Auf die Angabe von Verfasser/Herausgeber folgt der ausführliche Titel, Angaben zu Druckort, Drucker und Jahr, Seitenzahl, ein Einheitssachtitel, der das Hin- und Herblättern über das entsprechende Register rasch möglich macht, und Angaben zum gegenwärtigen bibliothekarischen Standort samt Signatur, was zumal bei den älteren Drucken natürlich sehr hilfreich ist, auch wenn gelegentlich die Mitteilung „Kriegsverlust" nicht ausbleiben kann; für moderne Ausgaben wäre vielleicht die Entscheidung für Tübingen als üblichen Referenzort anzuraten gewesen. Es folgen gegebenenfalls Angaben zu weiteren enthaltenen Werken.

Der Rechercheaufwand, den Steiger und sein Mitarbeiter Peter Fiers getrieben haben, war enorm. Es wurde im wahrsten Sinne des Wortes weltweit recherchiert, so dass man nun anhand der Bibliografie die Wirkung Gerhards bis ins Estnische, Isländische oder Russische hinein verfolgen kann. Recht rasch lassen sich anhand der Bibliografie daher auch erste Einsichten über die Rezeption Gerhards gewinnen. Zum Beispiel diese: Die vorliegende Bibliografie bestätigt den Forschungsansatz, den der Herausgeber Johann Anselm Steiger seit einigen Jahren zu Johann Gerhard vertritt, an seinem zentralen Punkt fulminant: Der Wirkungsgeschichte entspricht es überdeutlich, dass Steiger in den Vordergrund seines interpretatorischen und editorischen Bemühens die erbaulichen

Texte Gerhards gestellt hat. Unmittelbar augenfällig ist dies, wenn man im Register der Einheitssachtitel die Einträge zu den *Meditationes Sacrae* mit vollständigen Ausgaben in 15 Sprachen und Auszügen in sechs Sprachen mit denen zu den Loci vergleicht: deren Wirkungsgeschichte außerhalb der deutschen und der lateinischen Sprache begann mit der englischen Sammelausgabe *The Doctrine of Man in Classical Lutheran Theology* von Herman A. Preus 1962 – 351 Jahre nach der ersten (und vollständigen) englischen Übersetzung der *Meditationes sacrae*, die ihrerseits nur ein halbes Jahrzehnt nach der lateinischen Erstausgabe erfolgt war!

So macht die Bibliografie im Blick auf die Erforschung der Frömmigkeit im 17. Jahrhundert schlagartig deutlich, wie wichtig eine Aufarbeitung der Wirkung Gerhards zumal in der englischen Frömmigkeitskultur ist, wobei auch gleich deutlich wird, welche Schlüsselstellung dem unermüdlichen Übersetzer Ralph Winterton zukommt. Aus seiner Feder erschien 1640 sogar eine Übersetzung der *Aphorismi Sacri*, die bis heute nicht ins Deutsche übersetzt sind!

Die Register ermöglichen noch zahlreiche andere Quervergleiche: Steiger bietet ein Personenregister (das durch Sondererfassung von Herausgebern und Übersetzern, die ja eine ganz andere Rolle spielen als etwa gefeierte Personen, möglicherweise noch hilfreicher werden könnte), ein Drucker- und Verlegerregister, ein Register der Druck- und Verlagsorte sowie das erwähnte Register der Einheitssachtitel. Manches wird beim ersten Blick hierauf deutlich: so die keineswegs überraschende Tatsache, dass für die Gerhard-Überlieferung Jena eine überwältigende Rolle spielte, auch noch deutlich über Gerhards Tod hinaus. Allerdings ist es letztmalig 1747 mit einem Druck vertreten – in einer Zeit, in der ohnehin die Frequenz der Gerhard-Drucke, wiederum erwartbar, schon merklich zurückgegangen war: Mit dem Jahr 1699 hat die Bibliografie Eintrag Nr. 969 erreicht – in den folgenden zwei Jahrhunderten, zwei Dritteln des erfassten Zeitraumes, folgen gerade noch 260 Einträge. Das ist, auch wenn man bedenkt, dass die Bibliografie mit dem formalen Prinzip der „Druckschrift" auch etwa Vorlesungsankündigungen aufgenommen hat, die ihrem Genre nach keine über Jahrhunderte reichende Rezeption zu haben pflegen, jedenfalls eine deutliche Relation, die über alle theologiegeschichtlichen Rekonstruktionen hinaus ganz äußerlich das nachlassende Interesse an der lutherischen Orthodoxie als Jahrhunderte langen, nachhaltigen Prozess erkennen lässt.

Dass in den allerletzten Jahren allerdings wieder ein statistisch nicht unerheblicher Anstieg von Gerhard-Drucken zu verzeichnen ist, verbindet sich mit dem Namen Johann Anselm Steiger. Er hat mit diesen Editionen und nun auch mit der Bibliografie der Erforschung der Barocktheologie und -frömmigkeit ganz wesentliche Impulse und Hilfsmittel gegeben, für die ihm großer Dank gebührt.

Volker Leppin   Jena

Valentin Weigel: Sämtliche Schriften. Neue Edition. Hg. v. Horst Pfefferl. Bd. 7: Von Betrachtung des Lebens Christi. Vom Leben Christi. De vita Christi. Hg. u. eingeleitet von Horst Pfefferl. Stuttgart-Bad Cannstatt: frommann-holzboog 2002. – 241 S.

Bei diesen drei, erstmals kritisch edierten Schriften aus der mittleren (d. h. um 1574) Schaffensperiode Weigels handelt es sich bei der ersten – „Von Betrachtung des Lebens Christi" – um eine erbauliche bzw. pädagogische Schrift, bei der zweiten – „Vom Leben Christi" – um eine theologische Streitschrift, bei der dritten – „De vita Christi" – schließlich um eine Kompilation aus der ersten, die mit mystischen Zitaten unterfüttert wurde. Sie alle wurden gewohnt sorgfältig von Horst Pfefferl ediert. „Von Betrachtung des Lebens Christi" arbeitet die Bedeutung Christi heraus (vgl. XXXVII). Die Schrift „Vom Leben Christi" wird wesentlich als ein „spiritueller Gegenentwurf" (XLVII) zur Konkordienformel charakterisiert, damit ist gemeint, dass das Leben Christi Maßstab für den wahren Glauben ist und nicht Bekenntnis und Lehre. Eine deutliche Spitze gegen die Orthodoxie wird auch durch die häufige Erwähnung der anathematisierten Personen Schwenckfeld und Osiander vorgebracht. Die Kompilation variiert dagegen meist redundant den Gedanken des Vorbildes Christi.

Die Eindrücke von diesem Kleinschrifttum Weigels sind zwiespältig. Einerseits ist vor allem in der ersten Schrift das deutliche Bemühen um die wahre Christusnachfolge erkennbar. Andererseits wirkt die Gegenüberstellung von äußerem und innerem Christus dualistisch. Mit Johannes Tauler als Gewährsmann wird festgehalten, dass man Christus im Geist erkennen und sehen lernen soll (vgl. 5). Dabei soll man die nützlichen Bücher und die guten Predigten allerdings nicht verachten, d. h. es handelt sich nicht um eine rein mystische Interpretation der Christusnachfolge. An der bleibenden Sündhaftigkeit des Menschen wird ebenfalls festgehalten. Gleichzeitig wird ein verifizierbares Christentum gefordert: Der Glaube eines Christen muss sich in seinem Leben abbilden – der „Mauhlglauben" (9) dagegen, das bloße Namenschristentum wird abgewertet. Christus ist Erstgeborener der Kreaturen und Anfang und Ende; seine Menschwerdung eröffnet dem Sünder die Möglichkeit der Versöhnung mit dem Vater. Recht kompliziert wirkt die Darlegung, warum es einen inneren und äußeren Christus geben müsse. Ohne den Sündenfall Adams hätte Christus Wort bei Gott bleiben können und hätte nicht durch Maria geboren werden müssen. Der äußere Christus und die äußeren Zeichen des Glaubens (wie Taufe und Abendmahl, Bücher und Schriften) kommen aufgrund des Sündenfalls in die Welt, damit die Weltkinder wieder zu Gotteskindern werden können. Dazu bedarf es des äußeren Christus, der als äußerliches Vorbild zu den Menschen geschickt wird. Allein diesen äußeren Christus zu kennen, genügt jedoch nicht;

der Glaube an den innerlichen Christus muss hinzukommen. Das Schlusskapitel pointiert diesen Gedanken, indem es die Erkenntnis nach dem Fleisch dezidiert abwertet und so dann doch den mystisch-spiritualistischen Akzent verschärft. Die Polemik gegen ein äußerlich bleibendes Christentum wird gegenüber der pädagogischen Abzweckung überstrapaziert.

Die zweite, ungleich ausführlichere Schrift „Vom Leben Christi" (fünfzig statt fünf Kapitel!) vertieft die obigen Gedankengänge. Die Einleitung nennt das dreifache Anliegen des Buches: 1. Das Leben Christi als Vorbild für die wahren Gläubigen zu beschreiben (Kap. 1–29), 2. den Weg, wie man zum wahren Glauben an Christus kommt, aufzuzeigen (Kap. 30–42), 3. die wahren von den falschen Wegen zu Christus unterscheiden zu lehren (Kap. 43–50). Indem Weigel im ersten Teil die Lehre vom himmlischen Leib Christi und somit einen dezidierten Monophysitismus vertritt, zeigt er sich hier weit weniger als Kirchenmann, denn als „Ketzer". Das wird auch an der zum Teil harschen Polemik des Textes deutlich. Die Gegenüberstellung Christus-Adam zeigt eine rigide Ethik gipfelnd in der Schlussforderung: „Begeren Christformig zusein vnnd sich demutigen mit Christo biß zum tode deß Creutzes" (38). Genau wie Christus muss der Christ der Welt entsagen. Hervorgehoben werden als für das 16. Jahrhundert außergewöhnliche Position muss hier das Plädoyer gegen die Todesstrafe und dafür, falsche Lehrer und auch Ketzer zu tolerieren, da Gott den Menschen befohlen habe, das Unkraut bis zur Ernte wachsen zu lassen. Wenn Christus die einzige Obrigkeit ist, dann darf keine weltlich Obrigkeit dieses Urteil Gottes vorweg nehmen. Damit einher geht die deutliche Aufforderung zum Pazifismus: „Ob gleich die vnrugige welt krieg ahn fehet oder mit gewalt ferth, so ist doch Christus ein lamb vnnd die seinen seint schaffe, die kriegen nicht." (53) Die in Kapitel 17 dargestellte Tauf- und Abendmahlslehre erinnert an die des Paracelsus.

Der zweite Teil beginnt mit einer Abgrenzung vom protestantischen Lager, in dem man so viele Lehren wie Köpfe findet (vgl. 105). Taufe und Abendmahl sind ohne Glauben sinnlos; sie wirken auch keinen Glauben. Die Mauerkirche macht das Hören des Wortes, das Predigtamt, zur Voraussetzung des Glaubens anstatt auf das innere Wort und das innere Gehör im Menschen zu zielen. Das aber würde als enthusiastische Position verworfen (vgl. 113). Dezidiert antiintellektualistisch und antiorthodox wird betont, dass das gelehrte Buchwissen für den Weg des Glaubens allenfalls eine hinführende Funktion haben kann. Diejenigen, die hungrigen und demütigen Herzens sind, stehen Gott jedoch per se näher. Der Mensch muss an sich selbst verzagen und auf Gottes Erbarmen warten. Gott wirkt Glaube und Erleuchtung und nimmt keinen Menschen davon aus, außer denjenigen, der ihm aktiv widerstrebt. Konsequent spiritualistisch wird schließlich jede äußere Kirche verworfen; die wahre Kirche ist im Geist.

Der letzte Teil setzt sich erneut mit einigen orthodoxen Positionen auseinander und argumentiert dabei spiritualistisch und monophysitisch, jedenfalls abgrenzend und ablehnend gegenüber der Konkordienformel und der CA. Am stärksten mystisch beeinflusst ist schließlich „De vita Christi". Diese sehr kurze Schrift bringt gegenüber den anderen keine neuen Gedankengänge.

In der Massivität, mit der die Schriften dieses Bandes für das innere Wort, die Geistkirche und ein spiritualistisches Verständnis Christi und der Sakramente plädieren, wird die große Geistesverwandtschaft zu anderen Spiritualisten oder Parteigängern der radikalen Reformation deutlich. Aber auch die Positionen, aufgrund derer Weigel lange als Ketzer angesehen wurde, treten nun recht grell hervor. Andere Schriften Weigels wirken deutlich ausgeglichener, weniger polemisch und nicht so dezidiert antiorthodox. Die Charakterisierung des Herausgebers, dass Weigel einen Gegenentwurf zur Konkordienformel verfasst habe, ist, finde ich, eine sehr sanfte und moderate Einschätzung. Dass diese Form des Spiritualismus und Monophysitismus nicht die Akzeptanz der protestantischen Kirche(n) gefunden hat, leuchtet unbedingt ein, obgleich wiederum die pazifistischen und für Toleranz plädierenden Positionen wie die ethische Ausrichtung durchaus überzeugen. Wie so viele dieser Randsiedler streut Weigel einerseits Salz in die Wunden der sich etablierenden Kirchen, sucht andererseits vehement die Abgrenzung. Insofern handelt es sich bei diesem Band um eine spannende Lektüre, die wiederum auf die nächsten Bände neugierig macht.

Ute Gause   Siegen

Waisenhäuser in der Frühen Neuzeit. Herausgegeben von Udo Sträter and Josef N. Neumann. Tübingen: Verlag der Franckeschen Stiftungen Halle im Max Niemeyer Verlag 2003 (Hallesche Forschungen Bd. 10) ISBN 3-484-84010-2 / ISSN 0949-0086-X, 249 S.

This collection of papers delivered at a colloquium in 1998 was intended to put Francke's orphanage in its historical context; it does far more. The casual reader will quickly find that this is not simply a series of potted histories of different early modern orphanages, and anyone familiar with some of the issues raised will be surprised at some of the papers conclusions.

The first two pieces, by Marcus Meumann and Christina Vanja, trace the backdrop of Francke's work in Halle – Meumann's introduction quickly sums up the early modern ideological tug-of-war between mercantilistic economics, ethical interests in the welfare of children, and moral policing/social disciplining; Vanja discusses the establishment of orphanages in Hesse since the Reformation. Already in these first two pieces one of the recurring enigmas of the volume emerges: defining "orphanage". Vanja's "orphanages" in Hesse were actually part of the *Hospital* system that concerned itself with the indigent, epileptic, deaf, blind, retarded, invalid, and aged, and only incidentally took care of orphaned children.

The next two pieces are really the heart of the volume: Thomas J. Müller-Bahlke and Juliane Jacobi's pieces on Francke's orphanage. Lest anyone think that Francke's orphanage has been fully researched, both Müller-Bahlke and Jacobi present new research that dramatically changes the understanding of Francke's project. The administrative structure of the orphanage (the focus of Müller-Bahlke's piece) may seem like a dull subject, but those of us who busy ourselves with prosopography and untangling the Pietist networks of patronage and factionalism are profoundly grateful. Moreover, Müller-Bahlke's piece makes the definition of "orphanage" that much more problematic: in Francke's case it denoted the home for orphaned children, but also his entire collection of enterprises. Jacobi's piece offers a real surprise, in that she shows that Francke's orphanage was much more about social reproduction than about caring for street urchins – most of Francke's orphans came from the middle and upper classes, and the orphans of clergymen are disproportionately over-represented. Jacobi's work presents the social utility of Francke's orphanage not as caring for the poor, but rather as fostering gifted protégés.

Most of the remainder the volume (the majority of it) is papers focused on orphanages modeled on Francke's. Udo Sträter, Elisabeth Quast, and Andreas Lindner's works discuss the founding of orphanages in Ostfriesland, Göttingen, and Naumburg, respectively. Inclusive in all of them are detailed portrayals of local politics and patronage that allowed the founding of an orphanage – these go far beyond the subject of orphanages in the early modern period to make serious contributions to the understanding of Pietist patronage and politicking. Problematizing the definition of "orphanage" further, in these works we see dramatically different contexts for providing care for children; in addition to those alternatives mentioned above, abandoned or orphaned children were regularly lumped together with prison inmates.

Iris Ritzmann's piece on the orphanage in Ludwigsburg and Josef N. Neumann's work on Erfurt both take especially interesting tacks. Ritzmann focuses on the issue of the health of the children in contemporary discourse. She concludes that virtually everyone involved in running the orphanage saw the children's health as an economic asset that could be compromised (or even sacrificed) in order to make the orphanage profitable (or at least less costly) as a textile manufacturer. Neumann focuses on the *Waisenhausstreit*: the public discourse over whether children would be better off (and less expensively) housed among families, rather than in institutional orphanages. Neumann's piece could almost serve as an epilogue to this volume, as he traces the eventual doubting (and in same cases discrediting) of Francke's model at the turn of the nineteenth century.

The final four chapters in the volume are designated the "international" section, but they are actually as relevant to the issues raised here as any of the other chapters. Fred A. van Lieburg and Joke Spaans' pieces on Dutch orphanages are critical for putting Francke's orphanage in Halle in historical context. Renate Wilson and Susan L. Porter's chapters on orphanages in America offer another perspective on the spread of Francke's model. Though they take much different approaches (Wilson focuses on the foundation and failure of orphanages in the eighteenth century, Porter looks at the foundation of new orphanages for girls at the turn of the nineteenth century) both of them conclude that Francke's model, though widely acknowledged by Americans founding orphanages, could not function there due to the radically different social, political, and religious situations.

To pick a few nits: a reader really interested on the impact of Francke's orphanage as a model for other orphanages may wish for more histories of attempted replications by Francke's students within the German-speaking world. Conspicuously absent (at least to this reader's biased eye) is a piece on the *Militärwaisenhaus* in Potsdam, especially given the exclusion of soldiers' children from most orphanages. Finally, the volume is apparently organized along the lines of the panels at the 1998 colloquium. The weakness of this is that the "international" papers on the Netherlands and North America come at the end of the volume. It makes sense to have the North American papers in with the other papers on orphanages modeled on that of Francke, but perhaps the volume would flow better if the papers on orphanages in the Netherlands preceded the papers on Francke's orphanage. No matter.

In conclusion, this volume makes significant contributions to a virtually boundless range of fields. Of course this book should be on the shelf of anyone studying Halle Pietism, but also anyone working on the history of poverty, social reproduction, urban history, the history of childhood, early modern social disciplining, aristocratic patronage, the women's movement, etc.

Benjamin Marschke   Billings/Montana

Ernst Salomon Cyprian (1673–1745) zwischen Orthodoxie, Pietismus und Frühaufklärung. Vorträge des Internationalen Kolloquiums vom 14. bis 16. September 1995 in der Forschungs- und Landesbibliothek Gotha Schloß Friedenstein. Herausgegeben von Ernst Koch und Johannes Wallmann. Gotha 1996 (Veröffentlichungen der Forschungs- und Landesbibliothek Gotha, Heft 34) ISBN 3-910027-10-5 / ISSN 0232-5896 – 256 S.

In seinem einleitenden Beitrag (Die Lutherische Orthodoxie zur Zeit Ernst Salomon Cyprians. Stand der Forschung; S. 9–20) widmet sich Johannes Wallmann der Periodisierung der Orthodoxie, insbesondere Begriff und Eigenart der Spätorthodoxie. In Analogie zur reformierten Theologie regt Wallmann an, auch für das Luthertum statt von einer Spätorthodoxie von einer vernünftigen Orthodoxie zu sprechen, die gleichermaßen die „Spätorthodoxie" wie die „Vermittlungstheologie" absorbieren würde. So nachvollziehbar Wallmanns Ungenügen am Begriff der Spätorthodoxie ist, so ungeeignet ist das Epitheton „vernünftig" zur Charakterisierung einer Epoche oder einer Richtung innerhalb der Theologiegeschichte.

Ernst Kochs Beitrag (Ernst Salomon Cyprians Bedeutung für die Kirchen- und Kulturgeschichte Thüringens; S. 22–35) behandelt Cyprians Weg nach Gotha, stellt seinen neuen Wirkungskreis vor und ordnet Cyprians Arbeit für Gotha und das Thüringer Land ein. Eine entscheidende Wendung in Cyprians Leben brachte seine Beförderung von der bisherigen Gymnasialdirektorenstelle auf die Position eines Kirchenrates und Konsistorialassessors im Jahre 1713. Koch bietet eine ganze Fülle von biografischen und regionalgeschichtlichen Details zu Leben, Wirken und historiographischem Werk Cyprians, die hier nicht resümiert werden können.

Cyprians historiographischer Bedeutung geht Gustav Adolf Benrath (Ernst Salomon Cyprian als Reformationshistoriker; S. 36–48) nach, indem er drei Aspekte behandelt, nämlich Cyprians Verwurzelung in der historiographischen Tradition der lutherischen Orthodoxie, seine quelleneditorische Leistung zur frühen Reformationsgeschichte und Cyprians apologetisches Interesse an der Reformationsgeschichte.

Kenneth G. Appolds Beitrag (Abraham Calov als Vater der lutherischen Spätorthodoxie; S. 49–58) stellt eine Zusammenfassung seines Calov-Buches dar. Zu irenisch ist sein Resümée (S. 57): „Klar zu erkennen ist jedoch ein Aufweichen des Gegensatzes Orthodoxie – Pietismus im Falle Calovs [. . .] Calov, der Dogmatiker, steht als ‚Vater der lutherischen Spätorthodoxie' keineswegs als Vater einer Pietistenfeindlichkeit da."

Für Johann Anselm Steiger (Ernst Salomon Cyprian – Vertreter einer verspäteten Orthodoxie?; S. 59–70) steht und fällt die Frage nach einer in sich stimmigen Orthodoxie mit der Frage, wie Cyprian seine Orthodoxie auf die Kanzel, d. h. in der Predigt, symbolisiert hat. Zum einen sieht Steiger Cyprian auf die rationale Infragestellung des Christentums und des konfessionellen Luthertums mit problematischen Konzessionen an die Vernunft antworten, zum anderen sieht Steiger das eigentliche Problem darin, dass Cyprians Sprache viel nüchterner und karger geworden ist als die der barocken Rhetorica Sacra, so dass Cyprian wohl die Lehre korrekt wiedergeben, sie aber nicht wirklich neu zur Sprache bringen kann.

Pentti Laasonen (Die Rezeption der deutschen Spätorthodoxie im Norden. Ernst Salomon Cyprian und Erik Benzelius d. J.; S. 71–83) beschreibt den etwas unglücklich verlaufenden, weil keine wirkliche Zusammenarbeit konstituierenden Briefwechsel Cyprians mit Benzelius.

Auf die europäische Wirkung Cyprians geht auch der Beitrag von Bálint Keserü (Cyprian in Ungarn; S. 84–95) ein. Hervorzuheben ist hier eine Sammlung von Briefen von Johann Sigmund Pilgram (1682–1739) aus Sopron (Ödenburg) aus den Jahren 1723 bis 1739. Diese Briefe sind zunächst ein Ausdruck der bestehenden Respublica Litteraria Theologica, in der man sich über theologische Gegenwartsfragen (Union mit der Russischen Kirche; Union mit den Griechen; Pfaff-Streit; Pietistenstreit) austauscht. Daneben treten Berichte über die Situation der Protestanten, insbesondere der Lutheraner, in Ungarn und die Bitte um finanzielle Unterstützung. Aus dem übrigen Karpatenbecken sind Briefwechsel mit Cyprian nur in Einzelfällen belegt. Hier ist an Matthias Bahil zu erinnern, der Cyprians Werk über das Papsttum in das Slowakische übersetzte und im Jahr 1744 unter dem Pseudonym Theodor ab Hybla veröffentlichte. Als Übersetzer im slowakisch deutschen Grenzgebiet war Bahil auch ein Exponent der von Friedrich II. von Preußen seit spätesten 1756 betriebenen Propaganda gegen das katholische Habsburg. Erwähnenswert ist schließlich, dass der Jenaer Geschichtsprofessor Martin Schmeizel 1722 sein Werk über die Geschichte der lutherischen Kirche in Siebenbürgen in der Form eines Briefes an seinen Meister Cyprian publizierte. Als Desiderat sieht Keserü einen Überblick über die weitere Beziehung Cyprians ins Karpatenbecken, insbesondere auch zu Personen außerhalb des engen religiös-kirchlichen Bereiches. Negativ bleibt festzustellen, dass der Briefwechsel Cyprians selten Informationen über die ungarischsprachigen Protestanten gibt.

Auf Cyprians Beschäftigung mit separatistischen Pietisten, insbesondere Johann Georg Rosenbach, geht Horst Weigelt (Cyprians Auseinandersetzung mit separatistischen Pietisten in Coburg während seines Direktorates am Kollegium Casimirianum; S. 96–110) ein. Ausgangspunkt ist die Arretierung Rosenbachs in Coburg und der Kompetenzstreit zwischen Konsistorium und Stadtrat in dieser Angelegenheit. Letztlich hat das Konsistorium die Sache an sich gerissen und aus Rosenbachs Schrift *Wunder- und Gnaden-volle Führung Gottes* Exzerpte als Grundlage für ein Verhör anfertigen lassen, wobei Weigelt vermutet, dass dies durch Cyprian geschah. Ferner berichtet Weigelt über die separatistischen Schuhmacher in Coburg zu Cyprians Zeit (Johannes Matthäus Brückner und Johann Schaller), die nach einem fast achtjährigen Verfahren schließlich aus dem Herzogtum Gotha ausgewiesen wurden. Weigelt will die bisherige Ansicht widerlegen, dass Cyprian in dem Prozess gegen die radikalpietistischen Schuster nur eine geringe Nebenrolle gespielt habe.

Ebenfalls der Geschichte des Radikalpietismus gilt Hans Schneiders Beitrag (Cyprians Auseinandersetzung mit Gottfried Arnolds „Kirchen- und Ketzerhistorie"; S. 111–135). Arnolds Kirchen- und Ketzerhistorie vom Jahre 1699/1700 fand positive Aufnahme, sowohl beim Halleschen Pietismus als auch im Radikalpietismus und in der Frühaufklärung. Sie rief auch zahlreiche Gegner auf den Plan, unter ihnen Cyprian, der die Kritik gegen Arnolds Buch zur Aufgabe seines Lebens machte. Schneiders Beitrag gliedert sich in eine Übersicht über den äußeren Verlauf der literarischen Fehde zwischen Cyprian und Arnold, eine nähere Bestimmung von Cyprians Kritik und schließlich eine Einordnung in die Kontroverse um die Kirchengeschichte. Cyprian nahm insbesondere Anstoß an der Darstellung der lutherischen Kirche im 16. und 17. Buch, also Arnolds Schilderung der Reformation und der Orthodoxie. Cyprians Bemühungen um die Erforschungen der Reformationsgeschichte, die immer wieder hervorgehoben werden, dienten wohl auch dem Zweck, das Arnoldsche Bild der lutherischen Kirche zu revidieren und anhand von Quellenmaterial zu belegen. Die große Widerlegung Arnolds ist Cyprian freilich nicht gelungen; er musste im hohen Alter seine Arbeit seinem Schüler Georg Grosch in Friedrichsrhoda übergeben, der freilich nur den ersten Band mit dem 16. Jahrhundert behandeln konnte. Cyprian monierte an Arnold neben einer ganzen Reihe von historischen Irrtümern, Übersetzungsfehlern, falschen Zitaten vor allem eine unrechte historische Methode, die den Quellenwert der einzelnen Texte nicht hinreichend reflektiert. Für Cyprian ist Arnold ein bewusster Geschichtsfälscher, weil er nicht objektiv alle Quellen in gleicher Weise zur Sprache bringt, sondern für seine Schwarz-Weiß-Malerei auswählt. Richtig hat Cyprian die spiritualistische Grundkonzeption der Ketzerhistorie bemerkt, auf Grund derer die unmittelbare Geistbegabung höher steht als die Orientierung an der Heiligen Schrift und die Wirklichkeit der Kirche in der Welt unter der Bedingung der Sünde ignoriert wird. An Cyprian bemängelt Schneider, dass er selbst keine kirchenhistorische Darstellung entworfen oder gar durchgeführt habe, die einem reformatorischen Kirchenverständnis (CA 7) entspreche. Hervorzuheben bleibt, dass Cyprian gegen den Pietismus nur in der radikalen Form eines Arnold gekämpft hat, und das noch drei Jahrzehnte nach Arnolds Tod, offenbar weil Cyprian in Arnolds Position die von ihm als Indifferentismus bekämpfte Aufklärung der 1740er Jahre vorgebildet sah.

Um ein ähnliches Problem handelt es sich bei Dietrich Meyers Beitrag (Cyprians Abwehr einer Herrnhuter Siedlung im Fürstentum Gotha; S. 136–166), der am Ende einen Fragebogen Cyprians von 1739 sowie Teile des Briefwechsels von Zinzendorf mit Cyprian aus dem Jahre 1743–1744 bietet. Im Kern geht es um die Brüdergemeine in Neudietendorf (Gnadenthal), deren Entstehungsgeschichte von 1736 bis 1764 in drei Phasen zerfällt. Die erste Phase reicht von 1736 bis 1742, in der ein Diasporakreis in Gotha vorhanden ist, der schließlich ein Rittergut kauft. Die zweite Phase (1743–1748) bringt die Errichtung einer brüderischen Sozietät und endet mit dem Abzug der Einwohner nach herzoglichem Befehl. Die dritte Phase beginnt 1753 mit der Neubesiedelung der Wohnhäuser und der Einrichtung einer lutherischen Gemeinde mit brüderischen Sitten und schließlich 1764 eine herzogliche Konzession für Neudietendorf als Brüdergemeine innerhalb der Landeskirche. Cyprians Beteiligung an dieser Geschichte fällt in die erste und zweite Phase. Die Herrnhuter, über die sich Cyprian aus einzelnen Quellen, polemischen Schriften und Verhören ein Bild gemacht hat, sind für ihn reine Schwärmer und Ketzer. Meyer geht auf die Anfänge der Herrnhuter Diasporaarbeit in Thüringen seit 1727, auf die durch Cyprian initiierten Abwehrmaßnahmen seitens des Herzogs seit 1738 und Cyprians literarische Polemik (Buch über die Hauskirche) ein. Cyprians Kampf galt insbesondere der Eigenorganisation der Herrnhuter, weshalb er eine vollständige „Privatisierung" dieser Zusammenkünfte durchaus tolerieren konnte. Theologisch sah Cyprian in den Herrnhutern konfessionelle Indifferentisten. Ein weiterer interessanter Aspekt ist Zinzendorfs kritische Haltung gegenüber der vom Grafen vom Promnitz eigenmächtig vorangetriebenen Gründung einer Brüdergemeine in Neudietendorf. Insgesamt kommt der Auseinandersetzung Zinzendorfs mit Cyprian um Neudietendorf eine wichtige Funktion in dessen Entwicklung zu.

Wolfgang Miersemann (Ernst Salomon Cyprians Schrift „De propagatione haeresium per cantilenas" von 1708 im Kontext der Kontroverse über neue geistliche Gesänge um 1700, S. 167–186) liest eine Gymnasialdisputation Cyprians als aktuelle Auseinandersetzung mit der pietistischen Liedkultur um 1700. Cyprians durch Autoritäten (z. B. Plato, Polit. IV; Cicero, De legibus) gestützte Hauptthese besagt, dass neue Gesänge auch die Sitten änderten, weil die Musik direkt auf das Gemüt (die Affekte) wirke. Deutlich wird Cyprians Kritik an dem allgemein als „hüpfend" charakterisierten pietistischen Lied, dem die Gravität des alten Liedes entgegengesetzt wird. Auch in diesem Kontext schießt sich Cyprian rasch auf Gottfried Arnold und seine historische Legitimation „geist"-reichen Gesangs ein. Für Miersemann ist Cyprians Schrift die erste umfassende, wissenschaftliche Auseinandersetzung mit der sich entfaltenden pietistischen Liedkultur.

Wolf Friedrich Schäufele (Ernst Salomon Cyprian, Christoph Matthäus Pfaff und die Regensburger Kirchenunionsbestrebungen, S. 187–201) bezieht sich auf die Pläne des Tübinger Universitätskanzlers Christoph Matthäus Pfaff (1686–1760) in den Jahren 1720–1722, eine Union zwischen Lutheranern und Reformierten zu befördern, insbesondere sein *Alloquium irenicum ad Protestantes* von 1720, das vor dem Hintergrund einer gefürchteten Rekatholisierung das Ziel einer völligen Kirchen- und Sakramentsgemeinschaft formuliert. Cyprian, von Pfaff um Urteil und Zustimmung gebeten, befürchtete neben dem Abweichen von der Wahrheit politisch die Verdrängung des Luthertums durch die Reformierten. Aus dem anfänglich privaten Austausch wird ein publizistisch geführter Disput und kirchenpolitische Agitation. Die mit dem auf Druck Preußens zustandegekommenen Vereinigungsconclusum vom 28.2./26.3.1722 zum Ziel führende Entwicklung findet mangels Zustimmung der Fürsten bald ein unspektakuläres Ende.

Gertraud Zaepernick (Die Anfänge der Aufklärung im Herzogtum Sachsen-Gotha-Altenburg und Cyprians Stellung dazu, S. 202–216) führt die kulturelle und musische Sonderstellung des Gothaer Hofs zu Beginn des 18. Jahrhunderts inmitten einer betont pietistischen oder abergläubischen Thüringer Umwelt auf die Herzogin Louise Dorothee (†1767), Friedrichs III. Gemahlin und praktische Mitregentin, und ihre Hofdame Juliane Franziska von Buchwald geb. Freiin von Neuenstein zurück, zwei an Christian Wolff philosophisch gebildeten und aufklärerisch die „Freude" kultivierenden Frauen, denen die Großen ihrer Zeit huldigten. Allerdings beschränkte sich ihre Aufklärungskultur auf den Hof, während das unter Ernst dem Frommen erreichte kulturelle Niveau der Bevölkerung weiter verfällt. Zum Verhältnis Cyprians zur Herzogin kann Zaepernick zwei viel kolportierte Anekdoten in ihrer Herkunft und als historisch unzutreffend nachweisen. Cyprian selbst steht der Aufklärung im Sinne Wolffs nahe, während er die von Christian Thomasius propagierte Eigengesetzlichkeit der Welt der Vernunft ablehnt.

Ulman Weiß (Das Vermächtnis des Vizepräsidenten: Die Warnung vor Rationalismus und religiöser Radikalität, S. 217–232) bespricht Cyprians Schrift *Vernünfftige Warnung für dem Jrrthum von Gleichgültigkeit derer Gottesdienste oder Religionen* (1743), eine in der Vorrede verdeckte Kampfschrift gegen die Herrnhuter, die aber allgemein und allerorten die Gefahr des Indifferentismus und seiner staats- resp. gesellschaftsumstürzenden Folge sieht. Cyprians kirchenpolitisches Testament ist rein rückwärts gewandt und lässt jeden kreativen Umgang mit der Zeit vermissen – für ein Alterswerk nicht ganz unverständlich.

Dem Nachlass aus bibliothekarischer Sicht widmet sich Maria Mitscherling (Der Nachlaß Ernst Salomon Cyprians in der Forschungs- und Landesbibliothek Gotha, S. 233–247). Da Cyprian kinderlos starb, hat er über sein irdisches Habe per (erhaltenem) Testament vom September 1745 verfügt. Die über 8000 Bücher zählende, in gedruckten Katalogen verzeichnete Bibliothek sollte für insgesamt 6000 Reichstaler verkauft werden. In der Tat finden in den Jahren 1749–1754 vier Auktionen statt. Außerdem hat Cyprian einige wertvolle Bücher sowie seinen, später z. T. reduzierten Briefwechsel von ca. 11.500 Blatt Originalbriefen der fürstlichen Bibliothek vermacht. Der übrige handschriftliche Nachlass Cyprians wurde offenbar auf seinen Wunsch hin vernichtet. Besonders wichtig ist ein Teil des „eigentlichen Nachlasses" (240), nämlich die Materialsammlung zur Kirchengeschichte des 16.–18. Jahrhunderts, u. a. die berühmte Sammlung der Pietistica. Sie kam auf Umweg über Cyprians Neffen in Genf, Georg Caspar Brehm, wieder nach Gotha zurück. Ein Abbildungsverzeichnis (S. 248) und ein Personenregister (249–256) beschließen den Band.

Markus Matthias   Halle (Saale)

Hartmut Lehmann and others, eds., In Search of Peace and Prosperity: New German Settlements in Eighteenth-Century Europe and America. University Park, PA: Pennsylvania State University Press, 2000. XII, 322 S.

The origin of this excellent collection of essays was a conference of American and German scholars held at the Pennsylvania State University, University Park, PA, in 1992. It was initiated by Prof. Hartmut Lehmann, at that time director of the German Historical Institute in Washington, DC. He won support from several institutes and departments at the University, including the newly-formed Max Kade Institute for German-American Research. Following the conference, many of its presentations were revised for this publication, and a considerable number of relevant articles were solicited from other scholars. All contributors are counted among the leading experts on the complicated story of migration, with particular attention to the Germanies and North America; the time span extends from the late seventeenth to the early nineteenth centuries, thus actually slightly expanding the stated focus on the eighteenth century.

Among those scholars attending the University Park conference who contributed to this volume were Hermann Wellenreuther (Göttingen), Mack Walker (Baltimore), A. Gregg Roeber (University Park), Thomas Müller-Bahlke (Halle), Marianne S. Wokeck (Indianapolis), Carola Wessel (Göttingen), Rosalind J. Beiler (Orlando), Mark Häberlein (Freiburg), Renate Wilson (Baltimore), and Hartmut Lehmann (Washington/Göttingen). (In some cases, remarks and comments made at the conference were later expanded into full-fledged essays.) Authors not present at the conference whose essays were solicited for the present work were Thomas Klingebiel (Göttingen), Andreas Gestrich (Trier), and Jon Butler (New Haven). Editors of the volume were, besides Lehmann, Hermann Wellenreuther and Renate Wilson, with the assistance of John B. Frantz (University Park) and Carola Wessel.

This manner of creation of the final volume resulted in greater coordination of essays and greater attention to wide (but not universal) coverage of the migration phenomenon, both in Europe and America, than is often found in comparable conference proceedings. The editors organized the papers into five unequally-sized sections: 1) "The Scene" (one essay); 2) "New Settlements in Europe" (three essays); 3) "Bridging the Atlantic" (five essays); 4) "Settling and Settlements in the New World" (three essays); and 5) "Modern Perceptions of Past Worlds" (two essays).

Here follow some remarks about the fourteen chapters: Professor Wellenreuther's introductory essay setting the context of migration in the early modern world, as well as his penultimate chapter exploring recent migration research, are marked by very extensive bibliographical listings. For anyone newly coming to the topic of migration, both chapters could well serve as a nearly-comprehensive *tour d'horizon* of great value for researchers. Indeed, even scholars involved for some time in the field would find detailed examination of the lengthy footnotes of great value.

Among the many fruitful topics addressed in the first chapter, a few can be mentioned. The first is that the migration across the Atlantic should be understood within the context of European migrations. Further, both intra-European as well as overseas movement must take account of the dominant governmental system of the time. Three leading German political theorizers – Becher, Wolff, and Gottlob von Justi – are drawn on this respect. Wellenreuther shows how their writings attempted to hold powerful monarchs to a morality of care for their subjects, all-too-often not realized, thus inadvertently encouraging outmigration. Again, linguistic study can illuminate problems of assimilation. The author uses a creative study of the almanacs of the Germantown, PA, printer, Johann Christoph Sauer I to document both the persistence among German immigrants of Germanic vocabulary as well as the contrasting creation of neo-logisms to deal with aspects of life in the basically-British culture of the continent for which there were no German antecedents.

The three authors of chapters in the second section, dealing with migrations in Central and Eastern Europe, provide helpful up-to-date surveys of rather well-known topics; these are 1) the massive relocation of Huguenots in the late seventeenth century from France to asylums in Hesse-Kassel, Brandenburg-Prussia, and other German territories; 2) the celebrated forced transfer of Protestants from the bishopric of Salzburg primarily to Prussia, largely completed by 1734; and the contrasting patterns of settlement by Moravians, Mennonites, and chiliastic Pietists, all in Russia in the late eighteenth century. The chapter by Thomas Klingebiel provides a useful summary of the burgeoning research on the Huguenots, significant portions of which are of his own authorship; he shows how this massive intra-European migration centered around congregations and also paved the way for further movement to North America. Mack Walker's essay on the Salzburgers is lightly-documented (unlike most of the book's chapters), because it is a review of his thorough monograph, *The Salzburg Transaction: Expulsion and Redemption in Eighteenth-Century Germany* (1992). Finally in this section, Professor Gestrich contrasts, in what he calls case-studies, the mission-oriented Sarepta settlement of Moravians in Russia (along the Volga) and the transitional nature of the eschatologically-minded Württemberg Pietists (near Odessa), with the more successful settlement policy of Mennonites from the Danzig region, despite religious and economic dissent (along the Dnieper in the Ukraine).

In the next section, Jon Butler and A. Gregg Roeber wrestle with the foundational interpretations of the role of religion in the settlement of British colonial America. Although manifesting significant differences, both agree that Pietism in both its churchly and radical forms played a larger and more important role than often granted by previous writers. Butler further emphasized the important of heightened denominational consciousness and institutionalization in this period. While stressing the importance of grounding narratives of American religion in their trans-Atlantic setting, Roeber takes pains to point out where traditional European historiography has proved to be misleading in solving the "problem of the eighteenth century".

The broad-gauge reflections of Butler and Roeber are augmented with relevant documentation in three specific studies, all focused on the problems of trans-Atlantic communications: the sometimes problematic relation of the Halle-inspired and Halle-directed planting of formal Lutheranism in colonial Pennsylvania (Thomas Müller-Bahlke); the surprisingly active connections of some 1,500 largely-Pennsylvanian migrant families from Baden-Durlach with their homeland, emphasizing the group (often village-wide) nature of migration (Mark Häberlein); and the lively commercial transactions of the prosperous German-American entrepreneur of Philadelphia, Caspar Wistar (Wister, Wüster), with his business partners in the Germanies (Rosalind J. Beiler).

The contribution by Marianne S. Wokeck is in some ways a useful précis of her path-breaking dissertation on immigration in colonial America (*A Tide of Alien Tongues: The Flow and Ebb of German Immigration to Pennsylvania, 1683–1776*, 1983), recently published in revised and enlarged form as *Trade in Strangers: The Beginnings of Mass Migration to North*

America (1999). The revision adds to her previous study of German emigration that of the Irish example, in both cases providing extensive data on the indentured servant process and the business aspects of the trade through The Netherlands. Her findings are well-described in the subtitle of the chapter "A Patchwork of Cultural Assimilation and Persistence."

Comparable in some ways to Wokeck's survey is the chapter written by Renate Wilson on German settlers in Georgia, focusing naturally on the fate of the Salzburgers. Their story is the best documented of all German immigration to North America, given the exhaustive accounts sent to Europe by the Georgian pastors, Boltzius and colleagues, and published there as *Ausführliche Nachrichten*. These narratives have appeared in multi-volumed English translation, *Detailed Reports*, primarily edited by George Fenwick Jones but also aided substantially by the efforts of Professor Wilson (eighteen volumes by 1995). The section is concluded by the description by Carola Wessel of the systematic planting of Native American settlement in Ohio carried on by Moravian missionaries, well-described in regular reports preserved in the Moravian archives. Here again in this chapter is found in short compass a distillation of extensive material presented in Wessel's dissertation and in the substantial and complementary source book of diaries by David Zeisberger compiled by Wessel and Wellenreuther (1995).

The concluding section presents the overview of current migration research (both internal and external) by Wellenreuther mentioned above and the final statement by Hartmut Lehmann. The latter did not attempt to tie together findings of the volume's contributors but rather raised a number of issues for further consideration; one example is the question of the relation of elite and popular culture. An engaging device was his contrast of two colonial Pennsylvanian personalities – both printers and both extremely influential for their largely separate constituencies; these are the famous Benjamin Franklin and the Germantown printer, Johann Christoph Sauer I. The former was urbane, secular, and calculating, the latter, straight-forward, moralistic, and censorious. In their persons and interactions they present many of the problems and perplexities faced by German immigrants as they sought to make their way in the foreign setting.

It is regrettable that this relatively brief review must inevitably fail to reflect the richness of detail and subtlety of interpretation contained in these stimulating essays. The volume is highly commended to anyone seeking enlightenment and literature on migration issues. As indicated previously, many chapters serve as useful surveys of the broader research topics they discuss, while others raise challenging new issues and present new insights.

There is only one serious flaw in the volume – it lacks an index. This shortcoming is mitigated to some degree by the numerous sub-topics for each chapter presented in the table of contents (v-ix) but the wealth of information in the book cannot be fully accessed by this tool.

Donald F. Durnbaugh   Juniata College, Huntington/Pennsylvania

Bengt Hägglund: Chemnitz – Gerhard – Arndt – Rudbeckius. Aufsätze zum Studium der altlutherischen Theologie. Harmut Spenner: Waltrop 2003, S. 266

Dieser Band versammelt 15 Studien, die die Verfasser, emeritierter Professor für Systematische Theologie in Lund, bekannt u. a. durch seine auch in deutscher Übersetzung erschienene Geschichte der Theologie, im Laufe von drei Jahrzehnten vorgelegt hat. Die Mehrzahl von ihnen ist ursprünglich in deutscher Sprache verfasst worden, eine von ihnen (8.), an entlegener Stelle veröffentlicht, wird in bearbeiteter Form dargeboten. Zwei Beiträge (7. und 15.) erscheinen hier erstmals in deutscher Übersetzung. Das Themenspektrum umspannt einen weiten zeitlichen Radius, der die gesamte Neuzeit mit dem Hauptakzent auf das 16. und 17. Jahrhundert betrifft und grundlegende Fragen der Schriftauslegung, der Hermeneutik und der Dogmatik behandelt und sich auch der Rezeption der Patristik zuwendet.

Im Einzelnen handelt es sich um folgende Themen (mit ursprünglichem Veröffentlichungsjahr): Das Verständnis der altkirchlichen Tradition in der lutherischen Theologie der Reformationszeit bis zum Ende des 17. Jahrhunderts [1972] (1.). Glaubensregel und Tradition bei Martin Chemnitz [1992] (2.). Wie hat Martin Chemnitz zu Luthers De servo arbitrio Stellung genommen? [1986] (3.). Die Theologie des Wortes Gottes bei Johann Gerhard [1983] (4.). De providentia. Zur Gotteslehre im frühen Luthertum [1986] (5.). Die Vorsehungslehre bei Karl Barth vor dem Hintergrund der altprotestantischen Tradition [1989] (6.). Sozinianismus und lutherische Orthodoxie [1995] (7.). Die Pneumatologie in der lutherischen Orthodoxie [1978] (8.). „Was ist der Mensch?" Psalm 8,5. Eine Grundfrage der altlutherischen Bibelauslegung [1990] (9.). Von der wahren Kirche. Eine Diskussion in der nachreformatorischen lutherischen Theologie [1995] (10.). Wittenberger Orthodoxie in Uppsala am Anfang des 17. Jahrhunderts. Zu Johannes Rudbeckius' Loci Theologici (1611–1613) [2001] (11.). Johann Arndts Auslegung des Psalters und ihre Rezeption in Schweden [1999] (12.). „Meditatio" in der lutherischen Orthodoxie [1998] (13.). „Illuminatio" – „Aufklärung". Ein Beitrag zur Begriffsgeschichte [1992] (14.). Polemik und Dialog. Eine Studie zu Johann Gerhards Confessio Catholica [1997] (15.).

Besonders hingewiesen sei auf die erstmals in deutscher Übersetzung dargebotenen Studien:

Nicht nur für deutschsprachige Leser dürfte vom Thema her der Aufsatz über das Verhältnis von lutherischer Theologie und Sozianismus (7.) von Interesse sein, der eine ausführliche Rezension einer 1992 in Oslo vorgelegten Dissertation von Fartein Valen-Sendstad darstellt. Hägglunds Absicht dabei ist, darauf aufmerksam zu machen, dass die Debatte des späten 16. Jahrhunderts „vieles über die ideologischen Gegensätze unserer heutigen Zeit" lehren könne. Gemeint ist damit, dass der Sozinianismus als Vorspiel zur „rationalen Modernität" erscheint. In Weiterführung dieser Deutung wäre interessant zu erkunden, wie die Aufklärung in ihren vielen Façetten auf den Sozinianismus eingegangen ist.

In der Studie über Johann Gerhards Confessio catholica (15) wendet sich Hägglund erneut einem Theologen zu, dem bereits seine ersten wissenschaftlichen Arbeiten gegolten hatten. Er versteht sie als Schlüssel zu Gerhards monumentalem Buch, das dem Leser in mehrfacher Hinsicht einen Zugang schwer macht. Hier kommt Hägglund auch auf die philosophischen Voraussetzungen zu sprechen, mit denen Gerhard gemeinsam mit seinen theologischen Zeitgenossen gearbeitet und argumentiert hat.

Einen Einblick in kaum wahrgenommene Aspekte theologischer Arbeit im frühneuzeitlichen Schweden vermittelt der Beitrag über Johannes Rudbeckius (11.), der ursprünglich als zusätzliche deutschsprachige Einleitung zur Edition der lediglich handschriftlich überlieferten Loci Theologici von Rudbeckius (Stockholm 2001) erschienen ist, der später Bischof von Västerås wurde.

Das Vorwort Hägglunds zu diesem Buch erfüllt mehr als sonst von einem solchen Vorwort zu erwarten ist. Es macht in konzentrierter Form auf die grundlegenden Inhalte der Schulmetaphysik des 17. Jahrhunderts aufmerksam, um damit zu versuchen, „die Kluft, die das damalige Denken von dem modernen unterscheidet, leichter [zu] überbrücken und damit auch den biblisch gegründeten theologischen Inhalt besser [zu] verstehen".

Etwas irritierend ist, dass die im Inhaltsverzeichnis und bei der Textwiedergabe benutzten Aufsatztitel in mehreren Fällen nicht mit denen im Nachweis der Erstveröffentlichungen wiedergegebenen übereinstimmen.

Ernst Koch   Leipzig

Susanne Weichenhan und Ellen Ueberschär (Hg.): LebensArt und SterbensKunst bei Paul Gerhardt, Berlin: Wichern-Verlag 2003 (Berliner Begegnungen Band 3)

Das hier anzuzeigende Buch ist mit seinen 91 Seiten im Taschenbuchformat eher ein Büchlein, das deswegen und wegen seines Inhalts – drei Aufsätzen und einer Predigt – wie seines befremdlichen Titels – „LebensArt und SterbensKunst bei Paul Gerhardt" – wenig Aussicht hat, auch nur auf dem theologischen Büchermarkt wirklich wahrgenommen zu werden und viele Leser zu finden. Das ist bedauerlich, denn – das sei gleich vorweg gesagt – das Bändchen bringt ausgesprochen lesenswerte Beiträge, die nicht nur die Gerhardt-Forschung bereichern, sondern auch in gut verständlicher Sprache Laien mit einem wesentlichen Aspekt der geistlichen Dichtung Paul Gerhardts bekannt machen können. Herausgegeben wurde das Büchlein von Susanne Weichenhan, Stellvertretender Präsidentin der Paul-Gerhardt-Gesellschaft, und Ellen Ueberschär, Vikarin an der Evangelischen Akademie zu Berlin. Die beiden vertretenen Institutionen haben vom 25. bis 27. Mai 2001 anlässlich der 325. Wiederkehr des Todestags von Paul Gerhardt gemeinsam eine Tagung durchgeführt, bei der die drei hier publizierten Vorträge gehalten wurden. Das kleine Bändchen kann ungeachtet seiner schlichten Aufmachung (als Bd. 3 der Akademie-Schriftenreihe Berliner Begegnungen) als ein Zeichen für die allmählich in Gang kommende interdisziplinäre Gerhardt-Forschung verstanden werden, die mit dem 2007 anstehenden Gerhardt-Gedenken anlässlich seines 400. Geburtstages hoffentlich einen weiteren Schub erhalten wird. Die hier versammelten Aufsätze beleuchten aus historischer, aus theologischer und aus poetologischer Perspektive Gerhardts Stellung zum Thema Tod und Sterben. (Der philosophische Vortrag, der bei der Tagung gehalten wurde, konnte leider aus technischen Gründen nicht in die Publikation aufgenommen werden.)

Das Vorwort der Herausgeberinnen informiert darüber, was es mit dem Titel auf sich hat. Den Menschen des 17. Jahrhunderts war der Tod stets gegenwärtig. In dieser Zeit hoher Sterblichkeit versuchten die reformatorischen Theologen ihrer seelsorgerlichen Verantwortung durch eine Fülle von Schriften zum Thema Sterben, Tod und ewiges Leben gerecht zu werden. In Predigten, erbaulichen Betrachtungen und eben auch in der geistlichen Dichtung wurde eine von mittelalterlichen Anweisungen für ein seliges Sterben inspirierte evangelische ars moriendi ausgebildet, eine Kunst des Sterbens, die zugleich das Leben neu sehen lehrte, also auch zur Kunst eines heilsamen Lebens anleiten wollte. Nicht, wie heute meist gefürchtet, eine Beeinträchtigung der Lebensfreude bedeutet danach die wach gehaltene Erinnerung an den Tod, vielmehr wird erwartet, das Leben unter dem memento mori werde ein wahrhaftiger und tiefer geführtes Leben sein. Als Frage an die Gegenwart

formulieren die Herausgeberinnen das so: „Und wäre eine solche SterbensKunst womöglich auch eine rechte LebensArt?" (7) Dass Paul Gerhardts Lieder unter diesem Gesichtspunkt ergiebige Quellen sind, dies zu
begreifen genügt ein kurzer Blick in seine „Gesammelten Schriften".
Der Vortrag bzw. Aufsatz des Historikers und damaligen Direktors am
Max-Planck-Institut für Geschichte in Göttingen Hartmut Lehmann,
„Ach daß doch diese böse Zeit sich stillt in guten Tagen" stellt sich durch
den Untertitel „Paul Gerhardt in seiner Zeit" deutlich als Einleitungs-
und Überblicksbeitrag dar. Lehmann fragt: Wie hat Paul Gerhardt seine
Zeit erlebt und gedeutet? Wir wissen davon nur durch seine Gedichte –
aber wissen wir dann überhaupt davon? Ist es angemessen und überhaupt
möglich, seine Lieder als Quellen für seine persönlichen Lebensverhält-
nisse und für sein Zeitverständnis zu verwenden? Lehmann tut das, er
nennt eingangs gar die Lieder hochinteressante Quellen für die Antwort
auf die Frage, wie die Menschen des 17. Jahrhunderts ihre Zeit verstanden haben. (12) Und dann entwirft er anhand einer Fülle ausgewählter
Stellen aus Gerhardts Liedern ein pessimistisches Weltverständnis, das
zweifellos bei Gerhardt zu finden ist, neben den anderen Stellen, die von
Schönheit und Freude sprechen, in den Natur- und Tageszeitenliedern
etwa. Zweifellos hat Gerhardt die Welt auch so gesehen. Aber ist das eine
Diagnose der besonderen geschichtlichen Situation, die etwa durch den
Dreißigjährigen Krieg gekennzeichnet ist? Oder sind diese Stellen nicht
eher Ausdruck der allgemeinen Auffassung der Zeit vom allgemeinen
Lauf der Welt, der durch das aktuelle Zeitgeschehen nur bestätigt wurde
– werden *konnte*? Lehmann selbst weist darauf hin, dass man die zahlreichen Stellen, die bei Gerhardt von der Angst, dem Elend, der Plage und
Qual, den Schmerzen und den Nöten in diesem Jammertal sprechen
nicht für die historisch-biografische Erkenntnis auswerten kann, weil all
diese Aussagen Gemeingut der Zeit sind und oft auf Vorlagen wie die
Psalmen und andere biblische Quellen oder auf Texte aus der Erbauungsliteratur wie Johann Arndts Gebete im „Paradiesgärtlein" zurückgehen.
Die Betonung des irdischen Jammertals dient der Größe der geglaubten
himmlischen Herrlichkeit. Auch wenn statt des Kontrasts die Überbietung gesetzt wird, bleibt die Welt das, was zeitlich-vergänglich und damit
für das 17. Jahrhundert selbstverständlich geringerwertig ist.
　　Überall da, wo Lehmann seine Beobachtungen unter diesen Vorbehalt
stellt und dabei z. T. sehr grundsätzliche Feststellungen trifft über die
Unmöglichkeit historischer Auswertung von Gerhardts Liedern, ist ihm
uneingeschränkt zuzustimmen. So, wenn er eine erste „Zwischenbilanz"
zieht: Wir hören bei Gerhardt „von Krieg, Not und Zerstörung, von
Schmerzen, Pein und Tod, von Angst, Qual und Kreuz, von Unglück,
Elend und Tränen", und wenn er dann fragt: „Wie können wir diese
Aussagen verstehen? Was an diesen bewegenden Aussagen beruht auf
persönlichem Erleben und eigenen Erfahrungen?" (27), kann die Ant-

wort nur lauten: „Die Quellenlage lässt eine derart genaue und in die Tiefe dringende Kontextualisierung bestimmter Aussagen [...] nicht zu." Aber eben so, als für Gerhardts persönliche Haltung aussagekräftige Quellen, behandelt er die Lieder im ersten Teil seiner Ausführungen: Das dabei angewendete Verfahren, einzelne Liedstrophen oder -verse als „Belegstellen" für mancherlei Themen zu benutzen und in ihnen Antworten auf Fragen zu suchen, die der Interpret von außen an diese Texte heranträgt, muss nach Lehmanns eigenen Einsichten als problematisch erscheinen. Aus diesem Dilemma kommt man leider auch nicht heraus, indem man die existenzielle Beteiligung des Dichters an seinen Liedern als doch immerhin möglich oder wahrscheinlich postuliert oder sie wie der Autor aus der Wirkung der Lieder auf „die Menschen seiner Zeit" gleichsam rückwirkend ableitet. Er tut das, indem er der These von der Unbrauchbarkeit der Lieder für biografische und historische Auswertung entgegenhält, man dürfe Gerhardts Aussagen auch „nicht einfach nur als virtuose sprachliche Wendungen eines hochbegabten Dichters beiseite" schieben (28). Aber der eigentliche Gegensatz zur biografischen Auswertung der als Erlebnispoesie verstandenen Lieder ist ja nicht die Behauptung einer ästhetisch-artifiziellen Einstellung Gerhardts zu seinen Liedern; sondern die Einsicht in den Charakter der Barockdichtung als einer Kunst der Verwandlung alles Privaten in Allgemeines, der Überführung des Allgemeinen in (über-)individuelle Aussagen, dabei des Bestrebens, das Gültige und allgemein als wahr Geglaubte auf möglichst kunstvolle Weise zur Sprache zu bringen. Das eben tut Paul Gerhardt, und das ist zugleich der Grund, weshalb seine Lieder – so sehr sie aller Wahrscheinlichkeit nach seine „eigene Meinung" enthalten – nicht auf die Person Paul Gerhardt und sein persönliches Erleben hin befragt werden können. Sofern es dieses Erleben gab, liegt Gerhardts Kunst gerade darin, das Persönliche aufs Allgemeine hin zu transzendieren und es dann dem Ich in den Mund zu legen, das in den allermeisten Fällen das überindividuelle Ich des Christen, des Glaubenden, des Betrachters der Welt, der biblischen Heilsgeschichte, der menschlichen Existenz überhaupt ist, also nicht das Ich des Dichters als Privatperson. Das bedeutet, dass die Frage nach dem, was von den Aussagen Paul Gerhardts auf eigene Erfahrung, was auf Sprach- und Denkkonventionen, auf Vorlagen zurückgeht oder „zeittypische Topoi ohne direkten Bezug zu bestimmten Zeitvorgängen" übernimmt, nicht beantwortet werden kann. Mit den Worten des hier völlig klar argumentierenden Autors: „So muß die Antwort auf die oben formulierten Fragen [nach dem ‚Erfahrungsgehalt' der Lieder] offen bleiben." (27) Das fordert nicht nur die schlechte Quellenlage in Bezug auf Paul Gerhardt, sondern das ist begründet in der poetologischen Überzeugung der Zeit, dass dem Persönlichen nur durch seine Aufhebung im allgemein gültigen Wahren Bedeutung verliehen werde.

Diesen in der literaturgeschichtlichen Barockforschung längst selbstverständlichen und grundsätzlich auch von Lehmann geteilten Einsichten wird der letzte Teil des Vortrags besser gerecht (28–39), weil hier nicht mehr nach dem persönlichen Erleben Gerhardts, sondern nach der Lebensauffassung gefragt wird, die Gerhardt mit seiner Zeit teilt. Und dieses Allgemeine, das mit Gewissheit vertreten wird, ist das Religiöse. Lehmann verweist zu Recht auf „das klare theologische und ethische Fundament, das alle Lieder Paul Gerhardts trägt" (28). Was dann folgt, ist der Nachweis, dass Gerhardt gut lutherische Auffassungen vertreten hat. Nicht übergangen werden kann leider eine theologisch problematische Deutung von Gerhardts Passionsverständnis, das Lehmann so zusammenfasst: „Der Sieg von Jesus über den Teufel und über den Tod soll jedem einzelnen Christen Vorbild sein", – Vorbild nämlich in der Überwindung der Todesangst durch das Gottvertrauen und in der Annahme des Schicksals (32 f.). Schon die Zitate, mit denen diese Aussage belegt werden soll, widersprechen ihr. Sie handeln von dem, was dem Menschen durch Jesu stellvertretendes Sterben Gutes *widerfahren* ist und was Jesus *für ihn* tut, wenn er selbst unfähig ist zu handeln (nämlich im Sterben). Davon deutlich zu unterscheiden (nicht zu trennen!) ist der Gedanke, dass der von Christus erlöste Mensch aus Dankbarkeit auch nach dem Vorbild Christi lebt (und vor allem leidet!). Das kann er, weil eben der Sieg über Tod und Teufel von Christus (und von ihm allein) bereits errungen ist.

Was Lehmann sonst bei diesem Überblick über Gerhardts Theologie zur Frage seines Weltverhältnisses (also „seiner Zeit") ausführt, ist nichts anderes, als was man durchweg in der geistlichen Barockdichtung findet und was auch die lutherische Theologie bestimmt: eine weitgehend negative Wertung des irdischen Lebens und seine Kontrastierung mit dem erhofften, geglaubten Leben in der Ewigkeit, die traditionelle Überordnung des Unvergänglichen über das Vergängliche. Diese Verhältnisbestimmung kann abgewandelt werden, wenn das Leben in der Welt – wie in bestimmten thematischen Zusammenhängen üblich – einen positiven Akzent erhält. Dann tritt sie zum ewigen Leben ins Verhältnis des Vorläufigen zum Endgültigen, des unvollkommen Guten zum absolut Guten, ins Verhältnis der Überbietung des Endlichen durch das Unendliche, wie es z. B. in „Geh aus, mein Herz, und suche Freud" der Fall ist (vgl. Strophen 1–7 und 8–15). Beide Bestimmungen des Verhältnisses – die kontradiktorische (a ist schlecht, b ist gut) und die steigernde (a ist gut, b ist besser) – sind als Möglichkeiten in der geistlichen Barockliteratur angelegt und allenthalben in Gedichten verwirklicht worden. Insofern könnten Diagnosen der Zeitumstände von allen Dichtern in gleicher Weise gewonnen werden – eben nur indirekt und unter Berücksichtigung der Traditionsgebundenheit der Aussagen. Das Gerhardt Eigentümliche kommt bei einer solchen Aufzählung, wiederum mit zahlreichen „Belegstellen" untermauert, gar nicht in den Blick. Dazu bedürfte es eingehender Liedanalysen, die innerhalb der Topik erkennbare Akzentverschiebungen, Hervorhebungen oder Auslassungen aufzuweisen hätten.

Das Dilemma, in dem Lehmann steckt, ist das des Historikers, der seine Quellen nach etwas befragt, was sie nicht sagen können (Gerhardts Stellung in und zu seiner Zeit), und der, dies wahrnehmend, die Quellen auf etwas antworten lässt, was beantwortbar ist, aber nicht gefragt worden war (Gerhardts religiöses Weltverhältnis). Nur weil er vom einen zum anderen Quellengebrauch unter der Hand wechselt, ist der Schlusssatz möglich: „In Paul Gerhardts Liedern liegt somit ein Schlüssel zum Verständnis der Mentalität des deutschen Protestantismus in der Mitte des 17. Jahrhunderts." (39)

Der Berliner Theologe und Hymnologe, Präsident der Paul Gerhardt-Gesellschaft, Christian Bunners behandelt in seinem Beitrag „So laß die Englein singen . . ." das Tagungsthema unter dem Aspekt: „Das Singen und die letzten Dinge bei Paul Gerhardt und in seinem Umkreis" (41). Paul Gerhardt hat seine „Texte" von Anfang an und fast ausnahmslos für die Vertonung als Kirchenlied gedichtet. Das bedeutet, dass die Melodien nicht sekundäre Zutat zu einem selbstständigen Text sind, sondern zu ihm gehören wie die Schale zum Kern. (Wenn sich die neuere theologische Gerhardt-Forschung aus methodischen Gründen, aufgrund der Forschungslage und sicher auch mangels interdisziplinärer Kompetenz weitgehend auf die Textanalyse beschränkt, den Liedcharakter der Texte also nicht berücksichtigt, so muss sie sich dabei der Unvollständigkeit ihrer Arbeitsergebnisse bewusst bleiben.) Aber das Gesungenwerden prägt nicht nur den Charakter der Texte, sondern das Singen ist auch ein zentrales Thema der Lieder – nicht im Reflektieren über seine Funktion, sondern im Vollzug. Das Verstehen des Singens geschieht beim und durch das Singen selbst. Das hindert natürlich nicht den Interpreten, nach Inhalt und Bedeutung der Musikanschauung des Dichters zu fragen.

Dieser Aufgabe widmet sich Bunners in dem Bändchen mit gewohnter Sprachmächtigkeit und mit ebenso einfühlsamen wie methodisch fundierten Analysen. Seine Darlegungen sind trotz ihres Aspektreichtums auf das Thema der Tagung konzentriert und gewinnen von ihm her die Ordnung und den Zusammenhang, der eine bloße Aneinanderreihung von Belegstellen und deren Gliederung nach beliebigen Gesichtspunkten vermeiden hilft. Das Singen und die Musik bei Paul Gerhardt werden bezogen auf LebensArt und SterbensKunst, und – das sei vorweggenommen – die damit gemeinten Bezüge von Eschatologie und Anthropologie, Sterben, ewigem Leben und Existenz im Glauben erweisen sich als ursprüngliche „Orte", an denen die Thematik des Singens verwurzelt ist.

Bunners geht – nach einer autobiografisch getönten Erinnerung an frühe Erfahrungen mit der „Engelmusik" in Gerhardts Liedern – von der allgemeinen These aus: „Singen und Musik sind für Gerhardts Dichtung wesentlich." (41) Das belegt der Autor zunächst ebenfalls noch recht allgemein mit der Erscheinungsweise der Lieder immer mit Melodien und mit mehreren Liedanfängen (42), leitet dann aber rasch über zu den „Differenzierungen in der Verwendung des Singebegriffs", die sich durch Einbeziehung von „musiktheologischen Gedanken aus des Dichters [...] Umkreis [...] präzisieren und anreichern" lassen (43). Der Rahmen wird also sehr weit gesteckt, und der gehaltvolle Beitrag füllt ihn gut aus. Die scheinbare Beschränkung des Untersuchungsbereichs auf „die letzten Dinge" (Sterbenskunst/ewiges Leben) und auf die LebensArt als das „Vorletzte" ist in Wahrheit keine Einengung, vielmehr ist theologisch damit der gesamte Bereich des menschlichen Daseins erfasst; denn was sollte es außer dem Vorletzten und dem Letzten noch geben?

Zunächst werden Gebrauch und Bedeutung des Singebegriffs in der praxis pietatis anhand einer Leichenpredigt betrachtet, die – wie in der Gattung üblich und für die Einübung ins eigene Sterbenkönnen der Zuhörer seelsorgerisch erwünscht – den Sterbeprozess der betreffenden Frau genau schildert und als vorbildlich aufweist (45–47). Zu einem „seligen Sterben" gehörte nun unabdingbar das Singen oder Beten frommer Lieder durch den Sterbenden selbst oder durch die anwesenden Familienmitglieder oder Freunde. Kein Leichenprediger hätte auf die Erwähnung dieses Ausdrucks der Frömmigkeit des Verstorbenen verzichtet. Bunners zieht als weitere Beispiele für die Bedeutung des Singens oder Betens von Kirchenliedern auf dem Sterbelager Berichte vom Sterben der Schwester Gerhardts, seiner Frau, der Ehefrau Johann Crügers und Gerhardts selbst heran. (47 f.; in diesem Zusammenhang erwähnt der Autor eine Überlieferung, der zufolge Gerhardt sich im Sterben mit einer eigenen Liedstrophe getröstet habe [„Kann uns doch kein Tod nicht töten ..."], die, lange für legendarisch gehalten, durch neuere Quellenfunde wieder glaubhafter geworden sei.)

Die Frage nach der Bedeutung dieser Verwendung von Kirchenliedern im Sterbeprozess nimmt Bunners zum Anlass einer subtilen und erhellenden Differenzierung zwischen fünf Aspekten, die sich in diesem Zusammenhang bei Gerhardt finden. Diese sensibel ausgearbeiteten Beobachtungen am sprachlichen „Material" zeigen nicht nur die Vielfalt der Bezüge, in denen das Singen für Gerhardt steht, sondern setzt auch methodisch Maßstäbe für Begriffsanalysen. Sie können die sich nicht mit dem Aufweis der statistischen Häufigkeit, mit der ein Begriff vorkommt, begnügen und daraus u. U. weit reichende Schlüsse auf dessen Bedeutung ziehen. Wie fruchtbar eine Wort- oder Motivuntersuchung sein kann, zeigt dieser Aufsatz eindrücklich. Vom „verhaltenstheoretischen" bis zum „mystischen Aspekt" reicht die Skala der herausgestellten Bedeutungen des Singens. „Das Singen [...] stellte [...] Gemeinschaft her" im privaten wie im öffentlichen Bereich der Sterbebegleitung und Trauer. Der kommunikative Vorgang Singen ist zugleich ein die ganze Person beanspruchender, aktiver und alle Sinne einbeziehender Vorgang (kommunikativ und integrierend), der soziale Orientierung bot und sich im Transzendieren der Welt auf Gott hin durch das Gotteslob vollendete (verhaltenstheoretische Aspekte, 49–52). Durch das Singen geistlicher Lieder fügte der Mensch sich ein in die schöpfungsbestimmte, also gottgegebene Harmonie, deren Zeugnis die von der Planetenordnung ausgehende, für uns unhörbare Sphärenmusik darstellt. Von solcher Harmonie umfangen, deren Kraft der Musik eingestiftet ist, erfuhr der Mensch Geborgenheit und Trost im Leiden, weil sie ihm die letzte Ordnung der Welt verbürgte (kosmologische Aspekte, 52–55). Biblisch begründet ist die Musik als Gabe Gottes eine erstrangige Quelle der Frömmigkeit und des Trostes. Vor allem im Sterben ist kein Mittel geeigneter, Frieden zu geben, als das Singen und das – oft synonym verstandene – Loben Gottes – denn Singen heißt Loben (kerygmatisch-seelsorgerische Aspekte, 55–58). Gerhardt und seiner Zeit ist das biblische Hohelied ein unerschöpfliches Reservoir mystiknaher Frömmigkeit. Das Singen wird verstanden als Ausdruck und Vollzug einer innigen, erotisch gefärbten Gottes- und Christusgemeinschaft (mystischer Aspekt, 58–60). Schließlich und nicht zuletzt kennt die Frömmigkeit und gerade die Liedfrömmigkeit des 17. Jahrhunderts das Singen als Vorwegnahme des im ewigen Leben sich vollendenden anbetenden Singens der Erlösten mit den Engeln (eschatologische Aspekte, 61–64).

Diese Vielfalt der Gesichtspunkte, die der Autor dem Singen als Ausdruck von LebensArt und SterbensKunst bei Gerhardt abgewinnt, fügt sich zusammen zu einer musiktheologischen Anschauung, deren Gestalt Bunners nun nicht mehr aus verschiedenen Quellen ableitet, sondern in der Interpretation von drei Liedern Gerhardts entfaltet. Welche musiktheologischen Ansätze lassen sich in den Liedern „Geh aus, mein Herz, und suche Freud" (Naturlied), „Nun ruhen alle Wälder" (Tageszeitenlied) und „Ein Lämmlein geht und trägt die Schuld" (Passionslied) erkennen? Die Grundaspekte für die Analyse hat der Autor im vorigen Abschnitt bereitgestellt, er kann hier auf sie zurückgreifen, z. B. zur Erläuterung der Synästhesie von Singen in Zeit und Ewigkeit in „Geh aus, mein Herz", mit der Gerhardt „Himmelsfreude und Erdenschwere" verklammert (66), oder wenn er zeigt, wie „die Musik als Vorklang der himmlischen Welt [...] dem Menschen einen neuen Raum [öffnet]". „Leben und Sterben wurden zur Ewigkeit hin überschritten." (67) Rückblickend erweisen wiederum diese ebenso knappen wie prägnanten Interpretationen die herausragende Bedeutung des eschatologischen und des mystischen Aspekts des Singens in Gerhardts musiktheologischer Anschauung. Sie werden in den drei befragten Liedern in erster Linie zur Geltung gebracht.

Wer diesem Vortrag bzw. Aufsatz aufmerksam gefolgt ist, dem wird das Thema des Singens, der Musik bei Gerhardt nicht nur mit der Ausgangsthese bleibend wesentlich sein, sondern er wird dem prägnanten Schlusssatz als konsequenter Ausführung dieser These zustimmen: „‚LebensArt und SterbensKunst‘ waren für Gerhardt in hohem Maße eine Singekunst." (70)

Wie Christian Bunners überzeugend die Relevanz der Musik, des Singens für das Gerhardtsche Dichten aufweist und damit dessen Liedcharakter betont, so hebt der folgende Beitrag des Berliner Emeritus für Praktische Theologie und bekannten Hymnologen Jürgen Henkys die Bedeutung der Poetik für Paul Gerhardts Schaffen und damit den Gedichtcharakter seiner Texte hervor. Diesen Aspekt zu betonen, ist besonders wichtig, weil Gerhardts Dichtungen als Sprachkunstwerken in der populären Wahrnehmung noch immer zu wenig Bedeutung beigemessen wird. „Die poetische Gestaltung von Leben und Sterben bei Paul Gerhardt an ausgewählten Beispielen", lautet der Untertitel des Aufsatzes von Henkys, während der Haupttitel eine vom Tagungsprogramm vorgegebene Anfangszeile eines Gerhardtliedes aufnimmt: „Schwing dich auf zu deinem Gott". Die vollständige erste Strophe dient Henkys dann als Grundlage einer ersten Analyse der rhetorischen Struktur der Dichtung und deren theologischer Bedeutung, und schon hier wird die seltene Fähigkeit des Autors deutlich, mit wenig Strichen eine klare und aussagekräftige Charakterisierung von Texten zu geben. Mit scheinbarer Leichtigkeit, in Wahrheit mit einer selbst rhetorisch versierten und kunstvollen Sprache – das sei als beherrschender Eindruck vorweg gesagt – wird hier so interpretiert, dass immer wieder überraschende Einblicke die Lieder erhellen und ihnen neue Bedeutung abgewinnen. Behutsamkeit und Einfühlungsvermögen vereinbart Henkys mit der Sicherheit wissenschaftlich begründeter Aussagen. Dass ein wissenschaftliches Problembewusstsein diese Interpretationen leitet, wird aus den einleitenden Reflexionen über das Thema deutlich. Die übergeordnete Frage nach dem Verhältnis von Kunst und Religion steht spürbar im Hintergrund, wenn Henkys die Frage stellt: „Warum bietet Paul Gerhardt, wenn es um geistliche Dinge geht, auch Poesie auf?" Und mit Bezug auf Paul Gerhardt gibt er die überraschend einfache (aber schwer zu findende) Antwort: Wir sprechen von Paul Gerhardt heute nur deshalb noch, weil er „auf die Weise seiner Zeit – und innerhalb ihrer auf seine hervorragende und doch sich selbst ganz zurücknehmende Weise" versucht hat, „der christlichen *Wahrheit,* die er bekannte, durch sprachliche *Schönheit* die Ehre zu geben." (72)

Dass der Dichter der Wahrheit durch Schönheit *die Ehre geben* kann, so möchte man als drittes hervorheben, ist keineswegs selbstverständlich, heute so wenig wie damals. Die Auffassung von der Unvereinbarkeit beider Größen bzw. die Unterordnung je der einen unter die andere hat

Theologie und Frömmigkeit oft bestimmt: entweder so, dass die Schönheit verdächtigt wurde, es mit der Wahrheit nicht genau zu nehmen, oder dass die Wahrheit der Neigung zur ästhetischen Barbarei verdächtigt wurde. Der Wahrheit durch Schönheit die Ehre geben ist ein harmonisches Modell dieses Verhältnisses, dessen Vertretung durch die lutherische Orthodoxie zumindest bemerkenswert ist. Paul Gerhardts Ruhm begründet sich wohl darauf, dass er die „maßstäblichen Größen", in denen sich im 17. Jahrhundert dieses Verhältnis konkretisierte, besonders eindrücklich in ein harmonisches Verhältnis zu bringen vermochte:

Dogmatik – Rhetorik
Frömmigkeit – Poesie (72)

Henkys beschließt seine einleitenden Reflexionen mit der Mahnung, dass wir Heutigen angesichts unserer Unsicherheit im Blick auf die Möglichkeit religiöser Dichtung an diejenige früherer Epochen erinnernd und wenigstens als Kulturgut Anschluss gewinnen sollten. „Die Erfahrung muß dann zeigen, ob – womöglich gegen alle Erwartung – ein *spiritueller* Gewinn den allgemein kulturellen noch übersteigt." (72 f.)

Es ist hier nicht der Ort, die Einzelheiten der bereits charakterisierten eindringlichen Interpretationen der ersten Strophe von „Schwing dich auf zu deinem Gott" und des Liedes „Ich bin ein Gast auf Erden" zu referieren. Nur das jeweilige Fazit für das Thema der Tagung sei noch wiedergegeben: „,Schwing dich auf zu deinem Gott' darf als ein schlagendes Beispiel für Paul Gerhardts ‚poetische Gestaltung von Leben und Sterben' gelten. Der Liedanfang [...] ist poetisch gefaßte Lebensseelsorge." (75)

An „Ich bin ein Gast auf Erden" interpretiert Henkys besonders nachdrücklich den Wechsel der Sprechhaltung von der Klage zum Gebet in der elften Strophe und die mystische Verschränkung von Gottes und des Menschen Herz: „Ach komm, mein Gott, und löse / Mein Herz, wenn dein Herz will." Die an weiteren Beispielen als charakteristisch für Paul Gerhardt aufgewiesenen Verschränkungen sind nach Henkys in ihrer rhetorisch kunstvollen Gestaltung geeignet, „einige Menschen" auch heute noch anzusprechen (80). Auf eine bisher unentdeckte Beziehung zwischen diesen Versen und Jochen Kleppers Lied „Nun sich das Herz von allem löste" weist der Autor am Ende hin und analysiert kurz Verwandtschaft und Unterschied zwischen dem Text des 17. und dem des 20. Jahrhunderts (80–82). Von der Schlussstrophe des Liedes „Du meine Seele, singe" ausgehend, beantwortet Henkys schließlich die Eingangsfrage nach dem Einsatz poetischer Mittel in der religiösen Dichtung. Sein Fazit lautet jetzt: „Der geistliche Dichter empfindet die Aufgabe, dem Lob Gottes bei denen, die *gen Zion und (in?) sein Zelt* gehören, eine Gestalt zu geben." Die Wahrheit will eine schöne Gestalt finden, ihr dienen die rhetorisch-poetischen Mittel. Sie sind „nicht die Hauptsache", sondern „sie laufen mit", aber ohne sie wäre auch „die Hauptsache" nicht sie selbst. Das ist eine Orts- und Aufgabenbestimmung der Sprachkunst im christlichen Glauben, die sich auch auf andere Künste übertragen ließe.

Wolfgang Huber, Bischof der Evangelischen Kirche von Berlin-Brandenburg, war als Prediger im Festgottesdienst zum 325. Todestag Paul Gerhardts am 27. Mai 2003 in der St. Nicolai-Kirche zu Berlin an der in diesem Bändchen dokumentierten Tagung beteiligt. Seine Ausführungen unter der Überschrift „Sprachmächtiger Interpret elementarer Glaubenserfahrungen" gehen von der Wirkungsgeschichte der Gerhardtschen Lieder aus, die von vielen prominenten wie unbekannten Christen bezeugt wird; Dietrich Bonhoeffer steht in der Liste derer, denen Gerhardts Lieder eine Hilfe in schweren Lebenssituationen waren, ganz oben. Huber führt diese Erfahrung mit Gerhardts Liedern darauf zurück, dass er selbst durch das Leiden gegangen sei. „Sein Gottvertrauen ist aus der Tiefe eigener Leiderfahrung geboren. Das spürt man seinem Lied ab." (Gemeint ist hier „Befiehl du deine Wege".) Das Testament für den Sohn Paul Friedrich wird herangezogen als Zeugnis für eine „klare Gestalt des eigenen Lebens", nach der auch heute viele Menschen sich sehnten (89). Huber als Kirchenmann, der Gerhardts Lieder in vielen Gottesdiensten gesungen hört (und singt?), spricht nicht von dem historischen Abstand zwischen Gerhardt und uns heute, sondern von der lebendigen Präsenz Gerhardts für Kirche und Frömmigkeit. Zu hoffen ist, dass diese Bedeutung wenigstens für die Gemeindewirklichkeit bewahrt bleibt, wenn schon die Verbindung in der allgemeinen Kultur fast ganz abgerissen scheint. Eine Nebenbemerkung zum Schluss: Wenn wir Außenstehenden etwa die Schönheit eines Liedes wie „Geh aus, mein Herz" nahe bringen wollen, sollten wir das tun mit Gerhardts heller i-Zeile „in dieser lieben Sommerzeit", anstatt sie zur „schönen Sommerzeit" zu verdunkeln (86).

Elke Axmacher   Bielefeld

Heike Krauter-Dierolf: Die Eschatologie Philipp Jakob Speners. Der Streit mit der lutherischen Orthodoxie um die „Hoffnung besserer Zeiten". Tübingen: Mohr Siebeck 2005 (Beiträge zur historischen Theologie, 131). – XIV, 376 S.

Das Schwergewicht der Spener-Forschung hat lange Zeit auf Speners Frankfurter Wirksamkeit gelegen und nur selten stärker darüber hinaus ausgegriffen, obwohl das theologische Werk und die Korrespondenz Speners aus der Dresdner und Berliner Zeit durchaus gleichfalls verdienen, das Interesse auf sich zu ziehen. Umso mehr ist es zu begrüßen, dass die vorliegende Berliner Dissertation aus der Schule J. Wallmanns ein theologisches Längsschnitt-Thema aufgreift und manches sonst nicht so recht bekanntes theologiegeschichtliches Terrain kartografiert. Mit der „Eschatologie Speners" handelt es sich dabei sogar um eine ganz eigene und zudem existenziell bedeutsame Thematik für diesen Pietisten-Vater, bei der es um dessen theologisches Proprium geht. Dazu kommt, dass die Einordnung von Speners Eschatologie zwischen Orthodoxie (K. Aland und K. Baxter) und Chiliasmus als strittig gilt. Vorweg ist der Arbeit eine beeindruckend gründliche Recherche der reichlich vorhandenen gedruckten und handschriftlichen Quellen zu attestieren. Kaum einmal ist Krauter-Dierolf nicht an einen Druck herangekommen. Die wünschenswerte Identifizierung einiger an den Auseinandersetzungen beteiligter, aber weiterhin unbekannt gebliebener Freunde wie Gegner Speners wird vielleicht die weitere (territorialkirchengeschichtliche) Forschung oder die fortschreitende Edition der Spener-Briefe leisten können. Aufgefallen ist mir lediglich, dass der (handschriftliche) Rechenberg-Briefwechsel anscheinend nicht herangezogen worden ist, was allerdings den Verzicht auf eine sehr dichte Quelle bedeutet.

Die Untersuchung ist klar in fünf Teile mit insgesamt 12 Kapiteln gegliedert, die jeweils mit „Zusammenfassenden Überlegungen" abgeschlossen werden. Ende 1674 hat Spener – bedeutsam alsbald für seine *Pia Desideria* – eine neue „Hoffnung besserer Zeiten" für die Kirche mit der Bekehrung der Juden und dem Fall des römischen Babel gefasst und ist damit von der herrschenden, hinsichtlich der Endzeit pessimistischen Eschatologie der lutherischen Orthodoxie abgekommen. Wie schon von A. Deppermann wird dabei auf den Einfluss des durch J. J. Schütz vermittelten Apokalypsekommentars von Peganius (= Chr. Knorr von Rosenroth) verwiesen, wobei aber keine einfache Abhängigkeit Speners von Schütz behauptet wird. Vom Labadismus ist nicht mehr die Rede. Der englische Hintergrund dieser Apokalyptik (J. Mede) wird nicht weiter thematisiert. Bemerkenswert ist ferner, dass Speners neue Eschatologie ursprünglich nicht chiliastisch gefärbt war und sich nicht auf die dafür einschlägigen Bibelstellen bezog. In der anfänglichen Diskussion um Speners Eschatologie wurden vorerst deswegen auch keine Vorwürfe erhoben. Das Thema Eschatologie hat Spener bereits bis in die 1680er Jahre nicht mehr losgelassen. Die Erwartung der Judenbekehrung tritt dabei allerdings hinter der des Falls Babels zurück. Spener kommt mitunter zu neuen exegetischen Lösungen (z. B. durch K. H. Sandhagen über Lk 18,8). Die Problematik von Apk 20 ist Spener durch J. W. Petersen nahe gebracht worden. Welche Rolle in diesem Zusammenhang dessen Frau, J. E. Petersen, spielt, bleibt in der Untersuchung vage. Die vorgelegte, aber bis jetzt noch nicht gedruckte Habilitationsschrift von R. Albrecht über J. E. Petersen ist Krauter-Dierolf leider nicht mehr zur Kenntnis gekommen. Die Rolle von J. E. Petersen im Diskurs mit Spener wird also präzis erst noch zu bestimmen sein.

Spener ist durch zwei eigene Stellungnahmen in die Auseinandersetzung mit der Orthodoxie über den Chiliasmus geraten. Zum einen handelte es sich um seine Bedenken zum Hamburger Religionsrevers von 1690; sein Gegner war dabei J.Fr. Mayer, der schließlich als einer der berüchtigtsten Streittheologen der Orthodoxie auftrat und dabei nicht zuletzt Spener im Visier hatte. Der in der Untersuchung nachgezeichnete Streit mit ihm und seinen Satelliten zog sich bis 1696 hin. Wegen seiner angeblichen Verwerfung in CA XVII ließ sich der Chiliasmus als das Bekenntnis tangierend ausgeben, was Speners Meinung aus mehreren Gründen eben nicht war. Spener bemühte sich um eine differenzierende Näherbestimmung des Chiliasmus, wobei er sich selbst dem Chiliasmus subtilissimus zuordnete, der seiner Meinung nach jedoch nicht das Fundament des Glaubens verletzte. Spener hat schließlich auf eine Weiterführung des Streites verzichtet, und dieser zeitigte kein Ergebnis. Das „Theologische Bedencken" über die Offenbarungen Rosamundes von der Asseburg und über J. W. Petersens Behauptung des tausendjährigen Reichs (1692) war von der brandenburgischen Kurfürstin veranlasst. Spener verteidigte bezeichnenderweise eher den Freund als dessen Lehre, auch wenn er mit dieser keineswegs ganz uneins war, aber erklärtermaßen auch nicht einfach übereinstimmte. Er ließ die Abgrenzung gegen die radikale Position einfach offen und wollte neutral bleiben. Die Forschung wird sich an dieser Nahtstelle zum radikalen Pietismus um weitere Klärung bemühen müssen. Die Zuordnung der Auseinandersetzung zum amerikanischen Schema von Prämillenniarismus und Postmillenniarismus wird S. 143 und 337 ff. lediglich gestreift und Spener dabei dem Postmillenniarismus, Petersen jedoch dem Prämillenniarismus zugeordnet. Für die internationale Verständigung und Vergleichung der Forschung hätte sich hier wohl etwas mehr Ausführlichkeit empfohlen.

1693 hat Spener selbst mit seiner „Behauptung der Hoffnung künfftiger besserer Zeiten" die Auseinandersetzung über den Chiliasmus in Gang gebracht, die dann bis 1698 andauern sollte. Streittaktische Überlegungen mögen bei diesem Vorpreschen eine Rolle gespielt haben (vgl. M. Gierl). Es ging ihm vor allem darum, in der für ihn wichtigen, aber bisher nicht geklärten Frage der Hoffnung Klarheit zu schaffen. Ein wichtiger Bestandteil ist dabei die Eskamotierung von Lk 18,8 als Argument gegen die Hoffnung. Die Hoffnung besserer Zeiten richtet sich aufgrund der unerfüllten biblischen Verheißungen stets lediglich verhalten konkret auf ein innerzeitliches Reich. Es wird mit dem Wachsen der Erkenntnis der Zusammenhänge gerechnet. Die Lehre von der Hoffnung gilt zwar nicht als heilsnotwendig, aber sie hat ihre Bedeutung als Trost und ethisch aktivierende Aufmunterung und ist unbedingt wichtig, um die eigene Zeitsituation ertragen zu können. Darin bestand wohl der Angelpunkt von Speners Theologie und Frömmigkeit. Als Strukturen der Zukunftshoffnung werden herausgearbeitet: positiv, nicht-spekulativ, kirchen- und glaubensbezogen. Das Konzept der *Pia Desideria* wird als weithin konstant erwiesen, wenn es auch etwas genauer ausgearbeitet ist, insbesondere durch die Einbeziehung von Apk 20 als locus classicus für den Chiliasmus. Die Auseinandersetzung über die „Behauptung" ließ nicht auf sich warten und wird in der Untersuchung kundig nachgezeichnet, was dem Rezipienten freilich allerhand zumutet. Der erste und wichtigste Kontrahent war der Lübecker Superintendent A. Pfeiffer, mit dem es zu mehreren Streitgängen kam. Er hielt Spener für einen eindeutigen Irrlehrer und personalisierte den Streit empfindlich. Auf Speners „Völlige Abfertigung Pfeiffers" (1697) war dieser nicht mehr in der Lage zu antworten. Schon im Gefolge Mayers hatte sich der Superintendent J. Simon hervorgetan. 1693 wollte er den „Ungrund der Hoffnung künfftiger besserer Zeiten" gegen Spener darlegen. Dieser beschränkte sich wie auch sonst gelegentlich darauf, die Gegenschrift von H. G. Neuß zu bevorworten. 1694 schaltete sich mit J. G. Neumann und seiner Disputation „De Chiliasmo" bereits einer der Wittenberger Professoren in den Streit ein, der dann seinerseits von dem Superintendenten J. Wächtler mit der „Chiliasticae Vanitatis Demonstratio" unterstützt wurde. Weitere Disputationen Neumanns folgten. Spener ließ schließlich auch diesen Streit unabgeschlossen auslaufen. Nach der Nachzeichnung des Verlaufs des Streits werden dessen Hauptpunkte eigens nochmals sortiert vorgeführt. Großenteils ging es dabei um die Auslegung bestimmter biblischer Stellen die Bekehrung der Juden, den Fall Babels oder das Zunehmen der Erkenntnis betreffend. Eine besondere Rolle spielte das Tausendjährige Reich und seine Verortung geistlich in der Vergangenheit oder wie bei Spener historisch in der Zukunft. Entscheidend musste die Frage nach der Orthodoxie der Hoffnung künftiger besserer Zeiten sein. Spener lehnte ihre Subsumierung unter einen generell als häretisch qualifizierten Chiliasmus ab, während seine Gegner seinen Chiliasmus als den Glaubensartikeln widersprechend zu erweisen suchten. Mit der Behauptung, das Reich Christi sei mehr als nur geistlich, tat Spener sich schwer. Von der Verwerfung von CA XVII sah Spener sich nicht betroffen. Krauter-Dierolf attestiert Spener die weitgehende Kontinuität seiner

Eschatologie. Die Amtskirche war jedoch im Lauf der Jahre empfindlicher gegen den zunehmend vertretenen Chiliasmus geworden und war der Meinung, an diesem Punkt Speners Heterodoxie beweisen zu können. Nach der eigentlichen Bedeutung der Hoffnung besserer Zeiten wurde hingegen gar nicht gefragt. Spener konnte den Konflikt offen halten, und darin bestand schließlich sein „Sieg". Wie dies aus heutigem Blickwinkel zu beurteilen ist, hätte wohl doch eine Erörterung verdient gehabt.

In den 1690er Jahren kam es zu einer Generaldebatte über Speners Zukunftshoffnung und damit verbunden über den Sektencharakter des Pietismus. Angriffe gegen den „Unfug des Pietismus" gab es im Umkreis der Universität Leipzig. Der Chiliasmus bildete dabei einen Hauptvorwurf. Spener bemühte sich um eine Entflechtung von Pietismus und dem gleichwohl behaupteten, aber nicht für heilsnotwendig ausgegebenen Chiliasmus. In der Tat hat sich das Verhältnis des Pietismus zum Chiliasmus später dann als beweglich erwiesen. Von 1693 an trat der Danziger Hauptpastor S. Schelwig als heftiger Kontrahent Speners und des Pietismus (einschließlich seiner radikalen Vertreter) auf. Am ausführlichsten wandte er sich gegen den als zukünftig verstandenen Chiliasmus. Spener erteilte Schelwig 1698 eine „Völlige Abfertigung" mit seinen bereits sattsam bekannten Argumenten. Noch umfassender als bisher, tatsächlich aber recht schwach war die „Christ=Lutherische Vorstellung" der Wittenberger Theologen von 1695 gegen Spener angesetzt, indem er als im Widerspruch zur ganzen CA befindlich und damit auch zu CA XVII erwiesen werden sollte. Spener legte dagegen seine „Auffrichtige Übereinstimmung" mit der CA dar. Die neuerliche Erwiderung der Gegenseite hielt er keiner Antwort mehr für wert. Das letzte Kapitel behandelt den Angriff des Leipziger Theologen V. Alberti, der interessanterweise systematisierend in Speners Vollkommenheitsstreben dessen Hauptirrtum sah. Spener rief dagegen zur Tolerierung eines gemäßigten Chiliasmus auf.

Der Schlusteil betont nochmals die im wesentlichen durchgehaltene Konstanz von Speners Konzeption, auch wenn diese später ausgebaut und gewandter gehandhabt wurde. Ein Bruch zum Chiliasmus wird gegen K. Aland und K. Baxter nicht angenommen. Gewandelt hat sich hingegen die Kritik, die erst nach Speners Aufnahme von Apk 20 in seine Eschatologie als chiliastisch qualifizieren konnte. Die Debatte über den Chiliasmus konnte Spener jedoch offenhalten, wenngleich er einräumte, hierbei von der Lutherischen Position abzuweichen. Mit der Erwartung fortschreitender Erkenntnis in der Eschatologie war Speners Theologie entwicklungsfähiger als die der Orthodoxie, entging aber dennoch einer Verwerfung. Der Zusammenhang der Hoffnungskonzeption mit dem Erneuerungsprogramm des Pietismus wird von Krauter-Dierolf lediglich noch angedeutet, aber nichtsdestoweniger festgehalten. Speners letzte

Verfügungen bestätigen dies. Die Untersuchung wird als Aufarbeitung eines gewichtigen theologiegeschichtlichen Zusammenhangs ihren Platz finden. Für die Korrektur so mancher bisheriger Irrtümer in der Forschung wird man dankbar sein. Dass die deutlich gewordene frömmigkeitsgeschichtliche Relevanz der Spenerschen Eschatologie nicht aus dem Blick geraten sollte, ist offenkundig gleichfalls die Meinung Krauter-Dierolfs.

Martin Brecht   Münster/Westf.

Andreas Lindner: Leben im Spannungsfeld von Orthodoxie, Pietismus und Frühaufklärung: Johann Martin Schamelius, Oberpfarrer in Naumburg. Gießen, Basel: Brunnen-Verlag 1998 (Kirchengeschichtliche Monographien; Band 3) ISBN 3-7655-9427-X – 370 S.

Vorliegende Arbeit ist eine erweiterte Fassung der Naumburger Dissertation des Verfassers von 1993. Der Titelheld Johann Martin Schamelius (5.6.1668–27.3.1742) ist, wie der Verfasser einräumt, „eher kein Mann der ersten oder zweiten Reihe" (S. VII). Eine biografische Darstellung seines Lebens scheint dem Verfasser gleichwohl lohnenswert, nämlich als Exemplifikation eines Lebens zwischen Orthodoxie, Pietismus und Frühaufklärung. Vorweg sei gesagt, dass der Gewinn dieser Arbeit eher antiquarischer Art ist. Man erfährt allerhand über den engeren Lebenszirkel von Schamelius, über den mitteldeutschen Raum und über Naumburg. Der Verfasser geht sehr fleißig und gründlich allen Spuren des Lebens von Schamelius nach und versucht, alle sich auftuenden Fragen zu beantworten.

Übersieht man die ersten 93 Seiten, in denen Lindner die Biografie Schamelius' bis zu seinem Amtsantritt in Naumburg beschreibt, so bekommen wir das Bild eines Mannes gezeichnet, der sich weder durch Originalität, noch durch Gelehrsamkeit, noch durch eine besondere Persönlichkeit auszeichnet.

Exemplarisch ist etwa, dass Schamelius der Aufforderung von Ludwig von Seckendorf, Franckes Kollegium in Leipzig zu besuchen, nur zweimal nachkam, offenbar aus Furcht, in den Konflikt Franckes mit der Leipziger Theologischen Fakultät hineingezogen zu werden. Schamelius blieb lieber auf der sicheren Seite, um weiter studieren zu können. Sein Urteil über Spener, der 1687 und 1688 in Leipzig predigte, fällt ebenfalls ganz im Sinne von Schamelius' orthodoxen Lehrern aus. Schamelius' Bekehrung in Augsburg, wo er eine Hauslehrerstelle angetreten hatte, ist doch nicht mehr als der aus sich heraus plausible Entschluss, nicht nur über heilige Dinge zu reden, sondern auch ein entsprechendes Leben zu führen.

Als Schamelius 1693 in die Naumburger Heimat zurückkehrt, bemüht er sich lange Zeit erfolglos um eine Stelle. Seinen Plan, in Hamburg Unterricht bei dem Hebraisten Edzardi zu nehmen und in Kiel bei dem Orientalisten Heinrich Opitz zu studieren, lässt er bald wieder auf Drängen „guter Freunde" fallen. Er bleibt lieber im Land, um sich bekannt zu machen und um so eines Tages eine Pfarrstelle erlangen zu können. Der Broterwerb war wichtiger als eine außergewöhnliche theologische Bildung.

Im Wintersemester 1702 immatrikuliert sich Schamelius für ein Semester in Halle; aus dieser Zeit erwächst keine besondere Nähe zum Halleschen Pietismus, obwohl sich Schamelius auch unter den Pietisten Freunde zu schaffen versucht.

Mit 35 Jahren bekommt Schamelius 1703 seine erste Pfarrstelle an der Naumburger Stadtkirche St. Wenzel. Im Jahre 1707 wird Schamelius zunächst Vertreter des bisherigen Oberpfarrers und später ohne neue Wahl Oberpfarrer. Diese Beförderung war Ergebnis von Bleibeverhandlungen, da Schamelius u. a. einen Ruf an die St. Ulrichskirche in Halle (1707) vorweisen konnte.

Was Lindner in den beiden folgenden Kapiteln über den Streit um die Kommunion (S. 108–115) und über den Naumburger Katechisationsstreit (S. 116–153) rekonstruiert, entbehrt jeder geistesgeschichtlichen oder historischen Bedeutung. Die Vorgänge scheinen vielmehr typische Konflikte zwischen unterschiedlichen Gruppen innerhalb einer Stadt oder der Geistlichkeit zu sein, nämlich zwischen Haupt- oder Oberpfarrer und den Diakonen bzw. zwischen Geistlichem Ministerium, dem Rat der Stadt und dem Konsistorium in Zeitz.

Die drei Predigten, die Schamelius anlässlich der großen Feuersbrunst im Jahre 1714 in Naumburg gehalten hat, entsprechen dem üblichen orthodoxen Strafschema. Die Naturkatastrophen werden als Strafe, als Aufruf zur Buße Gottes verstanden. Entsprechend wird die Schuld bei der allzu geringen Christlichkeit der Naumburger gesehen. Interessanterweise hat Schamelius auch über die Sturmflut des Weihnachtstages 1717 an der ostfriesischen Küste gepredigt, die bekanntlich über 4000 Menschen das Leben gekostet hat und die Theodizeefrage stellen ließ. Wichtig für die Einschätzung von Schamelius ist dabei, dass er noch dem orthodoxen Geschichtsbild einer alternden Welt (Naherwartung des Weltendes) anhing.

Ein weiteres Kapitel widmet sich einem Aufstand der Diakone und dem Streit mit den Unschuldigen Nachrichten. Auch hier haben wir es mit einer vergleichsweise bedeutungslosen Auseinandersetzung zu tun, in denen stark von Wittenberg beeinflusste junge Diakone versuchen, sich gegenüber dem Oberpfarrer durchzusetzen, in dem sie ihm pietistische Neigungen vorwerfen und dabei ihr polemisches Können zur Geltung bringen. Man kann zwar bei Schamelius gewisse Tendenzen zu einer Verinnerlichung des Christentums, zu einer Erneuerung im Sinne der Wiedergeburt feststellen; wenn er aber in den Jahren 1715–1720 solche Vorstellungen äußert, ist dies kaum pietistisch zu nennen, sondern es entspricht einfach der herrschenden Frömmigkeit der Zeit.

Im 12. Kapitel (S. 193–215) geht Lindner der Frage detailliert nach, ob Schamelius ein Pietist gewesen sei. Dabei kann er auf die freundschaftliche Verbindung des Schamelius mit Francke (1726 Besuch in Naumburg) und Joachim Lange verweisen. Was man freilich an Schamelius vermisst, ist ein aktives missionarisches Eintreten für den Pietismus, ist ein Eintreten für die Verbesserung der kirchlichen Zustände oder konkret eine Unterstützung der Initiative zur Gründung des Naumburger Waisenhauses (eingeweiht erst am 31.12.1743). Seit 1715 führt er ein ziemlich zurückgezogenes Gelehrtendasein und beschränkt sich auf die Erledigung seiner Amtspflichten. Auch andere Einsichten Schamelius', die Lindner im 14. Kapitel über dessen öffentliches Wirken nach 1720 beschreibt, sind zu moderat und zu spät, um als typisch pietistisch gelten zu können (innere Wiedergeburt statt nur äußerliche Taufe; Buße als Kampf gegen die eigene Sündhaftigkeit; Einschränkung der Adiaphora).

Lindners Lösungsversuch besteht darin, dass er gewissermaßen unterhalb der Ebene „klassischer" Ausprägungen des Pietismus eine unauffälligere, historisch nur schwer zu fassende Ebene des alltäglichen Pietismus glaubt beobachten zu können. Das würde dann freilich nicht mehr bedeuten als einen allgemeinen Frömmigkeitswandel, der mit dem Pietismus die Einsicht teilt, dass das Bibelwort erst durch die innere Akzeptanz lebendig wird.

Die Kapitel 13 bis 17 sind den bleibenden Verdiensten von Schamelius gewidmet. Dazu gehört die hymnologische Arbeit (Kapitel 13), mit der Lindner Schamelius auf dem Weg zum modernen historisch-kritischen Bewusstsein sieht. Schamelius' Interesse bestand vor allem in der historischen Erforschung der Liederdichter, der ursprünglichen Liedertexte und Melodien; ferner in dem Versuch, das Gesangbuch als Laienbibel zu nutzen. Schamelius scheint mit seinem Gesangbuch und mit seinen Forschungen auch Schule gemacht zu haben (z. B. bei Michael Lilienthal in Königsberg).

Die Forschungen gehen ein in den *Evangelischen Liederkommentarius* von 1737, der die Lieder historisch, dogmatisch und praktisch-erbaulich erklärt. Als Hymnologe findet Schamelius in der Tat allgemeine Anerkennung. Bezeichnend für Schamelius' wenig pietistische Haltung ist, dass er der Kritik der Wittenberger am Freylinghausenschen Gesangbuch weithin zustimmt.

Die letzten 15 Jahre seines Lebens waren neben den üblichen Amtspflichten der kirchengeschichtlichen Arbeit und der historischen Arbeit insgesamt gewidmet. Dazu gehören etwa das „Gelehrte Naumburg" („Numburgum literatum") von 1727 und die Arbeiten zur Geschichte der Klöster rund um Naumburg, die nach Lindners Urteil nach wie vor wertvoll für die Regional- und Heimatgeschichte Naumburgs sind. Weitere Arbeiten beschäftigen sich mit einer Bibelversion Luthers aus dem Jahre 1529 und der Frage nach dem Verbleib von Luthers Bibliothek, wobei Schamelius der Legende aufsaß, dass sie im Dreißigjährigen Krieg nach Rom in den Vatikan transferiert worden sei. Insgesamt gehört Schamelius zum Typ des polyhistorischen Sammlers.

Das der historischen Darstellung angefügte Quellen- und Literaturverzeichnis (S. 319–361) nennt in diplomatischer Weise die Bibliografie von Johann Martin Schamelius aus den Jahren 1689–1742. Insgesamt sind das 71 gedruckte Werke, von denen sicherlich das Naumburger Gesangbuch das bedeutendste geblieben ist. Von den Korrespondenzen des Schamelius sind leider nur wenige erhalten bzw. ermittelt worden, allen voran diejenigen mit Wilhelm Ernst Bartholomäi in Gotha, mit Francke in Halle und mit Buddeus in Jena.

Ein Personenregister nach S. 362 beschließt das Buch.

Als Fazit ist festzuhalten, dass Andreas Lindner in fleißiger und gründlicher Arbeit eine Biografie einer historischen Person vorgelegt hat, deren Bedeutung aber über die Stadtgeschichte Naumburgs kaum hinausgeht, sieht man mal von einzelnen historischen und hymnologischen Arbeiten ab.

Markus Matthias   Halle (Saale)

Hermann E. Stockinger: Die hermetisch-esoterische Tradition unter besonderer Berücksichtigung der Einflüsse auf das Denken Johann Christian Edelmanns (1698–1767). Hildesheim: Georg Olms Verlag 2004 (Philosophische Texte und Studien, Band 73). – IX, 968 S.

Es ist zweifellos außergewöhnlich, zur angestrebten Wiederentdeckung eines heute nur Fachpublikum bekannten Freidenkers der Aufklärung die Ideengeschichte der letzten 3000 Jahre aufzuarbeiten. Noch außergewöhnlicher scheint es, wenn dieser Vorlauf an 3000 Jahren sich in einer knapp tausendseitigen Monografie niederschlägt, die auf die eigentliche Studie lediglich vorbereiten will. Die vorliegende Arbeit von Hermann E. Stockinger *Die hermetisch-esoterische Tradition unter besonderer Berücksichtigung der Einflüsse auf das Denken Johann Christian Edelmanns (1698–1767)* möchte zwei Vorhaben verbinden: Sie will erstens in der Esoterikforschung ein Grundlagenwerk zur Geschichte der Hermetik vorlegen, und zweitens konstituiert sie sich als Spurensuche aller Hinweise, die Rückschlüsse auf die Entwicklung Johann Christian Edelmanns zulassen. Dieser, ein in der ersten Hälfte des 18. Jahrhunderts als angeblicher „Naturalist" gefürchtetes *enfant terrible* in den (radikal-)pietistischen und separatistischen Auseinandersetzungen mit der lutherischen Orthodoxie, wäre ohne eine „hermetische Phase" in seinem Leben in der Tat schwer zu verstehen. Stockingers (Vor-)Studie zu dieser Phase ist ein Werk von beeindruckendem Umfang und Materialfülle, das durch seinen versuchten Spagat allerdings methodisch, in Detailanalysen und nicht zuletzt sprachlich hinter den Erwartungen zurückbleibt.

Inhaltlich widmet sich der vorliegende Band fast ausschließlich dem ersten Vorhaben, nämlich der Beschreibung der „hermetisch-esoterischen Tradition". Dabei gliedert er sich in einen systematischen und einen deutlich längeren historischen Teil. Im Anhang finden sich die Inhaltsverzeichnisse von geplanten sechs weiteren Bänden zur Religionskritik der Aufklärung, zusätzlich wird laufend auf den kommenden Band zu Johann Christian Edelmann verwiesen. Ein hoch gestecktes Ziel also, zu dem der erste Band den Auftakt bilden will.

Methodisch charakterisiert Stockinger seinen Ansatz als einen „historisch-deskriptive[n]" (VI), der sich nichts Geringeres zum Ziel gesetzt hat, als den „fehlenden hermetischen Teil der Philosophiegeschichte zurück zu geben" (VI), die diese „beschämenderweise verdrängt" habe (VII). Damit formuliert die Studie prinzipiell ein Anliegen der Esoterikforschung: Nachdem die europäische Religionsgeschichte lange aus Sicht der Kirchengeschichte geschrieben wurde, blieb ein breites Spektrum an Religiosität, das sich aus der Rezeption nicht-christlicher Quellen speiste, marginalisiert oder stigmatisiert. Von den Verteidigern christlicher Dogmen wurde die Hermetik nur allzu oft als Häresie behandelt, und die kirchengeschichtliche Forschung folgte lange den zeitgenössischen Urteilen über die „Schwärmer".

Im systematischen Teil stößt Stockingers Studie also in ein während der letzten Jahre in der Esoterikforschung diskutiertes Problem vor, nämlich der Frage nach dem Verhältnis von Christentum und Hermetik. Allerdings formuliert sie ihr Ansinnen sehr pauschal als eine Haltung, die als „Yates Paradigma" die Forschungssituation der siebziger und achtziger Jahre bestimmte, nun allerdings schon seit einigen Jahren problematisiert wird. Inwieweit lässt sich noch generell von einer quasi-autonomen hermetischen Tradition sprechen, so lauten heutige Fragen. Detaillierter gefragt: Wie ist das Verhältnis von Hermetik – als *pars pro toto* für andere „esoterische" Strömungen wie Alchimie, Kabbala oder Mystik überhaupt zutreffend? – und Christentum – als Singular verstanden? – zu beschreiben? Diese laufenden methodischen und theoretischen Diskussionen werden im vorliegenden Band kaum reflektiert. Auch in inhaltlichen Detailanalysen wird sichtbar, dass zentrale Modifikationen der

Thesen Frances Yates', die in den letzten Jahren stattgefunden haben, nicht zur Kenntnis genommen werden, so zum Beispiel die Erkenntnis, dass die philologische Kritik am *Corpus Hermeticum* wesentlich älter ist als Casaubons berühmte Kritik und dass diese damit keine „Wasserscheide" in der Geschichte der Hermetik darstellt (212 ff.).

Fehlende methodische und inhaltliche Reflexionen schmälern bedauerlicherweise auch die Anstöße, die diese Studie einer wissenschaftlichen Diskussion durchaus zu geben vermocht hätte. Im systematischen Teil bemüht sich Stockinger um eine inhaltliche Bestimmung hermetischen Denkens, auch dies ein diskutiertes Desiderat der Esoterikforschung. Stockinger folgt dem seit den neunziger Jahren bekannten Ansatz von Antoine Faivre, der Hermetik als „Denkform" zu fassen versucht, die sich mit insgesamt sechs Kriterien bestimmen lässt. Diesen fügt Stockinger nun vier weitere Kriterien hinzu, nämlich die Begriffe Traditionalismus, Kosmotheismus, Utopismus und Hermetik als Fundamentalwissenschaft. Unreflektiert bleibt bei diesem eigentlich diskussionswürdigen Vorstoß allerdings, wo überhaupt Potenziale und Grenzen des bekannten Ansatzes liegen, die eine Erweiterung des Bestimmungsinventars erforderlich machen würden. Unverständlich bleibt aber vor allem auch, warum Stockinger zunächst lediglich fünf der sechs bekannten Kriterien Faivres wörtlich referiert, um dann hinzuzufügen, dass diese fünf Kennzeichen „implizit auch bei Faivre angesprochen" werden (19).

Geht man den neuen Vorschlägen nach, so stößt man auch hier auf Ausführungen, die von anderen Autoren bekannt erscheinen, die zitiert, paraphrasiert, aber selten weitergeführt werden. So kann das Kapitel über den Kosmotheismus seine Herkunft aus den Schriften Jan Assmanns nicht verleugnen, ebensowenig die Beobachtungen zur „höheren Vernunft" ihren Ursprung in den Aufsätzen Monika Neugebauer-Wölks. Erwartet man dann aber eine pointierte Auseinandersetzung mit diesen Anregungen und dem geschichtlichen Material der aufgearbeiteten 3000 Jahre, eine kritische Prüfung des Begriffsdestillats an der Materie, so wird man enttäuscht: Sowohl der systematische Teil als auch der schier unübersehbar umfangreiche historische Teil beschränken sich auf eine Zusammenstellung an Namen, Zitate und Paraphrasen, nicht frei von Redundanzen und Wiederholungen, ohne diese Gedanken aber in die Tiefe zu entwickeln. Hier wäre ein engerer Fokus und eine pointiertere Fragestellung höchst wahrscheinlich produktiver gewesen.

Auch im historischen Teil spannt sich der Bogen weit, zu weit, um nicht Gefahr zu laufen, eine erschöpfende Behandlung der zentralen Themen dem Anspruch zu opfern, schlicht über alles schreiben zu wollen: Beginnend mit einer informativen Einführung zum *Corpus Hermeticum* durcheilt das Kapitel den Zoroastrismus, die Chaldäischen Orakel, Echnaton und die ägyptische Amarna-Religion im Sauseschritt, handelt antike Orakel, Mysterienreligionen, Platonismus, Pythagoras und die häretische Gnosis ab, streift das antike Rom und die christlichen Kirchenväter der ersten drei Jahrhunderte, um dann einen kurzen Abriss der Geschichte Israels einzuschieben. Im zweiten Teil zu Mittelalter und Neuzeit führt die *Tour de force* nach 20 Seiten zum Mittelalter in Windeseile durch die Renaissance, greift zwischendurch den Ägypten- und Moses-Diskurs der abendländischen Geistesgeschichte bis zu Schiller auf, konzentriert sich anschließend auf Reformation und Spiritualismus des 17. Jahrhunderts, um dann nach einem Abschnitt über das Rosenkreuzertum bei Hermetik und Aufklärung im 18. Jahrhundert zum Abschluss zu kommen. Den einzelnen Stationen sind häufig kurze Kapitel über ihre Bedeutung für Edelmanns Denken beigefügt, und diese wiederum sind eine penible Zusammenstellung der Referenzen in Edelmanns umfangreichem Gesamtwerk. Nützlich dürften diese Einschübe für angehende Edelmannforschungen in jedem Fall sein, auch wenn sie in einem sich selbst als Geschichte der Hermetik verstehenden Werk zunächst arbiträr wirken.

Ist dies noch als eigenwilliges Moment zu akzeptieren, wirft die Gesamtschau der umrissenen Geistesgeschichte zumindest Fragen auf: Welche Verhältnismäßigkeit besteht zwischen den kurzen Abhandlungen zu zentralen Positionen wie der hermetischen Renaissancephilosophie beispielsweise eines Ficino (5 Seiten), Pico della Mirandola (8 Seiten) oder Paracelsus (10 Seiten) und einer reinen Zusammenstellung aller ägyptischen Pharaonen, babylonischen Herrscher und römischen Kaiser (6 Seiten)? Welchen Erkenntniswert haben Kurzkapitel zu zentralen Texten wie zum Beispiel das zur *Kabbala Denudata* (4 Seiten), das sich auf die Wiedergabe der Biografie Knorrs und die „überaus verwirrende Gliederung des Werkes" beschränkt, da alles andere, nicht zuletzt Zitatbelege aus der Sekundärliteratur, schon „aufgrund jener Gliederung eher verwirrend als hilfreich sind" (154)? Weniger wäre leider nur allzu oft mehr gewesen.

An welche Leserschaft schließlich wendet sich das Buch, das einerseits nichtkanonische Texte, Gruppen und Denker der letzten 2000 Jahre anzitiert, längere Zitate auf Latein nicht scheut und einiges an Vorwissen vorauszusetzen scheint, sich andererseits aber – sichtbar gerade dann, wenn Vorwissen existiert – leider häufig in einer reinen Zusammenstellung an Zitaten und Paraphrasen zu verlieren scheint? Diese wiederum sparen oft grundlegende Werke zu einzelnen Themen aus und wirken noch durch zum Teil massive sprachliche Unschärfen eines halb umgangssprachlichen Erzählstils nur bedingt überzeugend. Ein – willkürlich herausgegriffenes – Beispiel möge genügen: Welcher Informationsgehalt steckt in einer Aussage wie dieser zum religiösen Mysterium, „schlichtere Gemüter" würden „von diesen suprarationalen Lehren verwirrt und beunruhigt, so meinen manche Aufklärer" (53)? Selbst Gedanken, die für Kenner der Materie anregend wären, werden bedauerlicherweise auf diese Art in einem Konglomerat an Material versteckt, das Wichtiges und Unwichtiges, Durchdachtes und nur Angerissenes unvermittelt zusammenstellt und teilweise nicht einmal gefeit ist vor unfreiwilliger Komik, wenn es zum Beispiel selbstbewusst heißt, die reine Existenz der nun vorliegenden Studie zur Geschichte der Hermetik stoße den gängigen Glauben, „daß Esoterik/Hermetik per se eine Arkanwissenschaft, Geheimlehre sei" um (52). Als Fachbuch über Hermetik erscheint die Studie damit leider zu oberflächlich, als Einführungsbuch für Nichtkenner sicher zu unverständlich.

In Bezug auf die Religionskritik des Freigeists Johann Christian Edelmann ist die Frage nach Entwicklung, Einfluss und Ausprägung hermetischer Elemente sicher gut gestellt. Edelmann wird bis heute mehr oder weniger glücklich unter dem Prädikat „Spinozist" gefasst – das er selbst übrigens nie für sich in Anspruch nahm. Allerdings werfen auch die kurzen, auf die folgende Monografie Stockingers vorausdeutenden Kapitel Fragen auf. Verdienste sind sicherlich die akribisch recherchierten Stellen in Edelmanns Gesamtwerk, die auf seine Kenntnis einzelner Autoren schließen lassen und die Überprüfung der Zitate Edelmanns aus hermetischen Quellen auf deren korrekte oder wertend paraphrasierende Zitierweise. Allerdings bleibt zu fragen, warum Stockinger, wenn er schon die Geschichte der Hermetik im Hinblick auf Edelmann aufarbeitet, keine Folgerungen über die reine Feststellung möglicher Quellen hinaus zieht. Welche Rolle spielten diese hermetischen Quellen in Bezug auf Edelmanns eigenwillige Interpretation des Vernunftbegriffs oder in Bezug auf Edelmanns Gottesverständnis? Warum geht Stockinger schließlich auch hier kaum auf die Forschung ein? Warum erwähnt er den bis heute grundlegenden Beitrag zu Edelmann, nämlich Walter Grossmanns *Johann Christian Edelmann: From Orthodoxy to Enlightenment* (1976) nicht ein einziges Mal, obwohl sich bereits dort Hinweise auf Edelmanns Hermetikrezeption finden und beide, Grossmann wie Stockinger, Edelmanns Interesse an Robert Fludd nachgehen? Gleichzeitig findet sich die zutiefst problematische und erwiesenermaßen fehlerhafte Studie von Annegret Schaper *Ein langer Abschied vom Christentum: Johann Christian Edelmann (1698–1767) und die deutsche Frühaufklärung* (1996) kritiklos als Referenz, was bei einem Verfasser einer Edelmannmonografie geradezu unverständlich erscheint. Vermutlich bleibt einfach abzuwarten, ob der kommende Band diese Fragen beantworten wird.

Unbeantwortet bleiben allerdings die Fragen nach der ausgesprochen leseunfreundlichen Gestaltung des Bandes. Abgesehen von einer fehlenden gründlichen sprachlichen Überarbeitung der Studie und einem Irrgarten an Querverweisen auf zurückliegende oder kommende Kapitel/Bücher in den Fußnoten sei noch auf zwei Dinge hingewiesen: Gerade eine viele Aspekte nur kurz zitierende Studie hätte einer ausführlicheren Bibliografie und Verweise auf entsprechend weiterführende Literatur bedurft, gerade um sich nicht dem Verdacht auszusetzen, vieles übersehen zu haben. Denn was soll der interessierte Leser an dieser Stelle mit dem freundlichen Hinweis im Vorwort anfangen, dass diese Literatur „erstens in der angegebenen Spezialliteratur gefunden werden" kann und zweitens „Literaturrecherche im Zeitalter globaler Vernetzung durch das Internet kein mühevolles Unterfangen mehr" ist (VI)? Außerdem wäre in einem tausendseitigen, einzeilig in seriphenloser Schrift gedruckten Werk ein sorgfältig erstellter Index sicher eine große Hilfe gewesen. Diese allerdings wird bei einem computererstellten Index ärgerlich geschmälert, der zu zentralen – hier wahllos herausgegriffenen – Begriffen wie „Seele" eine halbe Seite an Fundstellen auflistet, von denen sich aber bei näherem Hinsehen fast 50 Seiten als in Einserschritten gezählte entpuppen.

Es ist zutiefst bedauerlich, dass die Besprechung einer Studie, die sicherlich in jahrelanger Arbeit entstanden ist, eine (fast) reine Aufzählung an Schwächen sein muss. Dies gilt umso mehr, da an vielen Stellen ein Engagement für die Thematik spürbar ist und ein Glaube ans Goethesche Diktum, dass, wer nicht von 3000 Jahren sich weiß Rechenschaft zu geben, bliebe im Dunkeln unerfahren und mag von Tag zu Tage leben. Es bleibt zu fragen, wieso nicht schon im Entstehungsprozess dieser Dissertation auf jene zutiefst problematischen methodischen, analytischen und sprachlichen Schwächen warnend – und vorbeugend – hingewiesen werden konnte.

Kristine Hannak   Tübingen

Johann Joachim Spalding: Religion, eine Angelegenheit des Menschen (¹1797; ²1798; ³1799; ⁴1806), hg. von Tobias Jersak und Georg Friedrich Wagner. Tübingen: Mohr Siebeck 2001 (J.J. Spalding, Kritische Ausgabe, hg. von Albrecht Beutel, Abt. 1: Schriften, Bd. 5), ISBN 3-16-147603-4.

Das Votum Kurt Nowaks, bei der Beschäftigung mit Epoche und Theologie der Aufklärung in der Evangelischen Theologie scheine es – „ungeachtet der allmählichen Entlastung der Forschung von Vorurteilen – noch immer um eine theologische Grundsatzentscheidung zu gehen" (Nowak: Vernünftiges Christentum. Leipzig 1999, 95 f.) fasst treffend die deutschsprachige Situation zusammen. Immer noch prägt in weiten Teilen der theologischen Landschaft das Urteil Martin Schmidts, die Aufklärung sei nicht aus der „eigenen Dynamik der christlichen Botschaft und Geschichte hervorgegangen, sondern von außen an sie herangekommen" (Schmidt, Art. „Aufklärung". In: TRE 4, 1979, 606) die Wahrnehmung der Aufklärung und ihrer theologischen sowie religionsphilosophischen Entwürfe als kirchen- oder religionsfeindliche Bewegung. Diese – selten wirklich historisch begründete – Meinung zeigt im Bereich der deutschsprachigen evangelischen Historiografie auch forschungs- und wissenschaftspolitische Konsequenzen, denn es erscheinen relativ wenige wissenschaftliche Qualifikationsarbeiten, die sich der Aufklärung widmen. Die Epoche der Aufklärung ist zwar – mit den Worten Kurt Nowaks gesprochen – keine „terra incognita mehr, allerdings auch kein dicht besiedeltes Gelände" (Nowak, 11). Neben den genannten Gründen hemmt die Aufklärungsforschung allerdings auch eine unbefriedigende Quellenlage. Viele Schriften aufgeklärter Theologen sind für Forschung und Lehre nur schwer zugänglich, Vergleiche zwischen differierenden Auflagen häufig nur mit erheblichen bibliothekarischen Bemühungen möglich.

Deshalb ist es sehr zu begrüßen, dass der Münsteraner Kirchenhistoriker Albrecht Beutel die verdienstvolle Aufgabe übernommen hat, eine „Kritische Ausgabe" der Werke Johann Joachim Spaldings (1714–1804) herauszugeben. Damit werden die Hauptschriften eines bedeutenden Exponenten der theologischen Aufklärung zugänglich und das dringende Desiderat einer wissenschaftlichen Neuausgabe beseitigt. Spaldings literarischer und praktischer Einfluss als Oberkonsistorialrat, Probst und Pfarrer in Berlin, wo er seit 1764 wirkte, lässt sich kaum überschätzen und harrt noch der wissenschaftlichen Bearbeitung. Zahlreiche seiner Schriften wurden zu weit verbreiteten aufklärerischen Programmschriften und prägten in der zweiten Hälfte des 18. Jahrhunderts maßgeblich das aufgeklärte Verständnis von Theologie und Religion. Spaldings praktische, theologische und religionsphilosophische Bedeutung rechtfertigt zweifelsohne das anspruchsvolle Unternehmen einer handlichen kritischen Ausgabe, die eine solide Basis für die vertiefte Erforschung Spaldings bieten dürfte.

Die projektierte Edition umfasst zwei Abteilungen. Die erste bietet in sechs Bänden Spaldings Hauptwerke, die zweite Predigten. Die als „wissenschaftliche Leseausgabe" (VII) konzipierte Edition bietet die Texte mit den Varianten der verschiedenen Auflagen. Knappe Einleitungen verorten die Schriften und ausführliche Register sowie Nachweise von Zitaten erleichtern Zugriff und Erschließung.

Der nun zuerst erschienene fünfte Band der ersten Abteilung bietet die Schrift „Religion, eine Angelegenheit des Menschen", die in erster Auflage 1797 anonym erschien. Ein Jahr später wurde sie mit Nennung des Verfassers überarbeitet neu aufgelegt. Dieser zweiten, erweiterten Auflage folgen zwei weitere 1799 und posthum 1806. Diese Schrift, die sich der elementaren Frage nach der Religion stellte, fand als Alterswerk und geistiges Vermächtnis des 82-jährigen Theologen reißenden Absatz und

wurde beispielsweise von Schleiermacher und Herder zur Lektüre empfohlen. Dies erstaunt nicht, denn Spalding war zum einen bei seinen
Zeitgenossen hoch angesehen und zum anderen richtete sich seine
Schrift an ein breiteres interessiertes Publikum. Der auch in der so
genannten „Volksaufklärung" bestimmenden Prämisse der „Publizität"
und Verständlichkeit folgte Spalding konsequent und er erklärte in für
ihn typischer Manier: „Man hat sie gern so ausgebreitet gemeinnützlich,
als möglich, machen wollen; und dieser Zweck würde bey der Menge
derer, die hierin Belehrung und Erweckung nöthig haben, und unter
diesen auch selbst bey solchen, die des vernünftigen, nur nicht schulge-
rechten, Denkens fähig und gewohnt sind, schwerlich durch die scharf-
bestimmte Sprache der tieferen Speculation zu erreichen gewesen seyn.
Es muß auch, sollte man denken, für Angelegenheiten, die allgemeine
Bedürfnisse betreffen, gewisse gemeinschaftliche Resultate geben, die
sich in einem, für den größeren Theil des lesenden Publicums faßlichen
Ausdrucke vortragen lassen, und die, ohne an ihrer hier erforderlichen
und auch hinreichenden Ueberzeugungskraft etwas zu verlieren, doch
zugleich auch die Empfindung näher berühren" (11).

Die Edition dieses Bandes, welche der Initiative der beiden Herausgeber zu verdanken ist und die sie noch während ihres Studiums ehrenamt-
lich erstellten, bietet den Text der zweiten Auflage. Diese plausible editorische Entscheidung orientierte sich am „Prinzip der Lesbarkeit", denn
dem „Leser soll fortlaufend der Text geboten werden, der die entsprechende Schrift am eindrücklichsten repräsentiert" (XV). Die drei weiteren Auflagen mit ihren enormen Überarbeitungen und Veränderungen
werden mittels Kleinbuchstaben annotiert. Nach der Lektüre der editorischen Hinweise und einer kurzen Zeit des Einlesens erschließt sich
rasch die bemerkenswerte herausgeberische Leistung von Tobias Jersak
und Georg Friedrich Wagner. Den beiden Herausgebern ist es gelungen,
unter Berücksichtigung der textlichen Modifikationen mit übersichtli-
chen textkritischen Zeichen einen gut lesbaren Text zu erstellen, der
bewusst auf Fußnoten verzichtet. Die Lektüre „einer nicht fortlaufend
gedruckten Auflage" ist durchaus praktikabel, gestaltet sich allerdings etwas mühevoller, als es die Editoren suggerieren (XVIII). Das umfangreiche Stichwort- und Sachregister ist indes sehr hilfreich. Der großzügige
Drucksatz sowie die sorgfältige Gestaltung des Bandes überzeugen. Dem
Anspruch eine „wissenschaftliche Leseausgabe" zu bieten, wird diese
herausragende editorische Leistung eindrücklich gerecht. In der Hoffnung auf ein zügiges Voranschreiten dieser „Kritischen Ausgabe" sind die
weiteren Bände mit Spannung zu erwarten.

Thomas K. Kuhn   Basel

Ulf-Michael Schneider: Propheten der Goethezeit. Sprache, Literatur und Wirkung der Inspirierten. Göttingen: Vandenhoeck & Ruprecht 1995 (Palaestra, 297) ISBN 3-525-20571-6 – 248 S.

Viel zu spät wird hier eine Göttinger germanistische Dissertation angezeigt, die der wichtigen Frage nachgeht, welchen Einfluss die Inspirationsbewegung auf die Entstehung des Geniebegriffs im 18. Jahrhundert hat. Dabei wird nicht weniger versucht, als Goethes dichterisches Selbstverständnis aus dem Pietismus herzuleiten – oder jedenfalls in historische Beziehung zu ihm zu setzen. Der besondere Reiz dieser literaturwissenschaftlichen Arbeit für die Pietismusforschung besteht darüber hinaus darin, dass sie ihre erhellenden Textinterpretationen mit der tief schürfenden Erschließung wichtiger Quellen der Inspirationsgemeinden im 18. Jahrhundert, insbesondere zu Johann Friedrich Rock, verbindet.

Die Arbeit hat fünf Teile neben einer Einleitung und einem Anhang. Im ersten Teil (S. 23–36) geht der Verfasser der Geschichte der Inspirationsgemeinden im 18. Jahrhundert nach. Hier bietet er einen weitgehend an der Forschungsliteratur orientierten Überblick über die Inspirationsgemeinden, flicht aber auch neue Beobachtungen aus seinem Quellenstudium ein. Der zweite Teil (S. 37–52) behandelt die Überlieferungsgeschichte und den Quellenwert der Inspirationsreden. Hier untersucht Schneider zum einen die Druckgeschichte der Inspirationsreden und erörtert zum anderen die Frage ihrer Authentizität. Im dritten (S. 53–107) und vierten Teil (S. 108–126) steht die schöpferische Produktion Johann Friedrich Rocks als „Autor" der Inspirationsreden im Mittelpunkt. Der fünfte Teil (S. 127–189) ist den konkreten biografischen Beziehungen der Träger des Geniegedankens zu den Inspirierten im 18. Jahrhundert gewidmet. Der Anhang (S. 193–242) bietet eine chronologische Übersicht über die Inspirationsreden von Johann Friedrich Rock aus den Jahren 1715–1749 mit genauer Datumsangabe, Ort und bibliografischem Nachweis. Dazu kommt eine Bibliografie der Drucke der Inspirationsgemeinden des 18. und 19. Jahrhunderts, die nur durch aufwändige Recherchen u. a. in der Forschungsbibliothek der noch heute in Amana (USA) bestehenden Inspirationsgemeinde möglich waren.

Die Arbeit besticht zunächst durch die konkrete Fragestellung und den konsequent die historischen Zusammenhänge in den Blick nehmenden Zugang. Dabei bietet sie eine wertvolle Erweiterung unserer Kenntnisse und unseres Verständnisses der Inspirationsgemeinden in Deutschland. Spannend wird es im 5. Kapitel, wo der Verfasser sein eigentliches Anliegen verfolgt, nämlich den Einfluss der Inspiriertenbewegung auf die Literatur des 18. Jahrhunderts, insbesondere auf den Geniegedanken, darzustellen. In einem ersten Abschnitt werden zunächst die Inspirierten mit der Schweizer Literatur (Ulrich Bräcker, Beat Ludwig von Muralt,

Johann Jacob Bodmer und Johann Jacob Breitinger) in Verbindung gebracht. In einem zweiten Abschnitt geht es um die Beziehung der Inspirierten zu Anthony Earl of Shaftesbury und schließlich – als Höhepunkt – um subtile Nachweise des Kontaktes des jungen Johann Wolfgang Goethe in Frankfurt zu den Inspirierten bzw. ihren Anhängern. Auf den ersten Blick erscheint das Ergebnis historisch eher enttäuschend, weil allenfalls eine gewisse Anverwandlung von Lebensformen der Inspirierten durch den jungen Goethe feststellbar ist, keineswegs aber eine Herleitung des Genie-Selbstverständnisses bei Goethe aus dem Geist der Inspirationsbewegung. Aber könnte der Ausweis einer „historischen Abhängigkeit" mehr erklären als es die Feststellung einer produktive Anverwandlung tut?

Markus Matthias   Halle (Saale)

Daniel Schmid: Heinrich Bosshard – ein Leben zwischen zwei Welten. Travaux sur la Suisse des Lumiéres, vol. IV. Genève: Editions Slatkine 2002. – 200 S., 1 Abb.

Es ist eher selten und lässt auf besondere Anerkennung schließen, wenn eine geisteswissenschaftliche Lizentiatsarbeit im Druck erscheint. Der Verfasser des zu rezensierenden Buches hat 1999 mit dieser Studie an der Philosophischen Fakultät der Universität Zürich sein akademisches Studium gekrönt. Der Betreuer der Arbeit, Kaspar von Greyerz, hat ihre Aufnahme in die Genfer Editionsreihe angeregt.

Schmid widmet sich der schweizerischen Volkskultur am Beispiel der Autobiografie „des kleinen Mannes" Heinrich Bosshard (1749–1815), der Zeit seines Lebens in der Gemeinde Elsau-Räterschen in der Region Winterthur (heute: Winterthur Land) gelebt hat. Um 1790 verfasste dieser den ersten Teil, der 1804 im Druck erschienen ist und 1810 durch einen Fortsetzungsband ergänzt wurde. Die Herausgabe des ersten Bandes besorgte der Schaffhauser Verleger Johann Georg Müller, der ihn vor dem Druck seinerseits bearbeitete. Den zweiten Teil gab sein Verfasser selbst heraus. Schmid stützt sich in Ermangelung des verloren gegangenen Originalmanuskripts auf diese Editionen. Müller war bekannt geworden durch die sechsbändige Ausgabe der „Bekenntnisse merkwürdiger Männer von sich selbst" (Winterthur 1791–1810). An Bosshards Lebensgeschichte werden die gravierenden gesellschaftlichen Veränderungen ablesbar, die in der zweiten Hälfte des 18. Jahrhunderts auch in der Schweiz vor sich gegangen sind und mit dem Einmarsch der französischen Truppen in die Eidgenossenschaft im politischen Bereich eine zusätzliche Belastung erfahren haben. Zugleich lässt sich an Bosshards Einbindung in das spätpietistische Beziehungsnetz, dessen Koordinaten mit den Namen Philipp Matthäus Hahn im süddeutschen Raum, Friedrich Oberlin im Elsaß und Johann Caspar Lavater in Zürich verbunden sind, eine erweckliche Frömmigkeitsebene Winterthur und Umgebung plastisch darstellen.

Der Tauner (Kleinbauer) Heinrich Bosshard ist neben Ulrich Bräker (1735–1798) der einzige bisher bekannte Landwirt im ausgehenden Ancien Régime in der Schweiz, der autobiografisch tätig war und publiziert wurde. Die Biografie von Kleinjogg (= Jakob Gujer, 1716–1785) hat hingegen der Zürcher Stadtarzt Johann Caspar Hirzel verfasst. Gegen Ende des 18. Jahrhunderts hat sich dieses Genre in der Literatur auffallend gehäuft. Für das 19. Jahrhundert sind im Zürcher Raum dazu noch die Volksdichter und Autobiografen Jakob Stutz (1801–1877) von Hittnau sowie die Bauernsöhne Gebrüder Jakob (1824–1879) und Heinrich Senn (1827–1915) von Fischental vergleichsweise heranzuziehen, allerdings unter veränderten gesellschaftspolitischen Verhältnissen.

Schmid geht bei seiner Darstellung von einem mikrohistorischen Ansatz – „eine Geschichte im Kleinen" (Hans Medick) – aus und fragt nach den Bedingungen und Wirkungsweisen, denen Bosshards Lebensvollzug unterliegt. Der wirtschaftliche und soziale Aufstieg vom Tauner zum Reformbauern und Erbauungsprediger steht im Zeithorizont volksaufklärerischer Bemühungen mit einer sichtbaren Aufwertung des Bauernstandes und dem verstärkten Interesse am „gelehrten Bauern". Dass sich dies nicht reibungs- und spannungslos vollzog, verdeutlicht der Autor am konkreten Beispiel Bosshards. Dessen Leben verlief zwischen den beiden Welten der bäuerlich-vorrevolutionären Gesellschaft und der damaligen Bildungselite. Als Autodidakt arbeitete er sich zwar hoch zu einem selbstdenkenden, vernunftorientierten Menschen, der sich dadurch von seinem bäuerlichen Stand zunehmend entfernte und trotzdem von den Gebildeten seiner Zeit nicht als gleichwertig anerkannt wurde. Die Ständegesellschaft war erst am Aufbrechen begriffen, obwohl die allmähliche Auflösung des bisher dominierenden agrarischen Klientelismus und die aufkommende Protoindustrialisierung bereits ihre Spuren in das Dorfleben einzugraben begannen.

Nach einem einleitenden Abriss zum Konzept des Autobiografen und seines Promotoren stellt Schmid dessen soziopolitisches und sozioökonomisches Umfeld dar, ordnet ihn ein in den Zusammenhang der Volksaufklärung und widmet sich schließlich dessen Beziehungen zum Spätpietismus. Ein Dokumentenanhang und das Schema der Selbstdarstellung Bosshards in seiner Autobiografie runden die Arbeit ab.

Bosshards Familie lebte nur knapp über dem Existenzminimum. Als Kuhhirte eines eher strukturschwachen Dorfes, späterer Tagelöhner und Landwirt, der sich auch kurzzeitig als Baumwollweber verdingte, bestritt er seinen Lebensunterhalt, benützte aber zugleich jede Gelegenheit zum geistigen Wachstum und zur Erweiterung seiner Kenntnisse, indem er außer der Bibel zahlreiche weitere Bücher las und zu verstehen suchte. Selbst um die Kenntnis der französischen Sprache bemühte er sich. Zu seiner weltlichen Lektüre gehörten vorwiegend Lebensgeschichten, die von der Antike (Plutarch) bis in seine unmittelbare Gegenwart (Johann Heinrich Jung-Stilling, Graf Nikolaus Ludwig von Zinzendorf) reichten. Im Vergleich mit dem literarischen Interesse eines Ulrich Bräker und Johann Ludewig lässt sich für Bosshard sagen, dass er neben theologisch-religiösen Schriften auch mit geografischer, historischer und philosophischer Literatur seiner Zeit vertraut war. Die Vermutung ist nicht von der Hand zu weisen, dass er mit letzterer vor allem durch seine Gönner aus der städtischen Bildungsschicht von Winterthur und Zürich vertraut wurde. Einerseits entsprach er dem volksaufklärerischen Ideal, andererseits entfremdete er sich dadurch von seiner sozialen Herkunft.

Seit seiner frühen Kindheit war ihm die Bibel mit ihren Geschichten ein ständiger Begleiter. Mit ihrer Hilfe erwarb er seine Lesefertigkeit. Schmids Darstellung überzeugt, dass der Verleger Müller maßgeblich beteiligt gewesen sein dürfte an der Erweiterung der autodidaktischen Fähigkeiten seines Klienten. Schrittweise vertiefte er sein literarisches und historisches Wissen, zu denen bald auch die Kenntnis sozioökonomischer Zusammenhänge hinzukam. Dies erscheint um so beachtenswerter, als seine schulische Ausbildung in einem Fiasko geendet hatte wegen der sozialen Ausgrenzung seiner Armut durch Mitschüler und Lehrer. So jedenfalls stellte es Müller in seiner Bearbeitung der Autobiografie dar und ließ damit – gemäß Schmid – die autodidaktischen Fähigkeiten Bosshards um so stärker aufstrahlen. Unbeirrt von seiner kindheitlichen Enttäuschung ließ sich Bosshard als erwachsener Mann von dem zu seiner Zeit aktuellen Gedanken mitreißen, die zunehmende Erweiterung der Erkenntnisse aus den Naturwissenschaften beispielsweise für die Landwirtschaft praktisch umzusetzen und damit einhergehend den Bauernstand schrittweise gesellschaftlich aufzuwerten sowie dessen wirtschaftliche Stellung aufzubessern. Ganz Europa erlebte zu jener Zeit die Bildung gemeinnütziger Gesellschaften. Als sich seit 1762 die Ökonomische Kommission in Zürich mit Preisfragen an die Bewohner der Landschaft Zürich wandte, beteiligte sich der Elsauer Kleinbauer wiederholt an den Aufgaben und wurde der erfolgreichste Teilnehmer. Er erwarb zahlreiche Preise. So blieb es nicht aus, dass er den Standard seines kleinen Landwirtschaftsbetriebs schrittweise heben konnte und schließlich als Muster- und Reformbauer galt. Als solcher wurde er sogar auserkoren, bei der Reform der Landwirtschaft im Fürstentum Dessau (Anhalt) mitzuwirken. Dass er an dieser Aufgabe scheiterte, dürfte weniger an seinen mangelnden Fähigkeiten gelegen haben als vielmehr am Widerstand der dortigen Großpächter gegen seine Reformideen.

Bis ins Alter hinein blieb der Reformbauer Bosshard seinem bibelbezogenen Denken treu. Er spürte eine Seelenverwandtschaft zum Pietismus. Dank seines Interesses für theologische Literatur wurde er mit den Schriften von Jakob Böhme, Johann Arndt und Graf von Zinzendorf, aber auch von Johann Albrecht Bengel, Philipp Matthäus Hahn und Friedrich Christoph Oetinger vertraut. Er las den katholischen Autor Johann Michael Sailer und die Neologen Johann Friedrich Jerusalem und Karl Friedrich Bahrdt. Mit der Basler Christentumsgesellschaft stand er in geistlichem Austausch. Dazu kamen persönliche Begegnungen unter anderem mit Lavater, Hahn und Oberlin, so dass er schließlich selbst als Erweckungsprediger auftrat. In Winterthur versammelte sich zeitweise ein pietistischer Zirkel um Bosshard, den er aber freiwillig verließ infolge Meinungsverschiedenheiten, um „im stillen [zu] wurken." Bosshard vertrat die Auffassung, dass jemand den göttlichen Heilsplan gemäß der Bibel erkennen kann dank seines Verstandes und nach einer bewussten Glaubensentscheidung. Daraus erwächst aber auch die Pflicht, für den Fortgang des Reiches Gottes tätig zu sein.

Es würde den gesetzten engen Rahmen dieser Examensarbeit sprengen, das pietistische Beziehungsnetz umfassender darzustellen. Insbesondere bleibt auch die Frage offen, inwieweit sich Bosshard mit den im Zürcher Oberland grassierenden radikalpietistischen und separatistischen Ideen und mit täuferischen Kreisen auseinandersetzte. Es gelingt dem Verfasser, das eher abschätzig gezeichnete Lebensbild Bosshards in Paul Wernles „Der Schweizerische Protestantismus im 18. Jahrhundert", Band 3, aufzuhellen und der Realität näher zu bringen. Weitere Studien zu Heinrich Bosshard und seinen übrigen Schriften, die im Quellenverzeichnis aufgelistet sind, sind erforderlich, um seine Bedeutung für das Zürcher Geistesleben und seine Stellung im spätpietistisch-erwecklichen Raum orten zu können.

Der vorliegenden Arbeit kommt das Verdienst zu, auf einen Mann aufmerksam gemacht zu haben, der in der lokal- und kirchenhistorischen Literatur lange Zeit vergessen war, wie sich angesichts der Fehlanzeige in Rudolph Pfisters Kirchengeschichte der Schweiz (1964 -1984) nachweisen lässt. Außer einer unveröffentlichten Lizentiatsarbeit von Gaby Meyer aus dem Jahre 1978 zu den Schriften Bosshards „als Ausdruck seines Selbstverständnisses" liegen keine weiteren beachtenswerten Studien vor. Um so erfreulicher ist es, dass die politische Gemeinde Elsau im Jahre 2005 dank der Förderung durch einen ansässigen Kulturfonds eine Volksausgabe der Autobiografie für ein interessiertes, lokales Publikum anstrebt, an der der Autor zentral mitwirkt. Ein schönes und nicht unmaßgebliches Zwischenergebnis unermüdlicher Kärrnerarbeit auf dem Feld historischer Forschung.

J. Jürgen Seidel   Zürich

Friedemann Burkhardt: Christoph Gottlob Müller und die Anfänge des Methodismus in Deutschland. AGP (Arbeiten zur Geschichte des Pietismus), Band 43. Vandenhoeck & Ruprecht, Göttingen 2003. 464 S. ISBN 3-525-55828-7.

Die Anfänge des Methodismus in Deutschland werden in diesem Band detailliert und sachkundig dargestellt. Burkhardt schließt damit eine wichtige historische Forschungslücke über die Missionstätigkeit des englischen Methodismus.

Die bisherige Erforschung des Methodismus in Deutschland widmete sich den Missionsbemühungen, die ab 1849 von Amerika aus unternommen wurden. Dies führte in manchen Darstellungen zum Bild, der Methodismus beginne in Deutschland erst richtig mit der Tätigkeit der Bischöflichen Methodistenkirche 1849 in Bremen. Natürlich war bekannt, dass der englische Methodismus mit Christoph Gottlob Müller (1785–1858) schon zuvor in Deutschland tätig war. Doch dieser Beginn wurde in seiner Bedeutung verkannt. Müller erschien als ein gutmütiger, aber organisatorisch wenig begabter Mann, dessen Einsatz einige Gruppen von Frommen innerhalb der württembergischen Landeskirche hinterließ. Wie unangemessen dieses Bild in Bezug auf Müller selber und auf das Resultat seiner Arbeit war, zeigt Burkhardts Forschung in überzeugender Weise. Burkhardt beschreibt es als sein zentrales Anliegen zu zeigen, „wie es Christoph Gottlob Müller als erstem gelang, methodistische Frömmigkeit in Deutschland nachhaltig zu beheimaten, dass von ihm auch der entscheidende Anstoß für die Aufnahme späterer nordamerikanischer methodistischer Missionen in Deutschland ausging und wie sein Leben und Wirken beispielhaft sind für den Protestantismus als eine internationale Bewegung in der ersten Hälfte des 19. Jahrhunderts" (Vorwort, 5).

In insgesamt zwölf Exkursen thematisiert Burkhardt Einzelfragen ebenso wie übergeordnete Zusammenhänge und flechtet sie in seine Darstellung ein. Seine Forschung bringt eine Fülle neuer Quellen zutage. Dabei handelt es sich keineswegs nur um inner-methodistische Quellen, obwohl auch hier, besonders für die Zeit Müllers in England, entscheidende Lücken geschlossen wurden. Burkhardt hat auch wichtiges Quellenmaterial aus landeskirchlichen Archiven und Berichten der Herrnhuter Reiseprediger zusammengetragen.

Ein erster Teil seiner Darstellung ist der Herkunft und Prägung Müllers in Württemberg gewidmet. Müller kam 1785 in einer Metzgersfamilie in Winnenden, Württemberg, zur Welt. Bereits sein Vater, Großvater und Urgroßvater waren dem Pietismus zugeneigt gewesen. Nach einer Gesellenzeit, die ihn nach Straßburg führte, brach Müller 1806 nach London auf, wo der jüngste Bruder seines Vaters lebte und eine Metzgerei führte.

Ein zweiter Teil behandelt das Leben und Wirken Müllers im Londoner Methodismus während 25 Jahren von 1806 bis 1831. Müller fand in London Anschluss an eine methodistische Gemeinde. Bei den Methodisten lernte er auch seine zukünftige Gattin kennen, die er 1813 heiratete. Ann Müller-Claridge litt seit dem Tod ihrer Schwester 1830 unter starken Depressionen, nachdem sie zuvor schon mehrere eigene Kinder verloren hatte. Als sie 1835 starb, waren ihr neun Kinder vorausgegangen und nur drei überlebten die Mutter. Angesichts solch tragischer familiärer Umstände tritt die Glaubenszuversicht und Schaffenskraft C. G. Müllers in London und später in Winnenden umso erstaunlicher hervor.

Burkhardt kann überzeugend nachweisen, dass Müller in der Londoner Zeit wichtige Aufgaben in methodistischen Gemeinden übernahm und zu einem überzeugten Vertreter methodistischer Glaubenspraxis wurde. Burkhardt folgt der älteren Darstellung Dieterles, dass Müller während seiner Londoner Zeit „wiederholt" (161, 175) seine Heimatstadt Winnenden besucht habe, kann aber vor 1830 nur für 1814 einen Besuch in den Quellen nachweisen (127 f.) und mag manche Leser durch die Bemerkung einer „fast fünfundzwanzigjährigen Abwesenheit" (162) verwirren.

In Zusammenhang mit Müllers Besuch 1830 entfaltet Burkhardt das Beziehungsgeflecht zwischen der Landeskirche mit dem Winnender Diakonus Heim, der pietistischen Versammlung im Haus der Eltern C. G. Müllers, dem Herrnhuter Reiseprediger Hafa und dem nun zu Besuch weilenden Methodisten Müller in diesem „Mikrokosmos der württembergischen Erweckungsbewegung" (174). Müllers persönliches Glaubenszeugnis führte zur Bildung einer Hausversammlung, die er nach methodistischer Weise gestaltete, und schließlich zu einer Erweckung, die rund vierzig Personen erfasste. Sogleich offenbarten sich auch methodistisch-herrnhutische Differenzen in der Bedeutung des Gesetzes für den Glaubenden. Burkhardt arbeitet klar heraus, dass Müllers Wirken von Beginn an eine eigenständige, typisch methodistische Gestalt hatte. Deshalb wird auch verständlich, dass Diakonus Heim, der Müller bei dessen Besuchen freundlich gesinnt war, sich deutlich gegen eine offizielle methodistische Gemeinschaftsarbeit aussprach, als Müller wenige Monate später als methodistischer Missionar ausgesandt werden sollte (190). Im März 1831, als Müller erneut Winnenden besuchte, traf er auf eine geschlossene kirchliche Opposition. Dennoch siedelte er im September mit seiner Familie nach Deutschland über.

Teil drei beschreibt die Tätigkeit Müllers als wesleyanischer Missionar in Deutschland von 1831 bis zu seinem Tod 1858 und nimmt etwas mehr als die Hälfte des Bandes ein. Burkhardt kann auch hier überzeugend nachweisen, wie sehr eine neue Interpretation von Müllers Wirksamkeit nötig ist. Der Aufbau methodistischer Gemeinschaften in Süddeutschland zeigte bereits unter Müller ein deutliches methodistisches Profil, erfolgte mit organisatorischer Fähigkeit und offenbarte den Willen, einen bleibenden, eigenständigen Typus der Erweckung in Deutschland zu beheimaten. Die Arbeit litt aber unter der mangelnden ideellen, finanziellen und personellen Unterstützung durch die wesleyanische Missionsgesellschaft in London und dies auch nach der begeisterten Reaktion auf den Besuch Müllers an der Jahresversammlung in London 1840 (289 ff.).

Unter den vielen Mosaiksteinchen, die Burkhardts Erforschung der Anfänge des Methodismus in Deutschland zu Tage förderte, seien nur einige wenige im Folgenden noch hervorgehoben. Nach Anzeigen gegen die Methodisten kam es im Winter 1836/37 zu einer Generalattacke mit Hausdurchsuchung gegen Müller, obwohl alle eingeforderten Berichte attestierten, dass sich Müller und seine Anhänger gegenüber der Landeskirche loyal und in der Teilnahme an Gottesdiensten und Abendmahlsfeiern geradezu vorbildhaft verhielten (255). Interessanterweise kam die Kreisregierung aufgrund der beschlagnahmten, typisch methodistischen Schriften (der deutschen Übersetzung von Wesleys Schrift *Der Charakter eines Methodisten* sowie seiner *Allgemeinen Regeln*) zur Überzeugung, dass es sich beim Methodismus um eine biblische Frömmigkeit handle, die gleich zu behandeln sei wie die pietistischen Versammlungen. Ein Nicht-Einschreiten der Behörden gegen die Methodisten bei Weiterführung der Überwachung (259, Anm. 194) sollte aber nicht als „Anerkennung" überschrieben werden, wie Burkhardt dies tut (253). Erste anerkennende Worte über Müllers Tätigkeit wurden erst später, 1841, im Kirchenblatt für die württembergischen Pfarrer durch den in der Zwischenzeit zum Stadtpfarrer von Winnenden ernannten Heim veröffentlicht (296 ff.). Zwischen diesen beiden Ereignissen hatte Müller der Diakonissenidee Th. Fliedners mit der Entsendung von vier Frauen aus der wesleyanischen Gemeinschaft, die zu den ersten Diakonissen in Kaiserswerth zählen sollten, die entscheidende Starthilfe gegeben (285 ff.). Interessant ist in diesem Zusammenhang auch der Exkurs zur Stellung der Frau im Müllerschen Gemeinschaftsbund (333 ff.).

Burkhardt beschreibt Müller als eine „charismatische Führergestalt, von der eine ganz besondere Ausstrahlung und Wirkung auf ihre Zeitgenossen ausging" (262), der in seiner Selbsteinschätzung aber realistisch blieb und „sich der Begrenztheit seines theologischen Wissens und seiner intellektuellen Fähigkeiten stets bewusst" war (263). Die Ausführungen zur Verkündigung Müllers (Exkurs 8, 260 ff.) sind aufschlussreich, wobei in methodistischer Perspektive der Frage nach dem Ziel des Heilswegs und damit der Frage nach der Bedeutung christlicher Vollkommenheit bzw. völligen, gegenwärtigen Heils (vgl. 264, Anm. 223) noch mehr Aufmerksamkeit geschenkt werden müsste.

Ab Kapitel sieben (bes. 299 ff.) kommt der bischöfliche Methodismus (der allerdings nicht von Wesley selber 1784 bischöflich verfasst wurde, 306 f.) mit in das Blickfeld, welcher 1835 einen deutschsprachigen

Zweig in Nordamerika und 1849 eine eigene Mission in Deutschland, zunächst im Auswandererzentrum Bremen, gründete. Burkhardt beschreibt die intensiven Beziehungen, die Müller zu diesem Zweig hatte, aber auch die eigenständige Position der wesleyanischen Methodisten als eines Gemeinschaftsbundes innerhalb der Landeskirche. Dass Müller sich zeitlebens gegen eine Trennung von der Landeskirche ausgesprochen habe (325), wird allerdings durch dessen Äußerung während der kurzen Zwischenzeit nach der Revolution von 1848 relativiert (366). Ab S. 368 ff. wird auch der Kontakt mit der ebenfalls aus Nordamerika stammenden „Evangelischen Gemeinschaft" beleuchtet. Das letzte Kapitel (383 ff.) macht deutlich, wie die beiden nordamerikanischen, methodistisch geprägten Kirchen, die Bischöfliche Methodistenkirche und die Evangelische Gemeinschaft, beide mit mehr Geld und Personal versehen waren als Müller. Beide stritten dann auch miteinander und gegenüber der Wesleyanischen Missionsgesellschaft darüber, wer das Werk Müllers übernehmen und weiterführen könnte (394). Die Missionsgesellschaft in London entschloss sich 1853/54 das Werk eigenständig weiterzuführen, was zu einer Reorganisation und verstärkten Unterstützung führte, bis sich die wesleyanischen Methodisten 1897 für die Eingliederung in die Bischöfliche Methodistenkirche entschieden.

Burkhardt legt eine überzeugende Darstellung von Person und Werk Christoph Gottlob Müllers vor, die in wesentlichen Gesamtaussagen ebenso wie in vielen kleinen Einzelergebnissen ältere Publikationen ersetzt. Der Band ist eine Überarbeitung der Dissertation, die Burkhardt im Sommer 2002 in München abschloss.

Patrick Streiff   Lausanne

Christoph Raedel: Methodistische Theologie im 19. Jahrhundert: Der deutschsprachige Zweig der Bischöflichen Methodistenkirche. KKR (Kirche – Konfession – Religion), Band 47. Vandenhoeck & Ruprecht, Göttingen 2004. 386 S. ISBN 3-525-56952-1.

Es handelt sich ebenfalls um einen Band, der auf eine Dissertation zurückgeht und zwar an der Martin-Luther-Universität Halle-Wittenberg. Und auch Raedel kommt das Verdienst zu, eine wichtige Forschungslücke geschlossen zu haben, hier nun im systematisch-theologischen Bereich. Raedels Arbeit zeichnet sich u. a. dadurch aus, dass er sowohl methodistische Topoi wie gänzliche Heiligung/christliche Vollkommenheit als auch zeitgeschichtliche Anliegen des 19. Jahrhunderts wie Apologetik deutlich herausarbeitet.

Auf breiter Basis hat Raedel Quellenmaterial aufgearbeitet (26). Dazu zählen insbesondere sämtliche Periodika des deutschsprachigen Methodismus bis 1900, Bücher, zahlreiche unveröffentlichte Manuskripte sowie Konferenzdokumente, soweit sie zugänglich waren. Wie Raedel selber ausführt, bleibt die Auswertung handschriftlicher Predigten ein Desiderat und man könnte eine Analyse der Gesangbücher und Traktate anfügen. Diese Beschränkung macht dem Wert der vorliegenden Arbeit keinen Abbruch, zeigt aber den Nachholbedarf an Forschung im systematisch-theologischen Bereich, nachdem eine rein historische Perspektive in vielen Veröffentlichungen der letzten Jahrzehnte im Vordergrund stand.

In Aufnahme und Weiterführung der theologiegeschichtlichen Einordnung des Methodismus durch Warren (1833–1929) sagt Raedel: „Bei unvoreingenommener Betrachtung erweist sich der deutschsprachige Methodismus des 19. Jh. als eine sowohl in apologetischer als auch in kontroverstheologischer Hinsicht vitale Bewegung, die ihrem *Formalprinzip* nach mit den Kirchen der Reformation übereinstimmt, deren *Materialprinzip* aber mit Einführung der Heiligung als ‚Central-Idee‘ modifiziert. In der nachfolgenden Untersuchung wird zudem von einem dritten, dem methodistischen *Medialprinzip*, zu sprechen sein. Denn nach Überzeugung des deutschsprachigen Methodismus ist das Christentum Erfahrungsreligion; christliche Theologie ist folglich Erfahrungstheologie." (23).

Nach einer Einleitung entfaltet Raedel in Kapitel 2 „die Heilsordnung als Grundstruktur methodistischer Theologie". Das vergleichsweise geringe Interesse an Berufung, Erleuchtung und Erweckung in methodistischer, theologischer Darstellung versteht Raedel auf dem Hintergrund des Ziels gänzlicher Heiligung, dem alle Aufmerksamkeit gewidmet ist (56 f.). Man wird ebenso aber auch beachten müssen, dass die bewusste Abgrenzung von calvinistischer Prädestinationslehre diese Verschiebung der Gewichtung beeinflusst. An manchen Stellen ließe sich noch deutlicher Wesleys Einfluss nachweisen (angetönt in 63, aber wenig ausgeführt mit Ausnahme des „Zeugnisses vom Heiligen Geist" bei Nast, 74), was zugleich helfen könnte, theologische Konstanten und Veränderungen zwischen Wesley und den deutschsprachigen Methodisten des 19. Jahrhunderts umfassender in den Blick zu bekommen. Raedel holt es zusammenfassend im letzten Kapitel seiner Darstellung nach. Zuzustimmen ist der Beobachtung, „als habe gerade die zentrale Bedeutung, die der Heiligungslehre für den deutschsprachigen Methodismus zukam, dazu geführt, dass der Sache nach eher marginale Differenzen wie unter einer Lupe vergrößert erschienen" (80). Hilfreich ist auch der Exkurs zur Entwicklung des Heiligungsverständnisses bei Nast (107 ff.), denn auch eine systematische Analyse kommt nicht darum herum, achtsam historische Veränderungen wahrzunehmen. Raedel fasst den Ertrag in diesem wie in allen weiteren Kapiteln mit einem Fazit hilfreich zusammen.

Kapitel 3 behandelt „kontrovers-theologische und konfessions-polemische Auseinandersetzungen", einerseits mit dem römischen Katholizismus und andererseits mit Lutheranern und Baptisten. Insbesondere in diesem Kapitel wäre es interessant der Frage nachzuspüren, inwiefern Unterschiede unter methodistischen Autoren auf ein unterschiedliches gesellschaftliches Umfeld, ob Europa oder Nordamerika, zurückzuführen sind (z. B. zwischen einerseits Sulzberger und Paulus und andererseits Nast in der Kindertaufe, 139).

Kapitel 4 ist der „Fundamental- und praktischen Apologetik" gewidmet und damit der Auseinandersetzung mit kirchlichem Rationalismus, mit Materialismus, Darwinismus und Wissenschaftspositivismus. Raedel weist eingangs sehr richtig darauf hin, dass die Erweckungstheologie des 19. Jahrhunderts „gegenüber den bezeichneten Geistesrichtungen nicht den Rückzug in die Innerlichkeit" antrat (162) und ortet den Grund im vorherrschenden Biblizismus: „Vielmehr setzte das Verständnis der Bibel als der alle Wirklichkeitsbereiche erschließenden Gottesoffenbarung Kräfte und Kreativität frei, um die notwendig erscheinende Auseinandersetzung vom Standpunkt eines positiven Offenbarungsglaubens aus zu führen" (162). Er entfaltet die Bedeutung der „Common-Sense"-Philosophie (163). Insgesamt wird die überragende Bedeutung Wilhelm Nasts für die theologische Prägung des deutschsprachigen Methodismus deutlich (Ausnahme: Michael Cramer, 187 ff.). Raedel fasst Nasts Position prägnant im Satz zusammen: „Nicht die vermeintliche Vernunftfeindlichkeit des Christentums, sondern die Offenbarungsfeindlichkeit des Rationalismus ist für Nast das Problem des sündigen Menschen." (178). Er stellt dar, wie die methodistische Konzentration auf die Heilsordnung den Ausschlag gab, ob neue wissenschaftliche Theorien, weil sie soteriologisch neutral waren, rezipiert wurden oder ob sie, weil sie soteriologische Überzeugungen in Frage stellten, abgelehnt wurden (z. B. 252 f.).

Kapitel 5 handelt vom „kirchlichen Bewusstsein und der theologischen Identität des deutschsprachigen Methodismus". Die von Raedel beobachtete Verschärfung der Kritik an den Staatskirchen nach 1870 hatte aber wohl nicht nur mit der Durchsetzung der Religionsfreiheit (290), sondern auch mit der Radikalisierung der Auseinandersetzung zwischen erwecklichen und liberalen Strömungen innerhalb der Landeskirchen zu tun. Raedel arbeitet heraus, wie die Identität des Methodismus, gerade in Bezug auf die Heiligungslehre, unterschiedlich akzentuiert wurde: als ein Setzen eigener Lehrakzente (Jacoby, Sulzberger), als Bewusstsein einer dem Methodismus eigentümlichen Lehre (Nast und andere) oder gar eines eigenständigen Lehrtypus (Warren), wobei zumindest angetönt bleibt, dass es nicht nur um die Lehre, sondern wesentlich um die Erfahrung und Praxis der Heiligung ging (320 f.).

Kapitel 6 fasst dann die wichtigen theologischen Linien noch einmal zusammen und zeigt Entwicklungen gegenüber der Theologie John

Wesleys auf. Dieser Überblick erlaubt, sowohl Einbettung wie auch Veränderung gegenüber der Gründergestalt der methodistischen Bewegung zu erfassen. Hilfreich und instruktiv sind auch die Kurzbiografien methodistischer Prediger am Ende des Bandes. Raedel legt mit seiner Monografie eine kenntnisreiche und differenzierte Darstellung der Theologie des deutschsprachigen Methodismus im 19. Jahrhundert vor.

Patrick Streiff   Lausanne

Nicholas Railton: Transnational Evangelicalism. The Case of Friedrich Bialloblotzky (1799–1869). Göttingen: Vandenhoeck & Ruprecht 2002 (AGP, 41). – 245 S.

Readers familiar with Nicholas Railton's *No North Sea: The Anglo-German Evangelical network in the Middle of the Nineteenth Century* (Leiden, Boston, Köln 2000) will find in his newest book an attempt to rescue from oblivion a Hanoverian Lutheran theologian of the nineteenth century. Railton's efforts have been rendered especially difficult given the destruction of primary sources on Bialloblotzky in the bombing of Hanover in 1943. Bialloblotzky's central importance lies in his commitment to the international links he attempted to forge between non-conformist Protestants in Germany, the United Kingdom, and North America, especially given his role as "the real pioneer of the Methodist mission to Germany" (17).

Unlike his contemporary August Tholuck, Bialloblotzky enjoyed neither an academic nor a church career having managed to alienate both church and state authorities in Göttingen where his preaching at St. Jacob's Church beginning in 1824 provoked an investigation that ended with his dismissal. The theologian's travels to Halle and Berlin and his correspondence with Tholuck might have been overlooked had he not also attempted to found a Bible study group that looked suspiciously like a conventicle. Railton concludes that Bialloblotzky somewhat inexplicably had failed "to study a third edict issued by King George II on 12 October 1740 outlawing pietistic conventicles" (70). Railton surveys the climate of censorship in the *Vormärz* and concludes that the general atmosphere in Hanover, combined with the young theologian's fascination for North America and England, with the resultant possibility that revivalist practices common there might crop up in Hanover "sealed Bialloblotzky's fate." The author dismisses the theologian's correspondence and contact with the Methodist Missionary Society and the Continental Society as cause for his dismissal. Moreover, no evidence survives that proves that Bialloblotzky actually intended or conducted conventicle worship services.

Arriving in London in October of 1827 Bialloblotzky devoted his efforts to the Wesleyan Methodist Missionary Society. Railton details his work in England, in Greece, and reminds us all that Bialloblotzky was a participant in the "first international, ecumenical conference in recent times, which took place in Freemasons Hall, Great Queen Street, in August and September 1846" (196). The Evangelical Alliance, Railton concludes, was nonetheless a predominantly non-conformist group that boasted only minimal Lutheran support, and the Alliance remains even today, largely unrecognized by German church historians. Railton's own sympathies with liberal non-conformist Protestantism is obvious in his dismissal of Lutheranism "bogged down in the mire of reconfessionalisation" (199).

For Bialloblotzky himself, a return to Göttingen as a lecturer in 1854 provided a chance to apply for a permanent appointment to the University Library. The negative assessment from the university's head librarian characterized the man as "amateurish" and unable to concentrate sufficiently in a systematic fashion calculated to produce "orderly activity" (213). Railton himself details the collapse of Bialloblotzky's marriage to an English wife (Sarah Maria Batley) in 1848 (202–203) and concludes that the man was a victim of a time in which the cross-currents of neo-confessionalism, rationalism, and neo-pietist evangelicalism were too much for him to navigate successfully.

This is a book that deserves a serious reading by anyone interested in the rise and collapse of the international evangelical missionary efforts of nineteenth-century Protestantism. The most problematic aspect of Railton's work, however, lies in the absence of a clear argument about what one is to make of Bialloblotzky. The simplest conclusion is that he was doubtless bright but simply ill-fated or ill-suited to reconcile his Lutheran theological training to his broader interests in Protestant missionary nonconforming activities. Railton is clearly an advocate for the "nondenominational Christianity" (245) Bailloblotzky both championed, and in the end, fell victim to. If it is true, as the author concludes, that "it was Methodism which really gripped Bialloblotzky's imagination" (230) one is still left puzzled about the man's inability to devote himself to that emerging denomination's future. Instead, he found himself already under investigation by 1831 for doctrinal error and finally dismissed by the London District of the Methodist Conference (158–61). Railton seems to disregard the importance of doctrinal unity rather too easily, and to excuse Bialloblotzky's own rather arrogant refusal to commit himself to one or another of the confessional traditions within which Protestant outreach actually occurred world-wide, even in an atmosphere that sought pan-Protestant cooperation wherever possible. That said, Railton has done students of trans-Atlantic Protestantism a real service in this painstaking attempt to recover a devoted internationalist who deserves to be remembered, if for no other reasons, than as a cautionary tale about the limits of ecumenical cooperation and the persistence of confessional and doctrinal differences that continue even today to reflect deeply rooted cultural, linguistic, and intellectual habits and commitments to specific dimensions of Protestant Christianity.

A. Gregg Roeber   University Park, Pennsylvania

BIBLIOGRAPHIE

UDO STRÄTER und CHRISTIAN SOBOTH

Pietismus-Bibliographie

unter Mitarbeit von: Shirley Brückner (Halle), Anne Pagel (Halle), Brigitte Klosterberg (Halle) und Peter Vogt (Niesky)
Anschrift für Bibliographie- und Rezensionsteil des Jahrbuchs:
Prof. Dr. Udo Sträter, Interdisziplinäres Zentrum für Pietismusforschung, Franckeplatz 1, Haus 24, 06110 Halle a.d. Saale

V.	Übergreifende Themen

V.01	Theologie und Frömmigkeit
V.02	Sozial- und Staatslehre, Pädagogik
V.03	Ökumene und Mission
V.04	Philosophie, Literatur und Kunst
V.05	Medizin, Naturwissenschaften und Psychologie
V.06	Ökonomie, Industrialisierung

Es gelten die Abkürzungen der TRE. Im Folgenden bedeutet:

ABQ	American Baptist Quarterly
AGP	Arbeiten zur Geschichte des Pietismus
AKG	Arbeiten zur Kirchengeschichte
ASSR	Archives de sciences sociales des religions
BBKL	Biographisch-bibliographisches Kirchenlexikon
BHTh	Beiträge zur historischen Theologie
BLT	Brethren life and thought
BOKG	Beiträge zur ostdeutschen Kirchengeschichte
BPfKG	Blätter für pfälzische Kirchengeschichte und religiöse Volkskunde
BSHPF	Bulletin de la Société de l'Histoire du Protestantisme Français
BSHST	Basler und Berner Studien zur historischen und systematischen Theologie
BWKG	Blätter für Württembergische Kirchengeschichte
ChH	Church history
ChM	Churchman
CrSt	Cristianesimo nella storia
CScR	Christian scholar's review
CTQ	Concordia Theological Quarterly
CV	Communio viatorum
DeP	Doctrina et Pietas
DVjs	Deutsche Vierteljahrsschrift für Literaturwissenschaft und Geistesgeschichte
DNR	Documentatieblad Nadere Reformatie
ETR	Études théologiques et religieuses
EvQ	The Evangelical quarterly
EvTh	Evangelische Theologie
FBPG	Forschungen zur brandenburgischen und preußischen Geschichte
FiHi	Fides et historia
FZPhTh	Freiburger Zeitschrift für Philosophie und Theologie
GeGe	Geschichte und Gesellschaft
GlLern	Glaube und Lernen
HThR	Harvard theological review
HoLiKo	Homiletisch-liturgisches Korrespondenzblatt
HS	Historische Studien
HSR	Historical Social Research/Historische Sozialforschung
HTS	Hervormde teologiese studies

JBBKG	Jahrbuch für Berlin-Brandenburgische Kirchengeschichte
JBLG	Jahrbuch für brandenburgische Landesgeschichte
JES	Journal of ecumenical Studies
JETh	Jahrbuch für evangelikale Theologie
JETS	Journal of the Evangelical Theological Society
JGNKG	Jahrbuch der Gesellschaft für Niedersächsische Kirchengeschichte
JHKGV	Jahrbuch der Hessischen Kirchengeschichtlichen Vereinigung
JLT	Literature and theology
JQR	Jewish Quarterly Review
JSKG	Jahrbuch für schlesische Kirchengeschichte
JWKG	Jahrbuch für westfälische Kirchengeschichte
KHÅ	Kyrkohistorisk årsskrift
KuD	Kerygma und Dogma
LuThK	Lutherische Theologie und Kirche
LuthQ	Lutheran Quarterly
MdKI	Materialdienst des Konfessionskundlichen Instituts Bensheim
MEKGR	Monatshefte für evangelische Kirchengeschichte des Rheinlandes
MennQR	Mennonite quarterly review
MethH	Methodist history
Miss	Missiology
MoTh	Modern theology
MuK	Musik und Kirche
MWF	Missionswissenschaftliche Forschungen
NAKG	Nederlands archief voor kerkgeschiedenis
NZfM	Neue Zeitschrift für Musik
ÖEBB	Ökumenische Existenz in Berlin-Brandenburg
OGE	Ons geestelijk erf
OiC	One in Christ. A catholic ecumenical review
PosLuth	Positions Luthériennes
PTh	Pastoraltheologie
PuN	Pietismus und Neuzeit
PWS	Pietist and Wesleyan studies
QSt	Quaderni storici
RestQ	Restoration quarterly
RExp	Review and expositor
RGG⁴	Religion in Geschichte und Gegenwart. 4. Aufl.
RHE	Revue d'histoire ecclésiastique
RHPhR	Revue d'histoire et de philosophie religieuses
RHR	Revue de l'histoire des religions
RKZ	Reformierte Kirchenzeitung
RoJKG	Rottenburger Jahrbuch für Kirchengeschichte
RSLR	Rivista di storia e letteratura religiosa
SCJ	The Sixteenth century journal
SDLKG	Studien zur deutschen Landeskirchengeschichte
SVRKG	Schriftenreihe des Vereins für Rheinische Kirchengeschichte
SZG	Schweizerische Zeitschrift für Geschichte
ThBeitr	Theologische Beiträge
ThFPr	Theologie für die Praxis

ThR	Theologische Rundschau
ThRef	Theologia reformata
TJT	Toronto journal of theology
TRE	Theologische Realenzyklopädie
TrSt	Trinity studies. Trinity Evangelical Divinity School
TrZ.B	Trierer Zeitschrift für Geschichte und Kunst des Trierer Landes – Beiheft
TThZ	Trierer theologische Zeitschrift
TynB	Tyndale bulletin
UnFr	Unitas Fratrum
WeZ	Wereld en Zending
WThJ	Westminster Theological Journal
WTJ	Wesleyan Theological Journal
ZBKG	Zeitschrift für bayerische Kirchengeschichte
ZfG	Zeitschrift für Geschichtswissenschaft
ZfR	Zeitschrift für Religionswissenschaft
ZGO	Zeitschrift für die Geschichte des Oberrheins
ZKG	Zeitschrift für Kirchengeschichte
ZMiss	Zeitschrift für Misson
ZNThG	Zeitschrift für neuere Theologiegeschichte
ZP	Zeitschrift für Pädagogik
ZPT	Zeitschrift für Pädagogik und Theologie
ZRGG	Zeitschrift für Religions- und Geistesgeschichte
ZSKG	Zeitschrift für schweizerische Kirchengeschichte
ZSl	Zeitschrift für Slawistik
ZSRG.K	Zeitschrift für Savigny-Stiftung für Rechtsgeschichte. Kanonistische Abteilung
ZThK	Zeitschrift für Theologie und Kirche
Zwing.	Zwingliana
ZWLG	Zeitschrift für württembergische Landesgeschichte

I. Allgemeines

I.01 Bibliographien, Forschungsberichte

1. Fritz, Eberhard: Pietismus und barocke Gesellschaft. Forschungsprobleme und -ansätze. In: Barock und Pietismus [s. Nr. 9], 38–43.
2. Klosterberg, Brigitte: Die Portraitsammlung der Bibliothek der Franckeschen Stiftungen. In: Mitteldeutsches Jahrbuch für Kultur und Geschichte 11, 2004, 318–320.
3. Pfarrerbuch der Kirchenprovinz Sachsen. Hg. v. Verein für Pfarrerinnen und Pfarrer der Evangelischen Kirche in der Kirchenprovinz Sachsen e. V. in Zusammenarbeit mit dem Interdisziplinären Zentrum für Pietismusforschung der Martin-Luther-Universität Halle-Wittenberg in Verbindung mit den Franckeschen Stiftungen zu Halle (Saale) und der Evangelischen Kirche der Kirchenprovinz Sachsen. Bd. 1: Biogramme A–Bo. Leipzig: Evangelische Verlagsanstalt 2003. – 493 S.
4. Pfarrerbuch der Kirchenprovinz Sachsen. Hg. v. Verein für Pfarrerinnen und Pfarrer der Evangelischen Kirche in der Kirchenprovinz Sachsen e. V. in Zusammenarbeit mit dem Interdisziplinären Zentrum für Pietismusforschung der Martin-Luther-Universität Halle-Wittenberg in Verbindung mit den Franckeschen Stiftungen zu Halle (Saale) und der Evangelischen Kirche der Kirchenprovinz Sachsen. Bd. 2: Biogramme Br–Fa. Leipzig: Evangelische Verlagsanstalt 2004. – 521 S.
5. Peucker, Paul u. Claudia Mai: Bibliographische Übersicht der Neuerscheinungen über die Brüdergemeine. In: UnFr 53/54 [s. Nr. 16], 201–210.
6. Sträter, Udo u. Christian Soboth: Pietismus-Bibliographie. In: PuN 30 [s. Nr. 11], 289–310.
7. Strom, Jonathan: Problems and promises of Pietism research. In: ChH 71, 2002, 536–554.
8. Wallmann, Johannes: Pietismus – ein Epochenbegriff oder ein typologischer Begriff? Antwort auf Hartmut Lehmann (zu PuN 29, 2003). In: PuN 30 [s. Nr. 11], 191–224.

I.02 Sammelwerke, Festschriften

9. Barock und Pietismus. Wege in die Moderne. Erschienen zur Ausstellung des Landeskirchlichen Museums Ludwigsburg vom 15. Mai–24. Oktober 2004. Hg. v. Werner Unseld. Ludwigsburg: Landeskirchliches Museum. – 177 S. – [enthält Nr. 1, 17, 120, 121, 123, 127, 131, 134, 136, 138, 141, 234, 258, 274]
10. Die Geburt einer sanften Medizin. Die Franckeschen Stiftungen zu Halle als Begegnungsstätte von Medizin und Pietismus im frühen 18. Jahrhundert. Hg. v. Richard Toellner. Halle: Verlag der Franckeschen Stiftungen zu Halle 2004. – 176 S. – [enthält Nr. 273, 276, 278, 279, 280, 281, 282, 283, 284]
11. Pietismus und Neuzeit. Ein Jahrbuch zur Geschichte des neueren Protestantismus. Bd. 30. Im Auftrag der Historischen Kommission zur Erforschung

des Pietismus hg. v. Martin Brecht, Friedrich de Boor, Rudolf Dellsperger, Ulrich Gäbler, Hartmut Lehmann, Arno Sames, Hans Schneider, Udo Sträter u. Johannes Wallmann. Göttingen: Vandenhoeck & Ruprecht 2004. – 328 S. – [enthält Nr. 6, 8, 164, 165, 166, 167, 169, 173, 177, 178, 259, 264]

12. Der Pietismus und seine Nachwirkungen im östlichen Europa. Hg. im Auftr. des Vereins für Ostdeutsche Kirchengeschichte und in Verbindung mit dem Ostkirchen-Institut Münster v. Peter Maser. Münster: Verein für Ostdeutsche Kirchengeschichte 2004 (Beiträge zur ostdeutschen Kirchengeschichte, 6). – VI, 194 S. – [enthält Nr. 157, 180, 225, 229, 230]

13. The Pietist Theologians. An Introduction to Theology in the Seventeenth and Eighteenth Centuries. Hg. v. Carter Lindberg. Malden, Mass. [u. a.]: Blackwell 2005. – [enthält Nr. 26, 33, 34, 44, 53, 74, 81, 87, 117, 133, 144, 195, 196, 197, 200, 224]

14. Schäfer, Gerhard u. Dieter Ising: Das Gute behalten, Abwege verhüten. Aufsätze zur württembergischen Kirchengeschichte. Metzingen/Württ.: Sternberg bei Ernst Franz 2004. – 192 S. – [enthält Nr. 128, 129, 130, 137, 143, 149]

15. Evangelische Seelsorgerinnen. Biografische Skizzen, Texte und Programme. Hg. v. Peter Zimmerling. Göttingen: Vandenhoeck & Ruprecht 2005. – 352 S. – [enthält Nr. 25, 80, 217]

16. Unitas Fratrum. Zeitschrift für Geschichte und Gegenwartsfragen der Brüdergemeine. Im Auftrag des Vereins für Geschichte und Gegenwartsfragen der Brüdergemeine hg. v. d. Evangelischen Brüder-Unität. Bd. 53/54. Herrnhut: Herrnhuter-Verl. 2004. – 220 S. – [enthält Nr. 5, 90, 91, 93, 95, 98, 99, 100, 101, 106, 107]

I.03 Gesamtdarstellungen, Gesamtwürdigungen

17. Beyreuther, Erich: Pietismus – eine Erscheinungsform des Barock. In: Barock und Pietismus [s. Nr. 9], 30–37.

18. Busch, Eberhard: Karl Barth & the Pietists. The Young Karl Barth's Critique of Pietism and Its Response. Downers Grove, Ill.: InterVarsity Press 2004. – [engl. Übersetzung]

19. Herzog, Frederik: European pietism reviewed. San Jose/Calif.: Pickwick 2003. – XV, 183 S.

20. Wallmann, Johannes: Der Pietismus. Göttingen: Vandenhoeck & Ruprecht 2005 (UTB, 2598). – 243 S.
[s. a. Nr. 165]

II. Vorgeschichte, begleitende Strömungen

21. Dölemeyer, Barbara: Die Reaktion deutscher Landesherren und Kirchen auf das Auftreten von Sekten im 17. und 18. Jahrhundert. In: Religiöser Pluralismus im vereinten Europa. Freikirchen und Sekten. Hg. v. Hartmut Leh-

mann. Göttingen: Wallstein Verlag 2005 (Bausteine zu einer europäischen Religionsgeschichte im Zeitalter der Säkularisierung, 6), 13–30.
22. Andreae, Johann Valentin: Gesammelte Schriften. Bd. 16: Theophilus. Kommentiert und eingel. v. Jirí Benes. Stuttgart-Bad Cannstadt: Frommann-Holzboog 2002. – 469 S.
23. Saage, Richard: Utopische Profile. Bd. 1: Renaissance und Reformation. Münster [u. a.]: LIT 2001. – 244 S. – [zu Johann Valentin *Andreae*: Christianopolis S. 119–142]
24. Petersen, Nils: Community-care und *Christianopolis*. Chancen einer christlichen Stadt oder verpasste Utopien? In: Diakonische Kirche. Anstöße zur Gemeindeentwicklung und Kirchenreform. FS für Theodor Strohm zum 70. Geburtstag. Hg. v. Arnd Götzelmann. Heidelberg: Winter 2003, 78–87.
25. Bitzel, Alexander: Catharina Regina von *Greiffenberg* (1633–1694). Dichtung zur Ehre Gottes und zum Trost der Menschen. In: Evangelische Seelsorgerinnen [s. Nr. 15], 64–81.
26. Ward, Patricia A.: Madame *Guyon* (1648–1717). In: The Pietist Theologians [s. Nr. 13], 161–174.
27. Bister, Ulrich u. Hedwig Durnbaugh: The Pietism of Johannes *Lobach*. In: BLT 47, 2002, 1–2, 89–94.
28. Knieriem, Michael: Der Lebenslauf des Wiedertäufers Johann *Lobach* (1683–1750). In: Geschichte im Wuppertal 11, 2002, 98–113.
29. Bernet, Claus: Ames, Caton, and Furly. Three *Quaker* Missionaries in Holland and North Germany in the Late Seventeenth Century. In: Freikirchenforschung 13, 2003, 242–260.
30. Sommer, Wolfgang: Art. „*Saubert*, Johann (d. Ä.)". In: RGG⁴ 7, 2004, 849.

III. Deutschland

III.01 Frömmigkeitsbewegung seit Johann Arndt

31. Daiber, Thomas: Die polnische Übersetzung von Johann *Arndts* „Wahren Christentum". In: ZSl 49, 2004, 3–24.
32. Neumann, Hanns-Peter: Natura sagax – Die geistige Natur. Zum Zusammenhang von Naturphilosophie und Mystik in der frühen Neuzeit am Beispiel Johann *Arndts*. Tübingen: Niemeyer 2004. – 280 S.
33. Wallmann, Johannes: Johann *Arndt* (1555–1621). In: The Pietist Theologians [s. Nr. 13], 1–20.
34. Bunners, Christian: Paul *Gerhardt* (1607–1676). In: The Pietist Theologians [s. Nr. 13], 52–67.
35. Wallmann, Johannes: Art. „*Schmidt*, Johann". In: RGG⁴ 7, 2004, 933 f.
36. Wallmann, Johannes: Art. „*Schmidt*, Sebastian". In: RGG⁴ 7, 2004, 935.
37. Peters, Christian: Art. „*Schupp*, Johann Balthasar". In: RGG⁴ 7, 2004, 1040.
38. Wallmann, Johannes: Art. „*Scriver*, Christian". In: RGG⁴ 7, 2004, 1083 f.
[s. a. Nr. 20, 161]

39. Hartmann, Frank: Johann Heinrich *Horb* (1645–1695). Leben und Werk bis zum Beginn der Hamburger pietistischen Streitigkeiten 1693. Tübingen: Verlag der Franckeschen Stiftungen im Max Niemeyer Verlag Tübingen 2004 (Hallesche Forschungen, 12). – XI, 389 S.

40. Blaufuß, Dietrich: „Pflanzgarten des Glaubens und dessen Früchten". Philipp Jacob *Speners* Predigt anläßlich der Eröffnung der ‚pietistischen‘ Universität *Halle*. In: Humanismus und Reformation. Historische, theologische und pädagogische Beiträge zu deren Wechselwirkung. Hg. v. Reinhold Mokrosch. Münster [u. a.]: LIT 2001, 154–169.

41. Blaufuß, Dietrich: „Scibile et pie". Adam *Rechenbergs* und Philipp Jacob *Speners* theologische Studienanleitungen – Wegweiser zur Aufklärung? In: Die Universität Leipzig und ihr gelehrtes Umfeld 1680–1780. Hg. v. Hanspeter Marti [u. a.]. Basel: Schwabe 2004, 329–358.

42. Krauter-Dierolf, Heike: Die Eschatologie Philipp Jacob *Speners*. Der Streit mit der lutherischen Orthodoxie um die „Hoffnung besserer Zeiten". Tübingen: Mohr Siebeck 2005 (BHTh, 131). – 376 S.

43. Proescholdt, Joachim u. Joachim Telschow: Bilder aus St. Katharinen. Ausstellung zum *Spenerjahr* 2005. Frankfurt/Main: Evangelischer Regionalverband 2004 (Schriftenreihe des Evangelisch-lutherischen Predigerministeriums Frankfurt am Main, 8). – 95 S.

44. Stein, K. James: Philipp Jakob *Spener* (1635–1705). In: The Pietist Theologians [s. Nr. 13], 84–99.

45. Tietz, Claudia: Zwei Briefe von Philipp Jakob *Spener* an Johann *Winckler* (Frankfurt a. Main 1681–1682). In: ZRGG 56, 2004, 271–278.

46. Wallmann, Johannes: Art. „*Spener,* Philipp Jakob". In: RGG⁴ 7, 2004, 1564–1566.

[s. a. Nr. 20]

III.03 August Hermann Francke und der hallische Pietismus

47. Pietist und Preußenkönig. Ein Dialog aus dem Jahr 1713. Vorwort von Thomas Müller-Bahlke. Halle: Verlag der Franckeschen Stiftungen zu Halle 2005. – 16 S.

48. Sieg, Hans Martin: Staatsdienst, Staatsdenken und Dienstgesinnung in Brandenburg-Preußen im 18. Jahrhundert (1713–1806). Studien zum Verständnis des Absolutismus. Berlin [u. a.]: de Gruyter 2003. – 430 S.

49. Rymatzki, Christoph: Hallischer Pietismus und Judenmission. Johann Heinrich *Callenbergs* Institutum Judaicum und dessen Freundeskreis (1728–1736). Tübingen: Verlag der Franckeschen Stiftungen im Max Niemeyer Verlag Tübingen 2004 (Hallesche Forschungen, 11). – 554 S.

50. Albrecht-Birkner, Veronika: August Hermann *Francke* in Glaucha und die Hallesche Stadtgeistlichkeit. Beobachtungen zu einem spannungsvollen Verhältnis (1692–1700). In: Die Marktkirche Unser Lieben Frauen zu Halle.

Hg. v. Sabine Kramer u. Karsten Eisenmenger. Halle: Janos Stekovics 2004, 39–46.

51. Albrecht-Birkner, Veronika: *Francke* in Glaucha. Kehrseiten eines Klischees (1692–1704). Tübingen: Verlag der Franckeschen Stiftungen im Max Niemeyer Verlag Tübingen 2004 (Hallesche Forschungen, 15). – 148 S.

52. Kramer, Gustav: August Hermann *Francke*. Ein Lebensbild. 2 Teile. Mit einem Vorwort von Thomas Müller-Bahlke u. einer Einleitung v. Udo Sträter. Ndr. d. Ausg. Halle a. S. 1880. Hildesheim [u. a.]: Olms 2004. – 25, XII, 312 S.; VIII, 522 S.

53. Matthias, Markus: August Hermann *Francke* (1663–1727). In: The Pietist Theologians [s. Nr. 13], 100–114.

54. Johann Anastasius *Freylinghausen* (1670 Gandersheim–1739 Halle). Lebens=Lauf eines pietistischen Theologen und Gesangbuchherausgebers. Katalog zur Ausstellung aus Anlass des Jubiläums „300 Jahre Freylinghausensches Gesangbuch". Hg. v. Wolfgang Miersemann. Halle: Verlag der Franckeschen Stiftungen zu Halle 2004. – 48 S.

55. *Freylinghausen*, Johann Anastasius: Grundlegung der Theologie. Mit einer Einl. hg. v. Matthias Paul. Ndr. der Ausg. Halle 1703, Hildesheim: Olms 2005. – 487 S.

56. Miersemann, Wolfgang: 1704. Johann Anastasius *Freylinghausen*: Geist=reiches Gesang=Buch. In: Mitteldeutsches Jahrbuch für Kultur und Geschichte 11, 2004, 209–214.

57. Axt, Eva-Maria: Die Franckeschen Stiftungen zu *Halle*. Studien zur Entstehungs- und Baugeschichte. Berlin: Lukas-Verlag 2004. – 191 S.

58. Klosterberg, Brigitte: Der Verlag der Buchhandlung des Waisenhauses zu *Halle*. Buchbestände, Archivalien und Projekte des Studienzentrums August Hermann Francke. In: Leipziger Jahrbuch zur Buchgeschichte 12, 2003, 421–431.

59. Loeffelmeier, Rüdiger: Die Franckeschen Stiftungen in *Halle* an der Saale von 1918–1946. Bildungsarbeit und Erziehung im Spannungsfeld der politischen Umbrüche. Tübingen: Verlag der Franckeschen Stiftungen im Max Niemeyer Verlag Tübingen 2004 (Hallesche Forschungen, 13). – 390 S.

60. Orde, Klaus vom: Der Beginn der pietistischen Unruhen in *Leipzig* im Jahr 1689. In: Die Universität Leipzig und ihr gelehrtes Umfeld 1680–1780 [s. Nr. 41], 359–378.

61. Steidele, Angela: In Männerkleidern. Das verwegene Leben der Catharina Margaretha *Linck* alias Anastasius Lagrantinus Rosenstengel, hingerichtet 1721. Biographie und Dokumentation. Köln [u. a.]: Böhlau 2004. – 250 S.

62. Geffarth, Renko: Politiker, Pädagoge, Stadtbürger. Zum 250. Geburtstag von August Hermann *Niemeyer* (1754–1828). In: Jahrbuch für hallische Stadtgeschichte 2004, 180–182.

63. Herrmann, Ulrich: Der Begründer der modernen Universitätspädagogik: August Hermann *Niemeyer*. In: Neue Sammlung 44, 2004, 359–382.

64. Klosterberg, Brigitte: August Hermann *Niemeyer*. 1. September – 250. Geburtstag. In: Mitteldeutsches Jahrbuch für Kultur und Geschichte 11, 2004, 261–263.

65. Licht und Schatten. August Hermann *Niemeyer*. Ein Leben an der Epochenwende [anlässlich der Ausstellung vom 23. Mai bis 7. November 2004,

Franckesche Stiftungen zu Halle]. Hg. v. Brigitte Klosterberg. Halle: Verlag der Franckeschen Stiftungen zu Halle 2004. – 313 S.

66. Sträter, Udo: Art. „*Rambach*, August Jakob". In: RGG⁴ 7, 2004, 32.
67. Sträter, Udo: Art. „*Rambach*, Johann Jakob". In: RGG⁴ 7, 2004, 31 f.
68. Miersemann, Wolfgang: Art. „*Richter*, Christian Friedrich". In: RGG⁴ 7, 2004, 508.
69. Sträter, Udo: Art. „*Rogall*, Georg Friedrich". In: RGG⁴ 7, 2004, 569.
70. Wallmann, Johannes: Art. „*Schade*, Johann Caspar". In: RGG⁴ 7, 2004, 856.
71. Fehr, James Jakob: „Ein wunderlicher nexus rerum". Aufklärung und Pietismus in Königsberg unter Franz Albert *Schultz*. Hildesheim [u. a.]: Olms 2005 (Studien und Materialien zur Geschichte der Philosophie, 66). – 339 S.
72. Koch, Ernst: Art. „*Starcke*, Christoph". In: RGG⁴ 7, 2004, 1688.
73. Albrecht-Birkner, Veronika: Art. „*Steinmetz*, Johann Adam". In: RGG⁴ 7, 2004, 1704 f.
[s. a. Nr. 20, 151, 152, 268, 280, 281, 284]

III.04 Radikaler Pietismus

74. Erb, Peter C.: Gottfried *Arnold* (1666–1714). In: The Pietist Theologians [s. Nr. 13], 175–189.
75. Goldschmidt, Stephan: Johann Conrad *Dippel* und die Aufklärung. In: Aufklärung in Hessen. Facetten ihrer Geschichte. Hg. v. Bernd Heidenreich. Wiesbaden: Hessische Landeszentrale für politische Bildung 1999, 95–106.
76. Shantz, Douglas H.: David Joris, Pietist Saint. The appeal to Joris in the writings of Christian *Hoburg*, Gottfried *Arnold* and Johann Wilhelm *Petersen*. In: MennQR 78, 2004, 3, 415–432.
77. Breymayer, Reinhard: Eine unbekannte Koranerklärung in der Bibliothek von Goethes Vater: „Elias mit dem Alcoran Mahomeds". Über das wiedergefundene Werk des Radikalpietisten Johann Daniel *Müller* aus Wissenbach (Nassau). Ein Fundbericht. Tübingen: Noûs-Verlag Thomas Leon Heck 2004. – 32 S.
78. Albrecht, Ruth: Pietistische Schriftstellerin und Theologin. Johanna Eleonora von *Merlau-Petersen* (1644–1724) mit Editionsteil. In: Weisheit – eine schöne Rose auf dem Dornenstrauche. Hg. v. Elisabeth Gössmann. München: Iudicium 2004 (Archiv für philosophie- und theologiegeschichtliche Frauenforschung, 8), 123–196.
79. Albrecht, Ruth: Johanna Eleonora *Petersen*. Theologische Schriftstellerin des frühen Pietismus. Göttingen: Vandenhoeck & Ruprecht 2005 (AGP, 45). – 424 S.
80. Albrecht, Ruth: Johanna Eleonora *Petersen* (1644–1724). Eine engagierte und streitbare Schriftstellerin. In: Evangelische Seelsorgerinnen [s. Nr. 15], 82–102.
81. Jung, Martin H.: Johanna Eleonora *Petersen* (1644–1724). In: The Pietist Theologians [s. Nr. 13], 147–160.
82. Kornmann, Eva: Ich, Welt und Gott. Autobiographik im 17. Jahrhundert.

Köln [u. a.]: Böhlau 2004 (Selbstzeugnisse der Neuzeit, 13). – X, 357 S. – [II.A Protestantische und pietistische Autobiographie/ zu Johanna Eleonora *Petersen*, Johann Wilhelm *Petersen* [u. a.] S. 102–185].

83. Schneider, Hans: Art. „*Ronsdorfer* Sekte". In: RGG⁴ 7, 2004, 629.
84. Weigelt, Horst: Art. „*Rosenbach*, Johann Georg". In: RGG⁴ 7, 2004, 631.
85. Wallmann, Johannes: Art. „*Schütz*, Johann Jakob". In: RGG⁴ 7, 2004, 1043.
[s. a. Nr. 20, 275]

III.05 Reformierter Pietismus

86. Wallmann, Johannes: Art. „*Schurman*, Anna Maria van". In: RGG⁴ 7, 2004, 1041.
87. Ludewig, Hansgünter: Gerhard *Tersteegen* (1697–1769). In: The Pietist Theologians [s. Nr. 13], 190–206.
[s. a. Nr. 20, 113, 188, 212]

III.06 Zinzendorf und die Herrnhuter Brüdergemeine

88. Carstens, Benigna: Frauen in der Herrnhuter Gemeine. In: Freikirchenforschung 13, 2003, 47–52.
89. Friedrich, Bernd-Ingo: Herrnhuter Papier. In: Marginalien. Zeitschrift für Buchkunst und Bibliophilie 176, 2004, 30–36.
90. Günther, Walther: Zerstreuung und Sammlung. In: UnFr 53/54 [s. Nr. 16], 92–106.
91. Hahn, Hans-Christoph: Vom Umgang mit Erinnerung in der Brüdergemeine. In: UnFr 53/54 [s. Nr. 16], 43–65.
92. Hamilton, J. Taylor u. Kenneth G. Hamilton: Die erneuerte Unitas Fratrum 1722–1957. Geschichte der Herrnhuter Brüdergemeine. Bd. 2: 1857–1957. Herrnhut: Herrnhuter-Verl. 2003 (Beiheft zur Unitas Fratrum, 6). – S. 385–984.
93. Keßler-Lehmann, Margrit: Schulen und Werke in der Brüdergemeine von 1945–1949. In: UnFr 53/54 [s. Nr. 16], 136–160.
94. Klink, Cornelia: Das menschliche Bildungsverständnis in der Mission der Herrnhuter Brüdergemeine. Weltgesellschaft, Globalisierung und Menschheit im pädagogischen Sprachgebrauch. In: Katholische Bildung 104, 2003, 7–8, 301–311.
95. Knothe, Joachim: Jugendarbeit der Brüdergemeine 1945–1949. In: UnFr 53/54 [s. Nr. 16], 115–136.
96. Lost, Christine: „Gehorsam fühlt sich meine Seele am schönsten frei". Bildungsgeschichten in Herrnhuter Lebensläufen. In: Zeitschrift für Museum und Bildung 59, 2003, 30–42.
97. Mettele, Gisela: Theologische Gelehrsamkeit versus innere Erfahrung. Narrative Theologie in der Herrnhuter Brüdergemeine des 18. Jahrhunderts. In: Nonne, Königin und Kurtisane. Wissen, Bildung und Gelehrsamkeit von

Frauen in der Frühen Neuzeit. Hg. v. Michaela Hohkamp u. Gabriele Jancke. Königstein/Ts.: Helmer 2004, 109–121.

98. Reichel, Hellmut: Die Losungen. In: UnFr 53/54 [s. Nr. 16], 107–114.

99. Reichel, Hellmut: Die Teilung der Deutschen Unitätsdirektion 1945. In: UnFr 53/54 [s. Nr. 16], 83–91.

100. Schiewe, Helmut u. Henning Schlimm: Schuld und innere Besinnung. In: UnFr 53/54 [s. Nr. 16], 13–42.

101. Schiewe, Helmut: Ende der Arbeit der Brüdergemeine in den ehemals deutschen Ostgebieten und in Polen nach Flucht und Vertreibung am Ende des Zweiten Weltkrieges. In: UnFr 53/54 [s. Nr. 16], 66–82.

102. Schmid, Pia: Frömmigkeitspraxis und Selbstreflexion. Lebensläufe von Frauen der Herrnhuter Brüdergemeine aus dem 18. Jahrhundert. In: ZP 50, 2004, Beiheft 48, 48–57.

103. Schuster, Susanne: Dissens und neue Gemeinschaft. Pietismus und Herrnhuter in Thüringen. In: Neu entdeckt. Thüringen – Land der Residenzen (1485–1918). Hg. v. Konrad Scheurmann u. Jördis Frank. Mainz/Rhein: von Zabern 2004, 191–200.

104. Schwarz, Karl: Zur gesetzlichen Anerkennung der Herrnhuter Brüderkirche 1880. In: Österreichisches Archiv für Recht und Religion 50, 2003, 481–497.

105. Vogt, Peter: Taufe als Tor zu neuem Leben – Initation wohin? Das Taufverständnis der Herrnhuter Brüdergemeine. In: Glaube und Taufe in freikirchlicher und römisch-katholischer Sicht. Hg. v. Walter Klaiber u. Wolfgang Thönissen. Paderborn: Bonifatius 2005, 173–190.

106. Wenzel, Hans-Michael: Wirtschaft und Finanzen der Deutschen Brüder-Unität 1945–1949. In: UnFr 53/54 [s. Nr. 16], 161–181.

107. Wenzel, Hans-Michael: Die Abraham *Dürninger* Stiftung 1945–1949. In: UnFr 53/54 [s. Nr. 16], 182–191.

108. Keßler-Lehmann, Margrit: *Neusalz/Oder* – eine Herrnhuter Brüdergemeine in Schlesien (1744–1946). Herrnhut: Herrnhuter-Verl. 2003 (Beiheft der Unitas Fratrum, 9). – 153 S.

109. Zimmerling, Peter: Anna *Nitschmann* (1715–1760). Seelsorge unter Frauen. In: Evangelische Seelsorgerinnen [s. Nr. 15], 103–123.

110. Meyer, Dietrich: Art. „*Rothe*, Johann Andreas". In: RGG⁴ 7, 2004, 645 f.

111. Meyer, Dietrich: Art. „*Schrautenbach*, Ludwig (Louis) Carl Frhr. v.". In: RGG⁴ 7, 2004, 1001.

112. Meyer, Dietrich: Art. „*Spangenberg*, August Gottlieb". In: RGG⁴ 7, 2004, 1535 f.

113. Meyer, Dietrich: Art. „*Steinhofer*, Friedrich Christoph". In: RGG⁴ 7, 2004, 1703 f.

114. Cassese, Michele: Nikolaus Ludwig von *Zinzendorf* ei Fratelli Moravi. La missione ai „pagani" nel Settecento. In: RSLR 39, 2003, 503–541.

115. Schatull, Nicole: Die Liturgie in der Herrnhuter Brüdergemeine *Zinzendorfs*. Tübingen: Francke 2005 (Mainzer hymnologische Studien, 14). – 263 S.

116. Schumann, Arndt D.: Menantes und *Zinzendorf*. Der Barockpoet und der Gründer der Brüdergemeine. In: Palmbaum. Literarisches Journal aus Thüringen 12, 2004, 3/4, 137–141.

117. Vogt, Peter: Nicholas Ludwig von *Zinzendorf* (1700–1760). In: The Pietist Theologians [s. Nr. 13], 207–223.
118. Vogt, Peter: „Keine innewohnende Vollkommenheit in diesem Leben!" *Zinzendorfs* Einspruch gegen die Heiligungslehre John *Wesleys*. In: ThFPr 30, 2004, 1–2, 68–82.
119. Zimmerling, Peter: *Zinzendorf* als Prediger. In: PTh 93, 2004, 5, 332–342.
[s. a. Nr. 20, 84, 166, 228, 249, 250, 265, 285]

III.07 Württembergischer Pietismus

120. Breymayer, Reinhard: „Ja alle Wissenschaft/ sie nutzt auch hier und dort". Der Pietismus und die Schatzkammern des Wissens. In: Barock und Pietismus [s. Nr. 9], 57–65.
121. Ehmer, Hermann: Das württembergische Pietistenreskript von 1743. In: Barock und Pietismus [s. Nr. 9], 44–49.
122. Ehmer, Hermann: An der Schwelle der endzeitlichen Ereignisse. Separation und Auswanderung aus Württemberg zwischen der Französischen Revolution und dem Jahre 1836. In: Mecklenburgia Sacra 5, 2003, 183–201.
123. Föll, Renate: Eine Stunde ist eine Stunde. Protokoll einer Hahn'schen Gemeinschaftsstunde. In: Barock und Pietismus [s. Nr. 9], 100–102.
124. Frauer, Hans-Dieter: Der breite und der schmale Weg. Pietismus in Personen. Bad Liebenzell: Verlag der Liebenzeller Mission 2003. – 96 S.; Ill.
125. Gleixner, Ulrike: Pietismus und Bürgertum. Eine historische Anthropologie der Frömmigkeit. Göttingen: Vandenhoeck & Ruprecht 2005 (Bürgertum. Neue Folge, 2). – 512 S.; Ill.
126. Gleixner, Ulrike: Familie, Traditionsstiftung und Geschichte im Schreiben von pietistischen Frauen. In: Frauen in der Stadt. Selbstzeugnisse des 16.–18. Jahrhunderts. 39. Arbeitstagung in Heidelberg des Südwestdeutschen Arbeitskreises für Stadtgeschichtsforschung vom 17.–19. November 2000. Hg. v. Daniela Hacke. Stuttgart: Thorbecke 2004, 131–163.
127. Holtz, Sabine: Barocke Subjektivität. Leben zwischen selbstgerechtem Tun und frommem Lassen. In: Barock und Pietismus [s. Nr. 9], 66–69.
128. Schäfer, Gerhard: Das Gute behalten, die Abwege aber verhüten. Zur Geschichte des württembergischen Pietismus. In: Das Gute behalten, Abwege verhüten [s. Nr. 14], 17–46.
129. Schäfer, Gerhard: Das Haus Württemberg und die Evangelische Kirche. In: Das Gute behalten, Abwege verhüten [s. Nr. 14], 85–104.
130. Schäfer, Gerhard: Der württembergische Pietismus und die deutsche Schule. In: Das Gute behalten, Abwege verhüten [s. Nr. 14], 139–150.
131. Unseld, Werner: Barock und Pietismus. Wege in die Moderne. Einleitung. In: Barock und Pietismus [s. Nr. 9], 10–13.
132. *Bengel,* Johann Albrecht: Denksprüche. Ein Lesebuch zum Gnomon. Hg. v. Heino Gaese. Tübingen: Francke 2004. – 171 S.
133. Ehmer, Hermann: Johann Albrecht *Bengel* (1687–1752). In: The Pietist Theologians [s. Nr. 13], 224–238.

134. Jung, Martin H.: Dem goldenen Zeitalter entgegen. Johann Albrecht *Bengels* Eschatologie. In: Barock und Pietismus [s. Nr. 9], 50–53.
135. Maurer, Bernhard: Pietistisches Urgestein aus Württemberg. Johann Albrecht *Bengel* (1687–1752) und Friedrich Christoph *Oetinger* (1702–1782). In: Glaube und Denken. Jahrbuch der Karl-Heim-Gesellschaft 17, 2004, 89–113.
136. Ehmer, Hermann: Der schwäbische Salomo. Johann Friedrich *Flattich* 1713–1797. In: Barock und Pietismus [s. Nr. 9], 89–93.
137. Schäfer, Gerhard: Michael *Hahn*. In: Das Gute behalten, Abwege verhüten [s. Nr. 14], 69–84.
138. Schöllkopf, Wolfgang: Bauen und Erbauung. Der erste Ludwigsburger Schlossbaumeister Philipp Joseph *Jenisch* zwischen Barock und Pietismus. In: Barock und Pietismus [s. Nr. 9], 76–81.
139. Fabry, Jacques: Du Piétisme à la théosophie: Johann Heinrich *Jung-Stilling* (1740–1817). In: Ésotérisme, gnoses & imaginaire symbolique. Hg. v. Garry Trompf u. Wounter J. Hanegraaff. Leuven: Peeters 2001, 267–278.
140. Mehnert, Gottfried: Zum Briefwechsel *Jung-Stillings* mit *Sailer*. In: JHKGV 55, 2004, 275–287.
141. Zückert, Hartmut: „Möge Gott dem Land die Züchtigung ersparen, welche die Ludwigsburger Sinnebrunst heraufbeschwöret". *Ludwigsburg* – „Lumpenburg". In: Barock und Pietismus [s. Nr. 9], 14–21.
142. Breymayer, Reinhard: Art. „*Oetinger*, Friedrich Christoph". In: Dictionary of Gnosis and Western Esotericism. Bd. 2. Hg. v. Wounter J. Hanegraaff. Leiden [u. a.]: Brill 2005, 889–894.
143. Schäfer, Gerhard: Friedrich Christoph *Oetinger*. In: Das Gute behalten, Abwege verhüten [s. Nr. 14], 47–68.
144. Weyer-Menkhoff, Martin: Friedrich Christoph *Oetinger* (1702–1782). In: The Pietist Theologians [s. Nr. 13], 239–255.
145. Dober, Hans Martin: Christian *Palmer*. Ein Praktischer Theologe im Zeitalter der bürgerlichen Denk- und Lebensform. In: BWKG 103, 2003, 197–213. – Ill.
146. Jung, Martin H.: Art. „*Roos*, Magnus Friedrich". In: RGG[4] 7, 2004, 629.
147. Kirn, Hans-Martin: Art. „*Storr*, Johann Christian". In: RGG[4] 7, 2004, 1749.
148. Jung, Martin H.: Art. „*Sturm*, Beata". In: RGG[4] 7, 2004, 1807.
149. Schäfer, Gerhard: Theophil *Wurm*. In: Das Gute behalten, Abwege verhüten [s. Nr. 14], 151–160.
[s. a. Nr. 20, 113, 240, 273]

III.08 Regionalgeschichte

150. Ebert, Berthold: Höhere Bildung in *Aschersleben* im Spannungsfeld von Pietismus, Philanthropismus und Neuhumanismus. In: 1250 Jahre Aschersleben im Spiegel der Geschichte. Protokoll des Kolloquiums anläßlich der 1250-Jahrfeier der Stadt Aschersleben am 6. September 2003 in Aschersle-

ben. Hg. v. Cornelia Kessler. Halle: Landesheimatbund Sachsen-Anhalt 2003, 53–68; Ill.

151. Peters, Christian: „Hochgeehrtester Herr Professor . . .". *Mindener* Briefe an August Hermann *Francke*. In: JWKG 99, 2004, 183–288.

152. Peters, Christian: Johann Carl *Opitz* (1688–1756). August Hermann *Franckes* Gewährsmann in Minden. In: JWKG 99, 2004, 153–181.

153. Gummelt, Volker: Art. „*Rußmeyer, Michael Christian*". In: RGG⁴ 7, 2004, 703.

154. Buß, Uwe: Johann Friedrich *Starck* (1680–1756). Leben, Werk und Wirkung eines Pietisten der dritten Generation. Darmstadt: Hessische Kirchengeschichtliche Vereinigung 2004 (Quellen und Studien zur hessischen Kirchengeschichte, 10). – 306 S.

155. Wallmann, Johannes: Art. „*Starck*, Johann Friedrich". In: RGG⁴ 7, 2004, 1688.

[s. a. Nr. 60, 158, 164, 192]

III.09 Orthodoxie und Aufklärung in ihren Beziehungen zum Pietismus

156. Gierl, Martin: „The triumph of truth and innocence". The rules and practice of theological polemics. In: Little tools of knowledge. Historical essays on academic and bureaucratic practices. Hg. v. Peter Becker. Ann Arbor/Mich.: Univ. of Michigan Press 2001, 35–66.

157. Greschat, Martin: Orthodoxie und Pietismus. In: Der Pietismus und seine Nachwirkungen im östlichen Europa [s. Nr. 12], 1–10.

158. Goebel, Karl Gottfried: Johann Christian *Lange* (1669–1756). Seine Stellung zwischen Pietismus und Aufklärung. Darmstadt: Hessische Kirchengeschichtliche Vereinigung 2004 (Quellen und Studien zur Hessischen Kirchengeschichte, 9). – 375 S.

159. Wallmann, Johannes: Art. „*Schelwig*, Samuel". In: RGG⁴ 7, 2004, 880.

160. Friedrich, Martin: Art. „*Schwartz*, Josua". In: RGG⁴ 7, 2004, 1051.

161. Fehr, James Jakob: Art. „*Schultz*, Franz Albert". In: RGG⁴ 7, 2004, 1038.

162. *Spalding*, Johann Joachim: Kritische Ausgabe. Abt. 1: Schriften. Bd. 4: Vertraute Briefe, die Religion betreffend. Unter Mitarbeit v. Tobias Jersak [u. a.] hg. v. Albrecht Beutel u. Dennis Prause. Tübingen: Mohr Siebeck 2004. – XLIII, 353 S.

163. Beutel, Albrecht: Art. „*Spalding*, Johann Joachim". In: RGG⁴ 7, 2004, 1534 f.

[s. a. Nr. 42, 60, 71, 75, 194, 244]

III.10 Übergang zur Erweckungsbewegung

164. Albrecht, Ruth: „Daß wir andere zu Jesus rufen". Frauen in der Erweckungsbewegung Norddeutschlands. In: PuN 30 [s. Nr. 11], 116–139.

165. Brecht, Martin: Pietismus und Erweckungsbewegung. In: PuN 30 [s. Nr. 11], 30–47.

166. Jakubowski-Tiessen, Manfred: Herrnhutertum und Erweckungsbewegung im Herzogtum Schleswig. In: PuN 30 [s. Nr. 11], 48–61.

167. Lehmann, Hartmut: Zur Charakterisierung der entschiedenen Christen im Zeitalter der Säkularisierung. In: PuN 30 [s. Nr. 11], 13–29.

168. Peters, Christian: Art. „Stille im Lande". In: RGG⁴ 7, 2004, 1738.

169. Railton, Nicholas M.: Der irische Judenmissionar James Craig und die Erweckungsbewegung in Norddeutschland. In: PuN 30 [s. Nr. 11], 140–154.

170. Bonkhoff, Bernhard H.: Die Entstehung der Erweckungsbewegung in den Befreiungskriegen. Predigt zur Einnahme von Paris von Philipp C. Heintz 1814. In: Mecklenburgia Sacra 6, 2004, 125–138.

171. Lavater, Johann Caspar: Ausgewählte Werke. In historisch-kritischer Ausgabe. Bd. 3: Werke 1769–1771. Hg. v. Martin Ernst Hirzel. Zürich: NZZ-Verlag 2002. – 764 S.

172. Ziegert, Richard: J. F. Oberlins historische Bedeutung und Aktualität für die kirchliche Verkündigung und für die Pädagogik der christlichen Kultur. In: Vestigia. Aufsätze zur Kirchen- und Landesgeschichte zwischen Rhein und Mosel. Gewidmet Dr. Bernhard H. Bonkhoff dem Fünfzigjährigen. Hg. v. Mathias Gaschott. Saarbrücken: Saarbrücker Druck und Verlag 2003, 171–196; Ill.

173. Schäfer, Rolf: Die Erweckungsbewegung in Oldenburg. In: PuN 30 [s. Nr. 11], 91–98.

174. Graf, Friedrich Wilhelm: Art. „Rothe, Richard". In: RGG⁴ 7, 2004, 646–649.

175. Raupp, Werner: Art. „Schirnding, August Carl Friedrich Frhr. von". In: RGG⁴ 7, 2004, 897.

176. Christophersen, Alf: Art. „Schubert, Gotthilf Heinrich von". In: RGG⁴ 7, 2004, 1014.

177. Wurm, Johann Peter: Die Gründung der ersten mecklenburgischen Bibelgesellschaften 1816 in Schwerin und Rostock. In: PuN 30 [s. Nr. 11], 99–115.

178. Peters, Christian: Zur Vorgeschichte Volkenings. Die Frommen Minden-Ravensbergs auf dem Weg ins 19. Jahrhundert. In: PuN 30 [s. Nr. 11], 62–90.

[s. a. Nr. 122, 215, 220, 244, 272]

III.11 Strömungen und Entwicklungen nach 1830

179. Brandt, Friedhilde: Frauen im Bund Evangelisch-Freikirchlicher Gemeinden. In: Freikirchenforschung 13, 2003, 66–70.

180. Jasiński, Grzegorz: Die Anfänge der Gemeinschaftsbewegung in Masuren. Die Gruppe der „Heiligen" (Kreis Ortelsburg) um die Wende vom 18. zum 19. Jahrhundert. In: Der Pietismus und seine Nachwirkungen im östlichen Europa [s. Nr. 12], 11–24.

181. Passon, Klaus-Dieter: Frauen in der Pfingstbewegung. In: Freikirchenforschung 13, 2003, 71–84.

182. Ribbat, Christoph: „Ganze Tage und halbe Nächte". Das „Kasseler Zungen-

reden" von 1907 und der Diskurs der religiösen Erneuerung. In: Religiöser Pluralismus im vereinten Europa. Freikirchen und Sekten. Hg. v. Hartmut Lehmann. Göttingen: Wallstein Verlag 2005 (Bausteine zu einer europäischen Religionsgeschichte im Zeitalter der Säkularisierung, 6), 31–48.

183. Schollmeier, Christine: Frauen in der Heilsarmee. In: Freikirchenforschung 13, 2003, 53–69.
184. Steinmeister, Andreas: „. . . ihr alle aber seid Brüder". Eine geschichtliche Darstellung der „Brüderbewegung". Lychen: Daniel-Verlag 2004. – 288 S.
185. Streiff, Patrick Ph.: Der Methodismus in Europa im 19. und 20. Jahrhundert. Stuttgart: Studienwerk der Evangelisch-Methodistischen Kirche 2003. – 339 S.
186. Voigt, Karl Heinz: Freikirchen in Deutschland (19. und 20. Jahrhundert). Leipzig: Evangelische Verlagsanstalt 2004 (Kirchengeschichte in Einzeldarstellungen, 3,6). – 263 S.
187. Lemhöfer, Lutz: Eberhard *Arnold* und die alternativ-christliche Gemeinschaft der Bruderhöfe. In: Materialdienst der Evangelischen Zentralstelle für Weltanschauungsfragen Stuttgart 66, 2003, 9, 341–347.
188. Flick, Andreas: „Auf Widerspruch waren wir gefaßt . . .". Leben und Werk des reformierten Erweckungstheologen Theodor *Hugues*. Bad Karlshafen, Celle: Verlag der Deutschen Hugenotten-Gesellschaft e. V., Stadtarchiv Celle 2004. – 298 S.
189. Lamparter, Fritz: Art. „*Raiffeisen*, Friedrich Wilhelm". In: RGG⁴ 7, 2004, 24 f.
190. Bendrath, Christian: Art. „*Rautenberg*, Johann Wilhelm". In: RGG⁴ 7, 2004, 68.
191. Raupp, Werner: Art. „*Spitteler*, Christian Friedrich". In: RGG⁴ 7, 2004, 1602.
192. Engelbrecht, Klaus: Pietismus und Orthodoxie. Metropolitan Wilhelm *Vilmar* (1804–1884) und die Erweckungsbewegung in Kurhessen seit 1833. In: Ich will hintreten zum Altar Gottes. FS Propst em. Hans-Heinrich Salzmann. Hg. v. Johannes Junker u. Michael Salzmann. Neuendettelsau: Freimund-Verl. 2003, 249–256.
193. Klein, Michael: „Sommernachtstraum" und Schwanenorden. Friedrich Wilhelm IV. von Preußen und Johann Hinrich *Wichern*. In: Diakonische Kirche. Anstöße zur Gemeindeentwicklung und Kirchenreform. FS für Theodor Strohm zum 70. Geburtstag. Hg. v. Arnd Götzelmann. Heidelberg: Winter 2003, 88–98.
[s. a. Nr. 194, 218, 222]

IV. Andere Länder

IV.01 England und Schottland

194. Bundy, David D.: Visions of sanctification. Themes of Orthodoxy in the Methodist, Holiness, and Pentecostal traditions. In: WTJ 39, 2004, 1, 104–136.

195. Trueman, Carl: Lewis *Bayly* (d. 1631) and Richard *Baxter* (1615–1691). In: The Pietist Theologians [s. Nr. 13], 38–51.
196. Durnbaugh, Donald F.: Jane Ward *Leade* (1624–1704) and the Philadelphians. In: The Pietist Theologians [s. Nr. 13], 128–146.
197. Blacketer, Raymond A.: William *Perkins* (1558–1621). In: The Pietist Theologians [s. Nr. 13], 21–37.
198. Bartels, Laura: John *Wesley* and Dr. George *Cheyne* on the spiritual senses. In: WTJ 39, 2004, 1, 163–172.
199. English, John C.: John *Wesley*, the Establishment of Religion and the Separation of Church and State. In: Journal of church and state 46, 2004, 83–98.
200. Hempton, David: John *Wesley* (1703–1791). In: The Pietist Theologians [s. Nr. 13], 256–272.
201. Madden, Deborah: Contemporary Reaction to John *Wesleys* Primitive Physic. Or, the Case of Dr. William Hawes Examined. In: Social history of medicine 17, 2004, 365–378.
202. Madden, Deborah: Medicine and Moral Reform. The Place of Practical Piety in John *Wesleys* Art of Physic. In: ChH 73, 2004, 741–758.
203. Morton, Russell: John 14:12–21 as paradigm for the *Wesleyan* understanding of mission. In: WTJ 39, 2004, 1, 91–103.
204. Murphy-Geiss, Gail E.: The first family values of Methodism. The *Wesleys*. In: MethH 42, 2004, 3, 148–166.
205. Snyder, Howard A.: The Babylonian captivity of *Wesleyan* theology. In: WTJ 39, 2004, 1, 7–34.
206. Tomkins, Stephen: John *Wesley*. Eine Biographie. Stuttgart: Edition Anker 2003. – 259 S.
[s. a. Nr. 118]

IV.02 Niederlande

207. Hof, Willem J. op't: De waarde van antiquariaatscatalogi uit de negentiende eeuw. In: DNR 27, 2003, 142–144.
208. Leurdijk, G. H.: Geestelijk leven in Maassluis. Pastoraal portret van Aegidius *Francken* (1676–1743). In: DNR 27, 2003, 117–141.
209. Sprunger, Keith L.: Frans *Houttuyn*, Amsterdam bookseller. Preaching, publishing, and the Mennonite Enlightenment. In: The MennQR 78, 2, 2004, 165–184.
210. Ouden, P. den: Hildersam bij Joos van *Laren*. In: DNR 27, 2003, 91–101.
211. Eck, Johannes van: Gedachten meegelezen (3). Een overdenking van Jodocus van *Lodenstein* over de godzalige gezelschappen. In: DNR 27, 2003, 102–116.
212. Sträter, Udo: Art. „*Saldenus*, Guilielmus". In: RGG[4] 7, 2004, 796.
213. Jakubowski-Tiessen, Manfred: Art. „*Schortinghuis*, Willem". In: RGG[4] 7, 2004, 992.
214. Hof, Willem J. op't: Willem *Teellinck* in het licht zijner geschriften (48) „Cana Galileae". In: DNR 27, 2003, 81–90.
[s. a. Nr. 29]

IV.03 Schweiz

215. Hebeisen, Erika: „leidenschaftlich fromm". Die pietistische Bewegung in Basel (1750–1830). Köln [u. a.]: Böhlau 2005. – 368 S.
216. Hebeisen, Erika: Vom Rand zur Mitte. Eine weibliche Genealogie aus dem pietistischen Milieu Basels 1750–1820. In: SZG 52, 2002, 463–476.
217. Gebhard, Rudolf: Anna Schlatter-Bernet (1773–1826). Seelsorge im Raum der Kirche. In: Evangelische Seelsorgerinnen [s. Nr. 15], 142–157.
[s. a. Nr. 251]

IV.04 Skandinavien

218. Gelfgren, Stefan: Ett utvalt släkte. Väckelse och sekularisering – Evangeliska fosterlands-stiftelsen 1856–1910. Skellefteå: Norma 2003. – 262 S.; Ill.
219. Horstboll, Henrik: Pietism and the politics of Catechisms. In: Scandinavian journal of history 29, 2004, 143–160.
220. Friedrich, Martin: Art. „Schartau, Henrik". In: RGG⁴ 7, 2004, 868.

IV.05 Nordamerika

221. Rohrer, Stephan Scott: Searching for Land and God. The Pietist Migration of North Carolina in the Late Colonial Period. In: The North Carolina historical review 79, 2002, 463–476.
222. Scorgie, Glen G.: The French Canadian Missionary Society. A study in evangelistic zeal and civic ambition. In: FiHi 36, 2004, 1, 67–81.
223. Vogt, Peter: „Ehereligion". The Moravian Theory and Practice of Marriage as Point of Contention in the Conflict between Ephrata and Bethlehem. In: Communal Societis. Journal of the Communal Studies Association 21, 2001, 37–60.
224. Lovelace, Richard F.: Cotton Mather (1663–1728). In: The Pietist Theologians [s. Nr. 13], 115–127.
[s. a. Nr. 112, 200]

IV.06 Östliches Mitteleuropa, Osteuropa, Südosteuropa

225. Csepregi, Zoltán: Pietismus in Ungarn 1700–1758. In: Der Pietismus und seine Nachwirkungen im östlichen Europa [s. Nr. 12], 25–38.
226. Dokumente zur 2. Kamčatkaexpedition 1730–1733. Akademiegruppe. Bearb. v. Wieland Hintzsche unter Mitarbeit v. Heike Heklau [u. a.]. Halle: Verlag der Franckeschen Stiftungen zu Halle 2004 (Quellen zur Geschichte Sibiriens und Alaskas aus russischen Archiven, 4). – LVIII; 960 S.
227. Die Hungarica-Sammlung der Franckeschen Stiftungen zu Halle. Teil 1: Porträts. Hg. v. Brigitte Klosterberg u. István Monok. Bearb. v. Attila

Verók u. György Rózsa. Halle: Verlag der Franckeschen Stiftungen zu Halle 2002 (Hallesche Quellenpublikationen und Repertorien, 7). – 269 S.

228. Plaat, Jaanus: Saaremaa kirikud, usuliikumised ja prohvetid 18.–20. sajandil. Tartu: Eesti Rahva Muuseum 2003. – 305 S.

229. Stricker, Gerd: Reflexe des Pietismus und Neu-Pietismus auf russischem Boden. In: Der Pietismus und seine Nachwirkungen im östlichen Europa [s. Nr. 12], 39–66.
[s. a. Nr. 31, 263]

IV.07 Sonstige

230. Baumann, Arnulf: Bessarabische Frömmigkeit oder erweckliche Frömmigkeit bei den Lutheranern Bessarabiens. Auswirkungen des Glaubens im täglichen Leben früher und heute. In: Der Pietismus und seine Nachwirkungen im östlichen Europa [s. Nr. 12], 67–73.

231. Masilamani-Meyer, Eveline: Guardians of Tamilnadu. Folk deities, folk religion, Hindu themes. Halle: Verlag der Franckeschen Stiftungen zu Halle 2004 (Neue Hallesche Berichte. Quellen und Studien zur Geschichte und Gegenwart Südindiens, 5). – 280 S.

V. Übergreifende Themen

V.01 Theologie und Frömmigkeit

232. Dayton, Donald W.: The Pietist theological critique of biblical inerrancy. In: Evangelicals and Scripture. Tradition, authority and hermeneutics. Hg. v. Vincent Bacote. Downers Grove: InterVarsity Press 2004, 71–88.

233. Feil, Ernst: Art. „Religion. II. Religion und Geschichte". In: RGG[4] 7, 2004, 267–274. – [enthält 4. Pietismus und Vorläufer der Aufklärung, 269 f.]

234. Gestrich, Andreas: Die „Kinder des Lichts", das „Reich Gottes" und der „Wandel im Fleisch". Das Verhältnis des Pietismus zur Welt. In: Barock und Pietismus [s. Nr. 9], 70–75.

235. Gleixner, Ulrike: Biographie, Traditionsbildung und Geschlecht. Historische Relevanz und Partizipation am Beginn der Moderne. In: Lesarten der Geschichte. Ländliche Ordnungen und Geschlechterverhältnisse. FS Heide Wunder zum 65. Geburtstag. Hg. v. Jens Flemming. Kassel: Kassel University Press 2004, 31–44.

236. Lieburg, Fred van: De verbale traditie van een piëtistische geloofservaring. De rechtvaardiging in de vierschaar der consciëntie. In: Tijdschrift voor Sociale en Economische Geschiedenis 1, 2004, 4, 66–82.

237. Mann, Jeffrey K.: Not by accident. The Christology of Lutheran Pietism. In: Covenant Quarterly 60, 2002, 34–44.

238. Soloveitchik, Haym: Piety, pietism and German pietism. Sefer hasidim and the influence of Hasidei ashkenaz. In: JQR 92, 2002, 455–493.
239. Tietz, Christiane: Art. „Rechtfertigung. III. Dogmengeschichtlich". In: RGG⁴ 7, 2004, 103–111. – [enthält 5. Pietismus und Neuzeit, 108–111]
240. Thompson, Alan J.: The Pietist critique of inerrancy? J. A. *Bengels* „Gnomon" as a test case. In: JETS 47, 2004, 71–88.
241. Barth, Ulrich: Die hermeneutische Krise des altprotestantischen Schriftprinzips. *Francke* – Baumgarten – Semler. In: U. Barth: Aufgeklärter Protestantismus. Tübingen: Mohr Siebeck 2004, 167–199.
242. Barth, Ulrich: Pietismus als religiöse Kulturidee. *Speners* und *Franckes* Ethos der Bekehrung. In: U. Barth: Aufgeklärter Protestantismus. Tübingen: Mohr Siebeck 2004, 149–165.
[s. a. Nr. 55, 97, 102, 105, 118, 119, 125, 134, 156, 174, 202, 205]

V.02 Sozial- und Staatslehre, Pädagogik

243. Kosmos Diakonissenmutterhaus. Geschichte und Gedächtnis einer protestantischen Frauengemeinschaft. Hg. v. Ute Gause u. Cordula Lissner. Leipzig: Evangelische Verlagsanstalt 2005. – 272 S.
244. Kuhn, Thomas K.: Religion und neuzeitliche Gesellschaft. Studien zum sozialen und diakonischen Handeln in Pietismus, Aufklärung und Erweckungsbewegung. Tübingen: Mohr Siebeck 2003 (BHTh, 122). – 440 S.
245. Lächele, Rainer: Pietistische Öffentlichkeit und religiöse Kommunikation. Die „Sammlung auserlesener Materien zum Bau des Reichs Gottes" (1730–1761). Ein Repertorium. Epfendorf: Bibliotheca-Academica-Verlag 2004. – 531 S.
246. Verhandlungen des deutschen evangelischen Kirchentages, Verhandlungen des Kongresses für die innere Mission 1848–1928. Mikrofiches-Ausgabe. Erlangen: Fischer 2004. – 9100 S.
247. Jacobi, Juliane: Die Bedeutung der Waisenhausschulen als Bildungseinrichtung für die Stadt *Halle*. In: Bildung und städtische Gesellschaft. Beiträge zur hallischen Bildungsgeschichte. Hg. v. Thomas Müller-Bahlke. Halle: Mitteldeutscher Verlag 2003 (Forschungen zur hallischen Stadtgeschichte, 3), 54–68.
248. Grolle, Inge: Wegbereiter der Diakonie. Amalie *Sieveking*, Johann Wilhelm *Tautenberg*. Bremen: Edition Temmen 2005 (Hamburgische Lebensbilder, 18). – 128 S.
[s. a. Nr. 21, 47, 48, 59, 63, 93, 94, 95, 96, 130, 150, 172]

V.03 Ökumene und Mission

249. Gabbert, Wolfgang: Phasen und Grundprobleme protestantischer Mission im kolonialen Afrika – Die Brüdergemeine bei den Nyakyusa in Tansania. In: Weltmission und religiöse Organisationen. Protestantische Missionsge-

sellschaften im 19. und 20. Jahrhundert. Hg. v. Artur Bogner. Würzburg: Ergon-Verlag 2004, 517–540.

250. Greisinger, Lutz: Jüdische Kryptochristen im 18. Jahrhundert? Dokumente aus dem Archiv der Evangelischen Brüderunität in Herrnhut. In: Judaica 60, 2004, 204–223 u. 325–339.

251. Keim, Christine: Frauenmission und Frauenemanzipation. Eine Diskussion in der Basler Mission im Kontext der frühen ökumenischen Bewegung (1901–1928). Münster [u. a.]: LIT 2005 (Beiträge zur Missionswissenschaft und Interkulturellen Theologie, 20). – 280 S.

252. Ludwig, Frieder: Art. „Sklaverei. V. Sklaverei und Mission". In: RGG⁴ 7, 2004, 1387–1389.

253. Seeliger, Frank: „Einer prügelt uns und der andere bringt uns Religion ...". Eine ethnohistorische Studie über Fremdheitserfahrungen in der zweiten Hälfte des 19. Jahrhunderts im tibetisch-buddhistischen West-Himalaya-Gebiet Lahoul aus Sicht Herrnhuter Missionare. Herrnhut: Herrnhuter-Verl. 2003 (Beiheft der Unitas Fratrum, 10). – 249 S.

254. Stolle, Volker: Freiheit und Mission. Zwei Kennzeichen der Kreuzgemeinde *Hermannsburg* und die Konflikte der Anfangszeit 1878 bis 1892. In: LuThK 27, 2003, 4, 169–195.

255. Kjærgaard, Kathrine u. Thorkild Kjærgaard: Ny *Herrnhut* i *Nuuk* 1733–2003. Missionsstation, rævefarm, embedsbolig, museum, universitet. [Nuuk:] Ilisimatusarfik 2003. – 140 S.

256. Raupp, Werner: Art. „ *Schmidt*, Georg". In: RGG⁴ 7, 2004, 933.

[s. a. Nr. 29, 94, 112, 191, 193, 203, 279, 280]

V.04 Philosophie, Literatur und Kunst

257. Fues, Wolfram Malte: Der Pietismus im Roman der deutschen Aufklärung. In: DVjs 78, 2004, 535–550.

258. Köhle-Hezinger, Christel: Religion und Schönheit. Anmerkungen zu einem unerledigten Thema. In: Barock und Pietismus [s. Nr. 9], 94–99.

259. Kremer, Joachim: „Naturell", „Lust" und „Fleiß" in der Musiker(auto)biographie des 18. Jahrhunderts. Anmerkungen zur pietistischen und der künstlerischen ‚Erweckung'. In: PuN 30 [s. Nr. 11], 155–175.

260. Lieder des Pietismus aus dem 17. und 18. Jahrhundert. Hg. v. Christian Bunners. Leipzig: Evangelische Verlagsanstalt 2003 (Kleine Texte des Pietismus, 6). – 168 S.; Notenbeispiele.

261. Prass, Reiner: Lektüren. Die Bedeutung des Lesens in Jansenismus und Pietismus. In: Frühe Neuzeit. FS für Ernst Hinrichs. Hg. v. Karl-Heinz Ziessow. Bielefeld: Verlag für Regionalgeschichte 2004, 147–164.

262. Roberts, F. Corey: German pietism and the genesis of literary aesthetics. The discourse of „Erfahrung" in the 1700s. In: DVjs 78, 2004, 200–229.

263. Sas, Agnes: Das Musikleben der evangelischen Kirchen und Bethäuser in Ungarn im 18. Jahrhundert. In: Studia Musicologica Academiae Scientiarum Hungaricae 44, 2003, 3/4, 337–392.

264. Wöbkemeier, Rita: Theater der Einfalt. Aufrichtige Bezeugung vor Publikum. In: PuN 30 [s. Nr. 11], 176–190.

265. Findeisen, Peter: Von *Barby* nach *Gnadau*. Architektur der Herrnhuter an der Elbe. Halle: Landesamt für Denkmalpflege und Archäologie Sachsen-Anhalt 2005. – 143 S.

266. Bayreuther, Rainer: Der Streit zwischen *Beer* und *Vockerodt*. Zur Physiognomie der Musikauffassung im Spannungsfeld von pietistischer Kunstkritik und antipietistischer Polemik. In: Johann Beer. Schriftsteller, Komponist und Hofbeamter 1655–1700. Beiträge zum Internationalen Beer-Symposium in Weißenfels Oktober 2000. Hg. v. Ferdinand van Ingen. Bern [u. a.]: Lang 2003 (Jahrbuch für internationale Germanistik. Reihe A. Kongressberichte, 70), 285–303.

267. Lieske, Reinhard: Die Emporebilder in *Freudental* und ihre Botschaft. Ein Beispiel frühpietistischer Kirchenausmalung? In: BWKG 103, 2003, 49–125; Ill.

268. *Freylinghausen*, Johann Anastasius: Geist=reiches Gesang=Buch. Halle, vierte Ausgabe 1708. Bd. 1. Teil 1. Hg. v. Dianne McMullen u. Wolfgang Miersemann. Halle: Verlag der Franckeschen Stiftungen zu Halle 2004. – 552 S.

269. *Jung-Stilling*, Johann Heinrich: Briefe. Ausgewählt und hg. v. Gerhard Schwinge. Gießen [u. a.]: Brunnen 2002. – 637 S.

270. Beutel, Albrecht: Aufklärung und Pietismus auf dem Weg nach Berlin. Die Figur des „Frömmlings" in Friedrich *Nicolais* Roman „Sebaldus Nothanker" (1773–1776). In: ZThK 99, 2002, 262–277.

271. Lange, Barbara: Art. „*Schröder*, Johann Heinrich". In: RGG[4] 7, 2004, 1011.

272. Klek, Konrad: Art. „*Spitta*, Carl Johann Philipp". In: RGG[4] 7, 2004, 1601.

[s. a. Nr. 2, 25, 43, 54, 55, 56, 57, 80, 82, 102, 110, 115, 116, 126, 236]

V.05 Medizin, Naturwissenschaften und Psychologie

273. Ernst, Katharina: Krankheitsnorm in einer altwürttembergisch-pietistischen Zirkularkorrespondenz. In: Die Geburt einer sanften Medizin [s. Nr. 10], 38–50.

274. Ernst, Katharina: „Nein was ist's doch, daß auch unter Kindern Gottes leider meistens ihr Natur-Geschmäckle noch so vorschlägt ...". Körper und Natur in pietistischer Weltsicht. In: Barock und Pietismus [s. Nr. 9], 54–56.

275. Hase, Thomas: „Ketzer, Schwärmer, Wahnsinnige". Die religiöse Bewältigung psychosozialer Konflikte und ihre konflikthaften Konsequenzen. Fallbeispiele aus den separatistischen Milieus des 17. und 18. Jahrhunderts. In: ZfR 12, 2004, 189–205.

276. Jones, Colin: Medical Core and Medical Penumbra in Early Modern France. In: Die Geburt einer sanften Medizin [s. Nr. 10], 101–109.

277. Leonhard, Silvia: „Oh ich bin sehr glücklich". Glück als Zeichen spiritueller Heilung in der pietistischen Krankenpflege des 19. Jahrhunderts. In:

Psychotherapeutin. Psychiatrie in Geschichte und Kultur 13, 2000, 12, 73–80.

278. Toellner, Richard: Die Geburt einer sanften Medizin. Die Begegnung von Pietismus und Medizin in den Franckeschen Stiftungen. In: Die Geburt einer sanften Medizin [s. Nr. 10], 9–24.

279. Trapp, Maya: Die Bedeutung der *Basler* Ärztlichen Mission in ihren südindischen Missionsgebieten in der Zeit von 1886–1914. In: Die Geburt einer sanften Medizin [s. Nr. 10], 141–150.

280. Grundmann, Christoffer: Von der caritas in missionibus zur ärztlichen Mission – Ein Gang durch die Frühgeschichte missionsärztlicher Arbeit in Übersee unter besonderer Berücksichtigung des Beitrags *Halles*. In: Die Geburt einer sanften Medizin [s. Nr. 10], 124–140.

281. Poeckern, Hans-Joachim: Waisenhaus-Apotheke und Medikamenten-Expedition der Franckeschen Stiftungen zu *Halle* a.d. Saale. In: Die Geburt einer sanften Medizin [s. Nr. 10], 73–86.

282. Konert, Jürgen: *Hoffmann* oder *Stahl*? Medizinische Fakultät und Franckesche Stiftungen in der Gründungsära. In: Die Geburt einer sanften Medizin [s. Nr. 10], 51–72.

283. Zöttlein, Helga: Der Mediziner als Theologe. Johann *Juncker* (1679–1759) im waldeckischen Damenstift Schaaken (1702–1705). In: Die Geburt einer sanften Medizin [s. Nr. 10], 87–100.

284. Helm, Jürgen: Christian Friedrich *Richters* „Kurtzer und deutlicher Unterricht" (1705) – Medizinische Programmschrift des Halleschen Pietismus? In: Die Geburt einer sanften Medizin [s. Nr. 10], 25–37.

[s. a. Nr. 198, 201, 202]

V.06 Ökonomie, Industrialisierung

285. Homburg, Heidrun: Abraham Dürninger & Co. Management und Unternehmenskultur in der Herrnhuter Brüdergemeine als Faktor in der wirtschaftlichen Entwicklung der Oberlausitz im 18. und 19. Jahrhundert. In: Unternehmen im regionalen und lokalen Raum 1750–2000. Hg. v. Ulrich Heß. Leipzig: Leipziger Universitätsverlag 2004, 271–288. – [III.06]

[s. a. Nr. 106, 281]

REGISTER

Personenregister

Die gerade gesetzten Seitenzahlen verweisen auf den Haupttext, die *kursiv* gesetzten auf die Anmerkungen, die Nr.-Angaben auf die Bibliographie.

Ortsregister

Die gerade gesetzten Seitenzahlen verweisen auf den Haupttext, die kursiv gesetzten auf die Anmerkungen, die Nr.-Angaben auf die Bibliographie.